"科学逻辑"丛书

科学推理
逻辑与科学思维方法
第三版

周建武 著

Scientific Reasoning
Logic and Scientific Thinking Method

·北京·

内容简介

提升科学推理能力的主要途径在于改进思维方法,作为"科学逻辑"丛书之一,本书从科学推理的实用角度来编写,不仅详细介绍了科学思维的逻辑原理,而且结合丰富的科学案例来阐明如何发现问题、分析问题和解决问题,以此论述科学的推理方法,从而启发科学思维并提升读者的科学推理技能。

科学推理的逻辑重点是归纳逻辑。本书共分为九章,内容包括科学概论、归纳推理、类比推理、统计推理、因果分析、因果推理、因果探究、实践推理、科学假说,附录附有科学推理测试,具有科学性、系统性、实用性的特点。

本书适合作为高等院校逻辑学、推理与批判性思维、科学逻辑与科学思维方法等相关课程的教材或参考用书,也适合对此感兴趣的各类读者阅读。

图书在版编目(CIP)数据

科学推理:逻辑与科学思维方法/周建武著.—3版.—北京:化学工业出版社,2023.10
("科学逻辑"丛书)
ISBN 978-7-122-43849-2

Ⅰ.①科⋯ Ⅱ.①周⋯ Ⅲ.①逻辑②科学思维-思维方法 Ⅳ.①B81②B804

中国国家版本馆CIP数据核字(2023)第136132号

责任编辑:廉 静　　　　　　　　　　装帧设计:王晓宇
责任校对:宋 玮

出版发行:化学工业出版社(北京市东城区青年湖南街13号　邮政编码100011)
印　　装:大厂聚鑫印刷有限责任公司
710mm×1000mm　1/16　印张27¾　字数501千字　2023年11月北京第3版第1次印刷

购书咨询:010-64518888　　售后服务:010-64518899
网　　址:http://www.cip.com.cn
凡购买本书,如有缺损质量问题,本社销售中心负责调换。

定　价:128.00元　　　　　　　　　　　　　　　版权所有　违者必究

丛书序言

宏伟壮丽的科学事业推动着人类社会的文明与进步，科学应用在社会生活的各个领域，使得人们在生活中的几十年，甚至几年的变化要超过现代科学出现之前的几百年甚至几千年的变化。科学与社会进步的相互作用，使得科学体系本身也不断发展与壮大，从而对实践的指导作用不断得到加强，对人类历史进程的影响日趋显著。

现代社会已进入知识经济时代，科学技术、智力资源日益成为生产力发展和经济增长的决定性要素，并正日益深刻地影响着我们的生活。从微观层面看，一个公民的科学素养程度影响到个人价值观和对自然和社会问题的看法，从而影响到个人的生存发展与生活质量。从宏观层面看，国民的科学素养已经关乎一个国家的综合国力。

经济合作与发展组织（OECD）认为，科学素养是运用科学知识，确定问题和作出具有证据的结论，以便对自然世界和通过人类活动对自然世界的改变进行理解和作出决定的能力。科学素养大致包括科学知识、科学方法和科学精神三个方面，现代公民应该理解和掌握基本的科学技术知识和成果、科学研究的方法，并具备好奇心、追求真理、严谨求实、质疑、尊重事实和证据、有实证意识、创新和合作的科学精神和科学态度。

科学方法是科学素养的核心因素之一，经典的科学方法有两大类：实验方法（包括观察方法、调查方法）和思维方法（即科学逻辑方法）。科学思维是从科学视角对客观事物的本质属性及内在规律的认识方式，是基于经验事实对事物间的相互关系的抽象概括和建构的反映，该反映以经验事实和科学知识为中介，借助推理和论证等形式，对多变量因果系统进行信息加工。

科学逻辑形成并运用于科学认识活动，是一个从具体到抽象，再从抽象到具体的过程，通过概念、判断、推理，在思维中再现客观事物的本质，并真实反映客观事物的运动规律。科学逻辑是在实验基础上经过概括、抽象、推理得出规律这样一种研究问题的方法，其本质就是科学思维，是归纳与演绎方法在科学领域的具体运用；是基于事实证据和科学推理，对不同观点和结论提出质疑、批判、检验和修正，进而提出创造性见解的能力，主要包括科学推理、科学分析、科学论证等核心思维能力。

科学是现代人世界观的基础，而逻辑是人们认识这个世界的方式。科学作为一个建立在可检验的解释和对客观事物的形式、组织等进行预测的有序的知识系统，极度依赖逻辑推理。科学知识固然重要，而科学的思维方法更具有重要意义。在思维技能培养中，演绎法与归纳法同等重要。相应地，科学思维能力的培养需要同等重要地培养公民的批判性推理（Critical Thinking，CT）、分析性推理（Analytical Reasoning，AR）两种能力。在北美及欧洲等发达国家，普遍把分析性推理和批判性推理能力的培养作为高等教育的核心目标。这两类能力的主要区别如下：

	批判性推理（CT）	分析性推理（AR）
核心理念	独立思考，怀疑精神，价值多元，包容不同意见	尊重事实、证据，重视事物的客观性，重视命题的可重复性和可检验性
逻辑	认识到形式逻辑的局限性	强调形式逻辑的重要性
	强调归纳逻辑、非演绎逻辑、非形式逻辑（实践逻辑、实质逻辑）	强调演绎逻辑、形式逻辑
语言	认识到语言的局限性	强调概念的明确清晰性，强调语言表达的准确性
数学模型	非线性模型，动态模型，随机性模型，多维模型	线性模型，静态模型，确定性模型，单维模型

逻辑推理分为演绎推理和非演绎推理两大类，其中，分析性推理（AR）的关注范围是演绎推理，批判性推理（CT）的关注重点是非演绎推理（即广义归纳推理）。在科学活动中，科学认识是一个由个别到一般，又由一般到个别的反复过程，达到归纳和演绎的统一。因此，科学逻辑既包括归纳逻辑，也包括演绎逻辑。

科学逻辑作为科学研究的思维方法，是处理科学问题的思维工具。在当今知识大爆炸的时代，任何人都不可能把某一专业领域的所有知识全部掌握。但一个人只要掌握基础理论，形成科学思维模式，学会获取知识的方法，就能够熟练获取需要的知识并获得创新能力。可见，科学的思维技能比具体的知识更为重要，好的教育要授人以鱼，更要授人以渔。好的思维技能在面对与日俱增的新鲜问题的时候，能够调动自我的知识体系找到最优解决方案。理解和掌握科学逻辑是培养和提高学生及公众普遍的科学素养的重要途径，而掌握科学的逻辑技能需要得到有效的指导和针对性的训练。

从科学问题和见解的提出到科学知识、科学原理的形成以及科学规律的应用，贯穿了逻辑方法与逻辑能力的综合运用和发挥。为此，本人先后撰写《科学推理——逻辑与科学思维方法》《科学分析——逻辑与科学演绎方法》《科学论证——逻辑与科学评价方法》三部著作，构成"科学逻辑"丛书。该套丛书自出版以来，被多家学术自媒体推荐，入选"社会科学研究方法的年度书单""思维升级必读书单"，被推荐为"值得阅读一生的8本思维方法论书籍"，受到了读者的广泛好评。

本套丛书以科学研究中的思维方法为核心论述科学的逻辑，书中有针对性地选用了科学史上一些典型案例，以及具有科学背景的逻辑推理与论证问题，并进行了深入的分析，以此论述科学逻辑的原理与方法，从而启发思维并提升读者的科学逻辑技能。

由于时间和水平所限，疏漏和不足之处在所难免，欢迎读者朋友批评指正。若有信息反馈请直接发至本人邮箱：zjwgct@sina.com。

著者
2023年6月

前言

科学创新需要通过对科学现象的分析，提出问题、形成见解，在此基础上构建假说并且设计实验确证假说，然后得出结论并应用科学规律等，这就是科学推理的过程。

比知识量更重要的是底层逻辑，尤其是科学推理能力。美国俄亥俄州立大学一位教授做了一项比较研究：中国的大学生和美国大学生比较，测试了科学知识和科学推理（Reasoning），测完之后发现中国大一学生的科学知识水平远高于美国的大一学生，但是科学推理能力不高，文章发表在SCIENCE（《科学》杂志）上。我们的传统教育仅靠积累经验和学习知识点的教育方法之所以相对落后，是因为这种方法在知识量的积累上花费了大量时间，而很少触及现象和问题背后的规律和原理，所以就无法有效突破自我认知。因此，提升学生的科学推理能力应作为中国基础教育和高等教育的重要内容。

科学推理的关键是要掌握批判性推理（Critical Thinking），其关注重点在于归纳逻辑。广义归纳推理是非演绎推理，包括归纳推理（即狭义归纳推理）、类比推理、统计推理、因果推理和实践推理等，从它们的前提出发虽然不能确保结论为真，但通过理性的批判性准则进行科学思考与推理，可以推出高概率的结论。

科学推理的核心在于广义归纳推理，广义归纳推理是指对经验科学以及日常思维中非演绎论证类型的推理过程与方法的种种研究。前提必然蕴涵结论的称为演绎的，前提不必然蕴涵结论或者说前提与结论的关系是或然的，我们称为非演绎的。广义的归纳推理研究非演绎结论的推理过程。

关于广义归纳推理，有以下特征。

第一，广义归纳推理是从一些特殊性的知识的前提推出一个一般性的知识的结论，也包括从一些特殊性知识的前提推出新的特殊性知识的结论。

第二，广义归纳推理的结论所断定的知识范围超出了前提所断定的知识范围。

第三，广义归纳推理的前提和结论之间的联系不是必然的，而只具有或然性，即其前提真而结论假是有可能的。

第四，广义归纳推理的研究重点在于如何提高结论的可靠程度。

第五，广义归纳推理对于扩展人类的知识具有重要价值。

本书共分为九章，内容包括科学概论、归纳推理、类比推理、统计推理、因果分析、因果推理、因果探究、实践推理、科学假说，并附录了科学推理测试，具有科学性、系统性、实用性的特点。

作为"科学逻辑"丛书之一，本书以科学研究中的归纳逻辑为范畴，详细论述广义归纳推理方法和批判性思维的原理与技法，从而旨在提升读者的科学推理技能。

著者

2023年6月

目　录

第一章　科学概论 ··· 001
　　第一节　科学的含义 ·· 002
　　第二节　科学与解释 ·· 026

第二章　归纳推理 ··· 043
　　第一节　归纳概述 ··· 044
　　第二节　归纳方法 ··· 049
　　第三节　归纳评估 ··· 056

第三章　类比推理 ··· 067
　　第一节　类比概述 ··· 068
　　第二节　类比方法 ··· 077
　　第三节　类比评估 ··· 082

第四章　统计推理 ··· 105
　　第一节　统计概述 ··· 106
　　第二节　统计评估 ··· 118
　　第三节　数据应用 ··· 135

第五章　因果分析 ... 165
第一节　因果概述 ... 166
第二节　因果辨析 ... 174
第三节　因果传递 ... 188

第六章　因果推理 ... 199
第一节　因果建构 ... 200
第二节　因果推导 ... 210
第三节　因果解释 ... 232
第四节　因果推断 ... 243

第七章　因果探究 ... 251
第一节　契合法 ... 252
第二节　差异法 ... 268
第三节　契差法 ... 286
第四节　共变法 ... 299
第五节　剩余法 ... 308

第八章　实践推理 ... 317
第一节　方案论证 ... 318
第二节　方案评估 ... 323

第九章　科学假说 ... 329
第一节　科学与假说 ... 330
第二节　假说的构建 ... 355
第三节　假说的检验 ... 366
第四节　假说的评价 ... 384

| 附　录 | 科学推理测试 | 397 |

答案与解析 ……………………………………………………………… 417

参考文献 ………………………………………………………………… 432

第一章 科学概论

第一节 科学的含义

第二节 科学与解释

科学在当今时代受到高度的尊重，几乎成了真理的化身，成为是非判别的重要标准。科学的崇高声望归功于科学的工具性的巨大成功，科学作为人类改造自然、改善生存环境的一个工具，改变了人类生活的方方面面。科学的另一个成功之处是它在建立起理论和知识体系时，在构建过程中体现出的科学方法的成功。

第一节　科学的含义

科学要发现人所未知的事实，并以此为依据，经过严密逻辑论证和实践检验，从中发现客观世界各种事物的本质及运动规律。

一、科学的内涵

"科学"一词最初由近代日本学界用于对译英文中的"Science"，该词来源于拉丁文"Scientia"，意为"知识""学问"。在现代意义上，科学是一个建立在可检验的解释和对客观事物的形式、组织等进行预测的有序的知识的系统，是关于发现发明创造实践的学问。

1.科学的本质

《现代汉语词典》对科学的解释有两个方面：一是反映自然、社会、思维等的客观规律的分科的知识体系；二是合乎科学的。第二种含义相当于"科学"是正确的代名词。

美国科学促进会对科学本质是这样描述的：

① 自然界是可以被认知的，科学理念是会变化的，科学不能为所有问题提供完整答案；

② 科学需要证据，科学是逻辑和想象的融合，科学家要努力鉴别、避免偏见，科学不仰仗权威；

③ 科学是一种复杂的社会活动，科学研究中有着普遍接受的道德规范。

2.科学的定义

科学是探索客观世界最可靠的实践活动，也是一种态度、观点和方法。科学的概念内涵包含以下几点：

① 科学是系统化、理论化的知识体系；

② 科学是一种认识过程和方法；

③ 科学是一种维持和发展生产的关键要素;

④ 科学是一种重要的观念来源,包括科学精神、科学道德、科学思想、科学方法以及由此建立的价值观念和行为准则;

⑤ 科学是一种社会建制,是由科学研究体系、科学后勤部门和科学管理机构等共同组成的社会化事业。

3. 科学的要素

科学可分为广义科学、狭义科学两类。广义科学包含了科学技术及社会科学,还包括以人类思维存在为对象的思维科学。在中国,教科书上一般将科学分为自然科学(或称为理科)和社会科学(或称为文科)。从准确、可验证性并能达到普遍公认的角度讲,狭义科学仅指自然科学。科学的要素包括以下几点:

① 其内容必须具有客观真理性、逻辑性、系统性;

② 其方法主要采用观察、假设、实验、求证等;

③ 其结果构建并继续扩充博大精深的科学知识体系;

④ 其结论必须具有可检验性和可重复性;

⑤ 其价值是将人性中的好奇心和求知欲转化为一种卓有成效的认知模式。

4. 科学的原则

科学的目标是试图发现普遍的真理,科学所追求的真理是建立在人们对世界所进行的严格实验和仔细观察之上。在这个基础上发现的真理,就由科研人员继续依据实验和观察来系统化为科学知识、理论和法则。

科学的原则主要有以下几个。

(1)必要重复原则

科学的一个关键特征是可复制性,即一个实验必须由不同的科研人员在不同的时间和地点进行复验,以确保实验的结果不是源于某一实验者在单一时间和地点操作的特殊情况。复制需要在可控制的条件下,需要设计能够消除外部因素影响的可控制条件。当一个人的观察证据在其他人的独立、合格的检验下重复出现时,我们可以说它是客观存在,可以接受它成为认识的经验基础的一部分。

必要重复原则保证了科学结论具有连续性,即在条件成立的前提下,科学结论不管是在过去还是在将来,不管是在甲地还是在乙地,其在时间和空间上是连续一致的。基于科学的这个特质,我们才能够基于科学成果发展技术、推进生产力和预测未来。

(2)随机实验原则

偏见和先入为主的观点会严重地影响我们对事物做出的判断,以及我们对世界方方面面的体验。而随机化实验的目的，正是为了减少实验设计者和参与者的主观意识而造成的结论谬误。近乎所有需要实验的学科都引入了随机化理念。

（3）可证伪原则

科学的标志在于理论的可证伪性，不能证伪的理论就是非科学的。证伪是指找出一个反例，从而否定理论使其不能证实。如果某个论断可证伪，它就是可以用科学的方法来研究的。科学理论与宗教、迷信的不同在于，前者是可证伪的，而后者却连证明它为错的可能性都没有。

所有实证科学（empirical science）的结论一定是可能被证伪的句子或言论。具体而言，可证伪性是指一定要有被事实推翻的可能性（refutable by facts），即对一个论断，一定可以假设出来一种可观测的条件，用来判断这个论断是否可以被证实。例如"神是否存在"这样的论断，在"神是全知全能的"这一前提下，不管观测到什么样的现象，都可以说这是神的意志，那么就不存在一种条件，可以使得"神是存在的"这一论断是假的。因此，这一论断不可证伪，就不是科学研究的范畴，而属于非科学领域。

不可证伪的常见论断有：同义反复、模糊不清、自相矛盾、不是事实（主观性的判断）、没有限制（指某个现象的发生会导致结果的不确定）等。不可能被证伪的理论，是没有解释能力的，因为这样的理论不可以被事实验证。凡是有解释力的科学理论，一定要有被证伪的可能性，但却没有被证伪。可能被事实推翻而没有被推翻，就算是被证实（confirmed）了。

可证伪主义对科学最大的贡献是它允许科学也包含错误，并承认科学要受到经验的局限性影响。科学实验，应是针对问题提出试探性的理论，并把理论交付经验检验，理论在检验中遭到证伪进而被淘汰，然后用一个新的、更好的理论来替代旧理论。

案例　牛顿的棱镜分解太阳光

对光学问题的研究是牛顿（1642—1727）工作的重要部分之一。1665年，牛顿毕业于剑桥大学的三一学院，当时大家都认为白光是一种纯的没有其他颜色的光；而有色光是一种不知何故发生变化的光（亚里士多德的理论）。1665—1667年间，年轻的牛顿独自做了一系列实验来研究各种光现象。他把一块三棱镜放在阳光下，透过三棱镜，光在墙上被分解为不同颜色，后来我们将其称作光谱。在他的手里首次使三棱镜变成了光谱仪，真正揭示了颜色起源的本质。1672年2月，牛顿怀着揭露大自然奥秘的兴奋和喜悦，在第一篇正式的科学论文《白光的结构》中，阐述了他的颜色起源学说，"颜色不像一般所认为的那样是从自然物体的折射或反射中所导出的光的性能，而是一种原始的、天生的性质"。"通常的白光确实是每一种不同颜色的光线的混合，光谱的伸长是由于玻璃对这些不同的光线折射本领不同"。

牛顿《光学》著作于1704年问世，其中第一节专门描述了关于颜色起源的棱镜分光实验和讨论，肯定了白光由七种颜色组成。他还给这七种颜色进行了命名，直到现在，全世界的人都在用牛顿命名的颜色。牛顿指出，"光带被染成这样的彩条：紫色、蓝色、青色、绿色、黄色、橙色、红色，还有所有的中间颜色，连续变化，顺序连接"。正是这些红、橙、黄、绿、青、蓝、紫基础色不同的色谱才形成了表面上颜色单一的白色光，如果你深入地看看，会发现白光是非常美丽的。

点评：这一实验后人可以不断地重复进行，并得到与牛顿相同的实验结果。自此以后七种颜色的理论就被人们普遍接受了。通过这一实验，牛顿为光的色散理论奠定了基础，并使人们对颜色的解释摆脱了主观视觉印象，从而走上了与客观量度相联系的科学轨道。同时，这一实验开创了光谱学研究，不久，光谱分析就成为光学和物质结构研究的主要手段。

5. 科学的特征

科学研究是探索创造符合主观认识的客观实际的实践活动过程，是发现、探索和解释自然现象，深化对自然的理解并寻求其规律，是为了增进知识以及利用知识去发明新的技术而进行的系统的创造性工作。

科学包含以下三个基本特征。

第一，科学是以严格的经验观察所得的事实为基础的。要了解科学，必须知道什么是事实，事实必须在严格周密的调查研究和实验基础上形成。

第二，如何从事实进行推导。科学不仅需要事实基础，还需要对事实进行合理的逻辑推导，可以说，科学是离不开逻辑推理的。事实只有经过合理的归纳，才能形成原理。

第三，一个理论满足什么条件才能成为科学。因为科学理论主要用扩展性推理的方式获得，那么归纳的支持是否可以构成科学理论？这就需要对形成的理论进行验证，并不断地接受实践的检验。

案例　罗伯特·密立根的油滴试验

很早以前,科学家就在研究电。人们知道这种无形的物质可以从天上的闪电中得到,也可以通过摩擦头发得到。1897年,英国物理学家托马斯已经得知如何获取负电荷电流。1909年美国科学家罗伯特·密立根(1868—1953)开始测量电流的电荷。

他用一个香水瓶的喷头向一个透明的小盒子里喷油滴。小盒子的顶部和底部分别放有一个通正电的电极和一个通负电的电极。当小油滴通过空气时,就带了一些静电,它们下落的速度可以通过改变电极的电压来控制。当去掉电场时,测量油滴在重力作用下的速度可以得出油滴半径;加上电场后,可测出油滴在重力和电场力共同作用下的速度,并由此测出油滴得到或失去电荷后的速度变化。这样,他可以一次连续几个小时测量油滴的速度变化,即使工作因故被打断,被电场平衡住的油滴经过一个多小时也不会跑多远。

经过反复试验,密立根得出结论:电荷的值是某个固定的常量,最小单位就是单个电子的带电量。他认为电子本身既不是一个假想的,也不是不确定的,而是一个"我们这一代人第一次看到的事实"。他在诺贝尔奖获奖演讲中强调了他的工作的两条基本结论,即"电子电荷总是元电荷的确定的整数倍而不是分数倍"和"这一实验的观察者几乎可以认为是看到了电子"。

"科学是用理论和实验这两只脚前进的",密立根在他的获奖演讲中说到,"有时这只脚先迈出一步,有时是另一只脚先迈出一步,但是前进要靠两只脚:先建立理论然后做实验,或者是先在实验中得出了新的关系,然后再迈出理论这只脚并推动实验前进,如此不断交替进行"。他用非常形象的比喻说明了理论和实验在科学发展中的作用。作为一名实验物理学家,他不但重视实验,也极为重视理论的指导作用。

（摘自《物理学十大著名经典实验》）

6. 科学认知的三要素

科学认知有三个要素:事实、逻辑、批判性思维。

① 事实。所有科学结论都要建立在可观测、可重复的事实依据之上。如果科学理论没有事实证据,那就不能够被相信。科学界若有了一个新的发现,世界各地的同行科学家们的第一反应是重复实验,确认事实。只有通过重复实验

得到确认，科学理论才能被接受。

② 逻辑。逻辑关系是连接事实依据与科学结论的桥梁。逻辑关乎事实和证据是否能支持结论，这是关键的思维品质。逻辑在科学研究中有很多应用，必要的逻辑素养是科学工作者的基本要求。

③ 批判性思维。批判性思维是独立、合理、公正的思考态度，在科学研究中不可或缺。在严格意义上，科学世界并无权威，科学工作者们各自分析和思考事实是否支持结论，逻辑是否合理，有了新的发现，会去验证之前的理论，或者之前的结论能不能推翻，看结论中有没有隐藏假设，才逐渐步建立起宏伟的科学大厦。

二、科学的特性

任何研究方法要被视为科学方法，首先必须是客观的，其次必须是可靠的，即证据必须真实且研究方法能重置，最后必须有完整的资料以供佐证。

1. 客观性

客观性的重要基石是要有证据支持。科学的态度首先是做一个健康的怀疑论者，一件事是否科学取决于它是否被众多严密的证据支持。假说本身仅仅是猜测，在被相信以前，应该得到证据支持，这在科学上必须被严格遵守。

科学的假说是关于自然世界的，所以只有对自然世界的观察可以作为证据。例如，16世纪，哥白尼提出太阳是我们行星系的中心，而且地球围绕太阳转的假说，这与流行的托勒密假说地心说相反。接下来的几年里，发明了望远镜，由此，成千上万的观察都肯定了哥白尼的假说，否定了托勒密的假说。没有这些观察所构成的证据，哥白尼的假说永远都不会被接受。

2. 可靠性

并不是所有的证据都是可靠的，比如某些权威证词、太孤立不能建立起任何因果联系的证据都不能成为科学的证据。科学证据的可靠性至少必须具备真实性和精确性。

（1）真实性

证据是否真实、可接受，是科学推理的基础。证据的虚假主要有两大来源：一是提供证据的人本身有意说谎了；二是人的本能和认识的局限。提供证据的人无意地提供了虚假信息。有时即使是自认为亲眼所见，也未必真实。

案例　空难目击者的证词

2001年11月12日，美国航空公司的587号飞机在起飞后不久便失去平衡，在众目睽睽下，一头栽进了纽约的居民区，造成265人死亡。美国国家交通安全委员会调查的最后结论是，飞行员在应对乱流时操作不当，使垂直尾翼承受庞大的压力，最后使它整个脱落，导致飞机失去控制而坠毁。委员会在调查中访问了394位当场的目击者，他们发现：

52%的人说他们看到飞机在空中时就起了火。22%的人说起火点是在油箱处，但多数人说是在别的地方，有的说是左边的发动机，有的说是右边的发动机，有的说是左翼，有的说是右翼，等等。近20%的人说看到飞机向左转，同样数量的人说看到飞机向右转；近60%的人说看到飞机上有部件掉下来，其中13%的人说是飞机的翅膀（其实是飞机垂直尾翼脱落）。

这些互相矛盾的观察报告，并不是因为目击者有意撒谎。但是，真实的情况是飞机并没有在空中起火，如何解释多半的目击者说他们看到飞机在空中时就起了火？

其实，这是个心理现象，因为观察往往是推理和拼凑过程，证人的记忆其实是在重新构造，"因为证人会本能地将事件和他们过去的经验拼接起来。你看过多少坠机事件？很可能从来没有。但在电影中呢？很多。在电影中，总是有烟，总是有火"（Wald，2002）。

（2）精确性

科学中常常使用测量来作出客观对比并减少分歧，例如不同的颜色可以通过光的波长来区分，而不使用具体的颜色这样的模糊概念。科学的假说经常被数学语言所限定，或者它们至少能被翻译成某种数学的表达方式。

迷信和伪科学往往有一个缺陷，其定论经常很含糊，以至于很难提供精确的证实。

案例　占星预测

由占星术得出的描述和预测是以一种含糊的方式来述说。占星"预测"某人本年度运势中有这样的叙述："你的个性将得到张扬；你将用魅力和愉悦的方式吸引更多的注意。在工作上更加热情，特别是如果与年轻人相关，要高度使用纯真和技能，懂得慷慨资助；你会致力于有价值的事业；健康状况颇佳，外出旅游方面不错。将你认为有价值的计划加以实施。爱情有可能出现停滞，另一方的态度有不忠的表现"。这样的预测几乎适合所有人，分析其中"你将用魅力和愉悦的方式吸引更多的注意"这一陈述，其问题在于，是什么样的魅力？什么类型的"愉悦方式"？吸引谁的注意？吸引多少注意？由于其陈述的模糊性，使得这类预测毫无科学性。

（摘自《理解科学推理》，科学出版社，2010）

3. 完整性

一个推断被认为是科学的，必须有完整的证据、资料文件以供佐证。若证据因各种原因流失于事实认定之外，就会影响到事实认定的准确性。在科学研究中，收集和呈现证据时必须是诚实的，并且对沿此途径所产生的那些理论问题进行了诚实的合逻辑的思考。缺乏完整性的情况包括伪造证据和因果联系的缺失。

案例　轮回转世

20世纪，人们经常运用在催眠术下所产生的证据。这种观念是，在催眠术作用下，灵魂记下了转世前发生的事情。1956年美国出版的一本名叫《寻找墨菲》的书中做了以下描述。

作者莫雷对一位叫露丝的女士在六个不同时段的催眠治疗进行了录音，并对这些录音加以重新复制形成副本。所有这些时段都有几个旁观者见证。

尽管露丝说从没去过爱尔兰，更没有在那居住过，但在催眠术下，她讲了许多她推测是在19世纪早期的爱尔兰科克郡的生活细节，这种生活是作为名为墨菲的一位女士的生活。

副本包括有关墨菲全部生活的种种问题的详细回答。她与哥哥邓肯把稻草置于家庭谷仓顶部的童年时光；在约翰神父的主持下，她嫁给了于17岁首次遇到的布莱恩，她死时66岁，膝下无子。甚至还提到了在地图没有标出但的确存在的小村庄。此外，她还用十分不同于平常说话声音的爱尔兰土腔来回答问题。一个片段之后,她还跳起了爱尔兰清晨快步舞作为催眠后示意的一部分。

显然那个叫露丝的女人实际上是被称作墨菲的爱尔兰妇女的转世。因此,轮回转世说是真实的。

而事实上,在《寻找墨菲》一书出版之后,芝加哥报的一名新闻记者对这一案例很感兴趣并发表了他的发现。他获知露丝实际上是来自科罗拉多州的一位家庭主妇,其真实姓名为泰伊。挖掘泰伊女士的过去,他得知她有一位爱尔兰姑妈,这位姑妈在她小的时候用爱尔兰故事与她玩耍。此外,在高中,泰伊曾经在一个剧目中扮演角色,在演出中她学会了用浓重的爱尔兰土腔来表达台词。最后,一位居住在泰伊家对面好多年的邻居女士,详细讲述了年轻时期的弗吉尼亚对她的爱尔兰生活故事多么着迷。邻居女士在少女时期的名字为墨菲。

(摘自《理解科学推理》,科学出版社,2010)

三、科学的方法

科学性就是符合客观实际的真实属性。科学的本质是求真,其基本任务就是探索、认识未知。

1.科学方法的特征

科学方法就是科学研究的方法,包含以下重要特征:严谨的观察、构建假说并验证之、对新信息的开放性并自愿接受他人的经过验证的成果。具体至少涵盖观察、假说、验证三个方面。

(1)科学研究的本质

科学研究(Scientific research),一般是指在发现问题后,经过分析找到可能解决问题的方案,并利用科研实验和分析,对相关问题的内在本质和规律进行调查研究、实验、分析等一系列的活动,为创造发明新产品和新技术提供理论依据,或获得新发明、新技术、新产品。科学研究的基本任务就是探索、认识未知和创新。

从逻辑的角度来看,科学研究的本质就是进行推理,用推理来形成假说,并验证假说。即从可观察的事实或证据出发,推导出假定性结论,并用经验来验证;再依据这个得到验证的结论推导出一个相对系统的理论。科研工作就是不断地寻求新的证据和结论,先从证据归纳出结论,再寻求新的证据来强化或者修改这个结论，然后应用这个结论，这样，不断地取得科学的进步。

（2）科学实验中主要涉及的三种变量

变量是指在实验中可以变化的因素。一般来说，科学实验中主要涉及三种变量：自变量、因变量和无关变量。

① 自变量：是指由研究者主动操纵，而引起因变量发生变化的因素或条件。自变量是由实验者有意改变或操控的条件，又被称为独立变量。

也就是说，自变量要探究的变量，在实验中通常是人为去改变的。自变量的大小、范围或取值是由实验者决定的，被认为是引起行为差异的可能原因。

② 因变量：实验中由于实验变量而引起实验对象的变化和结果。也就是说，因变量是随着自变量改变会发生变化的量，它的变化揭示了自变量对行为的作用。

需要注意的是，要分清楚观测指标和因变量的区别，观测指标是因变量的外在表现，是实验者能够看到的现象，而因变量才是本质发生变化的量。比如豆芽变成绿色的实质是产生了叶绿素，所以因变量是有无叶绿素产生，豆芽变成绿色是观测指标。

③ 无关变量：又称控制变量、参变量、额外变量，这是由于描述问题的角度不同引起的。除自变量之外，一切能够影响实验结果，而实验中需要加以控制的变量，或者说在实验中与所研究的条件和行为无关，但又是影响因变量（行为，又称实验结果）的因素，即为无关变量。

要特别注意的是，无关变量并不是指这个变量与因变量无关，实际上无关变量也会对因变量产生影响，但因为本次探究并不去研究它，所以控制它为无关变量。比如探究电压与电流的关系，该探究的自变量是电流大小，因变量是电压大小，无关变量就是电阻大小。电阻大小也会影响电压，但因为不是该探究的目的，所以是无关变量。假如换成探究电压与电阻的关系，那么电阻就变成了自变量，电压是因变量，而电流变成了无关变量。

（3）实验组和控制组

实验一般分成实验组和控制组，其实验变数被处理。

实验组（experimental group）是指随机选择的实验对象的子集。实验组中的个体要接受控制组所没有的某种特殊待遇。

控制组（control group），也叫对照组，是指实验对象中一个被随机选择的子集，其中的个体没有特殊待遇。对于试验来说，它们是没有被试验变量处理的对照组。需要控制组的原因是：没有控制组，就没有办法确定这样的操作或是某些其它变量（或几个联合变量）是否产生了作用。

在理论上，实验组和控制组之间存在着一定的相关性，这是因为不相关的因素对控制组的作用是相同的。这种试验结果可以被认为是由试验变量产生的。根据对照试验的内容和形式，可以分为空白对照、自我对照、相互对照和条件对照。

科学探究是以科学探索性的方式来探索物质知识的一种重要的实验方式。科学探究的六个步骤是：提出问题，猜想与假设，制订计划与设计实验，进行实验与收集证据，分析与论证、评估，交流与合作。

案例　光合作用的科学史

一、普利斯特利实验

在1733年英国的一个裁缝家诞生了一个小生命，他叫普利斯特利。长大后他寄宿在一个啤酒厂工人的家中，一次机缘巧合，他去参观啤酒厂时发现，燃烧的木条在接近发酵车间内装啤酒的大桶时，木条会立刻熄灭。

在日常生活中他发现了一些很有趣的事情，譬如在封闭容器中的小老鼠，几天后就会死去。其实容器里面也有空气呀，那为什么小老鼠有空气也会死？

然后他在想：会不会有不同种的空气？

随后他为寻找"空气是不是有不同的组成（总实验目的）"答案做了一系列实验。

★实验1

将蜡烛和小老鼠分别放入玻璃罩中。

过一会儿，蜡烛熄灭，老鼠死亡。

看到了这个过程，他提出了这样的假说：空气中大概存在着一种东西，当它燃烧时空气就会被污染，因而成为不能供动物呼吸，也不能使蜡烛继续燃烧的"受污染的空气"。

然后他就在想：污染的空气能不能被净化成能使蜡烛燃烧、老鼠存活的空气呢？

对于使空气净化的物质，首先他想到的是水，为了探究污染的空气是否能被水净化的问题（实验2的实验目的），他设计了以下实验。

★实验2

让空气在水中来回过，然后将过好的空气再放到有蜡烛的玻璃罩和有小鼠的玻璃罩中。

这个实验的假设是：水能净化空气，净化过的空气能使蜡烛燃烧、小鼠存活。若用水净化过的空气可以使蜡烛燃烧、小鼠存活，即可证明假设。

自变量：用水净化过的空气和没用水净化过的空气（空白对照）；

控制无关变量：玻璃罩大小相同，气体相同，实验用蜡烛同一批次，老鼠用同一窝的（意思就是除了自变量之外其他的东西都应该是相同的）。

然而，结果并不如预期。

用水净化过的空气和没用水净化过的空气都不能使蜡烛燃烧、小鼠存活（观察记录），所以，普利斯特利得出以下实验结论：水不能净化空气。

然而，普利斯特利并不灰心，他想：既然动物在受污染的空气中会死去，那么植物又会怎样呢？尔后又设计了第3个实验。

★实验3

实验目的：探究植物和动物一样会在受污染的空气中死去。

实验原理：蜡烛燃烧能污染空气。

实验假设：植物和动物一样会在受污染的空气中死去。

自变量：植物和动物。

控制无关变量：玻璃罩大小相同，蜡烛批次相同，动物植物重量相似。

观察记录：动物死了；植物却活得好好的，放到阳光下养，还能开花。

实验结论：植物不会像动物一样在受污染的空气中死去。

真理的大门已经为他打开了一个小小的门缝了。

他推测：植物能净化空气？

然后他又做了第4个实验。

★实验4

实验目的：植物是否能净化空气。

实验原理：植物净化空气使小鼠存活。

实验假设：植物可净化空气使小鼠存活。

自变量：玻璃罩内是否有植物（空白对照，无植物的为甲组，有植物的为乙组）。

控制无关变量：玻璃罩大小相同，老鼠用同一窝。

这次，功夫不负有心人，结果符合预期，甲组老鼠像前面几次一样很快就死了，乙组老鼠活得好好的。

最后，普里斯特利给出了以下结论：植物能更新空气。

★英格豪斯实验

一个重要科学发现公开发表后必定会有很多人重复这些实验，然而有些人能够重复出来，有些人却得出了实验4中乙组的老鼠也是会死。

在普里斯特利发现以上结论的8年后（1779年），有一个荷兰人英格豪斯，他在家里重复了500次普里斯特利的实验发现了一个重要的变量：光照，只有在有光照的情况下普里斯特利的实验才能被重复。

这个故事再次告诉大家：控制无关变量是多么重要。

二、萨克斯实验

1771年英国的普利斯特利通过一系列实验发现植物能更新空气，1779年荷兰的英格豪斯通过重复前者的实验发现只有在阳光和绿叶植物的条件下植物才能更新空气，然后过了差不多一百年光合作用都没有什么进展。

主要是因为在18世纪时对于燃烧的主要解释是燃素说，燃素说认为燃烧是一个分解的过程，而不是氧化还原的过程，更没有能量转化这个概念。

第一个提出能量转化和守恒定律的是德国的迈尔。

他在1842年发表了一篇论文《论无机自然界的力》，这是一篇关于能量守恒和转化定律的论文。在1845年，他从普利斯特利和英格豪斯的结论得出了一个推论：植物可吸收阳光将能量转化为化学能储存起来。

1864年，德国的萨克斯做了一个很重要的实验证明了迈尔的结论，这个实验设计精巧，他对于对照的设置，无关变量的控制到了非常高的水平，体现了作为一个理科科学家严谨的科学思维。

实验目的：探究植物光照后生成的物质。

实验原理：植物在光照条件下，将光能转化成物质储存起来。碘蒸汽能将淀粉染成深蓝色。

实验假设：在光照条件下，植物可将光能转化为淀粉，用碘蒸汽可将淀粉染成深蓝色。

自变量：是否有光照（自身对照）

控制无关变量：用同一株植物同一个叶片；先暗处理消耗叶片中的淀粉。在做碘蒸汽染色前先对叶片行脱色处理，避免叶片本身的颜色干扰实验结果。

实验过程：将植物（实验对象）放在黑暗中12小时，然后用锡纸将其中一片叶子的一半遮住避光，再将整个植物放到阳光下若干小时，然后将处理的叶子剪下放入酒精脱色后进行碘蒸汽处理。

观察记录：被锡纸遮住的一半无着色，没有被锡纸遮住的一半显深蓝色。

实验结论：植物叶片在光照的情况下会产生淀粉。

三、恩格尔曼实验

19世纪德国人恩格尔曼（T.Engelmann）做了几个代表性的实验。

★第一个实验

实验目的：探究细胞的哪个部位是光合作用的场所。

实验原理：光合作用能产生氧气，氧气能使好氧菌聚集。

实验假设：在光照条件下植物可进行光合作用，进行光合作用的部位会放出氧气使好氧菌在此部位聚集。

自变量：光照向植物细胞的不同地方。

控制无关变量：光束大小亮度一致。光照向同一个细胞的不同点。

实验过程：把载有水绵和好氧细菌临时装片放在没有空气的黑暗环境里，然后用极细的光束照射水绵。

实验现象：好氧细菌向叶绿体被光束照射到的部位集中，若将临时装片放在光下发现细菌分布在叶绿体所有受光部位中。

实验结论：氧是由叶绿体释放出来的，叶绿体是绿色植物进行光合作用的场所。

他发现了这个结论后紧接着又思考了另一个问题：既然叶绿体是绿色植物进行光合作用的场所，那么不同波长（颜色）的光会不会影响光合作用？

★第二个实验

实验目的：探究不同波长（颜色）的光对光合作用效率的影响。

实验原理：三棱镜能将不同波长（颜色）的光分开。光合作用能产生氧气。氧气能使好氧菌聚集。

实验假设：在不同波长（颜色）的光下植物的光合作用效率不同。光合作用效率高的部位会放出氧气使好氧菌在此部位聚集。

自变量：不同波长（颜色）的光。

控制无关变量：光源一致，光束大小亮度一致。光照向同一个细胞的不同点。

实验过程：将光透过三棱镜照射水绵临时装片。

实验结果：好氧菌聚集在红光和蓝光区域中。

实验结论：叶绿体中色素吸收红光、蓝紫光，用于光合、放出氧气。

其实叶绿体在1832年已经被发现了，只是没有人将它叫作叶绿体，在此之前所有人认为只要是"绿色植物细胞"就可以进行光合作用。

恩格尔曼确实没有命名叶绿体，命名叶绿体的人还另有他人。

这个人是一个出生于法国的德国人，他叫席姆佩尔。他在1881年证明淀粉在植物细胞的特定部位形成，1883年他把这些实体命名为叶绿体，同年还证明新的叶绿体是仅从已存的叶绿体分裂产生的。

至于叶绿体的尊容是在过了差不多60年后的1940年，德国人G. A. Kausche和H. Ruska发表了世界第一张叶绿体的电镜照片，大家才知道叶绿体里面也有这么多结构。

四、卡尔文循环

恩格尔曼用水绵做了两个实验证明了叶绿体中色素吸收红光、蓝紫光，放出氧气，叶绿体是绿色植物进行光合作用的场所。

那么跟呼吸作用一样，人们对光合作用产生出的氧气和有机物是从哪来的科学问题也有非常大的兴趣。

直到20世纪初人们发现了同位素，这个当时的"黑科技"生物科学仿佛打开了新世纪大门，它像是一把钥匙打开了很多未解之谜。

★光合作用产生氧气的来源

美国科学家鲁宾和卡文以小球藻为实验对象，用同位素标记18O的地方是水和碳酸氢盐，然后碳酸氢盐在水中本身就会处于分解成二氧化碳的动态平衡状，以此种方式来间接标记二氧化碳。

实验目的：探究光合作用氧气的来源。

他们认为用同位素标好的水和碳酸氢盐以不同的浓度混合，然后放入能光合作用的生物，若放出同位素氧气的浓度与同位素水的浓度相同，即认为氧气是通过水产生的，反之则认为是二氧化碳产生的（实验假设）。

所以，他们用同位素标好的水和碳酸氢盐以3种不同的浓度混合，然后放入小球藻，最后测出放出氧气的同位素氧气的浓度。

实验得出以下结果：发现氧气的18O的百分比始终跟水的18O百分比相似。

得出实验结论：光合作用释放的氧气来自水。

★光合作用如何产生有机物

解决了光合作用产生氧气的来源问题后，人们对于光合作用如何产生有机物更有兴趣了。

这时，美国人卡尔文看到了上文同位素标记如此的神通广大后，他也想用同位素标记来研究一下二氧化碳在光合作用中转化成有机物中碳的途径。

他将标注好14C的碳酸氢盐放入藻类后让其进行光合作用，破碎细胞提取总裂解液后，利用了双向纸层析技术分开各种各样的组分。

通过实验，他画出了光合作用暗反应的过程，并起名为卡尔文循环，卡尔文凭借着这个发现在1961年获得了诺贝尔化学奖。

暗反应主要分为三部分：固定，还原，再生。

光合作用暗反应的过程主要重点有：

1. 场所：叶绿体基质

2. 碳的固定

化学式：$CO_2+C_5 \rightarrow 2C_3$

需要酶的参与

3. C3还原与再生的化学式：$C_3 \rightarrow (CH_2O)+C_5$

4. C3的还原

需要酶，2个[H]，2个ATP的参与

5. 再生过程需要酶，1个ATP的参与

6. 暗反应的实质：将活跃的化学能转化为稳定的化学能。

2.常用的科学试验方法

科学实验，是指根据一定目的，运用一定的仪器、设备等物质手段，在人工控制的条件下，观察、研究自然现象及其规律性的社会实践形式，是获取经验事实和检验科学假说、理论真理性的重要途径。

案例　米歇尔·傅科钟摆试验

1851年，法国著名物理学家傅科（1819—1868）为验证地球自转，当众做了一个实验，用一根长达67m的钢丝吊着一个重28kg的摆锤（摆锤直径0.30m），摆锤的头上带有钢笔，可观测记录它的摆动轨迹。傅科的演示说明地球是在围绕地轴旋转。在巴黎的纬度上，钟摆的轨迹是顺时针方向，30小时一周期；在南半球，钟摆应是逆时针转动；而在赤道上将不会转动；在南极，转动周期是24小时。

这一实验装置被后人称为傅科摆，也是人类第一次用来验证地球自转的实验装置。该装置可以显示由于地球自转而产生科里奥利力的作用效应，也就是傅科摆振动平面绕铅垂线发生偏转的现象，即傅科效应。实际上这等同于观察者观察到地球在摆下的自转。

常用的科学实验方法有以下三种。

（1）受控实验法

当研究某一课题的时候，实际情况往往十分复杂，通常是很多因素共同作用的结果。所以，采用简化系统模型的方法，将众多因素设置为常量和无关变量，使得这些因素不会影响最终结果。

受控实验法也叫控制变量法，是研究不同的因素对于问题的影响，接着就要研究同一个因素、不同量对于问题的影响，这在物理中经常运用。假设要研究电流与电压之间的关系，可以先固定电阻不变，然后增大或者减小电压，观察电流的变化。发现电流与电压的变化成正比，如此就可以推断出电流与电压之间的关系。

（2）对照实验法

在研究某一课题时，可把实验分为实验组和对照组，实验组与对照组无关变量影响应该是相同的，实验组与对照组两者的差异，可认定为是来自实验变量的效果造成的。比如，有人认为鸡蛋黄的黄色跟鸡所吃的绿色植物性饲料有关，为了验证这个结论，最可靠的方法是做对比实验，即让实验对象的其他方面的条件相同的情况下，改变差异因素（植物性饲料）后，看结果（蛋黄的颜色）是否不同。因此，对比实验应该是这样的：选择品种等级完全相同的蛋鸡，一半喂食植物性饲料，一半喂食非植物性饲料。

案例　影响小树苗成长的因素

光照应该对小树苗成长有影响，那就进行两组对照实验，一组有光照，一组无光照，经过一段时间观察不同组小树苗的成长情况。

如果生长情况相同，就说明光照没有影响，如果不同就说明光照有影响。

影响小树苗成长的因素有可能不只光照，也许还有其它的因素，比如水分。

这时的对照实验，就要先保证两组有相同的光照，然后一组水分充足，一组水分不足。经过一段时间观察不同组小树苗的成长情况。

如果生长情况相同，就说明水分没有影响，如果不同就说明水分有影响。

需要注意的就是，如果有多个影响因素，要保证除研究的因素外，其它的条件都相同，否则无法确定不同结果是哪个因素导致的。

每个问题都会有多个已知条件，到底哪些才是真正能够影响问题的，就可以通过类似的方法进行思想实验。比如更改一些条件，看会不会引起问题的本质变化，这样可以帮助我们梳理出关键信息，屏蔽其它的干扰信息，从而减小分析的难度。

（3）双盲实验法

双盲实验始于20世纪50年代，目的是避免试验的对象或进行试验的人员的主观偏向影响实验的结果。所谓双盲，既是指对于受试验的对象及研究人员都不知道哪些对象属于对照组，哪些属于实验组。只有在所有资料都收集及分析过之后，研究人员才会知道实验对象所属组别。该方法是对如上对照实验方法的改进和补充。在医学、心理到社会科学等诸多领域，都会用到双盲方法进行实验。作为一种广义的双盲试验，盲测经常用于抽查新商品以检验其与老商品的可比性及竞争性。

阅读　大样本随机双盲对照试验

证明药物有效性的黄金定律：随机双盲试验。

自古以来，人们都习惯从先后发生的事件里总结出某种规律：秋天到了树叶就变黄，冬天来到水就要结冰，但是学过生物的我们都知道，树叶变黄和秋天到来是没有直接的因果关系的，海南的冬天也不结冰。这种习惯推理在大部分时间是起作用的。而人们也用它来确定药物的疗效，让患者吃下某种药物或者进行某种治疗，然后观察患者是否痊愈，如果痊愈，则认定该治疗是有效的，这是传统临床的医学阶段。

1789年，法国的巴黎学派，以Pierre Louis为代表的医生掀起一次医学革命。他们主张治疗不能依据传统古典理论和盲从权威，而是要观察事实做出推理和决策。Louis第一次引入"对照组"的概念，发现当时广为流行的放血疗法和吐酒石其实并无疗效，发出了循证医学的先声。

★ 单盲

人们发现，有些疾病无需治疗也能自动痊愈，例如口腔溃疡、感冒等，有些疾病病人吃安慰剂后，在心里暗示下能很好痊愈。而在以上两类情况下医生所进行的药物和治疗都是多此一举的，这些所使用的药物和疗法都是无效的"假治"。疾病自愈和安慰剂效应的发现，使得人们对药物和疗法的有效性的确定更为谨慎了。

首先我们得把一定数量的病人随机分为三组。

为什么要大样本呢？因为统计学的"大数原则"告诉我们，样本越大，统计结果越能稀释掉那些特例（例如某些人免疫系统特别强或特别弱），也就越能逼近真实情况。为什么要随机呢？因为这样可以有效避免病人由于病情轻重而导致的痊愈效果阶段性差异。

第一组是对照组，不做任何治疗，用来观察病人在没有治疗情况下的自愈效果。

第二组是安慰剂组，给病人吃没有治疗成分的"假药"，用来观察病人的心理作用对疾病的影响。

第三组是治疗组，给病人吃真药，观察这种药物或疗法的真实治疗效果。

当然，病人们并不知道自己属于哪一组。然后根据结果统计，只有第三组的治疗效果明显高于前两组，才能证明该药物或疗法的有效性是真实的。

★ 双盲

后来人们又发现了一个事实：假如参加治疗的医生知道自己属于哪一组，出于自己的主观目的，能自觉或不自觉地对病人产生暗示，例如说，我知道你是安慰剂组，而我希望该疗法能被盲测认定，我就会暗示你现在吃的是假药。又或者，我身处治疗组，我会更加认真细心，从而使三组病人并不是处于公平的位置。这些来自医生的主观偏见会对结果产生影响。

所以人们改进了盲测的方法，把医生的眼睛也"蒙起来"——所有数据加密，连医生都不知道自己身处哪一组，而统计工作由第三方来进行。这样一来，就能很好屏蔽来自医生的偏见影响，让实验更加客观公正了。

这种大样本随机双盲测试是现在医学界公认的确定药物疗效的机制，也是一把严格的利剑，无情地砍掉了那些虚假的疗法，不管这种疗法背后有多雄厚的文化支撑（顺势疗法），也不管这种疗法被实施了多少年（放血疗法），总之无效就是无效。

★双盲实验的比喻

买苹果，王婆打开了一箱。"又甜又脆的苹果喽！不甜不脆不要钱"，说的好听！当然了，卖苹果的说的都好听。如果你是个智力正常的消费者，不需要考虑就会挑几个看看。不错，确实没有烂的。但是只看"几个"是不够的，最好把整箱都翻看一遍才放心。只是你没有时间，或者王婆也不让这样做。那么，你检验得越多，"这一箱苹果都是好的"的可能性就越大。这就是"大样本"的意义。

但是，高明的消费者考虑更多，他要货比三家，没准儿李婆的苹果更甜更脆，"比"比"不比"更可靠。这就是"对照"的意义。

比就比，李婆拿出十个苹果，可她眼花；王婆也拿出十个苹果，可她眼毒着呢。这不用比，王婆的苹果好。消费者可不容易上当，两个婆婆都蒙住眼，随便从箱里摸出十个来比比。最后是李婆的苹果好。这个就是"随机"的意义。

经过这样的对比后，作为旁观的第三者，你要是真的以为是李婆的苹果好，你可能也上当了。因为这个消费者可能是李婆的托，也可能对李婆有好感。那么怎么办？将随机选出的二十个苹果让第三者来编号，然后打乱，再让消费者来判断，判断结果由第三者进行统计。现在不但消费者不知道，连王婆、李婆自己也不知道哪个苹果是自己的。所以最后得出的结果才是真正客观可靠的。这就是"双盲"的意义。

世界上的著名科学家公认双盲试验是人们最该了解的科学概念。

英国皇家科学院院士、牛津大学教授道金斯认为，最能提高每个人认知能力的科学概念就是"双盲对照试验"。他说：如果所有学校都教其学生如何去做"双盲对照试验"，我们的认知方法和能力将会在以下方面得到提高。

① 我们会学会不从零星轶闻中去归纳普遍化结论；

② 我们会学会怎样评估一个貌似很重要的结果其实可能只是偶然发生的可能性；

③ 我们会学会排除主观偏见是件多么极端困难的事，知道有主观偏见并不

意味着不忠实或不公正。这个课程还有更深的意义，他对于打消人们对权威和个人观点的崇拜能起到积极的作用；

④ 我们会学会不再受骗于顺势疗法和其它假冒医生的江湖骗子，让他们失业；

⑤ 我们会学会更广泛地使用批判性和怀疑的思维习惯，这不仅会提高我们的认知能力，说不定能拯救世界。

案例　托马斯·杨的双缝演示应用于电子干涉实验

在20世纪初的一段时间中，人们逐渐发现了微观客体（光子、电子、质子、中子等）既有波动性，又有粒子性，即所谓的"波粒二象性"。"波动"和"粒子"都是经典物理学中从宏观世界里获得的概念，与我们的直观经验较为相符。然而，微观客体的行为与人们的日常经验毕竟相差很远。如何按照现代量子物理学的观点去准确认识、理解微观世界本身的规律，电子双缝干涉实验为一典型实例。

杨氏的双缝干涉实验是经典的波动光学实验，玻尔和爱因斯坦试图以电子束代替光束来做双缝干涉实验，以此来讨论量子物理学中的基本原理。可是，由于技术的原因，当时它只是一个思想实验。直到 1961 年，约恩·孙制作出长为 50mm、宽为 0.3mm、缝间距为 1mm 的双缝，并把一束电子加速到 50keV，然后让它们通过双缝。当电子撞击荧光屏时显示了可见的图样，并可用照相机记录图样结果。电子双缝干涉实验的图样与光的双缝干涉实验结果的类似性给人们留下了深刻的印象，这是电子具有波动性的一个实证。更有甚者，实验中即使电子是一个个地发射，仍有相同的干涉图样。但是，当我们试图决定电子究竟是通过哪个缝的，不论用何手段，图样都立即消失，这实际告诉我们，在观察粒子波动性的过程中，任何试图研究粒子的努力都将破坏波动的特性，我们无法同时观察两个方面。要设计出一种仪器，它既能判断电子通过哪个缝，又不干扰图样的出现是绝对做不到的。这是微观世界的规律，并非实验手段的不足。

3.科学发展的根基

科学发展的根基有两个：一是，科学思维方法，即逻辑推理与论证；二是，科学实验。正如爱因斯坦所说："西方科学的发展是以两个伟大的成就为基础：

希腊哲学家发明形式逻辑体系(在欧几里得几何中)以及(在文艺复兴时期)发现通过系统的实验可能找出因果关系。"

案例　伽利略的科学逻辑与科学实验

伽利略·伽利雷（Galileo Galilei，1564-1642），意大利著名数学家、物理学家、天文学家和哲学家，近代实验科学的先驱者。伽利略在人类思想解放和文明发展的过程中作出了划时代的贡献，被称为"科学方法之父""现代科学之父"。

一、物体为什么会运动呢？

希腊大哲学家亚里士多德说，运动有两种，一种是天然运动，一种是受迫运动。

轻的东西有"轻性"，如气、火，天然地向上走；

重的东西有"重性"，如水、土，天然地向下跑。

这些都是天地运动，是由它们的本性决定的。俗话所说的"人往高处走，水往低处流"，表达的也是这个意思。世间万物都向往它们各自的天然位置，有各归其所的倾向，这个说法我们是容易理解的。

轻的东西天然处所在上面，重的东西天然处所在下面，在"各归其所"的倾向支配下，它们自动地、出自本性地向上或向下运动。如果轻的东西向下运动、重的东西向上运动，那就不是出自本性的天然运动，而是受迫运动。

物体到达自己的天然位置之后，就不再有运动的倾向了，如果它这时候还在运动，那也是受迫运动。受迫运动依赖于外力，一旦外力消失，受迫运动也就停止了。

亚里士多德关于运动的这些观念很符合常识。比如，从其天然运动理论可以得出重的东西下落得快，轻的东西下落得慢的结论，而这是得到经验证实的。玻璃弹子当然比羽毛下落得快。

又比如，由其受迫运动理论可以得出，一个静止的物体如果没有外力推动就不会运动，推力越大运动越快，如果外力撤销，物体就会重归静止状态。这个说法也有经验证据，比如地板上的一只装满东西的重箱子就是这样。

亚里士多德的运动理论受到了常识的支持，但近代物理学首先要挑战这个理论。"运动"观念上的变革首先是由伽利略挑起的。

伽利略从一个逻辑推理（而不是众所周知的比萨斜塔实验）开始批评亚里士多德的理论。

他设想一个重物（如铁球）与一个轻物（如纸团）同时下落。按亚里士多德的理论，当然是铁球落得快，纸团落得慢，因为较重物含有更多的重性。

现在，伽利略设想把重物与轻物绑在一起下落会发生什么情况。一方面，绑在一起的两个物体构成了一个新的更重的物体，因此，它的速度应该比原来的铁球还快，因为它比铁球更重；但另一方面，两个不同下落速度的物体绑在一起，快的物体必然被慢的物体拖住，不再那么快，同时，慢的物体也被快的物体所带动，比之前更快些，这样，绑在一起的两个物体最终会达到一个平衡速度，这个速度比原来铁球的速度小，但比原来纸团的速度大。

从同一个理论前提出发，可以推出两个相互不一致的结论，伽利略据此推出理论前提有问题，也就是说，亚里士多德关于落体速度与其重量有关的说法值得怀疑。

从逻辑上讲，解决这个矛盾的唯一途径是下落速度与重量无关，所有物体的下落速度都相同。

当然，科学的进步并不完全是凭借逻辑推理取得的。

伽利略这位真正的近代科学之父，近代实验科学精神的缔造者，并未满足于逻辑推理，而是继续做了斜面实验。

他发现，落体的速度越来越快，是一种匀加速运动，而且加速度与重量无关。他还发现，斜面越陡，加速度越大，斜面越平，加速度越小。在极限情况下，斜面垂直，则相当于自由下落，所有物体的加速度都是一样的。当斜面完全水平时，加速度为零，这时一个运动物体就应该沿直线永远运动下去。

斜面实验表明，物体运动的保持并不需要力，需要力的是物体运动的改变。这是一个重大的观念更新！

伽利略没有办法直接对落体运动进行精确观测，因为自由落体加速度太大，当时准确的计时装置还未出现。只要想一想，伽利略发现摆的等时性时是用自己的脉搏计时的，就可以知道当时科学仪器何等缺乏。

斜面可以使物体下落的加速度减小，因而可以对其进行比较精确的观测。在此基础上，伽利略最终借助"思想实验"，由斜面的情形推导出自由落体和水平运动的情形。

在伽利略的手稿中谈到了从塔上释放重量不同的物体,以验证是否重物先着地。他并没有说明是在哪个塔上做的实验,但许多人猜想是在著名的比萨斜塔上。这种猜想不无道理,因为记载这些实验的手稿就是在比萨城写下的。

值得注意的是,伽利略的实验报告并没有说两个不同重量的物体完全同时落地,而是重物先于轻物"几乎同时落地",其差别没有它们之间的重量差那么大。我们知道这是空气阻力造成的。

二、伽利略的加速度试验

为寻求自由落体运动规律,鉴于当时测量条件的限制,伽利略无法用直接测量运动速度的方法来寻找自由落体的运动规律。因此他设想用斜面来"冲淡"重力,"放慢"运动,而且把速度的测量转化为对路程和时间的测量,并把自由落体运动看成倾角为90°的斜面运动的特例。

在这一思想的指导下,他做了一个6米多长、3米多宽的光滑直木板槽,再把这个木板槽倾斜固定,让铜球从木槽顶端沿斜面滚下,然后测量铜球每次滚下的时间和距离的关系,并研究它们之间的数学关系。亚里士多德曾预言滚动球的速度是均匀不变的:铜球滚动两倍的时间就走出两倍的路程。伽利略却证明铜球滚动的路程和时间的平方成比例:两倍的时间里,铜球滚动4倍的距离。他把实验过程和结果详细记载在1638年发表的著名的科学著作《关于两门新科学的对话》中。

伽利略在实验的基础上,经过数学的计算和推理,得出假设;然后再用实验加以检验,由此得出正确的自由落体运动规律。这种研究方法后来成了近代自然科学研究的基本程序和方法。

伽利略的斜面加速度实验还是把真实实验和理想实验相结合的典范。伽利略在斜面实验中发现,只要把摩擦减小到可以忽略的程度,小球从一斜面滚下之后,可以滚上另一斜面,而与斜面的倾角无关。也就是说,无论第二个斜面伸展多远,小球总能达到和出发点相同的高度。如果第二斜面水平放置,而且无限延长,则小球会一直运动下去。这实际上是我们现在所说的惯性运动。因此,力不再是亚里士多德所说的维持运动的原因,而是改变运动状态(加速或减速)的原因。

把真实实验和理想实验相结合,把经验和理性(包括数学论证)相结合的方法,是伽利略对近代科学的重大贡献。实验不是也不可能是自然现象的完全再现，而是在人类理性指导下对自然现象的一种简化和纯化，因而实验必须有理性的参与和指导。伽利略既重视实验，又重视理性思维，强调科学是用理性思维把自然过程加以纯化、简化，从而找出其数学关系。因此，是伽利略开创了近代自然科学中经验和理性相结合的传统。这一结合不仅对物理学，而且对整个近代自然科学都产生了深远的影响。

（摘自《科学的历程》与《物理学十大著名经典实验》）

第二节　科学与解释

理解并解释世界是改变世界的基础，事实通过推导而形成理论，并不一定都是科学的。对事实的解释可以区分为科学解释和非科学解释。

一、解释的评判

所谓解释，就是在观察的基础上进行思考，合理地说明事物变化的原因，事物之间的联系，或者是事物发展的规律。

案例　荒地的巨幅图形

在秘鲁安德斯山脉的高处，有一片纳兹卡荒地。那块荒地的地面形成了一些大型的几何图形，以及一些动物图案如猩猩、蜂鸟和蜥蜴。这些图案产生于一千多年前，是通过扒开覆盖在土地上的具有氧化铁表皮的沙石而描绘出的，由于其形状巨大，只有站在更高处才能把它们认成相应的图案。

畅销书作家丹尼肯却提出，那些线条代表外星飞船的着陆带，正是这些外星人从空中指导印第安人完成了这些画。其解释牵强、怪异。

一个可接受的解释是：纳兹卡地区的印第安人使用简单的工具和测量设备完成了那些画像，以便给居住在云层中的雨神留下印象。

（摘自《简明逻辑学导论》，世界图书出版公司，2010.）

例1：美国某大学医学院的研究人员在《小儿科杂志》上发表论文指出，在对2702个家庭的孩子进行跟踪调查后发现，如果孩子在5岁前每天看电视超过2小时，他们长大后出现行为问题的风险将会增加1倍多。所谓行为问题是指性格孤僻、言行粗鲁、侵犯他人、难与他人合作等。

分析：对此现象的一个有力的解释是，看电视时间过长，会影响儿童与他人的交往，久而久之，孩子便会缺乏与他人打交道的经验。

例2：有科学家认为：就像地球一样，金星内部也有一个炽热的熔岩核，随着金星的自转和公转会释放巨大的热量。地球是通过板块构造运动产生的火山喷发来释放内部热量的，在金星上却没有像板块构造运动那样造成的火山喷发现象，令人困惑。

分析：对该科学家的困惑的一个有力的解释是，金星自转缓慢而且其外壳比地球的薄得多，便于内部热量向外释放。

例3：地理和历史的证据显示的美国东部地震与加州相比在强度上相同，但影响的面积更大。相同震级的地震在美国东部打击的区域是加州的100倍。

分析：对此现象的一个有力的解释是，加州的地壳，与东部相比较，当地震波从震中向外传递时，有更丰富的吸收地震波的断层。

例4：有气象专家指出，全球变暖已经成为人类发展最严重的问题之一，南北极地区的冰川由于全球变暖而加速融化，已导致海平面上升；如果这一趋势不变，今后势必淹没很多地区。但近几年来，北半球许多地区的民众在冬季感到相当寒冷，一些地区甚至出现了超强降雪和超低气温，人们觉得对近期气候的确切描述似乎更应该是"全球变冷"。

分析：对此现象的一个有力的解释是，近几年来，由于两极附近海水温度升高导致原来洋流中断或者减弱，而北半球经历严寒冬季的地区正是原来暖流影响的主要区域。

1.解释的类型

提出解释，是科学的一大任务，对事物和现象的解释，有以下几种类型。

第一类解释是指出事物产生的原因和因果过程。比如，为什么地球环绕太阳运转？因为太阳的引力将它拉住了。

第二类解释是用规律来解释为何现象是这样的。比如，为什么水开之后烧水壶的盖子不断跳动？因为气体加热后会膨胀。

第三类解释是用事物的功能、作用和目的来解释它为何这样。比如，为什么啄木鸟的嘴那么尖？因为这样它可以啄出树洞中的虫。

从是否符合科学的角度，解释可分为科学解释和非科学解释，这两者最根本的区别是，接受或拒绝某个观点所基于的基础。

阅读　物种的自私来源于基因的本性

《自私的基因》一书的作者理查德·道金斯提出了这样的一个新的观点，基因才是进化的主人，生物个体不过是基因的载体罢了。人类和其它一切动物一样，都是各自基因的生存机器。所以呢，成功的基因，一个突出的特性就是具有无情的自私性。基因出于自我保存的目的，为了更有效地达到其自私的目的，就会无意识地操纵生命个体做出种种行为，竭尽全力维护自己的基因，甚至不惜赴汤蹈火。

假如你遇到火灾，如果你没有抓住时机尽快逃出去，就很有可能被烧伤，甚至死亡，那么你的基因就没办法继续迭代，这可不是基因想看到的事情。所以，什么礼让先行、什么伦理道德，在基因的操控下，统统被我们抛到脑后。由此我们也就发现物种的生老病死，不过都是基因进化的规律。也就是说我们人类出生、繁衍、哺乳、死去……都是基因进化的最优策略。

不过，在某些特殊情况下，基因也会滋长一种有限的利他主义。而这本质上也是来自于基因的自私性。举个例子，瞪羚这种动物高高跳起，把捕食者的吸引力转移到自己的身上，看似是一种利他行为，其实则是为了向捕食者表达：我，跳跃能力很强，跑很快的。你啊，追上我很难的……就别来追我了。

利他行为最普通明显的例子，就是父母，尤其是母亲对子女表现出的利他行为。当捕食者来临时，母鸟会上演一场调虎离山计。它们会一瘸一拐地离开巢穴，让捕食者误以为能迅速地捕获母鸟而放弃鸟巢中的雏鸟。但当它快要被捕捉到时，就会立刻放弃伪装，腾空飞起，成功转移了视线，保证了幼鸟的安全。这虽然有一定的风险，但也是基因能够传承下去的最好方式。这就是道金斯所说的，无论是动物还是人，都有自私的本性，因为这个本性就写在我们的基因里。

案例　一到高考就下雨的科学解释

"为啥一到高考就下雨？"，从历史天气数据来看，高考下雨确实蛮普遍的。

其实，6月起，我国多数地区迎来了真正意义上的雨季，这与东亚整体气候类型、区域性气候现象和小尺度的天气系统都息息相关。

每年6月初，太阳达到黄经75度时，便迎来了二十四节气中的第九个节气——芒种，这是种植业夏收夏种的繁忙时节，这一节气的到来意味着气温将显著升高，雨量也开始丰沛。

我国东部的大部分地区，都是典型的季风气候区，主要的特点是夏季高温多雨、雨热同期。在夏季，大陆在日晒后温度容易升高，气温高于海洋，于是陆地上形成低气压，凉爽海洋上则形成高气压。我国夏季风从南方海洋上高气压流向大陆低气压，多偏南风。夏季风从海洋吹向大陆，携带着丰沛的水汽，所影响之处多降水。

6月正是夏季风牢牢制霸东亚的时节，我国大部分季风气候地区本就潮湿多雨。

6月初，受"准静止锋"影响，江南地区迎来长达月余的漫长梅雨季。

6月多暴雨，也与强对流天气相关。

以上种种原因加总下来，使夏季本就多雨。所以，高考遭遇一场"六月的雨"也不算什么稀奇的事。

另外，下雨除了天意，也可能是人为。在高考的时间点，有很多地区已经非常炎热。在炎热的天气中往返考场，考生易中暑，影响考试发挥。基于此种考虑，有些城市会采取人工降雨的方式降低气温，为考生营造一个相对清凉的考试环境。

不过，总有一些年份少雨，也总会有一些城市在高考当日晴空万里，为啥我们不谈论这些呢？当我们在谈论"高考必下雨"时我们在谈论"证实性偏见"，即"高考下雨定律"的应验，是因为我们只关注那些下雨的城市。

"证实性偏见"是一种隐蔽性极强的认知偏差，指的是人们更愿意接受与自己看法一致的信息，忽略与自己看法相悖的信息。简言之，就是对自己的见解只证"实"，不证"伪"。只要你的预设是"高考下雨"，那你的意识会让你想方设法找到证据合理化你的预设。

科学发现的主要活动，包括提出解释、做出预言、做出假说并且判断其是否可接受。评价解释优劣的一般经验有两条：其一，自然主义的解释优先于超自然的解释；其二，基于已知实在的解释优先于那些基于奇妙的或怪异的现象的解释。

科学是相对的正确，即科学是人在现有物质条件与认知能力下，所得出的对事物相对正确的认识。科学假说是人们将认识从已知推向未知，进而变未知为已知的必不可少的思维方法，是科学发展的一种重要形式。科学理论发展的历史就是假说的形成、发展和假说之间的竞争、更迭的历史。科学是一个发现的过程，科学总是在"观察统计→提出理论假设→验证→应用→出现与以前假设相矛盾的新现象——再提出一个理论来解释"这样不断发展和进步的过程中。

案例　麦克斯韦妖

中学时我们都曾学过热力学第二定律（熵增原理）：孤立系统的不可逆过程熵总是在增加。"落叶永离，覆水难收；欲死灰之复燃，艰乎其力；愿破镜之重圆，冀也无端；人生易老，返老还童只是幻想；生米煮成熟饭，无可挽回……"这些都是熵增原理在实际生活中的反应，它现在也已经成为了物理学中最牢不可破的原理之一。然而当年麦克斯韦却曾提出过一个对熵增原理的诘难，非常令人困惑。

一个绝热容器被分成相等的两格，中间是由"麦克斯韦妖"控制的一扇小"门"，容器中的空气分子作无规则热运动时会向门上撞击，"门"可以选择性地将速度较快的分子放入一格，而较慢的分子放入另一格，这样，其中的一格就会比另外一格温度高，系统的熵降低了。可以利用此温差，驱动热机做功，而这是与热力学第二定律相矛盾的。

对于这个诘难的反驳，可并不是一件轻松的事情。有人可能以为麦克斯韦妖在打开、关闭门的时候需要消耗能量，这里产生的熵增会抵消掉系统熵的降低。然而开关门消耗的能量却不是本质的，它可以任意降低到足够小。

对于麦克斯韦妖的真正解释，直到20世纪才被揭开。关于熵的问题向来比较难懂，因此我直接引用赵凯华先生在《新概念力学·热学》中的话："麦克斯韦妖有获得和存储分子运动信息的能力，它靠信息来干预系统，使它逆着自然界的方向进行。按现代的观点，信息就是负熵，麦克斯韦妖将负熵输入给系统，降低了它的熵。那么，麦克斯韦妖怎样才能获得所需的信息呢？它必须有一个温度与环境不同的微型光源去照亮分子，这就需要耗费一定的能量，产生额外的熵。麦克斯韦妖正是以此为代价才获得了所需的信息（即负熵）的，这额外熵的产生补偿了系统里熵的减少。总起来说，即使真有麦克斯韦妖存在，它的工作方式也不违反热力学第二定律。"

（摘自《物理学上十个著名的思想实验》）

2. 评判解释优劣的标准

对同样的现象，人们往往会提出不同的、相互不协调的解释。人们在评判科学解释性的假说的优缺点时普遍使用三个标准。

（1）协调性

即与原有已确立假说的协调性。科学的目标是获得一个解释性的假说系统。当然，这样的系统必须是自我相容的。科学的进步要求新假说应与已经得到证实的那些假说相一致。当然，有时重要的新假说与已有理论不相容，它直接替代了已有理论，事实上，旧理论不是被认为一无是处地被抛弃。比如，物质守恒原则被修正成更为广泛的质能守恒原则。一个理论被建立，因它显示出能够解释大量的数据或已知事实的能力。它不能被某些新假说所废弃，除非新假说对同样的事实能够进行解释甚至解释更好。

（2）预测性

每个能够提供科学解释的假说必须是可检验的；如果某个可观察的事实能够从中演绎出来，它就是可检验的。当我们面临两个可检验的假说，其中一个比另外一个演绎出更大范围的事实，我们说该假说具有较大的预测力或解释力。比如，伽利略建立了落体定律公式，差不多同时，开普勒建立了行星运动定律，但是它们是各自分离的。之后，牛顿提出了三大运动定律和万有引力理论，将这些分离理论统一了起来并给予了解释。牛顿万有引力解释了所有伽利略和开普勒解释的结果，以及除此之外更多的事实。

（3）简洁性

两个竞争性假说可能是相关的和可检验的，可能与已有理论吻合得同样好，甚至可能具有大致相当的预测力。在这样的条件下，人们一般更可能支持两个中比较简洁的那个。

案例　双生子佯谬

爱因斯坦的狭义相对论建立了全新的时空观，对于当时的人们来说难以接受。因此自从提出以来，狭义相对论就受到了各种诘难，其中最著名的当属双生子佯谬。但是无论如何诘难，狭义相对论都可以很完美地给出解释，所有的佯谬都被一一化解，研究这些佯谬可以更加深刻地理解狭义相对论的时空观。

在狭义相对论中，运动的参考系时间会变缓，即所谓的动钟变慢效应。现在设想这样一个情景：有一对双胞胎A和B，A留在地球上，B乘坐接近光速的飞船向宇宙深处飞去。飞船在飞出一段距离之后掉头往回飞，最终降落回地球，两兄弟见面。现在问题来了：A认为B在运动的时候时间变慢，B应当比A年轻；而同样地，在B看来，是A一直在运动，是A的时间变慢了，A应当比B年轻才是。那么兄弟俩究竟谁更年轻呢？狭义相对论是否自相矛盾了？

事实上，理解双生子佯谬的关键，是要清楚A和B的地位并不对等：两人中只有B经历了加速过程，B在飞船掉头的时候不可避免地要经历一次加速。因此，只有A才是处在狭义相对论成立的惯性系当中，只有A的看法是正确的：当兄弟俩见面时，B比A更年轻。类似的效应已经被精密实验所证实了。

（摘自《物理学上十个著名的思想实验》）

二、科学与非科学

科学解释仅仅在存在支持它的证据的条件下才值得接受，而且寻找证据的过程永不停止。科学是经验的，即真理的检验在于经验之中，因而科学解释的本质是，它是可检验的。

非科学解释不依赖于证据，或者其依赖的证据是不客观、不真实、不可靠的。非科学解释的主要特征是，这种解释不是依据事实而是依据想象。

例如，对一个疾病的原因的分析，如果有人把一个人染上某种疾病的原因解释为邪恶的灵魂附体，或者解释为因果报应，这个解释当然就不是科学解释，因为谁也无法验证这个推测。

再如，中国人普遍相信坐在旁人捂热乎的地方会长痔疮；恰恰相反，英国人认为坐在凉地方才长痔疮呢。然而，乌克兰妈妈的忠告却大不一样：她们坚信坐在凉地方导致不孕。有些秘鲁人相信在冰箱前徘徊太久有可能致癌。在捷克，吃完水果喝水会导致腹痛腹胀是一种常识。为了免遭雷劈，菲律宾的孩子们绝不在暴风雨里穿红色的衣服。德国人与澳大利亚人则对气流怀有极端的恐惧，谴责其为急性肺炎、动脉阻塞等疾病的致病因素。因此，夏日火车客车里的上班族们宁愿日复一日地忍受着33摄氏度（90华氏度）的高温，也不愿哪怕把窗子开个小缝儿，以免清凉——但是剧毒的微风吹进来。然而，在韩国，对空气流通性的忧虑恰好相反。韩国人只在窗子敞开的时候使用电风扇。因为他们普遍坚信在密闭的房间里使用电风扇存在生命危险。这种威胁的机械原理不甚了了：或称缺氧或谓寒冷。

1.科学与非科学的区别

科学与非科学的根本区别在于解释、假设或假说能否被验证。比如，历史事件的假设无法得到验证，故历史不是科学，但科学与非科学的区分并不是一成不变的，历史、文学、社会学、经济学、哲学也都有其具有逻辑的核心思想，也可以使用科学方法来辅助解释现象，因此，也具有一定的科学性，但由于其本质上不可验证或难以验证，因此，不属于严格意义上的科学。

"非科学"并不意味着一定就是"反科学"，非科学还包括"前科学"或者"后科学"，甚至"超科学"。世界上也有很多科学所不能解释的现象，非科学的领域同样在人类文明中具有很高的价值，比如宗教。

科学和宗教用不同方式解释和探究宇宙起源、地球起源、生物起源、人类起源、思维之源等人类关心的终极问题。科学之所以不采纳宗教对终极问题的解释，是因为宗教解决生物起源问题是基于"信仰"的，而不是实证的。科学之路就是寻求"实证"之路，任何科学探究的结论都是要以事实作为依据和支撑，是经得起事实论证和逻辑检验。

而伪科学与迷信更是属于非科学的真子集。伪科学不是科学，却用"科学"的外表和"科学"的语言来说服、迷惑和误导人们认为它是科学可信的，它们经不起真正的科学的检验。

比如，有人作了如下论述：

尽管特异心理学（包括对传心术、先知和心灵致动等的研究）经常被认为是一种伪科学，但它实际上是一种真正的科学事业，因为它应用诸如对比实验和检验假说的统计学方法等科学方法来研究其所提出的问题。

分析：该论述所认为的特异心理学是一种真正的科学事业这一结论基于的

假设是，任何使用科学研究方法的研究领域都是一种真正的科学事业。而这一假设其实是不成立的，研究领域即使使用科学研究方法，但也不一定完全符合前述的科学的原则、标准和特性，也不一定就是科学。

2.科学与迷信的差别

科学与迷信在很大程度上是截然相反的。科学活动承认证据支持、客观性、可靠性和完整性的重要，而迷信则是完全忽视。比如，当牧师向奥德塞斯展示一幅关于那些尊敬上帝并都从沉船中逃生的人的图画时，问他现在是否仍不承认上帝的力量，他回答得很好，"是的"，他说，"但是画中那些祈祷后又被淹死的人在哪呢？"这就是所有迷信的方式，在迷信上，人们都倾向于这样的心态，把他们成功的事情都记下来，而忽视并且忘记那些他们失败的事情，即使那些事情更经常发生。

导致迷信的原因往往包括以下两个方面。

一方面是心理和意志因素。包括恐惧和焦虑、幻想和精神上的懒惰等。其中，恐惧和焦虑来源之一是每个人都会死亡、疼痛、孤独和失败等，人们无力控制这些生活中的事实，为了缓解他们产生的焦虑，很多人诉诸符咒和护身符。焦虑来源之二是自由和自由使人承担的责任。很多人都畏缩于掌控自己的命运的想法，从而寻求避难所，并且盲目地服从。

另一方面是对世界的观察产生的歪曲。这包括多种因素：一是安慰剂效应，医生利用并不提供任何药性或治疗益处的安慰剂给病人，使得病人的病症治愈或减轻，这其实不是安慰剂本身起作用，起作用的是医生给病人的暗示等精神因素。二是空想性错视，比如，有时人们观看云雾、高山或者窗户和天花板，会看见人脸、动植物等。空想性错视效应是导致大量的宗教迷信的因素之一。三是知觉设置，指以某种先前的经验引导我们的期望的方式去感知事件和物体的倾向。人们常常能感知到期望感知的事物，而事实上它们并没有发生，这就是产生的错觉。四是集体幻觉。集体幻觉是发生在一大群人中，人群在一个很高的情绪状态可能会产生知觉歪曲。这种幻觉可能是人群对看到重要的事情或奇迹的期望所引起的。五是自运动效应。如果在黑暗处观察一个小的、静止的、发光的点或物体，常常会发现这个发光的点或物体看起来是动着的。

为避免主观状态的歪曲，在自然科学中，很多观察是通过仪器或工具实现的。在社会科学中，双盲取样和统计数据分析的技术把观察者同实验的结果隔离开来。

3.科学的局限与发展

科学知识有局限性、相对性、暂时性。实际上，科学并非一成不变，而是一直在不停地发生、发展，科学理论的形成是从证据出发的动态且曲折的论证过程。

（1）科学的局限

科学的局限性主要体现在以下两个方面。

第一，正确不等于科学。比如说明天可能下雨也可能不下雨，这句话肯定正确，但是一句正确的废话，没有人会认为这是科学。

第二，科学也不等于绝对正确。科学的生命力恰恰在于它从不宣称自己是绝对正确的，所有的科学结论都有有限的应用范围。任何科学理论不管它曾经多么成功，也不管它曾经经受过何等严格的检验，都是可以被推翻的。科学研究以追求真理为己任，但任何科学都不能以"绝对真理"而故步自封，任何科学知识和理论都具有或然的特征，都有其适用的具体条件和范围。有一些现在认为不正确的东西也曾经属于科学范畴，人们判断一个东西是不是科学，主要不是看它的结论是否绝对正确，而是看它所运用的方法以及在当时是否得到了严格的验证，是否具有相对正确性。

两个著名的科学原理也告诉我们，科学有永恒的局限性。一是量子力学中的测不准原理：不论用多么精确的实验仪器，测量物质的位置与速度的误差，始终大于一个常数。也就是说，我们永远无法同时了解物质的位置与速度。二是数学中的哥德尔不完全性定理：在任何数学公理系统中，都存在一些数学命题是无法判断其正确性的。也就是说，数学中一些命题永远不能证明或证否。

诺贝尔物理奖得主理查德·费曼（1918—1988）认为，所有的科学知识都是不确定的，旧有的定律可能是错的。例如，人们曾一度认为，质量不随运动状态而变化。即运动不会影响到物体的重量，因为转动的和静止的陀螺质量读出来都一样。但后来，人们知道，旋转的陀螺要比静止的陀螺的重量增加将近十亿分之一。如果陀螺旋转得足够快，使得边缘速度接近光速，那么重量增加就相当可观了。在科学发展史上，一旦出现些微的效应，就需要对现有概念进行极具革命性的修正。所以，原有的定律应该修正为这样的陈述"只要物体的速度不是太大，物体的质量就不会有明显变化。"

（2）科学的发展

科学是在不断发展进步的，进步的时候就把前面的东西否定掉了或者把前面的东西认为是个特例。比如，人们以前认为地球是宇宙的中心，太阳围着地球转；后来人们才明白地球是绕着太阳转的；再往后又清楚太阳也不是宇宙的中心。从托勒密到哥白尼，再从牛顿到爱因斯坦，旧的结论总是被新的结论取代。但每个阶段都是属于科学的历史，当然，科学还在发展，今天乃至未来的科学结论也不能保证是对客观世界的终极描述。

阅读 科学是中药研究的必由之路

中药的研究，只有科学道路、还是有不同于科学的道路？

中药的标准，应该是科学的、还是有不同于科学的标准？

如果审视科学，回顾历史，可以看到：

中药的研究只能是科学的研究，

中药的标准必须是科学的标准。

1．为什么药物的研究和标准必须是科学的

所有的药物，都必须是"真"的。

没有任何药物敢于承认是假的，而坚持继续推广。但有药贩子希望用其他方法，绕过其假药被公开识破的标准。

多个国度、地区，不同人发现的药物，都必须是"真"药，不能是假药。

经过多年的探索，现代药物对真药有三点核心要求：

1）疗效：对特定的疾病或症状有治疗效果；

2）副作用：在可以容忍的程度；

3）一致性：不同来源、批次的药物必须一致。

谁来验证疗效？不能是一个人说了算，既不能是一个病人，也不能是一个医生，或一个旁观者说了算。如果只是一个人说了算，如果不需要验证，那么就不可能区分真药和假药，也不能区分良医和骗子。需要有可以公认的标准和程序，需要可以验证。

怎么算有治疗效果？人类为在过去几百年更有共识的答案。为了验证疗效，1747年之后，才有药物需要经过对照试验的概念。到了二十世纪后半叶，才有用安慰剂作为药物对照的方法，并要求试验需要双盲，用药者和给药者都不知道病人是用了药物还是用了安慰剂，以期减少用药者和给药者因为预期而带来的偏差。

副作用的可容忍范围，也需要根据药物不同、治疗目标不同、疗效不同，而有独立于药物销售方和病人的机构，拿出独立于药物销售方和病人的标准和程序进行确定。如果没有公认的程序，就不能区别对待真药和假药、好药和坏药，而纵容庸医或假药贩子。

药物的一致性也是药物真实可靠的重要保证。单个化学分子，不同的药厂、不同的批次，曾经都出现过质量、纯度不同的问题，甚至真的

化学分子少而杂质多的问题。所以，为了病人的安全，才要求不同厂家、同一厂家不同批次的化学分子必须一致，才是同一个药。来源于植物的中药，更需要保证产地、季节、成药部分的一致性，要不然，每次可能分子成分差异太大。

要求中药立即全面满足以上标准，目前尚有困难。但有困难不等于否定科学标准的正确性。中药可以有过渡期，可以有过渡期的标准或做法，但最终不可能要求例外。

如果不以以上三点要求中药，有什么方法可以保证每一味中药的"真"？需要能够提出可替代的标准，说明为什么替代的标准更好，而不能没有道理地否定作为人类文明结晶之一部分的以上三点要求。

2. 现代医药来源于多个地区，现代科学传承多个文明

我们的中药传统历史悠久，但是世界上很多文化、很多人群、很多国家和地区都曾在不同程度上出现医药相关的发现或发明。受古希腊科学传统影响的西方诞生了现代医学和现代药学，在中国有时被误称为西医、西药。所谓"西药"吸收了人类文明发生过程中很多地区的成就，不仅是欧洲。

人类可能在6000年前就用了柳树皮。1763年英国神父Edward Stone（1702-1768）介绍其六年来用柳树皮治疗发热。1876年，苏格兰医生Thomas MacLagan(1838-1903)发表文章介绍柳树皮治疗风湿热的疼痛和发热。意大利（Fontana，1824；Rigatelli，1824）、德国科学家分离纯化柳树皮化学成分，最后法国科学家于1830年获得较纯的水杨酸的糖甙。1838年意大利科学家Raffaele Pirìa（1814-1865）确定其分子式。1853年，德国科学家无意中合成了乙酰水杨酸。德国Bayer公司药学部犹太科学家Arthur Eichengrün（1867-1949）安排Felix Hoffmann（1868-1946）在1897年合成水杨酸的衍生物乙酰水杨酸。1899年Bayer公司药理部Heinrich Dreser（1860-1924）证明乙酰水杨酸治疗作用。1899年起以阿司匹林商品名在德国开始销售，1900年起在美国销售，风靡全球，造福人类百年不衰。

在抗疟疾的药物方面，早就全球风靡的奎宁，并非起源于西方，而是起源于秘鲁的土著。他们知道金鸡纳树的树皮可以治疗疟疾，用糖水泡树皮可以减少树皮的苦味。17世纪的传教士将金鸡纳治疗疟疾的方法引入欧洲。在国王查尔斯二世用后，英国更为流行使用。

1820年，法国科学家从金鸡纳树提取出单体的化学分子奎宁，它是

金鸡纳树皮抗疟的分子。奎宁可以化学合成，也可以从金鸡纳树皮中提取，曾经很长时间提取比合成在经济上更合算。以后科学还合成了氯喹，避免奎宁的一些副作用。

但是，并没有人把奎宁称为秘鲁药或者美洲印第安土著药。事实上，这只是一个例子，还有很多其他例子如牛痘免疫等，说明现代医药是兼容并包的，在科学精神指导下，以科学的方法，按科学的标准，吸纳全世界所有民族和地区的经验，从植物、动物、矿物等来源中得到治疗有效的药物。

有更多的事实证明现代的科学也吸收全世界的成就，不是西方科学，而是世界科学。中国的科学传统虽然相当薄弱，但也对世界有所贡献。中国也积极吸收世界的科学，没人要独创中数、中物、中化、中生以区别于世界的数学、物理、化学、生物。

3. 历史回眸：中药抗疟的现代化研究之路

中药的现代科学研究，19世纪的日本就有贡献。在内忧外患的艰苦环境中，中国人也前赴后继用现代科学研究中药，像现在大家熟知的诺贝尔奖得主屠呦呦先生，而中药现代化的历史迄今已逾百年。

屠呦呦和她的同事们在前人的基础上做了一系列工作，确定了青蒿的抗疟作用，并分离纯化获得单体化学分子青蒿素，证明单体分子的抗疟作用。在这一系列工作中，屠呦呦毫无疑问最具代表性，她当之无愧地获得2015年的诺贝尔生理学或医学奖。发现青蒿素有抗疟作用以后，还有其他的化学家、生物物理学家，包括上海有机所、上海药物所、中国科学院生物物理研究人员参与过不同工作，也都是用现代科学推进青蒿素相关药物的研究和发展。

20世纪70年代的中国还有一个从中药获得的重要科学发现，是哈尔滨医科大学第一附属医院中医科张亭栋先生做出的。在70年代初期，黑龙江省有乡村医生用砒霜、蟾酥和汞作为复方治疗各种各样的病人，包括感染的病人、癌症的病人。似乎有疗效，但也有毒性。

哈尔滨医科大学第一附属医院药剂科的韩太云药师做了一个制剂，叫癌灵1号，含砒霜、蟾酥和汞。砒霜有毒，如何用作药物是一个很难的问题，西方和中国都用过，可是这些人不能真正叫发现者，因为他们没有确定砒霜到底是用于什么病，没有可以重复、可以公认的药效，而且一不小心可能毒死人而不是治病，只有"以毒攻毒"这个哲学原理是远远不够的。

张亭栋是在其他人的基础上做了一系列工作，从1973至1979年确定砒霜单体化学分子三氧化二砷能够治疗急性早幼粒白血病（APL），20世纪90年代以后在全国推广速度加快，而后在世界上推广，挽救了白血病人的生命。

百年来，我国建立了现代科学研究中药的途径，用现代化学从中药得到分子，用现代药理学研究这些分子的作用，在实践中获得成功，建立了中药科学研究的传统，证明现代科学研究中药的有效性。

4. 可能存在不符合科学的中药吗

天才如爱因斯坦可以颠覆牛顿力学，但他并未推翻物理学，而是发展，也证明了科学精神、科学标准、科学原则都能够经受考验，包括某些学科、理论被颠覆的考验。

中药如果超出科学，那需要我国出现很多远远超过爱因斯坦的人，否则恐怕是异想天开。

中药有复方、个体化的说法，既有道理，也有问题。现代科学，包括现代医学和药学，都完全可以包容复方、整体、个体等，而且实际也有扎实的工作。

现代医药学（所谓"西医""西药"）并不排除用复方，抗癌药带来癌细胞下降的时候，同时也用提高白细胞的药，减少抗癌药物的副作用。这是很多科学家、很多药厂做了很多动物和人体试验后证明的。但迄今为止一般仅两个药或少数几个药需要联合应用。

而中药复方经常是很多味药组成，是否需要这么多、是否一定需要复方？常山、青蒿都见于古书的抗疟复方中，但严格的现代科学研究证明它们都单独起作用，复方的其他味中药对于治疗不是必需的。

可能有少数中药复方确实是对的，但绝大多数复方缺乏足够证据。可以从统计推算：中医的复方常常是十几、二十味药，每一味药里面含成千上万个化学分子；谁有足够资料证明某个23味药的复方里面一定不能减掉3味、而只需20味，有没有可能甚至减掉20味、只要3味？

确定一定要23味药的复方，需要多少病人作为样本。而一个复方需要很多人验证，中药书里面的复方数量很多，如果以此计算用多少人做样本，恐怕全世界有史以来没有出生过足够多可以作样本的人数。何况，人不是一般实验动物，也比较困难进行大规模的严格研究，特别在科学缺乏的中国古代。

所以，不宜简单地说中国的药物都是上千年实践检验的结果，有很多检验不够严格、不足以证明其作用。以青蒿为例，有的古书抗疟药方里面根本没有，而有的古书即使有，也常常不能明确方子，或者写错了制作方法，比如用加热的方法，就会导致青蒿素失去活性，根本不可能治疗疟疾。

中药现代科学研究并非只能分离纯化单体化学分子，如果是多个化学分子起作用，也可以通过现代科学发现多个分子，证明它们在治疗上相辅相成或者可以控制副作用。这在化学、生物化学、药理学都可以做到，虽然工作量大一些。

所谓中医个体化治疗问题更多。现代医学也希望个体化治疗，而且确实做到了针对少数疾病的患者，可以因为其基因不同而用不同的药物，这是现代遗传学和基因组学对医药的重大贡献，开启了个体化医学或精准医学的道路。

但现代医药学的个体化治疗不会因为医生不同而用不同方法，大多数医生都是用同样的标准诊断和治疗病人，当然有些医生水平特别好、有些特别差，但大多数医生的标准是一样的，不会单独为自己设立标准。中医中药中，出现的一个很大问题是，常常对于同一种疾病、不同病人，用的中药却不一样，恐怕不是个体化，而是诊断、治疗标准的问题。

有些公司试图推动药监局针对中药建立所谓不同于"西药"的标准。需要明确说明什么不同，如不慎重，可能出问题。无论什么药物，一定需要遵循有疗效和安全性两个基本标准，不能脱离疗效和安全性设置其他标准。

科学工作者宜认认真真、扎扎实实用现代科学研究中药，推出对中国和世界有用的药。

科学是中药研究的必由之路。

三、科学与技术

科学，探索的是自然规律。人们每掌握一条规律，都是一次自然认知的升华，从而在更高的精神境界中生产和生活，直至创造出新的文明。科学的使命就是要不断地揭示宇宙的本质和真相，也只有科学探索才能找到正确的答案。在此过程中，科学促进了人的全面发展，进而推动着整个人类文明的进步。

1. 科学与技术的联系

科学发现引领技术发明，而技术发明反过来又促进科学发现。当代科学和技术发展的一大趋势是融合。科学是技术的理论指导，科学理论通常可以转化为技术原理，促进技术发展。技术是科学理论的应用，是科学的演绎、具体化、实用化。高新技术的产生越来越依赖新的科学发现，科学和技术也逐渐融合，科学与技术的关系日益密切。

然而，尽管科学与技术具有相互促进、相互融合的特点，但这并不足以打破科学引领技术的主流趋势和总体规律。先进的技术背后必然包含着更深刻的道理，而这些道理便是科学。

2. 科学与技术的区别

科学和技术是两个完全不同的概念。科学与技术的主要区别概括如下。

	科学	技术
概念	科学是人类探索和积累的关于自然现象及其规律，并理论化了的知识体系，旨在揭示客观事物的本质和规律	技术泛指根据科学原理和生产实践经验，为某一实际目的而协同组成的各种工具、设备和工艺体系
体系	认识世界并探求自然真相，揭示事物发展的客观规律，并用来作为人们改造世界的知识体系	人类在利用和改造自然的过程中，根据科学原理和生产实践积累起来的各种工艺和操作方法的技能体系
主要特征	"探索" "发现"	"发明" "创新"
作用	发现世界上存在却未知的东西，帮助人们认识和发现自然	发明世界上本来不存在的东西，帮助人们征服和改造自然
解决的问题	"是什么"和"为什么"	"做什么"和"怎么做"
成果	科学理论的发现	新产品或新工艺的发明
形态	往往以知识形态存在于无形	往往以物质形态存在于有形
成果特征	科学具有公有特征，科学没有国界，为全人类所共有	技术具有私有特征，技术有垄断性，跟直接的经济利益相联系
属性	属于上层建筑，一般与生产实践没有直接关系；具有文化属性，科学在探索过程中不断地增加文化知识，促进人类走向新的文明	属于经济基础，立竿见影地惠及大众，造福百姓。具有经济属性，新技术可以提高生产效率，降低生产成本，创造并积累物质财富

随着科学和技术的不断发展进步，传统上的科学与技术关系发生了明显变化。各个学科研究的对象越来越深入，细化成了多个新的学科体系。科学是分

学科的，还有应用科学和基础科学之分。一些科学有应用价值；一些现在没有，将来可能有。科学的发展为技术的进步提供了不竭动力。科学是技术的源泉，而在科学中，基础科学又是应用科学的源泉。一个真正意义上的现代化强国，不仅要有技术，而且要有科学，特别是基础科学。

第二章

归纳推理

第一节 归纳概述
第二节 归纳方法
第三节 归纳评估

科学推理的本质就是逻辑方法，包括演绎法和归纳法。其中，归纳法是从不同的特定的事件中发展出普遍的原则（定律、定理或原理）的方法。通过观察和实验，把其归纳上升成定律定理，形成系统的知识体系，这就是经验科学形成的过程。经验科学的一个重要问题是怎样合理地归纳，如何发现因果关系等。由于科学推理重在探索未知，因此，广义归纳法是本书论述所关注的重点（对演绎法有兴趣的读者可参阅本套"科学逻辑"丛书中的《科学分析》一书）。

第一节　归纳概述

归纳逻辑是指对经验科学以及日常思维中非演绎论证类型的推理过程与方法的种种研究。具体内容包括归纳概括、统计推理、因果推理、探求因果联系的逻辑方法、类比推理等。一般意义上的归纳推理，是指根据一类事物的部分对象具有某种性质，推出这类事物的所有对象都具有这种性质的推理。归纳推理的前提是一些关于个别事物或现象的命题，而结论则是关于该类事物或现象的普遍性命题。

一、完全归纳推理

完全归纳推理，又称"完全归纳法"，是以某类中每一对象（或子类）都具有或不具有某一属性为前提，推出以该类对象全部具有或不具有该属性为结论的归纳推理。

其逻辑结构可表示如下：

S_1——P

S_2——P

⋮

S_n——P

（S_1，S_2，…，S_n 是 S 类的所有分子）

所以，S——P（S 表示事物，P 表示属性）

比如，当天文学家对太阳系的大行星运行轨道进行考察的时候，他们发现：水星是沿着椭圆轨道绕太阳运行的，金星是沿着椭圆轨道绕太阳运行的，地球是沿着椭圆轨道绕太阳运行的，火星是沿着椭圆轨道绕太阳运行的，木星是沿着椭圆轨道绕太阳运行的，土星是沿着椭圆轨道绕太阳运行的，天王星是沿着椭圆轨道绕太阳运行的，海王星是沿着椭圆轨道绕太阳运行的，而水星、金星、地球、火星、土星、木星、天王星、海王星是太阳系的全部大行星。由此，他们便得出如下结论：所有的太阳系大行星都是沿着椭圆轨道绕太阳运行的。这一结论，就是运用完全归纳推理得出的。

完全归纳推理其实不是真正意义上的归纳推理，从思维方向上说，它是从个别推出一般，在这一点上，它属于归纳推理。但是，其前提所断定的范围和结论所断定的范围完全相同，其结论是根据前提必然得出的，其前提的真能够保证结论的真，因此，完全归纳推理具有演绎的性质。但这里还是按照"完全归纳法"这一名字所显示的，将其归入"归纳推理"的范畴。

案例　小高斯做题

德国数学家卡尔·弗里德里斯·高斯10岁那年，在小学上算术课时，老师给班里几十个孩子出了一道算术题，他要孩子们计算一下：$1+2+3+4+\cdots+97+98+99+100 = ?$ 老师心里想，要加的数目这么多，可得费些功夫呀！而且稍不留神，就会算错。可是出乎意料的是，老师刚把题目说完，小高斯就举起了手，报出了答案：5050。老师非常吃惊，忙问小高斯是怎么算出来的。

小高斯说，他发现这100个数有一个特点，就是依次把头尾两个数加起来都等于101，而这样的数刚好有50对，因此，这100个数的总和就是 $101 \times 50 = 5050$。

高斯运用的是完全归纳推理，特点是：前提中考察了该类事物的每一个对象，它的结论是必然的。

运用完全归纳推理必须注意两点：

① 前提所列举的，应当是包括该类事物的每一个个别对象，一个也不能遗漏。

② 作为前提的每一个判断都应当是真的，即每一个个别对象都确实具有某种性质。

如果满足了这两条要求，那么完全归纳推理的结论就必然是真实的。否则，结论就不是必然真实的。

由于完全归纳推理要求对某类事物的全部对象——列举考察，所以，它的运用是有局限性的，适用范围很小。它只适用于那些对象数目很小的类别，对它们作穷尽的考察，用完全归纳法得出一个全称结论，比较容易。例如某个班组、年级、学校、乡镇的所有人口。但是，假如所考察的那个类仍然是一个有穷类，但对象的数目很大，例如，由所有中国人所组成的类，其成员就有14亿之多，尽管在理论上我们还是可以对这个类作穷尽的考察，例如作一次全国人口普查，但实际操作起来很困难，社会成本太大。更进一步，假如所要考察的对象类是一个无穷类，例如自然数类，原则上就不可能穷尽地检查这个类，因为不管我们检查到哪一步，总有无穷多的对象仍在那里等待我们。对于这类对象，完全归纳法根本不适用，这时就只能运用不完全归纳推理了。

二、不完全归纳推理

一般意义上，归纳推理指的是不完全归纳推理，不完全归纳推理是这样一种推理：根据对某类事物部分对象的考察，发现它们具有某种性质，因而得出结论，说该类事物都具有某种性质。

案例 《内经》针刺篇记载的故事

有一个患头痛的樵夫上山砍柴，一次不慎碰破足趾，出了一点血，但头部不痛了。当时他没有引起注意。后来头痛复发，又偶然碰破原处，头痛又好了。这次引起了注意，以后头痛时，他就有意刺破该处，都有效应（这个樵夫碰的地方，即现在所称的"大敦穴"）。

现在我们要问，为什么这个樵夫以后头痛时就想到要刺破足趾的原处呢？从故事里可见，这是因为他根据自己以往的各次个别经验作出了一个有关碰破足趾能治好头痛的一个一般性结论了。在这里，就其所运用的推理形式来说，就是一个不完全的归纳推理。具体过程是这样的：

第一次碰破足趾某处，头痛好了；

第二次碰破足趾某处，头痛好了。

（没有出现相反的情况，即碰破足趾某处，而头痛不好。）

所以，凡碰破足趾某处，头痛都会好。

由于不完全归纳推理前提和结论间不具有必然性关系，而是或然性的，也就是说，前提真不能保证结论必然真。这是因为，人类受主观和客观条件的限制，所考察的对象是数量有限的，不可能是无限的，而且单凭观察所获得的经验是不能证明事物的必然性的。

不完全归纳推理具有从已知到未知、从过去到未来的性质，或者说，它们的结论的内容，多于前提包括的内容。因此，人们把归纳推理看作是得到新知识的方法。

发现一类对象中的部分对象都具有某种属性,而且没有发现相反的情况,从而得出所有这类对象都具有这种属性,这是不完全归纳推理,它没有对该类对象的全部个体进行考察而得出某种结论。正因为归纳推理的结论是或然的,而归纳推理结论的可靠性又与观察事物的数量、范围以及对于观察对象的分析程度有着直接的关系。所以,一般来说,观察事例的数量愈多,范围愈大,对于观察对象的分析愈深入,归纳推理结论就愈可靠。

三、归纳与演绎

除完全归纳推理这一种特殊的归纳推理之外,真正的归纳推理都是不完全的归纳,其结论所断定的知识范围超出了前提所断定的知识范围,因此,归纳推理的前提与结论之间的联系不是必然性的,而是或然性的。也就是说,其前提真而结论假是可能的,所以,归纳推理乃是一种或然性推理。

1.归纳推理的特点

① 前提必须是真实的。
② 结论具有或然性。
③ 结论的真实并不一定为前提所保证。
④ 结论为真的概率受到前提多少的影响。

归纳推理再好,也不能像演绎推理一样保证结论一定是真,但是,这不表明有把握的可能性和没有把握的猜测之间没有重要区别,更不表明人不应该靠增加经验来增加能力。

2.归纳与演绎的主要区别

归纳推理与演绎推理的主要区别概括如表2-1所示。

表2-1　归纳推理与演绎推理的主要区别

类别	演绎推理	归纳推理
属性	必然性推理	或然性推理
衡量标准	有效性	合理性
从思维运动过程的方向来看	从一般性的知识的前提推出一个特殊性的知识的结论,即从一般过渡到特殊	从一些特殊性的知识的前提推出一个一般性的知识的结论,即从特殊过渡到一般。这种推理对于扩展知识有重要价值
从前提与结论联系的性质来看	演绎推理的结论不超出前提所断定的范围,其前提和结论之间的联系是必然的,一个演绎推理只要前提真实并且推理形式正确,那么,其结论就必然真实	归纳推理(完全归纳推理除外)的结论所断定的知识范围超出了前提所断定的知识范围,其前提和结论之间的联系不是必然的,而只具有或然性,即其前提真而结论假是有可能的

归纳推理与演绎推理虽有上述区别,但它们在人们的认识过程中是紧密联系着的,两者互相依赖、互为补充,比如说,演绎推理的一般性知识的大前提必须借助于归纳推理从具体的经验中概括出来,从这个意义上我们可以说,没有归纳推理也就没有演绎推理。当然,归纳推理也离不开演绎推理。比如,归纳活动的目的、任务和方向是归纳过程本身所不能解决和提供的,这只有借助于理论思维,依靠人们先前积累的一般性理论知识的指导,而这本身就是一种演绎活动。而且,单靠归纳推理是不能证明必然性的,因此,在归纳推理的过程中,人们常常需要应用演绎推理对某些归纳的前提或者结论加以论证。从这个意义上我们也可以说,没有演绎推理也就不可能有归纳推理。

阅读　医学的逻辑

论证与推理有两种基本的形式:演绎(deductive)与归纳(inductive)。

演绎推理包括一系列说明基本原理的前提条件,并得出关于某个特定情况的结论。正确的前提条件保证了正确的结论。演绎推理形式的科学论证非常有力,滴水不漏,是没有风险的。

考虑一下这段逻辑论证:

心肌梗死的患者从β受体阻滞剂的治疗中获益。我的患者有心肌梗死。因此,我的患者将从β受体阻滞剂的治疗中获益。(这就是一个合理的演绎论证。)

然而,临床医学实践中面临的大部分困境并不屈从于演绎推理。我们从一个特定患者的前提条件出发,用归纳推理的方式尝试概括患者的情况。在这个过程中,正确的前提条件不能保证正确的结论。归纳推理包含了一些概率因素,这使得它存在固有的风险。

考虑一下这个归纳推理:

前提1:我的这位胸痛患者的肌钙蛋白检测阳性。

前提2:心梗患者的肌钙蛋白检测阳性。

结论:我的患者有心梗……诶,也不一定……我的患者很可能有心梗。

我们无法保证归纳推理结论是正确的。它内在的风险是因为它包含了一些概率因素。因此,为了正确应用归纳推理,我们必须理解概率。

第二节 归纳方法

归纳法是通过许多个别的事例，然后归纳出它们所共有的特性。常见的归纳方法主要有两类：一是简单枚举法；二是科学归纳法。

一、简单枚举法

简单枚举法也叫简单枚举归纳推理，是仅根据在考察中没有碰到相反情况而进行的不完全归纳推理。

1.简单枚举法的论证形式

简单枚举归纳的论证形式如下：

S1——P

S2——P

S3——P

⋮

Sn——P

（S1，S2，S3，…，Sn是S类部分对象，枚举中未遇相反情况）

所以，S——P。

应用简单枚举归纳法可以一些个别事例推导出普遍的规律性，然而这充其量只是一种猜测，这种猜测是否正确，还必须进一步加以验证。

比如，对归纳理论有深入研究的哲学家穆勒曾说过，中非洲的18万黑人在还没有碰到白人以前，显然以为所有人都是黑皮肤的；英国一个旅行家在加来上陆后遇到两个火红头发的法国人，在日记上写道："所有的法国人都是火红头发的。"

我们经常用简单枚举法建立因果连接。当一种现象的许多事例恒常地伴随着一特定类型的事态的时候，我们自然地得出在它们之间存在一个因果关系。

以下都是简单枚举归纳推理的具体运用例子。

例1：我们每次都发现天下雨前，蚂蚁搬家，没有发现相反的情况（即蚂蚁搬家，天不下雨），于是作出结论"凡蚂蚁搬家，天要下雨"。

例2：每年冬季下了大雪，第二年庄稼就获得丰收，没有发现相反情况（即前一年大雪，第二年不丰收的情况），于是作出结论"瑞雪兆丰年"。

例3：在我们班上，我不会讲德语，你不会讲德语，小丽不会讲德语，小强也不会讲德语,所以我们班没有人会讲德语。

例4:麻雀会飞,乌鸦会飞,大雁会飞,天鹅、秃鹫、喜鹊、海鸥等也会飞,所以,所有的鸟都会飞。

例5:我们摩擦冻僵的双手,手便暖和起来;我们敲击石块,石块会发出火光;我们用锤子不断地锤击铁块,铁块也能热到发红;古人还通过钻木取火。所以,任何两个物体的摩擦都能生热。

例6:人们早已知道,某些生物的活动是按时间的变化(昼夜交替或四季变更)来进行的,具有时间上的周期性节律,如鸡叫三遍天亮,青蛙冬眠春晓,大雁春来秋往,牵牛花破晓开放,等等。人们由此做出概括:凡生物的活动都受生物钟支配,具有时间上的周期性节律。

例7:19世纪中叶,德国业余天文学家施瓦布,根据他长年的观察宣布了一项重大发现:太阳是一个自行变化的星球,每隔11年左右有一次大的活动期,这时太阳黑子出现频繁,然后逐渐下降,11年后又上升到最大量。后经天文学家仔细检验,发现太阳的确每隔11年就有一次大的活动期,而且没有发现相反的情况。因此,进一步证实了施瓦布的发现是正确的。

2. 简单枚举法的不确定性

简单枚举法是建立在经验认识基础之上,通过对大量客观事实的观察,从而对某类事物作出一般性结论的推理形式,因此说这种推理具有或然性。

简单枚举法是在经验观察基础上所做出的全称概括。简单枚举法的不确定性是与概括的广度成正比例关系的。如"地球上的所有天鹅是白的"同"亚洲的所有天鹅是白的"相比,前者的广度更高而不确定性更强,或者说,更容易被证伪。

例1:一项研究报告表明,随着经济的发展和改革开放,我国与种植、养殖有关的单位几乎都有从外国引进物种的项目。不过,我国华东等地作为饲料引进的空心莲子草,沿海省区为护滩引进的大米草等,很快蔓延疯长,侵入草场、林区和荒地,形成单种优势群落,导致原有植物群落的衰退。新疆引进的意大利黑蜂迅速扩散到野外,使原有的优良蜂种伊犁黑蜂几乎灭绝。

如果以上陈述为真,概括出什么样的结论最为合理?

分析:上面列举了两类事实:

一是,我国引进的空心莲子草、大米草等,很快蔓延疯长,导致原有植物群落的衰退;

二是,新疆引进的意大利黑蜂迅速扩散到野外,使原有的优良蜂种伊犁黑蜂几乎灭绝。

这些事实,我们通过简单枚举法的归纳推理得到这样的结论:引进国外物种可能会对我国的生物多样性造成巨大危害。

例2：有不少医疗或科研机构号称能够通过基因测试疾病。某官方调查机构向4家不同的基因测试公司递送了5个人的DNA样本。对于同一受检者患前列腺癌的风险，一家公司称他的风险高于平均水平，另一家公司则称他的风险低于平均水平，其他两家公司都说他的风险处于平均水平。其中一家公司告知另外一位装有心脏起搏器的受检者，他患心脏病的概率很低。

如果以上陈述为真，引申出什么样的结论最为合理？

分析：根据同样的样本，4家不同的基因测试公司得出的测试结果差异极大，从中可合理地引申和概括出这样的结论：基因检测技术还很不成熟，不宜过早投入市场运作。

二、科学归纳法

人们的认识总是从认识个别事物开始，从个别中概括出一般，并进一步从庞杂的经验事实中间，探求了自然界的普遍性原则。自然科学中的很多定律和公式的发现，都离不开科学归纳法。

科学归纳法是在科学实验或科学分析基础上所做出的全称概括，是通过考察某类事物的部分对象，分析并找出这些对象之所以具有某种属性的原因，以研究对象内部的因果联系作根据，从而作出关于某类事物的全部对象都具有某种属性的一般性知识的结论。

例如：

我们见到的太阳是8分钟之前的太阳，

见到的月亮是1.3秒之前的月亮，

见到一英里以外的建筑是5微妙之前的存在，

即使你在我一米之外，我见到的也是3纳米秒之前的你，

在宇宙的尺度上，我们所见的都是过去。

1.科学归纳法的特点

科学发现总是通过观察、研究个别事实并对它们进行总结的结果，科学归纳法是人们广泛使用的基本的思维方法，在科学认识中具有重要的意义。

科学归纳法是建立在这种对事物进行科学分析基础上的不完全归纳推理。具体而言，不是对某类事物的部分对象，碰到哪个就考察哪个（简单枚举归纳就是如此），而是按照事物本身的性质和研究的需要，选择一类事物中较为典型的个别对象加以考察；通过这种对部分对象的考察而作出某种一般性的结论时，

也不只是根据没有碰到例外相反的情况,而是分析和发现所考察过的某类事物的部分对象何以具有某种性质的客观原因和内在必然性。

例如:

金受热后体积膨胀;

银受热后体积膨胀;

铜受热后体积膨胀;

铁受热后体积膨胀;

因为金属受热后,分子的凝聚力减弱,分子运动加速,分子彼此距离加大,从而导致膨胀,而金、银、铜、铁都是金属;

所以,所有金属受热后体积都膨胀。

上例在前提中不仅考察了一类事物的部分对象有某种属性,而且进一步指出了对象与属性之间的因果联系,由此推出结论。这就是科学归纳推理。

再如:

很多年前,发生在某地的一起杀人碎尸案中,凶手将被害人碎成几十块,并抛散多处。侦查人员首先将找到的49块骨复原,刻画出被害人的基本特征。同时请法医及有关医学专家做了模拟、切片等试验,结果发现死者是已萌生智齿的女性。根据国外文献记载,女性智齿萌生在17岁左右。该地区是否也这样,侦查人员在医务人员的配合下,专门调查了52位女青年,结果发现该地区的女青年萌生智齿都在19岁至21岁之间,没有发现有低于19岁和高于21岁的女青年萌生智齿。于是推断该地区凡萌生智齿的女性都是19岁至21岁之间的女青年。侦查人员的推断运用了科学归纳推理。

案例 候鸟迁徙

人们早已观察到燕子、大雁等候鸟一年一度春来秋往。每年春暖花开之时,燕雁北飞;每年秋寒叶落之时,燕雁南归。人们自然地把候鸟的迁徙与春秋两季的气候剧变联系起来,应用简单枚举归纳推理作出每年气温转暖候鸟北飞,每年气候转寒候鸟南归的一般性的结论。但是,加拿大洛文教授从1924年起花了二十多年功夫对候鸟迁徙之谜的进一步研究表明:实际上对候鸟迁徙起作用的不是气温的升降,而是昼夜的长短。

洛文观察一种候鸟黄脚鹬,这种候鸟每年来往于加拿大与南美洲阿根廷之间,长途跋涉16000公里。据他14年的记录,这种黄脚鹬春天在加拿大首次下蛋总在5月26～29日三天之内。他考虑到如果温度是主要条件,决不会如此稳定,而在外界的各种可能因素中只有昼夜的长短每年是确定不变的。基于此,他得出了昼夜的长短是候鸟迁徙的原因的结论。

这个结论是运用科学归纳推理分析现象之间的因果联系而得出的,因而具有很高的可靠性。洛文教授又以下述的实验来验证他的观点:

他在1924年的秋天,在候鸟南回时,网罗了若干只鸟鸦似的候鸟。他把这些候鸟分为两部分,一部分候鸟放在寻常环境里,这时冬季将临,昼长一天短似一天;而把另一部分候鸟置于日光灯下,人为地将昼一天天延长。到了12月间,前一部分的候鸟很安静,而后一部分候鸟却大有春意,不但歌唱起来,而且内部生殖器腺系统发育到春天模样。这时把它们放出来,凡是经过日光灯照的统统向西北飞去,好似春天候鸟一样,虽然这时气温是冰点以下20摄氏度;而未经过日光灯照的大都留在原地。

这个实验证明了昼夜的长短是候鸟迁徙的原因这一结论的可靠性。

2.科学归纳法与简单枚举法的异同

简单枚举法依靠的是观察,它的结论依赖于观察例证的数量、分布范围和有没有反例,只要有一个反例,全称结论就被推翻。这样的办法太简单粗糙,缺乏分析思考,只知道积聚数量,扩大范围,从实际操作的角度看既不经济,浪费人力物力,有时候还会丧失发现真理的机遇。

因此,我们不能仅仅依靠不断重复的观察,而应该加进分析和思考。当我们观察到一些S具有性质P后,就应思考,为什么这些S会有性质P呢?这时应该进入实验室和研究室,根据当时的科学原理和知识状况,去弄清楚S和P究竟具有什么样的联系,是偶然联系还是本质性联系。如果我们通过科学研究得出结论,说S和P之间必然相互联系着,这时尽管也许只研究了少量的个例,仍然可以有把握地推出结论。可见,科学归纳法是根据某类事物中部分对象与某种属性间因果联系的分析,推出该类事物具有该种属性的推理。

比如,我们在分析一个城市的刑事案件发案特点时发现,在该市的几个点上刑事案件的发案率高于其他地区,而这几个地方都处于城乡接合部,再进一步调查发现城乡接合部社区管理比较薄弱、外来人口相对集中、地域空旷、环境偏僻等情况与发生刑事案件之间存在因果联系,在此基础上,可以得出结论:凡城乡接合部的刑事案件发案率都比较高。

如果仅根据一个城市不同地方的刑事案件发案率的统计数字的比较,就得出凡城乡接合部的刑事案件发案率都比较高这一结论,这种推理就属于简单枚举归纳推理。如果我们不满足于此,而是进一步去探求城乡接合部的发案率为什么会比其他地区高的原因，在此基础上得出凡城乡接合部的刑事案件发案率都比较高这一结论，这就属于科学归纳推理。

① 科学归纳推理与简单枚举归纳推理的相同点是：

第一，两者都属于不完全归纳推理，都没有考察完某类事物的全部对象。

第二，结论的断定范围超出了前提的断定范围，因此，结论是或然的。

② 科学归纳推理与简单枚举归纳推理的不同点是：

第一，得出结论的依据不同。简单枚举归纳推理是以经验认识（未遇到相反事例）为依据，而科学归纳推理的依据是分析现象间的因果联系。两者的主要差别是样本属性与描述属性具有同质性的概率不同。

比较而言，在科学归纳法中，样本属性与描述属性具有同质性的概率较高，而在简单枚举法中，样本属性与描述属性具有同质性的概率较低。当然，科学归纳法的结论对反例同样没有豁免权。

第二，提高结论可靠性的途径不同。简单枚举归纳推理是靠增加被考察的对象和扩展被考察的范围来提高其可靠性的；科学归纳推理是从前提的科学分析而获得的结论，其可靠性并不是依靠前提的多少来决定，而是是否真正抓住了事物间的因果联系。

简单枚举归纳推理所依据的仅仅是没有发现相反的情况，而这一点对于作出一个一般性的结论来说，是必要的，但并不是充分的。因为，没有碰到相反的情况，并不能排除这个相反情况存在的可能性。而只要有相反情况的存在，无论暂时碰到与否，其一般性结论就必然是错的。

科学归纳推理则不同，它所根据的是对事物何以存在某种性质的必然原因进行科学的分析，即在对某类中部分对象本质分析的基础之上，从中找出其固有的内在联系，并由这些联系推出有关该类事物的一般性结论。它的特殊表现形式是利用典型事例，由于前提的事例包含了类中决定该事物能否存在的必然关系而获得的一般性规律的结论。因而科学归纳推理得出的结论比以经验为主要根据的简单枚举归纳推理得出的结论要可靠得多。

例1：一些哺乳动物的牙齿上有明显的"年轮"痕迹，即来自于在夏天时形成的不透明的牙骨质沉淀和在冬天形成的半透明的牙骨质沉淀的积累。在对一个石器时代的遗址发掘中发现的猪的牙齿横断面表明，除最外一层以外，其他的各层"年轮"都有令人惊讶的相似的宽度。最外这一层只有其他各层一半左右的宽度，而且是半透明的。

上文的论述可合理地推出关于这些动物死亡的时间是什么。

分析：这是一则用科学归纳法做出的论证，题干断定：

第一，牙齿"年轮"在冬天形成半透明的牙骨质沉淀；

第二,猪的牙齿最外面半透明的冬季特征年轮等于其他各层的一半宽度。

从而可以合理地推出结论:该遗址中的猪的最后一个冬季过了一半。

例2:一位社会学家在某戒毒所调查了甲、乙、丙、丁和戊等五名被强制戒毒的人员。他了解到:"甲是因为多次吸食鸦片而染上毒瘾的,乙是因多次吸食大麻而染上毒瘾的,丙多次注射吗啡而染上毒瘾,丁多次吸食海洛因亦染上毒瘾,戊则多次注射可卡因同样染上毒瘾。"戒毒所所长介绍道:"该所共收容了127名吸毒人员,他们都因多次吸毒而染上毒瘾。"该所的医生说:"鸦片、大麻、吗啡、海洛因、可卡因等毒品中均含有致幻性物质,这种物质能使人产生某种欣快的幻觉,但同时也给人体带来恶劣的影响。人若多次吸食或注射毒品,就会对它产生严重的依赖性,要求不间断地吸食或注射,并逐步加大剂量,从而形成毒瘾。"

根据上述材料,若分别进行完全归纳推理、简单枚举归纳推理和科学归纳推理,则应当分别选取什么材料来作为推理根据,分别可以推出什么结论?

分析:在进行完全归纳推理时,应以对甲、乙、丙、丁和戊五人因多次吸毒而染上毒瘾的考察作为推理根据,推出"甲等五人都因多次吸毒而染上毒瘾"的结论。或者用戒毒所所长介绍的材料作为推理根据,推出"该所收容的所有被强制戒毒人员都因多次吸毒而染上毒瘾"的结论。

在进行简单枚举归纳推理时,可用对这五人的考察情况以及未见相反事例作为推理根据,推出"所有多次吸毒的人都会染上毒瘾"的结论。

进行科学归纳推理时,应以对甲等人的考察情况以及该所医生介绍的材料作为推理根据,推出"所有多次吸毒的人都会染上毒瘾"的结论。

3.科学归纳的局限

科学归纳在科学认识和科学研究中无疑起着巨大的作用,但它也有其局限性,主要表现在:

① 科学归纳是以直观的感性经验和一定的科学分析为基础,它只能作为研究因果关系的先导,而难以揭露事物的深刻的本质和规律。要真正做到知因果,还离不开演绎法与科学实验的运用。

② 科学归纳只能根据已经把握的一部分事物的某些属性进行归纳,无法穷尽同类事物的全部属性,因而作出的结论不是完全可靠的,带有很大的或然性,也可能有同客观事实相矛盾的情况。这种情况一旦出现,原来的结论就会被推翻。

科学归纳法的前提对结论的支持度有多高,结论有多可靠,取决于科学归纳法有多"科学"。由于极其复杂的原因,许多所谓的"科学研究"也有不科学或不尽科学的时候,因此"科学研究"的结论也是可错的,可以修正的。

第三节　归纳评估

归纳概括是从特定经验事实中得到一般或普遍命题的过程，具体是指利用不完全归纳，来得出一个虽然并非必然但要相对合理的结论。

归纳概括的形式如下：

现象 E 的事例 1 伴随有事态 C

现象 E 的事例 2 伴随有事态 C

现象 E 的事例 3 伴随有事态 C

………

因而现象 E 的每个事例都伴随有事态 C。

由一个个的例子推导出一个普遍的结论，是不完全归纳推理中最基本的一种，即归纳概括。当然，归纳概括出来的结论应该恰当。

比如，一个装满东西的袋子，第一个人从袋子里摸出三个东西，全部都是红色的木球。第二个人从袋子里摸出三个东西，全部是红色的玻璃球。第三个人从袋子里摸出三个东西，全部是红色的石球。对于袋子里剩下的东西，他们没有继续往下摸。

根据上面的论述，下面对袋子里的东西进行归纳概括。不完全归纳所得出的结论只具有可能性，因此，结论不应该是"袋子里的东西全部都是球"或"袋子里的东西全部都是红色的球"等绝对性的结论。概括出来的结论如果是"袋子里的东西可能都是球"，这不能算错，但不是最恰当的，最恰当的结论应该是"袋子里的东西可能都是红色的球"。

一、评估准则

归纳推理作为扩展性推理而言，使用的标准是其合理性。一个人接受某个命题总有一定的理由，一个人从个别可相信的命题出发推导出超出已知命题知识范围之外的新命题，如何来判定其合理性，有许多需要进行研究的内容。合理性的衡量，一个尺度是概率，另一个尺度则可以归结为健全的批判性思维提供的标准。

批判性思维的核心是批判性地提问，评价一个推理或论证也应该是从提问开始的。评估归纳论证的准则可用如下批判性问题来描述：

（批判性问题的英文名为 Critical Question，以下统一简称为"CQ"）

CQ1：前提是否真实？

归纳推理首先要满足前提可靠的标准。

如果归纳的前提不真，实验的证据不准确，那么归纳的结论就毫无可靠性。

CQ2：前提和结论是否相关？

前提和结论是否相关，由它们谈的是否同一种东西来决定。若前提和结论不相关，那么归纳的结论就毫无可靠性。

要注意有没有混淆或偷换了概念？需要洞察概念的不同解释对得出结论的关键影响。

CQ3：结论是什么？结论的范围是否受到适当限制？

得出的结论是否恰当？调整结论的强度，谨慎下绝对肯定或绝对否定的结论。比如，我的朋友张三是湖南人，爱吃辣椒；李四是湖南人，也爱吃辣椒；王五是湖南人，更爱吃辣椒。我所碰到的湖南人都爱吃辣椒。针对这些事实，得出"多数湖南人都爱吃辣椒"和"所有湖南人都爱吃辣椒"这两种结论，显然，前者比后者要更可靠，因为前者的断定没那么绝对。

和其他推理一样，归纳推理的充足性还与结论的范围和强度有关。对同样数量的前提，结论的变化会导致支持的"充足性"变化。在同样的前提下，结论范围大小和可靠性成反比。"太阳永远升起"和"太阳明天会升起"，在过去同样的经验下，后者要更可靠，因为它只涉及明天。

CQ4：有没有发现反例？

为提高枚举归纳推理或统计推理结论的可靠性，要注意考察可能出现的反例。一旦发现反例，结论就会被推翻。这就是所谓的"证伪"。"证伪"的目的就是杜绝"以偏概全"的错误。

若没有发现与结论相关的反例，结论的可靠性就越高。若发现了反例，就要修改结论。比如，人们曾根据多次见到天鹅是白色的，归纳推理"所有的天鹅都是白色的"，直到1697年，探险家在澳大利亚发现了黑天鹅，人们才知道以前的结论是片面的——并非所有天鹅都是白的，于是就要修改这一结论。

CQ5：所举的例子的数量是否足够大？

即考察对象的数量是否足够大？样本容量是否足够大？

要尽可能增加被考察对象的数量，被考察对象的数量越多，样本容量越大，越是接近全部对象，那么结论的可靠性程度也就会越高。

归纳支持不充足的问题首先出在前提的数量上。依靠的事例太少，不可能成为充分的推理。明显地，基于过少的样本所做出的概括是容易犯错误的，以少数例子作出的推理往往会犯"以偏概全"和"轻率概括"的谬误。比如，根据你第一次所吃的那个柠檬是酸的，就断言所有柠檬都是酸的。根据你认识的几个东北人具有粗犷豪爽的性格，就说所有东北人都是粗犷豪爽的。我们需要考虑足够大的样本容量，也就是样本内所含个体的数量要足够多，才能确立我们对所做出的概括的信心。

CQ6：考察对象的范围是否足够大？

即所举的例子是否多样化？样本的个体之间差异是否足够大？

归纳结论的可靠性程度不仅建立在枚举事例的数量上，而且还取决于分布的枚举事例范围。样本个体之间的差异通常能反映样本个体在总体中的分布状况，样本之间的差异越大说明样本个体在总体中的分布越广。因此，要尽可能调动考察对象的视角和范围，尽量在不同的时间、地点、场合和条件下去考察同类对象，样本的个体之间差异越大，那么结论的可靠性程度也就会越高。

例：通过分析物体的原子释放或者吸收的光可以测量物体是在远离地球还是在接近地球，当物体远离地球时，这些光的频率会移向光谱上的红色端（低频），简称"红移"，反之，则称"蓝移"。原子释放出的这种独特的光也被组成原子的基本粒子尤其是电子的质量所影响。如果某一原子的质量增加，其释放的光子的能量也会变得更高，因此，释放和吸收频率将会蓝移。相反，如果粒子变得越来越轻，频率将会红移。天文观察发现，大多数星系都有红移现象，而且，星系距离地球越远，红移越大，据此，许多科学家认为宇宙一定在不断膨胀。

分析：上述科学家的观点是，宇宙一定在不断膨胀；理由是，天文观察发现，大多数星系都有红移现象，而这一现象表明，物体远离地球。这则论证存在着严重的缺陷，若事实上，人们所能观察的星体可能不足真实宇宙的百分之一。这表明考察对象的范围较小，意味着由天文观察而归纳出的观点很可能不可靠，这就有力地质疑了科学家的观点。

CQ7：所举的例子或样本是否具有代表性？

即观察到的事物和属性有什么关系？

研究事物和属性的内在关系或者因果关系，这是科学的专注点。从逻辑上说，样本代表性是指样本属性与结论所概括的总体属性应当具有同质性。样本属性与描述属性具有同质性的概率越大，结论的可靠性就越大。

如果一个总体中的所有个体在某一方面都有相同的属性，那么任意一个个体在这方面的属性都有总体的属性。比如，医生为病人验血时，只需抽取病人血液的一小部分。不同的个体之间在某方面所具有的无差别的属性称为同质性，有差别的属性称为异质性。

二、归纳不当

归纳推理的结论并非是从前提中必然推出的。归纳法虽然有着自己的独特作用，但是，它的前提和结论之间的逻辑联系具有或然性，所得出的结论并不可靠。由前面分析可知，提高归纳推理可靠性的办法有：

① 前提必须真实；
② 前提和结论要相关；
③ 受到适当限制结论的范围；
④ 没有发现反例；
⑤ 尽量增大考察对象的数量；
⑥ 尽量增大考察对象的范围；
⑦ 所举的例子或样本要具有代表性。

在进行归纳推理时，如果只根据若干还不够充分的事实仓促地推出一般性的结论，把它看作完全可靠的，就会犯"归纳不当"的错误。其谬误实质是严重忽视了与样本属性相反的事例存在，常见的表现形式有特例概括、机械概括和轻率概括。

1. 特例概括

特例概括，也叫举例不当，是以特例为根据，仅由不具代表性的例证或缺乏典型性的事例就不恰当地进行概括，得出包含该个体的群体具有的普遍性质的结论。其谬误是以概括所依据事例的非典型性和偶然性为主要特征。

例1：我碰到的一个荷兰人是骗子，所以荷兰人都是骗子。

例2：我的父母吸了一世烟，但他们从未患过癌症，可见吸烟不会导致癌症。

例3："守株待兔"这一成语讲的是，古时宋国有一位农夫，偶然遇到一只兔子撞在树上死去，他不费力气就捡到了它。他认定，此等好事还会发生，于是他扔下农具，不再干农活，一直守在树旁，希望再捡到撞死的兔子，该位农夫因为特例概括而成为千古笑柄。

2. 机械概括

机械概括是由于忽视时间因素的影响，机械地以样本属性为根据，而对事物的现在或未来作出概括。

例：调查表明，目前中年消费者的零售支出，有39%都花在百货商店的商品和服务上了；但对年轻人而言，该百分比仅为25%。由于未来十年内，中年人口数将会剧增，所以百货商店应该把一些原业以年轻人为服务对象的商品换成吸引中年人的商品。

分析：文中提到,"未来十年内,中年人口数将会剧增。"这意味着两方面的变化:一方面是目前的中年人将陆续退出中年人的行列;另一方面是目前年轻人将陆续加入中年人的行列。"中年人口数的剧增"意味着后一方面的变化加剧,今天的年轻人在未来的中年人中所占的比例不断加大。由此,文中的推论若成立,就必须假设:今天的年轻人在步入中年的时候,他们在消费方式上的变化只受年龄增长这种单一因素的影响,而且变化的结果必须与现在中年人的消费方式相同。显然,这种假设是不一定成立的。该论证将目前两组消费整体所具有的样本特征,机械地推广到未来。这一推论是在没考虑目前的样本特征可能会在未来发生变化的情况下做出的,所以,该论证犯了机械概括的错误。

3. 轻率概括

轻率概括从狭义上讲,也叫样本太小,是以少数的不具有代表性的事例就匆匆归纳出普遍性的结论。其谬误在于样本太小,不能满足在样本容量方面的要求,而使样本缺乏代表性,由此,不足以概括出代表总体特征的结论。

例1：医生使用吗啡减轻病患的痛苦是对的,因此,所有人都可以随意使用吗啡。

例2：知识分子家庭出身的孩子都聪明,你看小珍、小强、小琴都很聪明,他们的父母都是知识分子。

例3：1979年3月,美国三里岛核电站发生严重事故,1986年苏联切尔诺贝利核电站也发生了严重事故。所以,目前世界上正在运行的核电站都会发生严重事故。

需要注意的是：

第一,样本可能太小这一事实不一定意味着样本就是不典型的。如果较小的样本在一个很大的总体中具有典型性,这样的概括不是谬误。只有对太小而且不典型的样本进行概括,才犯了轻率概括的谬误。

例：给3只小老鼠喂食了1克T物质,这3只小老鼠在两分钟内进入了休克状态,然后都死了。所以,对于所有的小老鼠来说,T物质可能是使它们致命的物质。

分析：这则论证没有犯轻率概括的谬误,因为在这则论证中,样本在它所属的总体中具有典型性。小老鼠在两分钟内死亡的事实表明:在吃T物质与小老鼠死亡之间存在因果联系。如果存在这种联系,那么其他小老鼠吃了T物质也会这样。

第二,从另一个角度说,样本大不一定能保证样本就是典型的。在样本较大的情况下,如果样本不是随机选取的,它在一个很大的总体中可能就没有典型性。

例：对加州的10万名选民进行选情调查，其中有80%的选民说他们会投共和党候选人的票。很明显，共和党候选人将会当选。

分析：尽管这则论证中引用的样本是很大的，但其调查的抽样不是随机进行的，该论证还是犯了轻率概括的谬误。有80%的加州选民说他们会投共和党候选人的票，这说明共和党候选人在加州具有压倒性的优势，但它不能反映全国其他地区选民的投票倾向。

三、案例分析

例1：分析下面的论证在概念、论证方法、论据及结论等方面的有效性。

自1789年乔治·华盛顿就任美国首任总统开始，一直到现在的200多年里，美国一共产生了45任总统，其中有8人死于任期。唯一一位非"0年魔咒"死在任期的是第12任总统扎卡里·泰勒，1849年3月5日上任，1850年7月9日病逝。从1840年到1960年，几乎所有在以"0"结尾的年份竞选成功的美国总统居然都死在任期！一共有7人。7人中有4人被暗杀，包括著名的第16任总统林肯。

美国历史上共有11位以"0"结尾的年份竞选成功的总统。除了前两位，即1800年的托马斯·杰斐逊、1820年成功连任的詹姆斯·门罗，以及后两位，即1980年的罗纳德·里根、2000年的乔治·布什，中间7人全部死于任期，无人摆脱"0年魔咒"。

威廉·亨利·哈里森，1840年竞选获胜。在职仅一个月，死于肺炎。从此开启了"0年魔咒"。

亚伯拉罕·林肯，1860年竞选获胜，1864年竞选成功连任。1865年4月15日遇刺身亡。

詹姆斯·加菲尔德，1880年竞选成功。1881年9月19日即被枪击暗杀。

威廉·麦金莱，1900年成功竞选连任，1901年9月6日遇刺受伤，14日去世。

沃伦·哈定，1920年大选获胜。1923年8月2日突发心脏病，死在酒店的房间内，死因不明。

富兰克林·罗斯福，1940年开始他的第2次连任。1945年4月因大脑动脉瘤病逝于第四任期上。

约翰·肯尼迪，1960年大选获胜，1963年11月22日被刺身亡。

罗纳德·里根，1980年大选中获胜。里根上任后的第70天，险些被暗杀，但最终逃过一劫，也终结了美国总统的"0年魔咒"。

其后，2000年大选成功的乔治·布什也已安然度过了自己的任期。

美国总统的"0年魔咒"源于印第安人的诅咒。根据美国民间传说，1811年，美国将军威廉·亨利·哈里森率领的军队在蒂皮卡诺大战中一举击溃了著名的美国印第安人首领特科抹人和他的军队，并对印第安人实施了残酷的屠杀。愤怒的特科抹人对美国人施加咒语说：我告诉你，哈里森将死。继他之后每隔20年，每个在尾数是0的年份当选的总统都无一例外地必须在任上死去。

分析：上文是通过枚举归纳论证，列举了7位"0"结尾年份竞选成功的美国总统都死在任期内，得出了美国总统存在"0年魔咒"这一结论，其结论的可靠性是值得怀疑的。由于枚举归纳论证其结论所断定的范围超出了其前提所断定的范围，该前提与结论之间的联系不是必然的，因而，它的结论是或然的。其论证缺陷可从得出的结论不够恰当，以及存在反例等方面来考虑。

下面提供参考分析评论。

上文通过枚举归纳论证，列举了7位"0"结尾年份竞选成功的美国总统都死在任期内，得出了美国总统存在"0年魔咒"这一结论，其结论的可靠性是值得怀疑的。现把该论证的缺陷分析如下：

首先，"0年魔咒"充满了神秘色彩，无法通过上文的论证得出"0年魔咒"与"0结尾年份竞选成功的美国总统都死在任期内"之间存在因果关联。"0年魔咒"源于美国的民间传说，而传说未必是真的存在，也许是后人杜撰的故事。

其次，即使传说中的"0年魔咒"故事真的存在，但咒语本身往往意思含糊，充满解释的随意性。这个"0年魔咒"也不例外："0"结尾的年份竞选成功的美国总统是死于"0"结尾的年份竞选成功的那个任期，还是此后连任的任期都算在内，比较模糊，如果是后者，则明显扩大了咒语的适用范围。

再次，上述结论存在明显的反例。美国历史上共有11位以"0"结尾的年份竞选成功的总统。其中，7位死于任上，而4位并没有死于任上，这意味着"0年魔咒"未必起作用，也许纯属巧合。

最后，即使有7位美国总统死于任上，但"0年魔咒"也很可能是一种牵强附会，因为之前美国的时局相对动荡，美国总统作为一个矛盾集中点，风险相对较高，有一些总统死于任上也不足为奇。随着社会发展，很可能未来美国总统死于任上的概率会大大降低，"0年魔咒"的现象将不会存在或很少再出现。

总之，由于存在严重的逻辑漏洞，上文的论证是无法令人信服的。

例2：分析下面的论证在概念、论证方法、论据及结论等方面的有效性。

在一个抽象派画展上，一幅高50厘米、宽40厘米的作品吸引了众多观众驻足。观众A说："这是一个浪迹天涯的游子在沙漠中跋涉时留下的凌乱而又艰难的足迹。"观众B说："这是一场艰苦卓绝的战争结束后的场面，血腥而又惨烈。"观众C说:"这是梁山伯、祝英台坟前化出的一对彩蝶,美丽、凄凉而又浪漫。"

这小小的一幅画,一个客观而又真实的存在,三个不同的人去感知,竟然有完全不同的理解!这说明,人们是从自己的想象出发对现实世界进行解释的。人们对生活中的是非曲直、正义邪恶的判断,完全取决于人们的偏好或者需要,而不是取决于客观的事实。对现实中管理问题的认识也是这样。由于管理问题的极端复杂性,每一项管理问题的研究成果,都可能留下研究者自身知识、经验、研究视角、主观意向等方面的烙印。学者们自以为看到了真实的世界,发现了客观事实之间的因果联系,其实,他们所谓的发现,只不过是他们头脑中的主观意向的映射,而不是客观规律。

分析:上文是通过枚举归纳的论证方式说明对抽象画的感受完全是主观的,进而得出,人们对生活中的是非曲直、正义邪恶的判断,完全取决于人们的偏好或者需要,而不是取决于客观的事实,并认为对管理问题的认识也一样是完全主观的。这一论证是存在严重漏洞的,其逻辑缺陷主要有归纳不当、例子不具有代表性、类比不当以及结论片面等。

下面提供参考分析评论。

上文从对抽象画的感受来论述对管理问题的认识,但存在以下逻辑缺陷。

首先,作者枚举了三个人对同一幅抽象画的感受各不相同,从而认为,人们是从自己的想象出发对现实世界进行解释的,而不是取决于客观的事实。这一归纳论证的结论显然是不当的,事实上人们对世界的解释既有想象的成分,也取决于客观事实,不能片面强调前者。

其次,上述归纳论证的例子不具有代表性,抽象画只是绘画艺术的一个种类,强调的是想象力,并不能代表整个绘画艺术,比如,写实画就和抽象画完全不同,大多数人看到写实画,一般不会产生不同的理解。

再次,用抽象化来类比管理问题是不恰当的,绘画和科学研究分属不同领域。而且,抽象画是特殊的艺术种类,理解和感受的主观性很强。而管理的研究属于社会科学,研究的目的在于揭示客观事物发展变化的规律,具有很强的客观性,不可能由主观感受来主导。

另外,作者认为"是非曲直、正义邪恶的判断,完全取决于人们的偏好或者需要,而不是取决于客观的事实",这种说法过于片面和绝对化。尽管是非曲直、正义邪恶的判断有一定的主观性和变动性,但是在特定的时间和特定的地域,对是非曲直、正义邪恶的判断对当时的社会来说,是具有相对客观的衡量标准的。

最后,管理问题尽管复杂,也存在一定的主观性,但对包括管理问题在内的事物的映射，也是离不开客观世界的，作者片面强调主观性是有失偏颇的。

总之，作者把错误归纳的结论进一步套用来解释管理问题，并把人类的认识成果仅仅看成是"他们头脑中的主观意向的映射，而不是客观规律"，严重歪曲了事实，其论证过程是十分荒谬的。

例3：分析下面的论证在概念、论证方法、论据及结论等方面的有效性。

下边材料摘自于一篇谈家族企业的文章：

两年前，兰州一家典型的家族制企业发展到一定规模后即寻求上市，就从外面聘请了一个总经理，不料没过多久，这家企业的上亿元资产被这个总经理偷偷地转移一空。这一事件在私营企业界尤其是家族制企业中引起巨大震动。有一段时间，"忠诚比能干更加重要"成为很多民企老板信奉的至理名言。因此，有人认为，要在市场上有竞争力，家族化管理的体制，还是有优势的，总结自己的经验，用自己的亲人，挖掘自己的人力资源、管理资源，既节省又靠得住，不必雇佣更多的经理和员工来帮助把企业管理好。

分析：上文是则归纳论证，存在轻率概括、片面推论等缺陷。

下面提供参考分析评论。

上文从"一家家族企业从外部聘请了一名总经理后，其资产被总经理偷偷转移一空"的事例中得出，"忠诚比能干更加重要"的用人标准，并进一步推论，家族化管理体制还是有优势的，还是自己人管理自己企业好。由于该论证存在着诸多逻辑缺陷，因此，其结论不具有说服力。

首先，该论证存在的第一个漏洞是，轻率概括。把一个公司发生的偶然现象，当作了普遍现象。从该特例概括出外聘职业经理人不可靠，这种从个别推出一般的做法不可取。事实上，大部分外聘职业经理的家族企业，并没有发生资产被外聘管理者转移的现象。

其次，该论证存在的第二个漏洞是，片面推论。上文断定"忠诚比能干更加重要"，这有把"忠诚"的重要性过分地夸大的嫌疑，"忠诚"固然重要，但仅凭"忠诚"是不能管理好企业的。只有忠诚而缺乏能力，是不能管理好企业的，企业就无法创造效益，而没有效益，企业就无法生存和发展。

最后，该论证存在的第三个漏洞是，故步自封。该论证只看到了一些家族式企业发展比较好，但没有看到，随着社会经济的发展，市场竞争的加剧，用人封闭的家族式企业，多数已经不适应当前的形势。当家族企业发展到一定阶段，家族企业就容易出现排外心理、任人唯亲、人情管理、滥用权利、缺乏激励、缺乏企业文化、缺乏科学决策等诸多弊端，从而阻碍企业发展。只有建立现代企业制度，外聘高层次人才，才能保证和促进企业的长远发展。

四、归纳困境

传统归纳逻辑力图研究如何从个别性经验知识上升到具有必然性的一般知识的思维过程和思维方法。但人们不断对归纳的合理性进行质疑。

英国哲学家伯特兰·罗素曾谈到一个关于火鸡的故事。在火鸡饲养场里，有一只火鸡发现：每天，主人一打铃后就给它喂食。这只火鸡通过归纳推理得出了下述结论："主人打铃后就会给我喂食。"可是，在圣诞节前夕，当主人打铃后它跑出去觅食时，主人却把它抓起来并且宰杀、烹调之后，送上了餐桌。那么，火鸡究竟错在哪里呢？不能说它的归纳很片面，至少它还懂得观察不同场合下的大量事实。只能说它不懂主人为什么要给它喂食。因此，在一定的时间条件下，它做出的不完全归纳即简单枚举归纳的结论是有效的，而超出一定条件则是无效的。这实际上是有关归纳的合理性问题。

英国哲学家大卫·休谟却对这一归纳纲领提出了严厉的诘难，对因果关系的客观性提出了根本性质疑。归纳推理是否能得必然性结论，如果不能得必然性结论，那么它的合理性何在？如何为它的合理性辩护？这叫作"归纳合理性及其证成问题"，它是由18世纪的哲学家休谟提出来的，因此亦称"休谟问题"。

休谟对归纳合理性的质疑包含三个要点：

① 归纳推理不能得到演绎主义的证成，归纳不能得必然结论。因为在归纳推理中，存在着两个逻辑的跳跃：一是从实际观察到的有限事例跳跃到了涉及未观察到的无穷对象的全称结论；二是从过去、现在的经验跳跃到了对未来的预测。而这两者都没有必然的保证，正如英国哲学家波普尔所说："有限不能证明无限，现在不能证明将来"。

② 归纳法本身的正确性只能归纳地证明，而这是逻辑循环。从逻辑上讲，归纳推理的有效性也不能归纳地证明，例如根据归纳法在实践中的成功去证明归纳，这用到的还是归纳推理，因此导致循环论证。

③ 归纳推理要以自然齐一律和普遍因果律为基础，而这两者并不具有客观真理性，这两者只不过出于人们的习惯性心理联想。

休谟问题激起了深刻的历史回响，不少逻辑学家和哲学家对此提出了不同的回答，迄今仍无定论，有人甚至认为它是不可解决的，"休谟的困境就是人类的困境。"

尽管如此，归纳推理对于人类来说具有实践的必然性，理由如下：

① 归纳是人类在茫茫宇宙中生存必须采取、也只能采取的认知策略。

② 人类有理由从经验的重复中建立起某种程度的确实性和规律性。

③ 人类有可能建立起局部合理的归纳逻辑和归纳方法论，并且已部分地成为现实。

④ 归纳的结论虽然不是必然真，但是可能是真的，通过科学的归纳技术，可以有效地提高归纳为真的程度。

例："我真的不知道太阳明天是否会升起"对这个论断作出评价。

分析：这一论断偏向于怀疑论者。某种意义上，太阳的升起是值得怀疑的，因为他们认为只是因为这件事在过去一直发生并不意味着它一定会在明天再一次发生。但是我们对太阳为什么会升起的解释是有理由的，因为太阳并不只是偶然升起的。地球是旋转着的，为了让太阳明天不再"升起"，就要有一些可怕的东西来阻止地球旋转，或者有意外的灾难让太阳或者地球灭亡。很难想象在明天这么短的时间内有什么可怕的东西能使这些事情发生，并且我们坚信人类的智慧，在人类没有提前预知这一点时，这是不可能发生的。

第三章 类比推理

第一节　类比概述

第二节　类比方法

第三节　类比评估

类比推理是根据两个或两类对象在某些属性上相同或相似，推断出它们在另外的属性上也相同或相似的一种推理。类比是或然性推理，属于扩展性的推理，因此属于广义的归纳推理。

第一节　类比概述

一、类比的形式

在描述和解释中使用类比不同于在论证中使用类比，论证中的类比是推理性的，它通常具有如下形式。

1. 两个事物的类比

类比推理的一般形式是指两个事物的类比，其类比形式如下：

事物A有属性a、b、c、d；

事物B有属性a、b、c；

所以，事物B有属性d。

在类比推理的形式结构中：

第一，A事物是我们熟悉的事物，B事物是我们希望说明或深入了解的事物，并且它们在一些属性上具有相似性；

第二，有一属性为A事物所具有，而在B事物那里尚未发现，因此，B事物也应有这一属性。

比如，被后世建筑工匠、木匠尊称为"祖师"的鲁班，一直苦于用斧子砍树费时费力。一天他又上山砍树，当他往山上爬时被一种叶子为锯齿状的草划破了手。这个情景使他立刻产生联想，在"如何更快捷省力地伐木"与"手被划破"之间发现了相像的对应关系，然后将"手被划破"的事实用于"更快捷省力地伐木"的问题情景，从而制造出了锯子。鲁班发明锯子，运用的就是类比推理：丝茅草叶扁平长条，两边有齿，锋利，能割物；铁片扁平长条，两边有齿，锋利，也一定能割物。

科学技术史上的许多发明创造，就是受益于类比推理。

例1：1816年的一天，法国医生雷奈克出诊为一位年轻的女性看病，一见病人，雷奈克犯起愁来：她身体非常肥胖，要诊断她的心脏和肺部是否正常，按当时医生惯用的方法，把耳朵贴近病人的胸部来听，肯定听不清楚，更何况她是一位年轻的女性。雷奈克抬头看了看院子里正在玩耍的小孩，脑子里突然浮现出几年前看到一个孩子们玩的游戏：一个孩子用钉子敲打木板的一头，另外的孩子争先恐后地抱着把耳朵贴近木板的另一头，兴致勃勃地倾听着。为什么木头能够把声音清晰地传过来呢？雷奈克稍微想了想，只见他狠狠地拍了一下手说："就是这样！就是这样！"雷奈克要来一叠纸，紧紧地卷成一个卷，然后把纸卷的一端放在姑娘的胸部，另一端放在自己的耳朵上，侧着脸听了起来。"真是一个妙法！"雷奈克高兴地喊了一句。回到家里，雷奈克找到一根木棒，造成了历史上第一个"听诊器"。

例2：我国著名的地质学家李四光，在对东北的地质结构进行了长期、深入的调查研究后发现，松辽平原的地质结构与中亚细亚极其相似。他推断，既然中亚细亚蕴藏大量的石油，那么松辽平原很可能也蕴藏着大量的石油。后来，大庆油田的开发证明了李四光的推断是正确的。又经过类比发现华北平原和松辽平原地质结构相似，于是又发现了胜利油田。

例3：人们在地球上发现氦的过程也是通过类比实现的。科学家利用光谱分析，首先发现太阳上有氦存在。由于太阳上的其他化学元素如氧、氮、硫、磷、钾等等，地球上都有，于是就类推到地球上也可能有氦元素存在。后来，英国化学家雷姆果然于1958年在地球上发现了氦元素。

2.多个事物的类比

类比推理并不仅限于两个事物，多个事物之间也可以进行类比。

（1）多个事物的类比形式

其类比形式如下：

事物A、B、C、D均具有属性p和q，

事物A、B、C均具有属性r，

因而事物D可能具有属性r。

（A、B、C、D是事物，p、q、r是属性或"相似属性"）

（2）"$n+1$"类比的形式

类比推理的特殊形式是"$n+1$"类比。"$n+1$"类比仅仅是依据以往的n个事例曾经出现过某种情况，从而断定在第$n+1$个事例中也会出现这种情况。"$n+1$"的推理过程似乎是归纳方法中的简单枚举法，但实质上并不是一回事。简单枚举法的结论是全称，而"$n+1$"推论的结论仍然是特称，所以仍然是类比推理。

"$n+1$"类比有两种形式：

一种是顺推。以往的n个事例是这样，现在的第$n+1$个事例也可能是这样。

一种是逆推。以往的n个事例是这样，现在的第$n+1$个事例则可能不是这样。

二、类比的特征

类比推理常常是借助某些已经认识的个别事物与其他相似的事物比较，从它们之间已知的共同点出发，进一步判明它们的另一些方面的共同点，从而扩大人们的认识领域，从对某些特殊事物的认识过渡到对另一些特殊事物的认识。

1.类比推理的特点

类比推理具有"同中求同"的推理特点。

其一，类比推理的思维进程是从个别到个别，从类到类。这一点与演绎推理和归纳推理不同。

其二，类比推理的结论范围超出了前提所断定的范围，其结论就不具有必然性，而只具有或然性。

2.类比推理的客观根据

在客观现实里，事物的各个属性并不是孤立的，而是相互联系和相互制约的。因此，如果两个事物在一系列属性上相同或相似，那么，它们在另一些属性上也可能相同或相似。客观事物属性之间的这种相互联系和相互制约的关系就是类比推理的客观根据。由于类比推理有其客观基础，因此，人们就可以应用类比推理去认识客观事物。

类比推理的结论是或然的，即尽管其前提是真实的，也不能保证结论的真实性。这是因为，A和B毕竟是两个对象，它们尽管在一系列属性上是相同的，但仍存在着差异性，这差异性有时就表现为A对象具有某属性，而B对象不具有某属性。因此，通过类比推理所得到的认识不能当作完全正确的认识来加以运用，而应当进一步去验证它。

3.归纳和类比的关系

归纳与类比密切相关。类比推理与归纳推理的共同之处，在于它们都不是演绎有效的推理，前提和结论之间的关系是或然的。它们的不同之处则是，归纳推理在一般情况下，是由特称的前提推出全称的结论，是一种在论域规模上的放大性的推理；而类比推理依赖于归纳推理所得的已知定律来将每一类比物内部的属性联系起来，所以，类比推理广义上属于归纳。实质上，类比推理的第一步是归纳，第二步是演绎。

例1：我新买的R品牌笔记本电脑将给我好的服务，因为我三个同事之前买的这三台R品牌笔记本电脑给了他们好的服务。

这个类比推理的思维过程是这样的：

第一步归纳论证：因为这三台R品牌笔记本电脑给了好的服务，所以，所有的R品牌笔记本电脑会给好的服务。

第二步演绎论证：所有的R品牌笔记本电脑会给好的服务。我新买的笔记本电脑是R品牌的，所以，将给我好的服务。

例2：从三张蓝色石蕊试纸放到酸中都变红的前提中，我们或者会得到一个特定结论：将第四张蓝色石蕊试纸放到酸中它将发生什么样的现象。或者会得到一个普遍结论：每一张蓝色石蕊试纸放到酸中将发生什么。如果我们得到第一个，我们就使用了一个类比论证；如果是第二个，则为一个归纳论证。前提反映的是两个属性（或情形或现象）共同发生的事例，由类比我们可以推得，在具有一个属性的其他事例中也会出现另外的属性；而由归纳概括我们能够推得，一个属性出现其中的每一个事例将同时也是另外属性的事例。这种形式的归纳概括就是简单枚举归纳法。简单枚举归纳法非常类似于类比论证，所不同的只是它形成的结论更为普遍。

例3：在我们居住的地球和其他行星（土星、木星、火星、金星和水星）之间，我们可以观察到许多类似之处。它们均如地球一样围绕太阳运行，尽管它们绕太阳的半径不同、周期也不同。它们均从太阳那里获得光，地球也是如此。我们已经知道，其中一些行星，如地球一样，围绕它们的轴自转，因而它们必定有类似白天和黑夜的更替。一些行星有卫星，当太阳不再照射时，这些卫星给行星以光亮，就如我们的月亮给我们以光一样。这些行星的运动均与地球一样受制于万有引力定律。根据所有这些类似，认为这些行星可能与我们地球一样，有不同等级的生命存在，这不是不合理的。通过类比得到的这个结论具有一定程度的可能性。

三、类比的作用

类比不仅在人们的日常生活、学习中发挥着重要的作用，是深入浅出地说明抽象事理、形象生动地表达思想的重要手段，而且，类比推理在科学的发现与发明中，具有不可低估和不可忽视的作用。

1. 类比推理是科学的新思想和新发明产生和形成的一种重要思维方法

科学的新思想和新发明来自思考的跳跃和想象，许多就有类比的要素。科学技术史上的许多发明创造，就是受益于此。类比推理在科学事实的发现以及科学假说的提出方面有着重要的作用。

类比推理的结论是或然的，其可靠程度取决于已知共有属性与推出属性之间的联系程度。在客观世界中，二者之间的联系有的有规律性，有的没有规律性，所推出的结论，可靠程度就会有所不同。

类比通过触类旁通，启发思考，有助于建立科学的假说，从而探求新的知识。科学史上的许多重要的科学发明和重要的理论发现，最初就是通过类比推理取得的。从这个意义上说，类比是通向创新的桥梁。

例1：据说，19世纪的德国化学家凯库勒为了揭开苯分子中的6个碳原子和6个氢原子是如何取得平衡的结构之谜，殚思极虑，却一无所获。一天，他在思考这个问题时，由于过度疲劳，迷迷糊糊地睡着了。睡梦中，他梦见一条蛇在翩翩起舞。忽然，蛇咬住了自己的尾巴，形成一个圆环，不停地旋转着。猛然醒来的凯库勒在梦的启示下，想象苯环结构是否与梦中的圆环一样。他开始了新的研究，终于发现了苯分子的结构式，从而解决了有机化学上的一个难题。

例2：乌兹别克斯坦盛产长绒棉。我国新疆塔里木河流域和乌兹别克斯坦在日照情况、霜期长短、气温高低、降雨量等方面均相似，科研人员受此启发，将长绒棉移植到塔里木河流域，果然获得了成功。

例3：医学方面的细胞、生理实验的研究，大量在老鼠上做实验，这样做有意义的根据，就是类比：因为老鼠和人在一些方面类似，所以在老鼠身上产生的反应，也可能在人身上产生。

例4：麻省理工学院基因组研究中心主任埃瑞克·兰德试图说明人类基因组计划的巨大影响。为了加强那些对基因研究不熟悉的人的理解，类比是他所用的一个工具：基因组计划完全类似于化学中创立周期表。正如门捷列夫在周期表中安排化学元素，使得以前不相关的大量数据变得连贯，同样，当前有机体中上万的基因，将能够从较少数量的简单基因模块或单元即所谓原始基因的组合中得到。

例5：阿基米德发现浮力定律就是类比推理触发的。据说，古希腊有个国王让金匠给自己打制了一顶纯金的皇冠，却又无端怀疑金匠做了手脚，从中克扣了黄金。用秤称了之后，重量与给金匠的黄金并无两样。但这个国王还是疑心重重，于是便令当时最著名的科学家阿基米德解决这个问题。阿基米德为此绞尽了脑汁，却总是想不出一个确实可行的验证方法。一天他去洗澡，当他慢慢地将身体沉入水中的时候，浴盆中的水也慢慢地上升。这一现象引起他的注意，启发他理解到水面上升是由于他的身体占据了一定量的水的空间的缘故。由此他又联想到如果找一块与皇冠一样重的金块，通过排水量的对比又会怎么样呢？突然闪现的念头使他顿悟出解开皇冠之谜的方法。"我发现了！我发现了！"他连衣服也顾不上穿就跑回家中，于是，著名的浮力定律即"阿基米德定律"产生了：浸在液体中的物体（全部或部分）所受的竖直向上的浮力，其大小等于物体所排开液体所受的重力。在这个定律的发现过程中，阿基米德在

"如何称皇冠"与"洗澡"之间发现了相似的对应关系,然后将"洗澡"的事实用于"称皇冠"的问题情景,从而产生了解决问题的途径。这里,阿基米德正是通过人体与皇冠之间的类比,推知同样能从其排水量测定皇冠的体积和密度。

案例　啤酒的气泡与气泡室的发明

气泡室是探索物质结构的新型探测仪,它是美国物理学家格拉泽(D. A. Glaser,1926—2013)在1952年发明的,他由于该项重大的发明荣获了1960年的诺贝尔物理学奖。

在格拉泽发明气泡室以前,人们用威尔逊云室来探测微观粒子的运动轨迹。威尔逊云室的反应速度较慢,无法显示速度极快的高能带电粒子的轨迹。在20世纪40年代,能量高达20～30Gev的电子加速器已经建成,产生的高能粒子具有极快的速度,用威尔逊云室观察它们运动的全过程,已经是力不从心了。

格拉泽决心通过更有效的手段去追踪高能粒子。奇妙的是,格拉泽从啤酒的泡沫得到了启发。他看到啤酒瓶里一些粗糙突起的玻璃刺的周围特别容易起气泡,联想起带电粒子是不是能在液体中产生气泡?

实验证明,在一些过热液体(温度高于标准大气压下的沸点的液体)中,如果有带电粒子穿过,能使它周围的液体被气化,从而在粒子经过的路径上显示出一连串的气泡。

1952年,格拉泽采用乙醚作为液体试制成第一个气泡室,当乙醚处在过热温度并突然减小外部压强时,来自钴60放射源或来自宇宙射线的高能粒子触发乙醚使之局部沸腾,用快速的摄影机拍摄得到的底片,可以清晰地显示出由于局部沸腾形成的气泡所构成的清晰的径迹。

在成功地观察到第一批径迹后,他又用不同物质的液态进行实验,发现最实用的是液态氢和液态氙,液态氢提供了一个简单的靶子,而液态氙则能作为一个具有高原子序数的靶子。

气泡室用液体介质取代了云室中的气体介质,这使得气泡室的性能远远超过了云室。因为液体的密度远远大于气体,所以高能粒子在液体中的行程远远小于在气体之中,大约是在气体中行程的1‰,由此,要观察高能粒子的全过程,气泡室尺寸可以变得很小。

一个高能粒子在液体介质中的行程通常为10cm数量级,如果用云室观察它的全过程,要求云室的长度为100m,这显然是难以办到的。

> 气泡室克服了威尔逊云室的缺陷，使观察高能粒子的全过程成为可能。它还具有循环快、反应灵敏、直观性好，粒子的作用顶端点看得见，多重效率高、有效空间大和观察精度高等特点，它所搜集的各种信息量是云室的1000倍左右。之后，在研究高能粒子的实验中，气泡室基本取代了威尔逊云室。

2. 类比推理是仿生学和模拟法的逻辑基础

在人类科学认识论和科学方法论的研究过程中，类比思维对人们的科学认识却一样起着积极有益的促进作用。

仿生学专门研究各种生物系统所具有的功能原理和作用机理，并创造出模拟它们的系统，希望在技术发展中能够利用这些原理和机理，从而实现新的技术设计。比如，飞机、潜水艇、机器人等的最初设计，也是通过与鸟、鱼、人等类比而受到启发的结果。

类比具有模拟试验的前导作用，现代科学技术不仅由模型试验类推到研制的原型，而且还由自然原型的研究类推到人工模拟系统。如大型水坝的模拟试验、风洞的试验等。

在现代科学中，模拟方法是指用模型去代替原型，通过模型间接研究原型的规律。一般而言，模拟有两种类型：一种是从试验模型到研制原型，另一种是从自然原型到技术模型。在实验室中模拟在自然界中出现的某些现象或过程，构造出相应的模型，从模型中探讨其规律，然后再把经反复实验检验的模型加以放大，成为真实的自然现象或人造物。其一般形式是：

实验模型具有性质a、b、c、d、e；

研制原型具有性质a、b、c、d；

所以，研制原型也具有性质e。

比如，要建三峡工程这样一个耗资巨大的超级工程，不可能不事先进行可靠性研究和论证。怎么研究和论证？主要是运用模拟或模型方法，即尽可能地把所有相关因素都考虑进来，然后在实验室中在模拟的三峡地区建一座微型三峡大坝，用各种方法对其实验，积累实验数据，用计算机进行数据分析，最后得出总的实验结论，再把该实验结论推至未来的实际的三峡大坝。

当然，由模拟方法推出的结论不一定可靠。因为无论人是多么的小心谨慎，仍有可能遗漏了某些关键的变量，仍有可能错误估计各个变量的作用模式和作用程度。

案例　蛙眼

青蛙有一双奇特的眼睛，它对运动的物体简直是"明察秋毫"，对静止的物体反应却是非常迟钝。青蛙的眼睛既不能像人类的眼睛那样轻微颤动，又没有特定的肌肉来调节突出的晶状体，它实际上是近视眼，只有附近运动着的物体，才能在它的眼睛这个"屏幕"上留下影像。因此，如果人站在路旁、沟边一动不动，青蛙就不会受惊逃走；而一旦人处于走动状态，这些青蛙就会因受惊而到处乱跳。

面对各种飞动的小动物，为什么青蛙可以立即识别出哪个是它最喜欢吃的苍蝇，而对其他飞动的小动物无动于衷呢？这是因为青蛙眼睛视网膜上的神经细胞非常特殊，与人眼具有的视锥细胞和视杆细胞两种视觉细胞不同，蛙眼有五类视觉细胞，其中一类只能分辨不同的颜色，而其余四类则分别捕捉运动目标的不同特征，然后再将信息传递到青蛙大脑的视觉中枢。青蛙的视觉中枢称为视顶盖，对应于前述的四类视觉细胞，在视顶盖中也有自上而下排列的四层视觉中枢神经细胞。第一层是根据运动目标与背景的反差，识别目标的暗前缘和后缘的特征，如蚊子、苍蝇、飞鸟等，它们的特征是不同的；第二层主要是识别运动目标凸出来的边缘；第三层是识别运动目标的外周边缘；第四层则主要是识别运动目标的暗前缘的明暗变化，帮助它判断其运动轨迹。这四层神经细胞所感受的影像就好像画在四张透明纸上的图画，视觉中枢飞速地将它们整合在一起，从而就形成了一幅完整的图像。这种生理结构可以使青蛙的眼睛将复杂的图像分解成几种易于辨别的特征，从而使它能准确而灵敏地发现目标。因此，在各种飞动的小动物中，青蛙可以立即识别出哪个是它最喜欢吃的苍蝇，而对其他飞动的小动物或静止的物体就没有什么反应。

青蛙的眼睛帮助青蛙敏捷地发现运动着的物体，且迅速、准确无误地判断目标的位置、运动方向、速度，识别出目标物体的形状，并且立即选择最佳攻击时间和攻击姿态。仿生学家根据这一特点成功研制出了电子蛙眼。与青蛙眼一样，电子蛙眼也设计了四种检测器，即识别图像的反差、凸边、边缘、阴暗四种功能。将电子蛙眼应用于雷达，就可以使雷达像蛙眼一样，敏锐、迅速地发现、跟踪飞行中的目标，准确地识别出特定形状的飞机、导弹等。电子蛙眼还可以根据导弹固有的飞行特征，区别真导弹和假导弹，从而大大提高军队的作战能力和防御能力。此外，电子蛙眼也大量应用于公路上的超速检测中。

对于按规定速度行驶的车辆，电子蛙眼可以视而不见；一旦车辆超速，电子蛙眼就会灵敏地捕捉到目标，并拍下照片作为证据。对于闯红灯的车辆，电子蛙眼也能在预装指令的驱动下，立即追踪拍照。在几分钟内就有数架飞机起降的大型机场，如果只靠人工观察，很容易疲劳出错，弄不好将发生机毁人亡的悲剧。因此，机场都安装了电子蛙眼，便于及时捕捉飞机起降信息，一旦有差错，电子蛙眼会立即报警。此外，人们还根据蛙眼的特征发明了蛙眼相机，专门用于拍摄运动物体；蛙眼自行车则可以帮助骑车的人及时发现周围移动的物体。

3. 类比推理在科学研究中是一种重要的解释和说明方法

人们为了把要表述的科学问题说得清楚明白，往往用具体的、有形的、人们所熟知的事物来类比要说明的那些抽象的、无形的、陌生的事物。比如，研究电流时用水流比作电流，用"水压"类比"电压"，用电场中的电势能与重力势能进行类比等。通过类比，使人们对所要揭示的事物有一个直接的、具体的、形象的认识，找出类似的规律。

例1：伽利略提出运动相对性原理来解释为什么从塔上落下去的球应该是垂直落在塔的脚下，而不是"落到后面"吗？他的一个有力证明是类比：人在匀速运动的地球上就像在一个匀速运动的船舱里。船舱里没有窗户，你看不到外面，所以不能知道它是否在走。如果一个小球在船舱里下落，你会发现它并不向船行的相反方向下落，而是垂直下落，就像船是静止的一样。在匀速运动的船上，任何运动的表现都像船是静止时一样，如果没有参照物，船上的人无法判断船是否在运动，所以人在地球上不能通过物体的下落位置来判断它是否运动。

例2：托勒密学派的天文学家为了反对哥白尼的"地动说"，提出了所谓的"塔的证据"。反对者认为，既然地球是自转的，那么从塔顶丢下一块石头，由于地球每时每刻都在自转，而塔已经离开了原位，因此石头应该落在离塔较远的地方，而事实并非如此。为了捍卫地动说，伽利略用"行船"作类比成功地解释了所谓的"塔的证据"现象，伽利略指出，正如一条匀速航行的船，从桅杆上丢下一重物，总是落在桅杆脚下而非船尾一样，塔的证据也可得到同样的解释。因此，所谓的"塔的证据"并不能真正驳倒"地动说"。

第二节　类比方法

要提高类比推理强度，前提就是确定类比关系的性质和特征。所有的类比都只涉及两类关系：第一类称为水平关系，水平关系主要是指类比物之间的同一性和差异性或相似性；第二类称为垂直关系，垂直关系则是指各类比物内部各属性之间的关系通常是因果关系。在以上关系的基础上，可将类比方法分为以下类型。

一、属性类比

属性类比是水平关系上的。属性类比亦称性质类比、质料类比，是根据两个或两类对象在某些性质上的相同或相似，又知其中一个或一类对象还具有另外一种性质，从而推知另一个或一类对象也具有这另外一种性质的类比推理。即通过考察被研究对象和类比物之间的相似性，从而在正类比关系的基础上，得出类比物具有的某一属性，被研究对象也有。

属性类比的推理形式如下：

A对象具有性质a、b、c、d；

B对象具有性质a、b、c；

所以，B对象也具有性质d。

属性类比又可分为正类比、负类比和中性类比。

1.正类比推理

正类比也称肯定类比，是根据两个或两类事物若干属性的相同，又知其中某个或某类事物还有其他某种属性，从而推知另一个或一类事物也具有某种属性的类比推理。

正类比的推理形式如下：

对象A具有属性a、b、c、d；

对象B具有属性a、b、c；

所以，对象B具有属性d。

例如：据科学史上的记载，光波概念的提出者，荷兰物理学家、数学家赫尔斯坦·惠更斯曾将光和声这两类现象进行比较，发现它们具有一系列相同的性质，如直线传播、有反射和干扰等。又已知声是由一种周期运动所引起的、呈波动的状态，由此，惠更斯作出推理，光也可能呈波动的状态（见表3-1）。

表3-1 光和声相同的性质

属性	被研究对象 光	类比物 声
1	直线传播	直线传播
2	反射	反射
3	干扰	干扰
4	?	波动的状态
	正类比关系	

2. 负类比推理

负类比亦称反类比、否定类比，是根据两个或两类事物若干属性都不相同，又知其中某个或某类事物还具有某种属性，从而推知另一个或一类事物也没有某种属性的类比推理。即通过考察被研究对象和类比物之间的差异性，得出类比物有的某一属性，被研究对象则不具有。

负类比推理形式如下：

对象A具有属性a、b、c、d；

对象B不具有属性a、b、c；

所以，对象B不具有属性d。

例如：牛顿提出光的微粒说，采用的就是负类比。牛顿时代，人们对光和声知识所作的比较，基本上是差异性的（见表3-2）。

表3-2 光和声的差异

属性	被研究对象 光	类比物 声音
1	能通过真空，媒质神秘	不能通过真空，媒质具体
2	明显具有直进特点	明显具有弯曲的能力
3	光速高，难测量	声速低，易测量
4	发光机理不清楚	发声机理清楚
5	?	具有波动性，它是波
	负类比关系	

根据以上负类比关系，推出结论：光不是波，而是粒子。

3. 中性类比推理

中性类比推理则是通过考察被研究对象和类比物之间的差异性和相似性，

得出类比物有或没有的属性，被研究对象也有或没有。

就以上以光与声作类比的例子，我们既要考虑正类比又要考虑负类比的情形，这就需要在二者之间平衡考虑：如果正类比的推理强度高于负类比推理的，那么就支持波动说；如果负类比的推理强度高于正类比的，则支持微粒说。如果二者难分强弱，我们则综合考虑二者的观点，即光既是波又是粒子，这就是中性类比的过程。

二、结构类比

结构类比主要是指垂直关系上的。结构类比亦称关系类比、形式类比，它是根据两个或两类对象之间存在某些因果关系或者规律性的相同或相似而进行的类比推理。

关系类比可用公式表示如下：

A 系统具有关系 R1、R2、R3、R4；

B 系统具有关系 R1、R2、R3；

所以 B 系统具有关系 R4。

例如，人们根据光与声在许多性质上的相似，推出光和声一样具有波动性，这属于属性类比推理。但人们通过将光与声在反射定律、折射定律以及强度随距离成平方反比等等方面类比，发现了它们的相似性，从而使光的定律借助于声的定律得到解释，这就是关系类比。

根据结构或关系的种类不同，又可将结构类比分为因果类比、并存类比、协变类比和对称类比。

1.因果类比

以垂直关系为因果关系作基础而作出的结构类比，称为因果类比。

推理形式如下：

对象 A：a、b、c 与 d 有因果关系

对象 B：a'、b'、c'；

所以，对象 B 也有 d'

（a、b、c、d 表示对象 A 的属性，a'、b'、c' 表示对象 B 中与对象 A 相似的属性）

当然，因果类比不是必然性的推理，因为某类对象内部属性间的因果关系，并不一定适用于另一类对象。

2.并存类比

以垂直关系为并存关系作依据的类比推理，称为并存类比。它的推理形

式是：

对象A：a、b、c和d有并存关系

对象B：a'、b'、c'

所以，对象B也有属性d'

例如：人们提出地球上有"氦"元素的假说，就是通过并存类比得到的。太阳中，氦元素能与近60种元素并存着，而在地球上有与太阳上相同的近60种元素，所以，地球上也可能并存着氦元素。27年后，拉姆赛在用钇铀矿和硫酸反应生成的气体光谱中发现了一条陌生的谱线，后来被鉴定是氦的谱线。

未经因果解释的并存关系往往是非常偶然的。因而要提高并存类比推理的可靠性，一方面要增加观察事例，另一方面，则须考察并存关系是否存在因果机制。

3. 协变类比

以垂直关系为协变关系的类比推理为协变类比。

它的一般推理形式如下：

对象A：存在z、x、y，且有$Z = f(x, y)$

对象B：存在z'、x'、y'

所以，对象B也有$z' = f(x', y')$

例如，库仑定律的发现就是通过静电力系统和引力系统的协变类比而得到的。

万有引力定律的形式为$F = Gm_1m_2/r^2$，所以库仑定律的形式为$F = kQ_1Q_2/r^2$。

4. 对称类比

以垂直关系为对称关系作依据的类比为对称类比。

它的推理形式如下：

对象A：p和q有对称关系

对象B：有p'

所以，对象B可能有q'（与p'对称）

例如，物理学家根据粒子与反粒子的对称性，提出自然界也是由物质与反物质对称而构成的，从而就有了"反物质世界"存在的假说。著名的物理学家狄垃克曾说："如果我们承认正、负电荷之间的完全对称是宇宙的基本规律，那么，地球上（很可能是整个太阳系）负电子和正质子在数量上占优势应当看作是一种偶然现象，对于某些星球来说，情况可能完全是另一个样子，这些星球可能主要是由正电子和负质子构成的。事实上，有可能是每种星球各占一样，这两种星球的光谱完全相同,以至于目前的天文学无法区分它们。"

这里包含的类比推理如下:

粒子:负电子与正电子有对称关系

正质子与负质子有对称关系

自然世界:正物质世界主要由负电子和正质子构成

所以,对称地存在主要由正电子和负质子构成的反物质世界。

三、实质类比

实质类比是指建立在属性类比基础之上的结构类比,并且若属性类比关系项都为可以观察的,导出的假设也应是可观察的。

实质类比关系的特征如下:

① 水平关系是相似性关系,相似性关系的分析,可以还原为类比物与被研究对象之间的同一性和差异性分析。这些同一性和差异性都是可观察的。

② 对于类比物内部属性之间的垂直关系,如因果关系等,并没有已存在的理由认为类比物与被研究对象之间不能拥有共同的垂直关系。

案例　月球和火星上是否有生命

1. 月球和地球之间的类比

正类比是:都是大型的固体;都是球体;光线和热量都来自太阳;都有自身转动所环绕的轴;都有重力。这实际上是二者共同属性的类比。

负类比是:地球上有水和空气、昼夜温差很小,而月球上没有水和空气、昼夜温差很大。这是对二者的差异性进行类比。

地球上有生命现象,根据正类比,应该推出,月球有生命现象;根据负类比,应该推出,月球没有生命现象。而对生命的出现来说,目前所知水、空气和生命是因果相干的,因此,负类比的强度要高于正类比,"月球没有生命现象"这一结论就十分可靠。

2. 火星上是否有生命

火星与地球的相似性更多,比如自转相似、地貌相似、有相同矿石、有躲避辐射的地下坑洞,甚至火星上可能有含盐水、有氧气,因而根据地球上有生命来推出火星上有生命的可靠性就要比论证月球上有生命的可靠性要高。当然,需要科学发现进一步证明。

第三节　类比评估

要评估类比推理的可靠性，就必须按照类比推理的结构、特征、性质、成立条件等因素，对具体的一个类比进行质疑与评价。

一、评估要素

评估类比推理的要素包括可比性和相关性（包括相似性、相异性）两个方面。

1. 可比性

世界上具有某些相同属性或相似属性的事物是无穷多的，有的根本是风马牛不相及的，对它们进行类比，就缺乏说服力。中国古代墨家曾提出"异类不比"的原则。我们不能将两个或两类本质不同的事物，按其表面的相似来机械地加以比较而得出某种结论，否则就要犯"机械类比"或"荒唐类比"的谬误。

例1："木与夜孰长？智与粟孰多？"木头的长短属于空间方面，夜间的长短属于时间方面；智慧的多少属于精神方面，粮食的多少属于物质方面的。各自的性质标准不同，不具有可比性。

例2：欧洲中世纪有神学家为了论证上帝存在，提出了所谓的"设计者"论证：宇宙是由许多部分构成的一个和谐整体，正如钟表是由许多部分构成的一个和谐整体一样，而钟表有一个制造者——钟表匠，所以宇宙也有一个创造者，这就是上帝。

分析：这是虚假类比，因为钟表是一个人工产品，并且是一个有限物；而宇宙是自然本身，没有时空边界，是无限的。这两者之间存在巨大差别，属于不同类别，不可比。

例3：计算机反病毒公司把被捕获并已经处理的病毒称为已知病毒，否则是未知病毒。到目前为止，杀毒软件对新病毒的防范滞后于病毒的出现，因为杀毒软件不能预先知道新病毒的情况。有人想研制主动防御新病毒的反病毒工具，这是不可能的，这就如同想要为一种未知的疾病制作特效药一样是异想天开。

分析：上述论证可简化为，由于不能预先知道新病毒的情况，所以，研制主动防御新病毒的反病毒工具是不可能的。这一论证是通过"这就如同想要为一种未知的疾病制作特效药一样是异想天开"这个类比推理得到的。若事实上，

99%的新病毒是模仿已知病毒编写的，它们的传播、感染、加载、破坏等行为的特点可以从已知病毒中获悉。这表明题干的类比推理是不成立的，反驳了上述论证的理由。

2.相关性

评估类比推理的相关性准则是质的方面的标准。类比的前提与结论之间是否具有相关性？类比结论的可靠程度取决于很多因素，其中最重要的是它们的已知相同属性与推出的属性之间的相关程度，即确定结论提到的属性a、b、c与属性d之间的关系，若存在着因果上的联系或者系统上的联系，这个类比论证就是强的，否则它就是弱的。因此，明确哪些是与推出属性紧密相关的重要属性，再看所比较的两个事物是否都具备这些关键属性。

事物发生、发展的因果联系是复杂的，有时看似相似的因果关系却可能是毫不相关的。只有明晰了事物之间的确定的相关性，我们才能在类比推理中少犯"不当类比"的错误。

共同属性即为相干相似点的数目，相干相似点的数目越多可信程度越高。相应地，提高类比推理结论的可靠程度的一个方法是，尽量提高类比属性与推出属性的相关程度，尽量从事物之间较本质的属性上进行类比。

为了使我们运用类比推理所得到的认识更加可靠，避免错误和提高可靠性程度，我们应当尽可能从两个事物的较本质的属性上去进行类比（类比属性较本质，说明类比对象在性质上更加近似，类比结论的可靠性也就较大），并且，尽可能找到类比的对象间较多的共同属性（类比对象的已知共同处越多，其结论的可靠性当然也就越大）。

有时候，A和B之间这些相似性和结论有关，但并不重要，或者说相对于别的因素不起主要作用。相似性的数量、代表性和重要性，与推理的充足性成正比，所以是评价类比推理的重要考虑方面。其中，相似性的代表性和重要性就是指相似性的相关性。

例：试比较以下两则论证。

论证一：电流通过导线如同水流通过管道。由于大口径的管道比小口径的管道输送的流量大。所以，较粗的导线比较细的导线输送的电量大。

论证二：电流通过导线如同水流通过管道。当水通过管道从高处流向低处时，低处的水压要大于高处的水压。所以，当电流通过导线从高处向低处输送时，低处的电压也会大于高处的电压。

第一则论证是好的，第二则论证存在谬误。两则论证都以水流通过管道与电流通过导线的相似性为根据，在两种情况下，管道或导线的直径与流量的大小有系统性的联系。在第一个论证中，这种系统性的联系为从前提得出结论提供了较强的支持，所以这个论证是好的。但是，在第二个论证中，对水流来说，在不同的高度与压力大小之间存在因果联系，而对电流来说则不存在这种因果联系。水分子在管道中流动明显会受到重量的影响，而在导线中输送电流则不受重量的影响。因此，第二则论证存在谬误。

理解相关性这个概念，应当从A与B所具有的共同属性和不同属性两个方面来考虑。

（1）相似性

两个事物之间是否具有相似性？辨别属性a、b、c…，确定这些属性为实体A和B所共有。类似物之间相同、相似的属性越多，它们就越有可能具有相同、相似类型的内在结构或功能。

例1：在医学上一种新药在临床应用之前，总是先在高等动物身上试验它的特性。因为这些高等动物比低等动物与人类具有的相同属性更多，因而所得出的结论也更为可靠。

例2：我们拿一支足球队和一家公司进行类比，二者都是由致力于达到一个共同目标的个体所构成的组织，而且知道团队协作是获胜必不可少的因素，所以团队协作也是一个公司获得成功必不可少的因素。这是一个常见的类比，但是，如果我们知道公司和队员不仅在有共同目标这一点上是相同的，而且还知道二者在有激烈的竞争对手、有制定战略和做出决策的领导者、重视在社会上的形象和知名度、对创造最大效益的人给予高薪和荣誉等方面，也是相同的，就会得出提高团队协作是公司获得成功必不可少的因素这一结论的可靠性。

（2）相异性

虽然类比只谈相似之处，制约它的成功的因素却包括不相似的方面：A和B之间有没有更多更重要的不相似的地方？如果A和B之间的差异性更深刻、更重要、对结论更相关，那么类比就有问题。

相异性即差异性，从相异性入手时常是一个更方便更快地揭示类比的问题的方法。所以，评价类比推理，要看前提中列出的相似性的真假、多少、重要性，以及和结论的相关性，它们的力量和类比推理的强度成正比。还要找差异性，把它们和相似性做比较：看哪边更多、更重要？

在同样的情况下，类比物的差异性越少，差异性与结论中的推移属性之间因果不相干，结论的可靠性程度就越高。如果前提中类比物之间的差异性与结论中的推移属性之间因果相干，则正类比推理的强度减弱，负类比推理的强度增加；如果前提中类比物之间的差异性与结论中的推移属性之间非因果相干，而前提中的相似性与推移属性之间因果相干，则正类比推理的强度增加，负类比推理的强度减弱。在进行类比推理时，要提高推理结论的可靠性，尽量既要考虑类比物之间的相似性，又要考虑它们之间的差异性，即进行中性类比。

因此，要尽量用差异性少而且差异性与推移属性之间因果不相干的事物来进行类比。要注意的是，相似并非等同，这意味任何主要项与类比项总有差别之处，而这些不同处也许会削减论证结论的可信度。

例1：火星与地球均有水、空气及泥土等有利生物生存的因素，虽在某程度上支持火星上也有生物这结论。然而，若我们其后发现火星与地球在某些方面存在着差异（例如，火星上氧气稀薄，火星的大气里的氧气只有地球的千分之一，气压低及气候不稳定等），由于氧气含量的多少与生物的存在是密切相关的，那结论的可信度自然会被削弱。

例2：在测试新药物成效的最初阶段，药物研制人员通常也不以人作受试对象，而是让老鼠或猴子等与人类生理结构相似的动物服食或注射新药，然后观察药物对这些动物是否有效用或副作用。若情况理想，人员便会推想药物在人类身上也会起类似作用。这推想背后依据的正是类比推理：类似的生理结构也应会对类似的药物起同样反应。

分析：在用老鼠来做检验药品安全性的实验中，人与老鼠在生理方面所具有的许多共同属性，确实与推出属性有较强的相关性，但是，老鼠不是灵长目、代谢速度快、生命周期短等差异，确实能削弱类比的结论。

例3：为了论证娱乐场所的"安全套行动"，有人这样类比："就像开车系安全带，并不是鼓励肇事。同样，（在娱乐场所）推广使用安全套，并不是鼓励卖淫嫖娼。"

分析："开车系安全带"与"（在娱乐场所）推广使用安全套"，虽然它们之间在"安全的行为"上有相似性，但它们之间仍然可以举出许多相异的地方，其中最大的相异之处在于，"开车系安全带"的安全行为是符合法律的，而"（在娱乐场所）推广使用安全套"的安全行为却是违反法律的。因此，上述类比不能说是一个贴切的类比。要想使之具有说服力，还是需要采用更好的论证方法。比如，在卖淫嫖娼还不能完全根绝之前，这是针对防止艾滋病的蔓延，对高危人群不得已采取的一种防治方法。

例4：有人说电视的暴力节目并不影响观众的行为，那为什么借电视广告来影响观众买产品？

分析：这个类比假设这两者在重要方面相似，而且这些方面和观众的行为相关。所以一个影响观众的行为，另一个也影响观众的行为。但这里唯一提及的相似理由，只是它们都在电视上播放。它们可能有相似之处，但有更重要的不相似的地方吗？广告是用来赞美和推销产品的，暴力节目不是卖暴力，观众对两者的反应也不同，许多人可能会被广告推崇的生活方式吸引，而大多数人则厌恶、反对暴力。由于这样的重要差别，虽然电视暴力的确可能影响观众，但这个类比却不能成立。

例5：脑部受到重击后人就会失去意识。有人因此得出结论：意识是大脑的产物，肉体一旦死亡，意识就不复存在。但是，一台被摔的电视机突然损坏，它正在播出的图像当然立即消失，但这并不意味着正由电视塔发射的相应图像信号就不复存在。因此，要得出"意识不能独立于肉体而存在"的结论，恐怕还需要更多的证据。

在上述论证中，"被摔的电视机"这一实例有何作用？

分析：上述论证所举的"被摔的电视机"的实例说明，信息可以独立于它的某种载体而存在，这和"意识不能独立于肉体而存在"流行信念相左。题干引用这一实例并非要完全否定这一流行信念，而只是说明，论证这一信念需要更多的证据，仅依据"肉体一旦死亡，意识就不复存在"是不够的。

例6：一般人总会这样认为，既然人工智能这门新兴学科以模拟人的思维为目标，那么，就应该深入地研究人思维的生理机制和心理机制。其实，这种看法很可能误导这门新兴学科。如果说，飞机发明的最早灵感可能是来自鸟的飞行原理的话，那么，现代飞机从发明、设计、制造到不断改进，没有哪一项是基于对鸟的研究之上的。

题干是用类比的方法来论证自己的观点。以下哪项是题干中所做的类比？

Ⅰ.把对人思维的模拟，比作对鸟的飞行的模拟。
Ⅱ.把人工智能的研究，比作飞机的设计制造。
Ⅲ.把飞机的飞行，比作鸟的飞行。

分析：上述结论为，虽然人工智能以模拟人的思维为目标，但这并不意味着必须深入地研究人思维的生理机制和心理机制。

其论据为，虽然飞机发明的最早灵感可能是来自鸟的飞行，但是，现代飞机从发明、设计、制造到不断改进，没有哪一项是基于对鸟的研究之上的。

显然，题干把人工智能对人思维的模拟比作飞机对鸟的飞行的模拟，Ⅰ正确；

同时，题干的论证是基于把人工智能的研究比作飞机的设计制造，Ⅱ正确；

题干是将人工智能与飞机作类比，没有讨论飞机的飞行与鸟的飞行的比较，Ⅲ明显错误。

二、评估步骤

评估类比论证的步骤如下。

第一步,找出或推出类比的结论。

例1:核电站所发生的核泄漏严重事故的最初起因,没有一次是设备事故,都是人为失误所致。这种失误,和小到导致交通堵塞,大到导致仓库失火的人为失误,没有实质性的区别。从长远的观点看,交通堵塞和仓库失火几乎是不可避免的。

分析:从上述断定可以合理地推出结论,核电站如果持续运作,那么发生核泄漏严重事故几乎是不可避免的。

例2:赞扬一个历史学家对于具体历史事件阐述的准确性,就如同是在赞扬一个建筑师在完成一项宏伟建筑物时使用了合格的水泥、钢筋和砖瓦,而不是赞扬一个建筑材料供应商提供了合格的水泥、钢筋和砖瓦。

分析:这一论述把具体历史事件的准确阐述,比作使用了合格的建筑材料;把作了此种准确阐述的历史学家,比作建筑师,而不是比作完成了任务的建筑材料供应商,这意在说明,准确地阐述具体的历史事件,对于历史学家的工作来说是必不可缺的,但这并不是他的主要任务(也许他的主要任务是发现历史规律)。由此,可合理地概括出上面的论述的主要意思是,一个历史学家必须准确地阐述具体的历史事件,但这并不是他的主要任务。

第二步,整理出类比论证的标准形式。

[前提1]B与A具有某些相似点。

[结论1]因此,B与A相似。

[前提2]A有某种性质。

[结论2]因此,B也有某种性质。

第三步,评价该类比论证。

主要针对运用类比推理得出的主张所提出的批判性问题进行思考和评价。

例3:电脑与正常人都懂运算。既然正常人有感情和情绪,那由此我们可推论电脑也有感情和情绪。

[前提1]电脑与人皆有懂得运算这一性质。

[结论1]因此,电脑与人相似。

[前提2]人有感情和情绪。

[结论2]因此,电脑也有感情和情绪。

分析:

相似性问题:电脑与人的确也都懂运算。因此[前提1]为真。

相异性问题：电脑与人不同，它们没有感官，没有复杂的神经系统等。

相关性问题：相似点与目标性质是否相干？运算能力与情绪感觉虽同属心智性质或过程，但两者却分属两个独立的范畴：前者属智力范畴；后者属情绪感觉范畴。该例中的相似点与目标性质看来并不太相干。即使假定它们相干，例中的相干相似点的数目也因过少而对结论的支持效力远远不足。

三、评估准则

为了对类比进行评价，我们应该用批判性思维的眼光审视任何一个类比，并对它们提出下列几个问题，以便通过质疑、评价，从而论证它们是否言之可信？是否贴切中肯？

我们可以从批判性思维的角度对类比推理的强度进行评价：

1. 两个事物的类比

在一个类比论证中，案例A称为初始类似物，被类比的事物即案例B称为类似物。并且，假定a、b、c为相似属性，d为推出属性。

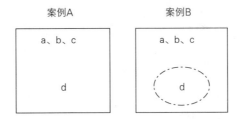

针对运用类比推理得出的主张所提出的批判性问题如下。

CQ1：相关性问题：相似属性与推出属性是否具有相关性？

即相似属性a、b、c与推出属性d是否具有相关性？若具有相关性，则类比论证得到加强。反之，相关性越弱，则类比论证越得到削弱。

已知相似属性与推出属性之间相关程度越高，类比越接近思维对象的本质，结论的可靠性程度就越高。即从垂直关系看，前提中类比物之间的相似属性与结论中的推移属性，若存有因果相干或对称相干，则论证推理的强度增加，否则减弱。也就是说，以水平类比关系为基础而进行的结构类比推理，比单纯的水平关系的属性类比推理的强度要高。因此，尽量用已知相似属性与推出属性之间相关性大的事物之间进行类比。

例：科学家已经通过实验研究发现，由承担了部分母亲角色的无生命的替代母亲"养育"的雌性大猩猩幼崽，当它们有后代时，难以承担母亲的角色。这就告诉我们，婴儿不应该由保姆或日托中心来照管，而只应该由他们的亲生母亲来抚育。

分析：上述论证根据人和大猩猩之间的类比，得出结论，婴儿应该由其亲生母亲所抚养。若发现由它们的亲生母亲之外的其他雌猩猩抚育的雌性大猩猩幼崽，当它们有后代时，都不能承担母亲的角色。这作为一个证据，能有力地支持了题干结论。

CQ2：相似性问题：类比事物之间的相似性如何？

即案例A与B真的相似吗？相似点多吗？形似性的数目越多，则类比论证越得到加强。反之，形似性的数目越少，则类比论证越得到削弱。

类比的客观基础是对认识对象之间相似性的发现，并由此及彼地迁移相似点或相似关系。因此，相似性并且由此产生的可比性是类比的基础所在。在同样的情况下，前提相似属性越多，结论的可靠性程度就越高。即从水平关系看，前提中类比物之间的相似属性越多，那么该类比推理的强度就增加，反之则减弱。

例1：地球以外的生命最大可能是存在于太阳系以外的某个行星。银河系本身包括1000亿个其他的类似太阳的恒星，其中很多都可能有行星相随，这些行星与地球的相似程度足以使其成为生命的所在地。

分析：上述论证需要假设，另一行星上的生命很可能需要与地球相类似的生存条件。

补充这一假设后，构成的完整论证如下：

题干前提：银河系中有许多恒星的行星具有与地球相似的环境。

补充假设：另一行星上的生命很可能需要与地球相类似的生存条件。

得出结论：太阳系以外某个行星上可能存在生命。

例2：地球所在的太阳系的八大行星中，存在生命的就占了八分之一。按照这个比例，考虑到宇宙中存在数量巨大的行星，因此，宇宙中有生命的天体的数量一定是极其巨大的。

分析：要使上述论证成立，显然必须假设，太阳系的行星与宇宙中的许多行星类似。而这一假设本身存在疑问，不加证明作为论据是本论证的漏洞。

CQ3：差异性问题：差异性的性质和程度如何？

即案例A与B之间是否存在某些重要的差异？根据差异性如何与结论相关，则或者削弱，或者加强一个论证。

两个事物之间是否还具有相异性？作类比的两个事物之间固然有相似之处，

但也有所差别。相异的属性越关键越会降低类比论证的可靠程度。在类比中，相似物除了有共同属性外，还有不同的属性。正如相同的属性能增强我们对类比的信心一样，不同的属性会削弱我们对类比的信心，甚至推翻类比的结论。

例1：地球和月球相比，有许多共同属性，如它们都属太阳系星体，都是球形的，都有自转和公转等。既然地球上有生物存在，因此，月球上也很可能有生物存在。

分析：若要削弱一个用类比推理做出的论证，可指出两类事物具有本质重要差异。当发现，月球上同一地点温度变化极大，白天可以上升到100℃，晚上又降至零下160℃。这显然有力地削弱了上述结论。

例2：食用某些食物可降低体内自由基，达到排毒、清洁血液的作用。研究者将大鼠设定为实验动物，分为两组，A组每天喂养含菌类、海带、韭菜和绿豆的混合食物，B组喂养一般饲料。研究观察到，A组大鼠的体内自由基比B组显著降低。科学家由此得出结论：人类食入菌类、海带、韭菜和绿豆等食物同样可以降低体内自由基。

分析：上述论证需要假设，人对菌类、海带、韭菜和绿豆等食物的吸收和大鼠相比没有实质性的区别。否则，如果人对菌类、海带、韭菜和绿豆等食物的吸收和大鼠相比存在实质性的区别，那么，就推不出人类食用菌类、海带、韭菜和绿豆等食物同样可以降低体内自由基这一结论了。

CQ4：其他案例问题：初始类似物的情况和差异性如何？

这一问题又可分解为以下两个问题：

CQ4.1 正案例问题：是否存在其他具有推出属性的初始类似物？

即是否存在其他案例比如C也相似于A，并且存在推出属性d？若存在，则类比论证得到加强。反之，若不存在，则类比论证得到削弱。

CQ4.2 反案例问题：是否存在其他不具有推出属性的初始类似物？

即是否存在其他案例比如C也相似于A，但是其中的d是不存在的？若存在，则类比论证得到削弱。反之，若不存在，则类比论证得到加强。

检索有无遗漏的信息。有时遗漏的信息恰恰是类比不能成立的根据。若没发现相反的案例，则结论的可靠程度就高。若存在相反的案例，则结论的可靠程度就降低。

例：所有的恐龙都是腿部直立地"站在"地面上的，这不同于冷血爬行动物四肢趴伏在地面上；恐龙的骨组织构造与温血哺乳动物的骨组织构造形似；恐龙的肺部结构和温血动物非常相近；在现代的生态系统中（例如非洲草原），温血的捕食者（例如狮子）与被捕食者（例如羚羊）之间的比值是一个常数，对北美洲恐龙动物群的统计显示其中捕食者和被捕食者之间的比例与这个常数近似。这些都说明恐龙不是呆头呆脑、行动迟缓的冷血动物，而是新陈代谢率高、动作敏捷的温血动物。

分析：上述论证是，因为恐龙的腿部直立、骨组织构造、肺部结构、捕食者与被捕食者之间的比值这三个方面与温血哺乳动物的类似，所以，恐龙不是冷血动物而是温血动物。削弱上述结论的一个方法是，发现相反的案例，比如，有些海龟骨组织构造与哺乳动物类似，却是冷血动物。或者，鲸类等海生哺乳动物并不是直立的，却是温血动物。

CQ5：结论范围问题：结论的具体性如何？

即结论所做的断言是否适度？结论越具体，则类比论证越得到削弱。反之，结论越宽泛，则类比论证越得到加强。

通过减少在确定的前提下的断言的内容，或者使断言维持不变但用附加的或更强大的前提给予它以支持，一个类比论证就得以加强。类似的，如果一个类比论证的结论变得更大胆，而前提保持不变，或者断言维持不变，但我们发现支持它的证据存在较大的缺陷，一个类比论证就被减弱。

CQ6：真实性问题：初始类似物是否真的具有推出属性？

即A是否真的具有推出属性d？若具有，则加强论证，反之，若不具有，则削弱论证。若案例A并不真的具有性质d，那么，类比推理的结论"案例B有属性d"就必然不可靠了。

CQ7：可比性问题：类比事物之间是否具有可比性？

即A与B是否可比？类比事物之间可比，则加强论证，反之，若不可比，则削弱论证。

世间几乎任何两个事物之间都有某种相似性，但不能简单进行类比。是否同类对象或可比的对象之间进行类比？本质不同的事物往往不可比，不能用其表面的相似来进行类比。

例1：医生在探索AM的病因时受到了MP这种疾病形成原因的启发。因为这两种病都发生在年龄相似的一类人当中，两种病的明显症状是发高烧、淋巴肿大和缺乏食欲。另外，这两种疾病的潜伏期实际上是相同的。所以，这些医学研究者确信导致这两种疾病的病毒是相似的。

分析：这是一则类比论证，作者的结论依赖的预设显然是，具有类似症状的疾病会有类似的病因。

例 2：实验发现，少量口服某种类型的安定药物，可使人们在测谎器的测验中撒谎而不被发现。测谎器所产生的心理压力能够被这类安定药物有效地抑制，同时没有显著的副作用。因此，这类药物可同样有效地减少日常生活的心理压力而没有显著的副作用。

分析：上述论证简化为，某类安定药物在抑制测谎测验所产生的心理压力时有效，所以该类安定药物在减少日常生活的心理压力时同样有效。这则类比论证显然必须假设，测谎器所产生的心理压力与日常生活人们所面临的心理压力类似。

例 3：所有的灰狼都是狼。这一断定显然是真的。因此，所有的疑似 SARS 病例都是 SARS 病例，这一断定也是真的。

分析：上述类比论证，把"所有的疑似 SARS 病例都是 SARS 病例"类比为"所有的灰狼都是狼"。此论证的漏洞在于类比不当，"灰狼"从属于"狼"，是包含关系；而"疑似 SARS 病例"并不从属于"SARS 病例"，不是包含关系。可见，题干的论证忽略了：灰狼与狼的关系，不同于疑似 SARS 病例和 SARS 病例的关系。

CQ8：可类推问题：类比事物之间是否可类推？

即是否忽视了时间因素对样本属性的影响？若没有影响，则加强论证，反之，若有影响，则削弱论证。

类推是指同一个物体或不同物体在不同时间的类比，这需要考虑时间因素对样本属性的影响。如果忽视时间因素对样本属性的影响，机械地以样本属性为根据，对一个事物的现在或未来做出的概括或类推就犯了类推不当的谬误。

例：在 20 世纪 80 年代，数十亿枚电池被扔到垃圾坑中，人们越来越担心在电池腐烂时，其中的有毒金属会渗入到地下水中并将其污染。然而，这种担心是没有根据的，因为对 20 世纪 50 年代曾经用过而后关闭的大垃圾坑附近的地下水的研究表明，这种污染即使有也是微不足道的。

分析：上述论证由对 20 世纪 50 年代垃圾坑的研究类推出 20 世纪 80 年代的废电池不会严重污染地下水。若发现，与 20 世纪 80 年代典型的垃圾坑相比，20 世纪 50 年代典型垃圾坑中含有的电池数量可以忽略不计。意味着如果电池像 20 世纪 80 年代一样多就未必不能产生污染，这就有力地削弱了题干论证。

2. 多个事物的类比

多个事物的类比，比如"$n+1$"类比的评价除了前述的批判性问题外，还包括以下这一批判性。

CQ9：其他案例的差异性问题：初始类似物中的其他相似性和差异性如何？

即对于相似于A并且存在推出属性d的其他案例,是否具有其他相似性和差异性?其他形似性越多,则类比论证越得到削弱。反之,其他差异性越多,则类比论证越得到加强。

这一问题具体包括以下两个要素。

(1)实例数量(初始类似物的相似数目)

需要考虑的是类比物的实例数量是否足够多?在同样的情况下,类比物的规模越大,结论的可靠性程度就越高。因此,要尽量扩大事物之间类比物的规模。

类比物的规模指的是类比物的数量及其分布状态,数量越多而且分布的场合之间差异越大,类比物的规模就越大。比如,在上述类比的基础上,我们拿三支足球队来进行类比,分别是欧洲职业联赛、中国职业联赛和中国高校联赛的球队,三支球队的队员所处的层次、地域和环境都有很大的不同。如果他们都具有上述一系列属性,而且团队协作是他们各自获胜必不可少的因素,那么以此为据来推论团队协作是公司获得成功必不可少的因素,就会进一步提高上述类比推理结论的可靠性。

如果我过去对特定种类的鞋子的经历仅限于我穿过的并喜欢的一双,对一双明显类似的鞋,我穿后发现具有意想不到的缺陷,这将使我很失望。但是如果我多次购买了那类鞋子,我可以有理由地认为,下一次购买的鞋子会与我以前穿的一样好。在同样对象上的多次的同种经验将支撑结论(购买的鞋子将是合脚的),比单个经验支撑结论有力得多。每一个经验可看成是一个附加实例,在评价类比论证中实例数是第一个标准。

一般地讲,实例数量——过去所经历的场合数越大,论证越强。但是实例数量和结论成真的概率之间没有简单的比例关系。增加实例数量是重要的,但其他因素也要增加。

(2)前提中实例的多样性(初始类似物中的差异性)

类比论证的前提中所涉及的实例越多样化,论证越强。如果我先前购买的那些合脚的鞋子,既有购买于大商店的,又有购买于专卖店的,既有在纽约制造的又有在加利福尼亚制造的,既有通过邮寄销售的,又有通过商店直接销售的,那么,我可以有信心地认为,鞋子合脚的原因在于鞋子本身,而不是售货员的服务。

案例　购车类比

甲在考虑买一辆新轿车。他决定买一辆X品牌汽车,因为他想得到较低的百公里油耗,而他朋友乙的Y品牌车具有较低的百公里油耗。

分析：运用以上类比推理的评估准则来分析这一案例：

① 相关性问题

一方面，如果甲论证，这两辆车都有包有衬垫的方向盘、速度表、软座、着色的车窗、CD播放器，并且车身都漆成白色。这一论证是弱的，因为这些相似性与百公里油耗无关。

另一方面，如果甲的结论根据的是这两辆车具有排量、型号相同的发动机这一事实，那么他的论证就是比较强的，因为发动机的排量、型号与百公里油耗是相关的。

② 相似性问题

假设除了排量、型号相同的发动机外，甲又注意到他打算买的车与乙的车有更多的相似性：全车重量、流线型的车身、齿轮比和轮胎。这些增加的相似性，均与百公里油耗相关，有助于加强甲的论证。

③ 差异性问题

类比对象的差异点被称为非相似性，比如，甲的轿车装有涡轮增压器而乙的车没有，甲开车的习惯（包括发动与刹车）比乙要猛，乙的轿车装有超速齿轮挡而甲的车没有，那么甲的论证会被削弱，因为这些非相似性往往会增加甲的百公里油耗。

相反，如果是乙的轿车装有涡轮增压器而甲的车没有，乙开车的习惯（包括发动与刹车）比甲要猛，甲的轿车装有超速齿轮挡而乙的车没有，那么甲的论证会被加强，因为这些非相似性往往会减少甲的百公里油耗。

④ 其他案例问题

到目前为止，甲的结论是建立在他所打算买的轿车与唯一的另一辆车（即乙的车）之间的相似性的基础上的。现在假设，甲还有另外三个朋友，他们开的车都与乙的轿车型号相同，行驶的年数也相同，他们全都达到了较低的百公里油耗。这些增加的初始类似物加强了甲的论证。

另一方面，假设这三个新增加的朋友中，有两个人达到了与乙的车同样较低的百公里油耗，这当然会加强甲的论证；但第三个人的百公里油耗很高，这就削弱了甲的结论，这第三个人的车被称为反类比。

现在假定甲的三个朋友（他们的车全都达到了较低的百公里油耗）是在同一个加油站购买汽油，都是定期由同一个机修工为他们的汽车进行维护调节，他们都添加同样的润滑油以减小摩擦，都对他们的轮胎充气到同样的压强，并且都是在城市中不拥挤的、平坦的道路上以每小时最多28公里的速度驾车行驶。如果这些因素是甲的轿车所缺少的，这样的因素往往会降低甲的结论的可能性，因为有可能一个这样的因素或这些因素的组合是造成较低的百公里油耗的原因。另一方面，如果甲的朋友是在不同的加油站购买汽油，以不同的时间间隔由不同的机修工保养调节他们的轿车，他们对轮胎充气时达到的压强不同，他们以不同的速度在不同坡度的道路行驶，对使用添加润滑油的看法也不同，那么，他们都达到较低的百公里油耗是由他们的汽车型号和使用年数（车龄）之外的其他任何因素所造成的就是不大可能的了。

⑤ 结论范围问题

甲的结论仅仅是他的轿车将达到较低的百公里油耗。如果现在他把自己的结论改为他的车将达到"至少像乙的车那样低的"百公里油耗，那么他的结论会变弱。这样的结论比先前的结论更具体，也更容易被证伪。现在假设甲把自己的结论改为他的车将达到与乙的车恰好相同低的百公里油耗。这个结论比"至少像乙的车那样低的"的结论更为具体，也更容易被证伪。因此，这样的结论使得甲的论证比他最初的论证要弱得多。

（改编自《简明逻辑学导论—第10版》，世界图书出版公司，2010）

四、类比失当

很多论证需要类比两种或更多事物、观点或情形。如果所比较的两件事物就所讨论的问题而言实际上并非真正类似，这种类比就不恰当，基于其上的论证也就存在"类比失当"的逻辑谬误。

类比的谬误，出现最多的就是根据表面的、不重要的相似来推理。几乎任何两件事情之间都可找到相似性。

例1：甲电视机与乙电视机有相同的颜色、外形、出厂日期，并且价格也差不多，因此，甲电视机与乙电视机的图像质量一样。

分析：此推理属于类比不当，类比推理相同属性与推出属性之间的相关程度比较低。

例2：据说俄国《真理报》一篇文章把奥巴马和希特勒类比，说他们有12大相似性，包括：拥有类似的祖先血统，奥巴马的母系祖先是德国人，希特勒的祖先是奥地利人；两人的出生证明、公民身份以及宗教信仰，都存在很多争议；都缺乏父爱；年轻时都曾酗酒；都曾当选美国《时代》杂志年度人物；都曾出版过畅销书；奥巴马曾深受非洲裔美国民权运动领袖马丁·路德·金的影响,而希特勒也受到德国宗教改革人物马丁·路德的启发;掌权时都正值经济衰退期;都是深受民众崇拜的领导人;都是天才的演说家;都推行了医疗卫生改革(国际在线,2009)。结论没有说,读者可以猜出来:奥巴马也很危险,应该警惕他。这样的类比大概是玩笑而无人当真。肤浅的相似性,是损害类比的头号毒药,同时,这样的类比也代表思考的简单习惯和偏见的影响。

1. 类比不当

类比不当(Weak Analogy)的谬误,也叫谬比、假类比、弱类比、诉诸类比、机械类比、荒唐类比的谬误,指A与B不具有或者是缺少可比性,却被论述者简单地放在一起加以比较。具体是指把所论证事物和一个表面与其相似、本质却不同的事物进行比较论证,从而得出荒谬的结论。

例1:看到鱼类和鲸都是水生生物,都有相似的体型,就类推鲸也是一种鱼,就是机械类比。实际上,鲸用肺呼吸,胎生,是哺乳动物。鱼类是卵生的。二者区别很大。生物学上形态学分类也容易导致这样的错误,所以,后来用基因距离来分类就可靠得多。

例2:哈伯的新车有鲜亮的蓝色和真皮内饰,还特别省油。克劳力的新车也有鲜亮的蓝色和真皮内饰,所以克劳力的新车也可能非常省油。在这一论证中,两个实体都有汽车的属性,也就是汽车必须具有的属性,比如有四个车轮、颜色和内饰。由于这些属性与省油的属性没有系统上的或者因果上的联系,所以该论证犯了弱类比的谬误。

案例　两个谣传

在生活中,人们常常有一些以为很科学的认知,这些认知广泛传播,以至于人们以为是真理,而其实都是误区。

谣传一:可乐杀精

有一个实验:研究者把可乐和人类的精液放在一起,发现很快,精子就失去活力了。由此研究者得出结论:可乐会杀精,要少喝可乐。

这个实验其实不假,但这个结论很可笑。因为在人体内,精子储藏在睾丸中,而可乐喝进去,是到胃里,经过胃肠吸收,可乐以及可乐中所含糖分变成碳水化合物和水,进入人体消化系统,才能被人体吸收。这样的可乐,怎么会杀精呢?

所以,喝可乐杀精是谣传,用可乐浸泡精液能杀精来类比喝可乐也能杀精是个谬比,因为可乐根本不会直接和精子接触。

谣传二：吃醋能软化血管

现在，人们普遍认为吃醋能软化血管，于是，很多人，尤其是中老年人，为了避免动脉硬化，会刻意吃很多醋，还以为是养生之道。

人们之所以认为吃醋能软化血管，是因为把骨头等钙化物放进醋里面，会被软化，于是，人们便认为，醋也能软化血管。

但事实上，正如可乐不会直接接触精子一样，人体内血管也不会直接浸泡在醋里。醋进入胃部，被分解成碳水化合物和水，才能被消化系统吸收，进入血液系统，根本不会对血液中的pH值造成任何影响。

所以，吃醋能软化血管是个谣传，用醋浸泡钙化物能使其软化，来类比吃醋能软化血管是个谬比，因为醋不会跑到血管里去。

相反，如果你抱着这个目的喝大量醋，对胃是有害的。因为醋的主要成分是乙酸，饮过量醋，对胃黏膜的伤害非常大。那么，如何预防动脉硬化呢？很简单：（1）合理膳食；（2）适量运动；（3）戒烟戒酒；（4）心理平衡。

2.类推不当

类推不当的谬误是指由于忽视时间因素对样本属性的影响，机械地以样本属性为根据，对一类事物的现在或未来做出的概括或类推。其谬误在于忽视已经发生的重要事件可能会随着时间的推移而发生变化，使得基于这类事件所归纳出来的结论变得不大可能。

例1：上次我打得赢他，我这次一定也打得赢。

分析：上次打得赢，这次不一定能打得赢，世上没有常胜将军。

例2：高校的围棋比赛马上就要开始了，记者就高校A和高校B的比赛成绩作了预测：在以往两校的比赛中，高校A的胜率高达90%，所以这次比赛一定也是高校A取胜。

分析：由于很可能高校A的原来取胜的那些选手都已经毕业了，那么，这次比赛的选手与以往比赛可能会有实质性的区别，显然，这次比赛高校A就不一定能取胜了。

例3：政治记者汤姆分析了奥巴马之前的十届美国总统的各种讲话和报告，发现其中有不少谎话，特别是关于经济问题的。因此，汤姆推断：奥巴马关于恢复美国经济的承诺也是谎话。

分析：由对过去事例的观察不能逻辑地推出将来类似事例仍会发生的普遍结论。从以往美国总统的表现不能推出现任美国总统的表现。

3. 相似谬误

类比的链条越长，最后的相似度就会越低，类比也就越会出现弱化，其结论当然也就越不可信，越不贴切。这种由于类比链条长而出现了弱化的类比，叫做"相似谬误"。

有些关系在传递的过程中，由于比较的对象有了变化，比较尺度会因传递的链条越长，越容易出现弱化。相似谬误属于类比谬误，它是在心理上认定相似性的"质"不会有所改变，从而忽视了相似性在"质"上的比较标准可能不一，在"量"上的可能递减，一味照猫画虎，结果画虎不成反类犬了。A与B相似可以按某一属性为标准，但B与C相似则又可以按另一个属性为标准。如此类推，第一个类比事物与最后一个类比事物相似的标准就不可捉摸，也许会风马牛不相及。

最典型的由于类比链条长而出现相似谬误要算是《吕氏春秋·察传》中的"狗似人"了：狗似玃（jue，似猕猴而形体较大），玃似母猴，母猴似人，狗似人。

五、案例分析

例1：分析下面的论证在概念、论证方法、论据及结论等方面的有效性。

狮子与野驴一起外出打猎，狮子力气大，野驴跑得快。他们抓获了许多野兽。狮子把猎物分开，堆成三份，说道："这第一份，该我拿，因为我是王。第二份也该是我的，把它算作我和你一起合作的报酬。至于第三份呢？如果你不准备逃走，也许会对你有大害。"狮子不仅把所有的猎物占为己有，并且差点把野驴也吃掉了。公司经营也是一样。如果想要吞并比自己实力弱的公司而联合比自己实力雄厚的公司，最后的结果就只能是和这只野驴一样，不仅自己一无所获，而且会面临自己被消灭的危险。所以，企业最好的竞争战略不是和比自己强大的企业合作，而是应该和比自己弱的企业合作，一起来对抗更强大的企业。

分析：上文通过狮驴合作来类比大公司与小公司的合作，犯了类比不当的逻辑谬误，其逻辑缺陷可以从上述类比论证的批判性问题来分析。

下面提供参考分析评论。

上文论述，狮子与野驴合作狩猎的结果是：狮子不仅把猎物占为己有，并且差点把野驴吃掉，由此作者认为，同样的情形也会发生在公司经营上，小公司最好的竞争战略不是同大企业合作，而是联合小企业与大企业抗衡。这一类比论证是有严重缺陷的，现试剖析如下：

首先，作者把小公司类比为野驴，大公司类比为狮子，由于大公司、小公司与狮子、野驴不是同类对象，把这两类对象进行类比是不恰当的。

其次，大公司、小公司与狮子、野驴除了大小之间的相似性外，没有本质上的相似性。野驴、狮子是动物，不存在理性思维，只有眼前和本能的需求，而大公司、小公司是由理性的人组成的，具有长远和整体的需求，因此，这两者是不适合进行类比的。

再次，大公司、小公司与狮子、野驴存在明显的相异性，野驴与狮子的合作是建立在生存的需要上，甚至是不计风险和后果的。而公司经营完全不是这样。小公司与大企业的合作战略是公司管理层在战略理性思维的基础上，根据实际情况制定的，对其合作的目的、前景和可能的风险都有理性的预测和相应的对策。

另外，作者认为小公司与大企业合作的最终结果就是被消灭，这又犯了片面推论的错误。其实在当今的商战中，小公司可以通过细化市场、差异性战略，在强手如林的公司竞争中生存，很多时候选择与大企业合作，如负责大公司上下游的某个方面，或者承包大公司的部分产品或零配件，是小公司得以壮大发展的必要手段，借此它也有机会成为大企业。上文只强调了小公司与大企业合作可能存在的风险，却忽略了其合作的价值，其推论不免过于片面。

最后，在经营上不是朋友就是敌人，这犯了绝对化的错误。其实公司的经营决策是根据自身与对方的状况、市场变化与未来走势等因素，从而适时地选择战略合作伙伴。上文过于强调了合作的风险，事实上，大公司与小公司合作也可以取得比较优势，也有利于自身的发展，如果能取得双赢，大公司没有理由要消灭小公司。小公司也不一定要选择比自己弱的企业合作来一起对抗大企业。

总之，由于上文类比不当，得出的结论是有失偏颇的，其论证是不合理且无效的。

例2：分析下面的论证在概念、论证方法、论据及结论等方面的有效性。

实验人员先把一锅水煮沸，然后把一只青蛙扔进锅里，在这生死存亡的关头，这只青蛙的反应相当敏捷，它双腿一蹬，竟跳出锅外。隔了半小时，实验人员又架起一口锅，注满常温的清水，然后把那只青蛙扔进锅里。这一回，青蛙游得逍遥自在。实验人员则悄悄在锅下面加热，青蛙并不在意，仍然一副悠哉悠哉的样子。等到水不断升温、青蛙感到难以忍受时，它再也没有那一跃而起的力量，最终只得葬身锅底。

这个青蛙试验告诉我们，越是危险的市场环境，越是能激发企业的警觉和生命力，所以企业实际上也就越是安全。相反，越是舒适的环境，也就越是危险，因为置身于舒适的环境之中必然会丧失警觉，逐渐形成一种固定的习惯和模式。一个企业，一旦陷入了这种固定的习惯和模式之中，就会缺乏对环境的敏感度。由于环境每时每刻都在改变，所以，不变的企业只会被变化了的市场所淘汰。因此，一个好的企业就必须有勇气打破和抛弃一切原有的习惯和模式，并自觉地把自己投入到危险的市场环境之中去。

分析：上文用青蛙实验来类比企业的经营之道，犯了类比不当的谬误，其论证缺陷可以从两类对象是否可比？是否具有相似性？是否还具有相异性？前提与结论之间是否具有相关性？类推出的结论是否恰当等角度进行评估。

下面提供参考分析评论。

青蛙实验发现，把青蛙扔进煮沸的锅中，因其危险环境的应急反应而敏捷跳出。第二次将青蛙放入温水中，由于青蛙对身处潜在的危险却难以察觉，最终丧失了一跃而起的力量，只得无奈葬身锅底。作者由此类推出企业的经营之道，由于其论证方法不当而导致其结论不可信，现把主要逻辑缺陷分析如下：

首先，上文论证是把企业类比为青蛙，企业所面临的环境类比为青蛙所处的锅，由于这两类事物不是同类对象，因此，不具有可比性。

其次，由于青蛙是动物，其对环境的反应是一种本能的反应，完全是被动的；而企业是由人所组成的，企业对环境的反应更多的是理性反应，更多是主动的。因此，这一类比论证欠妥当。

再次，作者通过青蛙实验类推出，越是危险的市场环境，越是能激发企业的警觉和生命力，所以企业实际上也就越是安全。这一结论是片面的。危险的市场环境诚然能激发企业的警觉和生命力，但市场是非常复杂的，如果企业的警觉不能带来有效的应对措施，企业不可能安全。

另外，作者通过青蛙实验进一步类推出，企业若处于危险环境中会自动变革，而处于舒适环境中会由于缺乏对环境的敏感度而被市场淘汰。这一结论是片面的，因为企业不是低等动物，在舒适环境中并不必然导致丧失对环境的敏感度，关键是取决于企业家等企业人员是否具备居安思危的素质，能否正确应对未来环境的变化。

最后，"一个好的企业就必须有勇气打破和抛弃一切原有的习惯和模式，并自觉地把自己投入到危险的市场环境之中去"，这一结论是不恰当的。好企业原有的习惯和模式是其成功的经历所形成的，有其合理性，市场的变化很多是渐进和相对的过程，企业难道需要完全摒弃所有的习惯和模式吗？适度和渐进的变革对企业成长来说是需要的，但完全抛弃原有的模式就犯了绝对化的错误。

总之，由于上文的类比论证存在诸多逻辑漏洞，其结论是缺乏说服力的。

例3：分析下面的论证在概念、论证方法、论据及结论等方面的有效性。

下文摘自某杂货店的一份商业报告：

"自从我们在杂货店增加了药品部后，本年度总销售额增加了两成。显然，顾客图的是一条龙购物的便利。因此在接下来的两三年内增加利润最稳妥的办法是，陆续增添服装部、汽车配件和维修部。以后还要继续增添新部门和服务品种，如食府、园艺部等。作为本地区唯一一家拥有全套服务的商店，我们会比本地其他商店拥有更强的竞争优势。"

分析：下面提供参考分析评论。

上述某杂货店的商业报告指出，由于增加了药品部后年度销售额增加了两成，据此提出增加利润的最稳妥办法是，决定陆续增加服装、汽配等新部门和维修、食府、园艺等服务品种。由于该报告的论证存在严重的逻辑缺陷，使得所提出的办法不能令人信服。

首先，该报告混淆了概念。该报告根据增加了药品部后年度销售额增加了两成，就断定只要增加新的部门和服务品种就能增加利润。然而"销售额"并不等同于"利润"，报告把这两个概念混为一谈了。一般来说，增加新部门新品种后"销售额"会增加，但同时也会增加成本，不一定就能增加"利润"。如果成本比销售额增加的幅度更大，利润反而会降低。

其次，该报告进行了不当类推。即使杂货店增加了药品部后使得年度利润增加了，也未必增加别的部分和服务就能增加利润。杂货店增加药品部产生盈利，这可能附近缺少药店，但附近可能并不缺少别的部门和服务，因此，增加别的部门和服务就不一定能增加盈利。

再次，该报告认为成为"唯一一家拥有全套服务的商店"就会"拥有更强的竞争优势"，这两者并不具有必然的联系。竞争优势的关键是产品和服务是否满足市场需求，是否具有更高的性价比。一个商店，即便拥有全套服务，但如果服务不周到、服务质量不过硬，也不会具有更强的竞争力。

从上面的分析看来，该商业报告的论证缺乏有效性，因此所提出的办法并不靠谱。

例4：分析下面的论证在概念、论证方法、论据及结论等方面的有效性。

内地某山村有一农民对自己的玉米收成很不满意，于是买来优质的玉米种子，果然当年大获丰收。邻人们在惊羡之余，纷纷请求其卖些种子给他们。可是，这个农民为保全自己的优势，断然拒绝。可从第二年开始，他的玉米收成就开始差了，到了第三年，产量更是和邻人的相差无几。他的玉米产量为什么连年减少？原因一定是他的优质玉米接受了邻人田中劣等玉米的花粉。市场竞争的道理也是一样，封锁某种优良的技术种子，伪劣的仿造品就会如同劣等玉米的花粉一样将优质的玉米杂交得不成样子。所以，更好的做法应该是，慷慨无私地把自己公司的先进技术公布出来，与人共享，这样通过利人的方式最终反而更能达到利己的目的。

分析： 下面提供参考分析评论。

上文先论述了一则故事：一农民买来优质的玉米种子并大获丰收后，拒绝把种子卖给邻人，之后，他的玉米产量为什么连年减少，作者认为其原因是他的优质玉米接受了邻人田中劣等玉米的花粉。由此类比类比企业经营之道，认为：企业应该慷慨无私地把自己的先进技术公布出来，与人共享，这样通过利人的方式最终反而更能达到利己的目的。这一类比论证是有严重缺陷的，现试剖析如下：

首先，玉米收成下降的原因未必就是邻人玉米花粉的影响，而可能是气候、施肥、除草等别的原因，或者是多种原因的综合产物。

其次，即使玉米收成下降的原因确实是受到邻人玉米花粉的影响，上述类比论证也是不当的。文中作者把"优质的玉米种子"类比为"优良的技术种子"，把"劣等玉米"类比为"伪劣的仿造品"，既然玉米产量的减少的原因是"优质的玉米种子与劣等玉米的花粉杂交"，那么可类比推出，企业的优质产品会受到的负面影响是"优良的技术种子与伪劣的仿造品杂交"，而显然，这是荒谬的。可见，把上述两类对象进行类比是不恰当的。

再次，伪劣的仿造品可能会影响自己先进的技术产品，但要相信很多顾客还是可以区分好坏优劣的，从长远的角度看，先进的产品还是会战胜那些劣质的仿造品的。而且，伪劣的仿造品如果非法地侵害了自己公司的利益，那么，公司完全可以采取法律的手段来维护自己的利益，而没有必要非得采取公布先进技术的下策。

最后，就算决定采取公布技术的方法，也没有必要"慷慨无私"，因为企业毕竟要以盈利为目的，所以，公司应该尽量考虑通过知识产权交易的方式能够把这种先进技术出售、转让或许可出去。

总之，作者没有有效地证明，"企业应慷慨无私地把自己的先进技术公布出来，与人共享，从而达到利人利己的目的"。相反，这反而会令人担心，这样做可能会毁了企业本身。

例5： 分析下面的论证在概念、论证方法、论据及结论等方面的有效性。

我国古代很多智慧结晶都表现在众多成语中。"蚍蜉撼树""以卵击石"都表明实力相差悬殊的搏斗只能是以弱小的一方失败而告终。这个规律在今天的经济生活中同样实用。大企业无论在资金、人才、技术、信息等各个方面都有着小企业无法比拟的优势。所以，小企业若想生存，只能依托大企业，作为大企业的附庸而存在。那些不自量力，试图通过竞争与大企业分庭抗礼的做法，正是走上了一条自我毁灭的不归路。

分析：下面提供参考分析评论。

上文通过论证得出结论，小企业只能做大企业的附庸才能生存。由于其论证过程存在逻辑缺陷，因此，其结论不能令人信服。

首先，该论证存在着类比不当的谬误。作者将成语"蚍蜉撼大树""以卵击石"与经济生活中小企业与大企业进行竞争来行类比，但缺乏类比依据的。一方面，合理的类比论证必须是，类比的事物与被类比的事物必须具有高度的相似性。"蚍蜉"是动物，"大树"是植物，"卵"是有机物的，"石"是无机物的，它们都是不同性质的事物，而大、小企业却是同性质的事物，用作类比不很贴切。另一方面，"蚍蜉撼大树""以卵击石"都是弱势一方挑战强势一方，结果都是以失败而告终，但作为企业，是有人构成的，而人是有智慧的，人们可以利用智慧战胜比自己强大的对手。

其次，该论证的概念不清晰。作者没有对论证中的核心概念"大企业"和"小企业"给予明确的界定。界定大、小企业依据的因素很多，包括人员规模、生产、设备、厂房、办公面积、销售量等等，既然作者没有明确界定这两个关键概念，就直接得出两者比较的结论显然是不妥当的。

再次，该论证的论据值得怀疑。作者认为，大企业在各方面都比小企业有优势。这一论据忽视了这样一个事实，大企业对小企业的优势并非是绝对的，比如，在社会变化加剧、市场竞争激烈和技术更新换代加快的当今时代，往往很多大企业的决策过程漫长，执行与运行程序化，从而导致大企业适应市场环境比小企业慢。再如，大企业往往机构臃肿，人工成本更高，等等。可见，小企业往往在很多方面反而可能比大企业有优势。那么，由此论据得出的结论是不可靠的。

最后，该论证的看法是片面的。作者认为，大企业竞争的小企业，无疑是走上了一条自我毁灭的道路。这一结论显然是偏颇的，因为大企业不可能永远都大，小企业也不会永远都小，事物是发展变化的。

综上所述，由于该论证的论据不足以支持其论点，论证过程也存在严重的漏洞，所以，其结论是不可信的。

第四章 统计推理

第一节 统计概述
第二节 统计评估
第三节 数据应用

统计推理是利用统计数字进行的推理，作为最为常见的推理形式之一，统计推理被广泛地应用于政治、经济等各个领域及日常生活中。

第一节　统计概述

统计推理是由样本总体具有某种性质而推出对象总体也具有该种性质的归纳推理。最典型的统计推理就是统计推断，是由样本具有某种属性的单位频率（百分比）推出总体具有某种属性的概率（可能性）的推理。

一、统计基础

统计学是通过搜索、整理、分析、描述数据等手段，达到推断所测对象的本质，甚至预测对象未来的一门综合性科学。

1.概率的理解

事件：有概率可言的一件事情，一件事情可能会发生很多结果，结果和结果之间要完全穷尽，相互独立。

概率：每一种结果发生的可能性。所有结果的可能性相加等于1，也就是必然。

案例　概率的意义

下面一段论述摘自数学家韦费尔（Warren Weaver）1950年发表的一篇关于概率论的论文。

概率的意义是什么？下面这个例子的意思究竟是什么？

例如对一位病人说："如果你决定申请这项外科手术，你将获救并痊愈的概率是0.72。"显然，这位病人只会去做一次实验，即一次手术，而且实验要么成功要么失败，数目0.72对他来说有没有什么有用的意义？

对这个问题，以及实质上对任一涉及一个概率的解释的问题，其答案是："如果有很大数量的像你一样的个体，并且在你现在的情况下申请这个手术，他们中每100人里面大约72位将获救并且恢复健康。个体的总数越大，比率将越接近百分之72。"

概率，亦称"或然率"，它是反映随机事件出现的可能性大小。随机事件是指在相同条件下，可能出现也可能不出现的事件。假设对某一随机现象进行了n次试验与观察，其中A事件出现了m次，即其出现的频率为m/n。经过大量反复试验，常有m/n越来越接近于某个确定的常数（此论断证明详见伯努利大数定律）。该常数即为事件A出现的概率，常用P（A）表示。研究支配偶然事件的内在规律的学科叫概率论，属于数学上的一个分支，概率论揭示了偶然现象所包含的内部规律的表现形式。

案例　莎士比亚的猴子

　　1909年，E.波莱尔在一本谈概率的书中提出了无限猴子定理，一般关于此定理的叙述为：有无限只猴子用无限的时间会产生特定的文章。

　　因为在无穷长的时间后，即使是随机打字的猴子也可以打出一些有意义的单词，可以类推，会有一个足够幸运的猴子或连续或不连续地打出一本书，即使其概率几乎极其小。但在极其长的时间后，其发生是必定的。根据该定理推测，如果无数多的猴子在无数多的打字机上随机打字，并持续无限久的时间，那么在某个时候，它们必然会打出莎士比亚的全部著作，这可以用严谨的数学推导来得到证明。

　　不过在现实中，猴子打出一篇像样的文章的概率几乎是零，因为科学家经过反复试验后发现，猴子在使用键盘时通常会连按某一个键或拍击键盘，最终打出的文字不可能成为一个完整的句子。2003年，一家英国动物园的科学家们"试验"了无限猴子定理，他们把一台电脑和一个键盘放进灵长类园区。可惜的是，猴子们并没有打出什么十四行诗。根据研究者的说法，它们只打出了5页几乎完全是字母"S"的纸。

　　然而，100年后在谷歌AI系统的机器学习代码中，莎士比亚的猴子展露神迹。尽管谷歌并未让一只猴子敲键盘打造出莎士比亚的著作，但被视为"莎士比亚猴子"的AI已经能够开始写出诗歌了。

　　这让人类瑟瑟开始重新思考自我，重新审视这只可以创造无限可能的莎士比亚的猴子。拥有智慧和情感是人类生而为人的骄傲，我们一直认为绚丽的诗句是独属于人类文明的最美结晶，但在概率论的逻辑中，这一切只是猴子们的一个随机动作。

　　概率分布：我们把事件和事件所对应的概率组织起来，就是这个事件的概率分布。概率分布的表示可以用图像，也可以是表格。

期望：表征了综合考虑事情的各种结果和结果对应的概率后这个事情的综合影响值。（一个事件的期望，就是代表这个事件的"代表值"，类似于统计里面的均值）

方差：表征了事件不同结果之间的差异或分散程度。方差是度量数据分散性的一种方法，是数值与均值的距离的平方数的平均值。

如果被调查的某群对象的数量规模相对于我们的考察能力太过巨大，我们往往会采用先取样，再进行统计推理的方法。

2.统计中的重要概念

统计推理是从样本过渡到总体的推理，是从总体中抽取部分样本，通过对抽取部分所得到的带有随机性的数据进行合理的分析，进而对总体作出合理的判断，它是伴随着一定概率的推测。

例1：某汽车厂生产的汽车10万辆，从中随机抽取样本1000辆进行检验，发现合格率为95%，于是，推出该厂生产的全部汽车的合格率为95%。

例2：心理学家在对500名文科生的调查中发现，其中85%的学生有数学恐惧症。所以，85%的文科生有数学恐惧症。

统计中的重要概念主要有：对象总体、样本、统计属性、抽样和样本的代表性。

（1）总体

所谓"总体"，就是被调查的某群对象的全体。对象总体是研究对象的全体，即统计推理的结论所涉及的对象的集合。

例如，要调查某城市2万名初中一年级学生的平均体重，从中抽选1000人进行调查，这2万名学生就是对象总体。

（2）样本

被检验的全体之部分称为样本，样本总体是被考察的对象的全体。统计推理的本质就是根据样本总体的性质来推断对象总体的性质。

例如，上例中被调查的1000名学生就是样本总体。

（3）统计属性

所考察的样本个体中，有些具有P属性，有些不具有P属性，我们把具有这部分特征的样本属性叫做样本的统计属性。

上例中的平均体重就是统计属性。

（4）抽样

所谓"抽样"，就是从对象总体中选取样本总体的过程。抽样的方法对于统计推理的结论来说至关重要。如果抽样方法不合理，统计数据再准确，它对统计推理的结论也没有说服力。

简单随机抽样：随机抽取单位形成样本。

分成抽样：总体分成几组或者几层，对每一层执行简单随机抽样。

系统抽样：选取一个参数K，每到第K个抽样单位，抽样一次。

偏倚：样本不能代表目标总体，说明该样本存在偏倚。

（5）样本代表性

要提高统计推理结论的可靠程度，关键在于从对象中抽选出的样本是否具有代表性。抽样的代表性，是指被调查的对象能够反映其他未被调查的对象的性质。

3.统计推理的形式

当我们在关于样本信息的基础上，得到关于全体的结论，我们就是在做统计推理。统计推理的形式如下。

（1）统计推理的一般结构

前提：样本有属性P

结论：总体有属性P

（2）统计推理的具体结构

具体而言，统计推理是在一定数量的事物A（作为样本）中发现有若干百分比的A有属性P，然后归纳为在所有的A中也有这样百分比的A有属性P。

统计推理的结构表达形式一：

前提：在若干个A的样品中观察到有$x\%$的A有属性P

结论：所有的A中有$x\%$的A有属性P

统计推理的结构表达形式二：

前提：样本S的$x\%$有P属性

结论：总体A的$x\%$有P属性

在以上形式中，"$x\%$有P属性（$1<x<100$）"表示被考察样本S和总体A的统计属性。

（3）统计三段论的推理结构

统计三段论是统计概括的逆转形式。推理结构如下：

前提：总体A的$x\%$有P属性

前提：这个（这些）a属于总体A

结论：这个（这些）a可能有P属性

阅读　统计学的本质

现代统计学诞生于19世纪末20世纪初，Karl. Pearson等在大规模群体的基础上，用一种数学的参数（比如均数、标准差）描述事物的状态。随后，Fisher认为，统计学可用小样本的信息来推断真实世界的事物特征，并提出了假设检验思想，也就是统计学的最为核心的思维与方法。

现代统计学的发展直至今日，仍然主要以Fisher的思想体系为基础。现代统计学寻找各种技术与方法去猜总体，来实现人类孜孜以求的夙愿——发现科学的真谛。

为达到这一目的，统计学家首先需要采集一定代表性的样本，描述样本的特征，比如样本的均数，样本的率；接着借助一定统计技术，比如总体参数置信区间估计方法、假设检验方法，来判断总体的特征，从而发现数据背后存在着的一般性规律。

这就是统计学的基本方式：根据小规模的代表性群体的信息，去猜测事物或者数据背后一般的运行规律。

医学研究的统计过程亦是如此。研究者可能想知道药物的效果，或者想证明某种外科治疗手段的价值，或者期望证明适度饮酒对身体有没有伤害？统计本质而言，都是在探讨人类一般规律性的科学问题。任何学者探讨的医学问题，都不是针对观察到的群体，而是基于观察得到的表面现象，探讨现象背后的本质规律。

统计学作为发现事件真相的科学方法，其过程实际上很大程度上是一个抽样过程。统计学研究利用了一小部分群体，也就是基于样本推断总体。

高质量的统计研究，首先就是要拿到高质量的样本。任何统计研究项目，其核心内容就是抽样研究。既然是抽样研究，研究人员需要认真考虑：什么是好的样本？好的样本指的是能够代表总体的样本。具有代表性的样本，则推断产生的总体和实际情况相差无几；没有代表性的样本，则将得到有偏差的总体。但是，好的样本需要精心准备、精心设计、精心实施，都非易事。因此，统计研究不是那么轻松、简单的数据工作，而是一项复杂的系统工程。

为实现样本的代表性，统计研究需要解决两个关键问题。第一，什么方式抽样才能得到代表性样本；第二，样本量是多大。这两个问题，是当前任何统计学研究都无法回避的事情。任何的统计研究，研究的对象必然要千挑万选，考虑包括且不仅限于以下内容：抽样的方法、具体抽样的过程、抽样的误差、各亚组人群的比例、等比例还是等误差、抽样的分层数、随机数字的产生方法等。

整个过程严谨细致，其抽样结果真正代表统计研究希望探讨的目标总体群体。

同样重要的是样本量的考虑。样本量的多少直接决定整个研究项目的成功与否。若研究者未采纳相对科学的样本量测算方法，则会陷入迷思：我的研究项目到底需要多少样本量。因为，过低的样本量，会导致统计分析很可能得不到所期望的阳性结果（$P<0.05$），意味着整个项目半途而废；过高的样本量，那么项目的人财物投入将面临严重的考验。因此，一个高质量的统计研究，样本量是无法绕开的坎。

根本而言，考虑统计分析不仅是要认真考虑分析技术的问题，更重要的是，必须认识它本身不仅是一个数据分析问题，更是抽样研究的问题。

统计学分析的主要目标是发现真相，探索世界事物运行的规律，常规的方法包括假设检验、回归分析两大类。这些统计方法发现了何种真相，探索获得了哪些规律？总结来说，医学统计学期望在其它学科的共同努力下，阐释事物属性（变量）与属性（变量）之间的关系，特别是因果关系。无论是利用假设检验方法评价差异性，还是利用回归技术探讨影响因素，统计学无不在证明两类属性或变量之间到底有没有关系，甚至是因果关系。

譬如，评价人群适度饮酒（100～200g 酒精每周）与不饮酒人群在十年内全人群死亡率的差异。比较两类人群的差别，探讨两组率的差异性，采用的统计学方法是卡方检验。实际上，这一差异性的探讨，是在进行关联性的探讨，也就是论证两个变量——饮酒量和死亡情况——因果关系。我们可能会学习到卡方检验是用来探讨组间差异性，t检验、F检验都是如此，其实他们都是在探讨变量和变量的关联性。

饮酒量	死亡（名）	死亡率
100～200g	200	2%
不饮酒	100	0.5%

相关与回归分析方法，其关联性研究的意图更为直接。相关分析主要探讨变量与变量的关联性强度，而回归分析则是单方向探讨原因变量

对结局变量的影响程度。譬如，我们可以将人群的健康结局（死亡情况）作为结局变量，饮酒作为原因变量，构建统计回归分析模型，探讨饮酒量是否是一个影响因素。换言之，适度饮酒和不饮酒人群相比，其对死亡率的影响程度多大。

因此，作为统计学两大分析方法，差异性的假设检验方法和关联性方法都从各自角度探讨变量与变量之间的关联性。在更多的场合下，结合医学科研设计方法，利用复杂的统计技术，探讨医学措施、医学有关因素与健康结局的因果关系。统计学学习者一定要清醒认识到，当大部分的医学研究都在探讨因果关联性情况下，在你面临医学研究问题时，你的统计学方法可否有效排除干扰，严谨、科学地证实它们的因果关系呢？如果不能，研究结论必然不可信、不可靠、无说服力，也缺乏科学价值。

二、统计概括

统计概括指的是针对统计推理而概括出结论。由于统计推理是从样本过渡到总体的推理，即由样本具有某种属性的单位频率或百分比推出总体具有某种属性的概率或可能性的推理，因此，在进行统计推理和概括时，要尽量做到抽样要科学、数据应用要合理、概括出的结论要恰当。

例1：亚利桑那大学心理学研究人员运用一套实验设备，对一批志愿参与者进行心理测试。结果发现，最快乐的人独处的时间比最不快乐者少25%，说话的时间则多70%。最快乐的人进行实质性谈话比最不快乐者多一倍，而闲聊则仅为后者的1/3。

分析：根据以上研究，可合理地概括出的结论是，快乐的生活往往是社交性的、谈话深入的，而不是孤独和肤浅的。

例2：正常情况下，在医院出生的男婴和女婴的数量大体相同。在某大城市的一家大医院，每周有许多婴儿出生；而在某乡镇的一所小医院，每周只有少量婴儿出生。如果一个医院一周出生的婴儿中有45%～55%是女婴，则属于正常周；如果一周出生的婴儿中超过55%是女婴或者超过55%是男婴，则属于非正常周。

分析：概率基本常识是，当次数足够时，随机事件发生的频率与它们的概率将无限接近，而次数越少，随机事件发生的频率越有可能偏离其概率。比如乡镇小医院某一周只出生了一名女婴，则该周女婴所占比例就是100%。根据上面的论述，由于乡镇小医院每周只有少量婴儿出生，而城市大医院每周有许多婴儿出生。因此，一周出生的婴儿中女婴或男婴的比率，乡镇小医院比城市大医院偏离正常概率的可能性要高得多，即可合理概括出的结论是，非正常周出现的次数在乡镇小医院比在城市大医院更多。

阅读　患癌的概率

从统计学角度来说，癌症是一个概率问题，每个人的一生中都有可能患癌。致癌物质时时刻刻潜伏在我们身边，随着年龄增长，接触的致癌物质越来越多，发生癌症的风险也越来越大。

一、中国人这辈子得癌的概率有多大

相关统计数据分析：一个中国人在 75 岁之前患上癌症的概率大约是 1/4，死于癌症的概率大约是 1/7。

年龄是非常关键的因素。30 岁之前患上癌症的概率只有约 1/200，死于癌症的概率是 1/600，随着年纪增大，癌症的风险将会成倍增加。

性别的不同，也影响了你的风险。男性 75 岁患上癌症的概率是 3/10，女性只有 1/5。男性 75 岁之前死于癌症的概率是 1/5，女性只有约 1/10。

虽然计算得出，一个中国人在 75 岁之前患上癌症的概率大约是 1/4，但这是个均值。对于每个人来说，不同的生活习惯、健康状况，会让 1/4 这个数字出现巨大的差异。

例如，如果你吸烟。

每次聊起烟草与肺癌的关系，总有人会说"隔壁老王吸了一辈子烟，也活到 90 岁了"。

这其实是在和概率玩一场生命的赌博游戏。科学上，烟草和肺癌的关系已经很明确了：长期吸烟者肺癌的概率，是不吸烟者的 10～50 倍。

不吸烟的人，75 岁前死于肺癌的概率大约只有 1/200；

吸烟的人，75 岁之前死于肺癌的概率是 1/6；

50 岁之前就戒烟的话，风险将下降到大约 1/15。

对于中国当下的 3 亿吸烟者来说，每 6 个中就有 1 个，会在 75 岁前死于肺癌。

所谓的"吸烟也长寿"，其实就是在赌那不幸的 1/6，不是自己。

更可怕的是，1/6 这个概率只算了肺癌，并没有包括与烟草有关的鼻咽癌、口腔癌、膀胱癌等其他多种癌症的风险。

如果你不仅抽烟还喝酒，那么患上癌症的风险将会进一步增加。

和不饮酒者对比，饮酒者患各种癌症的概率都会增大。数据显示，每 18 个癌症患者中，就有 1 个与酒精有关。

烟酒是最常见增加癌症发生的因素。

此外，嚼食槟榔、过量食用加工肉类、肥胖……每多一个坏习惯，每多一次与致癌物的接触，都会让你比别人患癌的风险更高一点。

二、不抽烟不喝酒，天天运动，为什么还会得癌症

"我经常跑步，健康饮食，按时睡觉，居然得了癌症？隔壁老王每天抽烟喝酒，夜夜笙歌，居然啥事儿没有。凭什么啊！？"

为什么会这样呢？因为对于个人而言，癌症的发生有很大随机性，是个概率问题。

菠萝称之为"彩票理论"：如果把患癌比作"中奖"，那么很显然一个人买的彩票越多，中奖的概率越大！但并不是说，买彩票多的一定中奖，少的就一定不中奖。

接触各种致癌因素，就等于多买了一些彩票。

毫无疑问，整体来看，生活更不健康的人更可能中奖，更容易得癌症。我们推荐大家避免致癌的环境和生活习惯，就是为了尽量"少买彩票"，在个人层面降低风险。

但就像彩票中奖一样，患癌也有随机性。总有运气特别好的和运气特别差的。

生活健康却得了癌症？不奇怪，因为有人第一次买彩票就得了大奖。

习惯不好却不得癌症？也不奇怪，因为有人买一辈子彩票也没得大奖。

生活充满了意外，确实无时无刻有小概率事件发生。

为什么大家都应该储备癌症知识？因为无论生活多健康，都不可能完全规避癌症。

也就是说，没有人能一张彩票都不买！为什么呢？

这是细胞生物学的本质决定的：无论怎么样，每天我们体内都会发生大量的基因突变，都可能增加自己患癌的概率。

也就是说，每个人每一天，肯定都会买一些彩票。

为什么基因突变的发生，是不能完全避免的呢？

因为每一天，每个人体内都有无数细胞死亡。这意味着每一天体内

都需要产生各种各样新的细胞,来替换老化和死亡的细胞。据估计,一个成年人每天体内新产生的细胞数量,高达2000亿到3000亿!每次细胞分裂,都需要完成整个细胞DNA的复制。而DNA的复制不是100%准确的,每次复制,都肯定会出现一些错误,产生一些突变。这是生物学的本质规律决定的。

所以,无论习惯多健康,只要活一天,就肯定要承担出现基因突变的风险,也就相当于买了一些彩票。

虽然不能完全规避癌症,我们依然应该坚持健康的生活方式,包括饮食均衡,规律运动。为什么呢?

一方面,是因为对于每个人而言,减少彩票数量,永远都是降低患癌风险的最佳选择。不能因为隔壁老王运气好,就觉得自己运气也这么好。

另一方面,是因为即便没有防住癌症,但拥有良好饮食和运动习惯的患者,治疗效果通常更好,生活质量也更高。

研究发现,长期吸烟的人,不仅会增加患10多种癌症的风险,而且治疗过程中如果不戒烟,那么治疗效果更差,复发概率更高。

而反过来,积极锻炼的人,不仅整体患癌风险更低,而且即使不幸患癌,这些人治疗的整体效果往往更好,包括对药物的副作用反应更小,后续康复更快。

三、统计应用

统计可以认为是一门收集、分类、处理并且分析事实和数据的科学。统计的目的就是通过分析数据来认识这个世界,来解决现实世界中的各种问题。

1. 确定性与不确定性

我们在学校中接受的数学、物理、化学等科学教育,通常是把数据输入公式,就能得出确定的答案。我们已经习惯了这种思维方式,但这实际上只是理想状态下的纯粹世界的描述,排除了所有的干扰因素。但真实世界并不是这样的,真实世界的影响因素极其复杂。

事实上,真实世界本身就是不确定的,不确定性才是世界的真相。发现了测不准原理(也叫不确定性原理)的物理学家海森堡就认为:在因果律的陈述中,即"确切地知道现在,就能预见未来",所得出的并不是结论,而是前提。

但这个前提难以成立,因为我们没法知道现在的所有细节。

阅读　飞行事故

有一架飞机飞过一座城市上空,突然有一颗零件脱落,从几千米高空掉了下来。这个城市有个体育场,几万人正在看球赛。这个零件正好砸到一个球迷张山头上,并砸死了。显然,科学家可以用零件离开飞机的初速度、高度,结合风向等数据,计算出零件的轨迹,正好就打在张山站立的位置:体育场西D区25排37号。张山只要在这个位置,就会一定被砸中。这就是"确定性"的观点。

那么,"不确定性"的观点是怎样的呢?飞机飞行几个小时,偏偏在城市上空掉零件。几十平方公里的城市,零件偏偏飞到体育场里。几万人里头,偏偏砸中了张山。而张山买到西D区25排37号这个位置的票,也是一个不可预测的事情。有谁知道自己高高兴兴去看球,会被天上掉下来的一颗零件砸死?概率论科学家经过计算,预测的结果是:张山今天出门被天上掉下来东西砸中的可能性是3.14亿分之一。

确定零件落下位置的前提,是必须掌握所有可能影响零件飞行的环境数据。即使是最微小的参数,比如空气湿度、不同纬度的科氏力等,都会导致计算结果出现错误。而这些"所有的条件",在事件发生之前,事实上是根本无法完全获得的。

概率论其实就是我们在无法掌握所有细节的情况下,对事物规律的一种描述和认知方式。世界虽然并不确定,但科学研究可以找出其中的规律,帮助人们提升判断一个事情准确度的概率。这不是完全确定的结果,而是一个相对准确的概率。

2.大数据与数据处理

大数据(big data),亦称巨量资料。麦肯锡全球研究所给出的定义是:一种规模大到在获取、存储、管理、分析方面大大超出了传统数据库软件工具能力范围的数据集合,具有海量的数据规模、快速的数据流转、多样的数据类型和价值密度低四大特征。

大数据时代的一个核心思维是"万物皆有联",即事物之间都存在着相互印证、相互影响、相互制约的关系,这种关系就叫作相关性或者相关关系。在数据分析中所用的相关性分析方法,往往都是基于统计的,统计只能说明两个事物存在相关关系，却无法判断是否是因果关系。

一百年前发现了相关关系的数学描述，推动了人类对自然科学和人文社会奥秘的认知能力。计算机的出现极大地增强了数据分析的能力，计算机网络和生物芯片等技术的出现，使得人们获得数据的手段更加丰富。

大数据时代的到来颠覆了人们对于统计学的传统认知，日常生活中，人们通常用因果逻辑来思考问题，然而事实上因果关系是非常复杂而且也是难以证明的，而相关关系却是无处不在。权威的数据科学家维克托·迈尔·舍恩伯格在《大数据时代》一书中曾提到："思维革命的变革之一是需要从重视因果性转向相关性，我们应侧重分析相关关系而不再寻求每个预测背后的原因"。

当今时代，尽管从数据中挖掘相关关系的方法研究发展迅速，但分析挖掘因果关系的方法还非常贫乏。缺乏从数据中认知因果关系的方法，目前仍然是在科学研究中妨碍人们认知自然科学和人文社会奥秘的一个最大障碍。人们在认知因果方法上的进步将提升人类更深层次地认知自然科学和社会科学奥秘的能力。

在大数据时代，即使找不到因果关系，只要能够寻找到足够多的相关性，在统计学上也是很有意义的。只要将相关性用于解决问题，也能够在实践中起到巨大的作用。

传统哲学中的"是什么—为什么—怎么办"的三步骤分析框架在大数据背景下，我们应该更关心"是什么"，而不是"为什么"。在大数据时代，基于海量的数据量以及数据结构的复杂性，从中提取出有用的信息具有相当的困难，这就要求我们具备专业的统计和逻辑素养。

统计的核心是数据和应用，其本质是为了预测、解释和处理数据。有用的大数据是大量的、完备的、有代表性的、存在相关性的数据集合，善用大数据工具，可以部分地替代因果关系的理论发现。通过对大数据的分析处理得出来的结论，能帮助我们不断提高成功的概率。

在高速发展的现代社会，数据正在迅速膨胀并变大，无处不在的信息感知和采集终端为人类采集了海量的数据，大数据就是这个高科技时代的产物。亚马逊前任首席科学家Andreas Weigend认为"数据是新的石油"。大数据正在对社会经济生活产生巨大的影响，其在物理、化学、生物、环境生态等学科领域以及金融、通信、军事等行业存在已有时日，却因为近年来随着云时代的来临，吸引了越来越多的关注。

大数据技术的本质意义不在于仅仅拥有庞大的数据信息，而在于对这些含有意义的数据进行专业化处理。大数据的获取、储存、搜索、共享、分析，乃至可视化地呈现，都在不断深入推进之中。适用于大数据的技术，包括大规模并行处理（MPP）数据库、数据挖掘、分布式文件系统、分布式数据库、云计算平台、互联网和可扩展的存储系统。

以云计算为代表的计算技术的不断进步,为我们提供了强大的计算能力。这为人们看待世界提供了一种全新的方法,即决策行为不是像过去更多凭借经验和直觉做出,而是将日益基于数据分析来做出。

物联网的迅速发展,正在引导着社交平台、搜索引擎和交易平台等新兴产业的发展,由此对数据收集、存储和分析都发生了根本变革。数据的规模无论从复杂度和多样性都对数据分析方式提出了许多新的要求,大数据正从提高生产效率向更高级的智能阶段自然生长。

总之,统计是从实践中来,到实践中去,其精髓之处是在收集和利用数据,最终去解决应用问题。统计学和人工智能领域关注的科学难题就是从观察获得的数据中发现不同因素之间的因果关系。

第二节 统计评估

统计推理属于不完全归纳推理,其结论所断定的范围超出了前提所断定的范围,前提与结论之间的联系不是必然的,因而,它的结论是或然的,不一定可靠,其推理的可靠性需要进行必要的评估。

一、评估准则

在现实的生活中,我们每个人都会遇到大量的统计推理。能否正确地评估统计推理会直接影响到人们是否能对其所遇到的各种观点、意见做出合理的判断。为此,统计推理是批判性思维的重要考察对象。虽然统计学作为一门独立的学科,其专业的统计理论和技术对于大多数并非以统计为职业的人来说是复杂而又枯燥的,但懂得一些评价统计推理的原则和技巧,使我们能够对日常遇到的统计推理做出合理的评价非常必要。

评估统计推理与论证的准则可用如下批判性问题来描述:

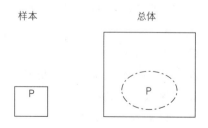

CQ1. 明确结论问题：结论是什么？

首先要弄清楚结论。需要注意的问题有：

① 论题或结论中说了什么和没说什么？
② 是否明确了结论中的具体概念？是否混淆或偷换了概念？

结论是指关于事实或价值观念的判断，它反映了说话人对某个问题的看法。在看书报或与别人谈话时，我们是不是经常问自己，作者（或说话人）想要我们接受的是什么？只有把论题和结论从说话人的一大堆话语当中抽取出来，并弄清对方的意图，我们才能对他的论证做出冷静而理智的思考。

要评价统计推理，还必须弄清楚论题中没说什么。善于布置语言陷阱的人常常会诱导听话者将一些想象的成分加入论题或结论之中。这些成分并不是论题或结论中明确表示出来的，而是听话人自己加进去的。

例："本品牌的手机便宜800元"。

这句话并没有明确说明比谁便宜？顾客很可能会将其理解为，是与该手机之前的价格相比，或者与同类型手机中质量最好因而价格最贵的相比，或者是与同类手机中最便宜的相比。如果顾客将自己的想象成分加进了论题或结论而上当受骗的话，顾客无法对说话人提出指责。因为，说话人没有必要对自己没有明确说出的内容负责。所以，要想确保自己不上当受骗，顾客在分析统计推理时，一定要弄清论题或结论中说了什么和没说什么。

CQ2. 数据意义问题：统计数据有何含义？

其次要分析前提中的统计数据的含义，需要注意的问题有：

① 数据能否说明问题——揭示能说明什么问题，是否存在数据理解的陷阱；
② 是否遗漏了什么——揭示相关因素和比较基础；
③ 这个资料是否有意义——揭露统计数据赖以建立的未经证实的假设。

例1：经过对最近十年的统计资料的分析，我们发现，某省因肺结核死亡的人数比例比起全国的平均值要高两倍。而在历史上该省并不是肺结核的高发地区。看来，该省最近这十年的肺结核防治水平降低了。

分析：上述论证是根据近十年来某省患肺结核死亡人数比例增高，得出结论，该省对患肺结核的防治水平降低了。这一论证是值得怀疑的，若事实上，该省的气候适合肺结核病疗养，很多肺结核患者在此地走过最后一段人生之路。这表明，该省患肺结核死亡人数比例增高是另有别的原因，这就严重地削弱了题干的结论。

例2：在"非典"期间，某地区共有7名参与治疗"非典"的医务人员死亡，同时也有10名未参与"非典"治疗工作的医务人员死亡。这说明参与"非典"治疗并不比日常医务工作危险。

分析：上述论证是有明显漏洞的，要说明参与"非典"治疗是否比日常医务工作危险，关键不是医务人员死亡人数的比较，而是死亡率的比较。如果事实上，医务人员中只有一小部分参与了"非典"治疗工作，而且参与治疗"非典"的医务人员的死亡率（7/参与治疗"非典"的医务人员人数）可能明显高于未参与非典治疗工作的医务人员死亡率（10/未参与"非典"治疗工作的医务人员人数）。

CQ3.数据可信度问题：统计数据从何而来？

再次要分析前提中的统计数据的可信度，需要注意的问题有：

① 说话人或作者从何种途径知道这些统计数据的——揭示资料来源的正当性；

② 该统计数据是谁说的——验证数据来源的权威性；

③ 该统计数据是如何得出的——检验样本与统计方法。

在日常生活中，对于遇到的统计推理，人们常常无法确知推理中用到的数字是怎么得到的。比如，在书报中看到统计数字，由于读者无法与作者直接交流，因而也无从了解这些数字的获得途径。在这种情况下，有些人会给他们所遇到的数字画一个问号，而不是毫无保留地接受它们，这样的做法是明智的。

例：一份研究报告显示，北大干部子女的比例从20世纪80年代的20%以上增至1997年的近40%，超过工人、农民和专业技术人员子女，成为最大的学生来源。有媒体据此认为，北大学生中干部子女比例20年来不断攀升，远超其他阶层。

分析：若发现，近20年统计中的干部许多是企业干部，以前只包括政府机关的干部。这意味着很可能是统计口径扩大才造成统计中北大学生中干部子女比例增加的，这就有力地质疑了媒体的观点。

CQ4.样本代表性问题：样本是否能真正代表总体？

评价统计概括，也一样要看前提和结论之间的关系，以及支持的充分性。统计推理的可靠性主要取决于样本是否有代表性。只有从能够代表总体的样本出发，才能得到关于总体的可靠结论。使用样本所产生的问题与这个样本能否代表总体有关，不能代表总体的样本被称为偏颇的样本。

例1：为了调查当前人们的识字水平，某实验者列举了20个词语，请30位文化人士识读，这些人的文化程度都在大专以上。识读结果显示，多数人只读对3到5个词语，极少数人读对15个以上，甚至有人全部读错。其中，"蹒跚"的辨识率最高，30人中有19人读对；"呱呱坠地"所有人都读错。20个词语的整体误读率接近80%。该实验者由此得出，当前人们的识字水平并没有提高，甚至有所下降。

分析：这一调查的问题在于，这20个词语是否具有代表性，如果这20个词语是易读错的词语，题干结论就不可靠。

例2：从20世纪80年代末到20世纪90年代初，在5年时间内中国科学院7个研究所和北京大学共有134名在职人员死亡。有人搜集这一数据后得出结论：中关村知识分子的平均死亡年龄为53.34岁，低于北京市1990年人均期望寿命73岁，比10年前调查的58.52岁也低了5.18岁。

分析：这一统计推理是有荒谬的，因为这个样本不具有代表性。因为在职人员的年龄一般不超过60岁，在职期间如果死亡，往往属于英年早逝，这个样本不能代表一般的知识分子的情况。类似的统计推理谬误比如，在调查大学生平均死亡年龄是22岁后，得出惊人结论：具有大学文化程度的人比其他人平均寿命少50岁。因为在校大学生通常是20岁左右的青年，如果死亡，大多数属于非正常死亡，这个样本不能代表一般具有大学文化程度的人。

CQ5. 反案例问题：是否发现不具有原样本属性的其他样本？

若没发现相反的案例，即没有发现不具有原样本属性的其他样本，则结论的可靠程度就高。若存在相反的案例，即发现了不具有原样本属性的其他样本，则相反的案例越多，则结论的可靠程度就越低。

CQ6. 数据应用问题：统计数据应用是否合理？

分析统计推理的数据应用是否合理，需要对统计数据与结论进行如下评估：

① 说话人或作者是如何运用统计数据得出结论的？是用什么方式叙述这些数据的？

② 统计数据与结论是否相关？相关度如何？统计数据是否能支持结论？

③ 说话人或作者是如何使用统计数据的？统计数据是否进行了比较？是否设定了供比较的对象？是否设定了比较的根据或基础。

④ 从这些统计数据中可以推出什么结论？得出的结论是否恰当？

⑤ 说话人或作者有没有对统计数据做出引申，引申的适当程度如何？

例1：工信部电信研究院某副院长认为，手机通话费不是高收费。理由是，漫游费已经下降了百分之六十三了。

分析：这一理由显然是不足的，漫游费下降了不等于通话费等别的收费下降，而且，原来的漫游费太高了，即使下降了百分之六十三，也不能认为就一定低了，也许漫游费本不应该收，早该取消了。

例2："这可咋办！广州医院产前亲子鉴定近八成非亲生？"

分析：单看这个新闻标题，给人的印象是中国人，至少是广州人的新生儿有八成非亲生。但是，你仔细读这篇新闻，却发现远不是那么回事。新闻内容说的是："广州医学院第三附属医院几乎每年都会收到400例左右的亲子鉴定申请，结果有七八成左右的丈夫发现，妻子怀上的小孩并非亲生。"可见，"八成"涉及的总体事实上是做亲子鉴定的人，并不能代表广州医院将要生产的所有待产夫妇。仔细想想，在这些做亲子鉴定的人中，八成非亲生的结果其实也并不奇怪。一般来说，去做亲子鉴定都是有原因的，怀疑非亲生才会去做亲子鉴定。一般来说，有重要的根据才会提出来这种怀疑。所以，某医院的亲子鉴定结果八成非亲生这是可能的，因为"非亲生"与"做亲子鉴定"有强相关。但是，如果把这"八成非亲生"的结论推广到大众之中，就变成明显的谬误了。

例3： 尽管是航空业萧条的时期，各家航空公司也没有节省广告宣传的开支。翻开许多城市的晚报，最近一直都在连续刊登如下广告：飞机远比汽车安全！你不要被空难的夸张报道吓破了胆，根据航空业协会的统计，飞机每飞行1亿公里死1人，而汽车每走5000万公里死1人。

汽车工业协会对这个广告大为恼火，他们通过电视公布了另外一个数字：飞机每20万飞行小时死1人，而汽车每200万行驶小时死1人。

如果以上资料均为真，则怎么解释上述这种看起来矛盾的结论？

分析： 题干中的第一个统计数字似乎说明飞机比汽车安全，第二个统计数字似乎说明汽车比飞机安全，而题干又断定这两个统计数字都正确，这似乎存在矛盾。其实题干的结论并不矛盾，因为飞机和汽车的速度明显不同。在不知道二者的速度或速度比的情况下，只以运行距离为单位，或者只以运行时间为单位无法比较二者的安全性。

例4： 有关研究发现，在肺癌患者中，有高达90%的建筑工人经常感受到来自工作和家庭的双重压力。王强是一名肺癌患者，而且他经常感受到来自各方面的压力，有时甚至有不堪重负的感觉，所以，王强很可能是一名建筑工人。

分析： 上述研究发现揭示的意思实际上是，在患肺癌的建筑工人中有90%的经常感受到压力。这并没有说肺癌患者中建筑工人所占的比例，因此推不出结论。只有假设，经常感受到压力的肺癌患者有90%是建筑工人。那么根据王强是一名经常感受到压力的肺癌患者，才能推出：王强很可能是一名建筑工人。而这一假设未经确认，因此，该论证存在漏洞。

二、科学抽样

统计推理的可靠性取决于统计证据，日常经验中所遇到的统计证据并不包含诸如随机性、抽样误差、获取样本的条件之类的因素。在缺少这类信息的情况下，想要对这些证据进行评估，人们必须使用他们最好的判断力。

可靠的统计证据是通过科学抽样而搜集，核心问题是样本的代表性。错误抽样的谬误指在做出归纳概括过程中抽样不合理而导致样本不具代表性所产生的谬误，因此，评价统计调查的结果时应当尽可能地考虑到影响样本代表性的各种因素。

1. 科学抽样的要求

为了保证样本的代表性，人们一般从三个方面对抽样过程提出要求：抽样的规模、抽样的范围和抽样的随机性。

（1）抽样规模应当尽可能地大

样本容量越大，样本就越具有代表性，结论的可靠性就越大。

样本容量也叫样本数量、样本大小，这是决定样本是否具有代表性的一个重要因素。和简单枚举归纳一样，统计推理的样本数量，即例子的多少，对推理的可靠性产生影响。给定一个随机选取的样本，这个样本越大，它就越接近于复制总体，例子越多，结论可能越可靠。

在统计学中，这种近似程度是用抽样误差的术语来表达的。抽样误差是某个特征在样本中出现的相对频率与该特征在总体中出现的相对频率之间的差别。如果所取的样本越大，则误差会越小。样本的大小应该随着总体的大小和可接受的抽样误差程度而变化。

现在的很多统计调查，在样本的大小方面就不能达到这个要求，小样本往往不能反映对象总体的性质，样本数量太少，误差可能太大，就不能代表全体的类别，将使统计数字无效，从而归纳无效，也即通过太小的样本推出的结论很可能不反映全面的情况，是偏颇的结论。很多统计调查的报道，都没有给出关于样本大小的信息，这时，除非是有信誉的权威调查机构做的报道值得信任，否则就应该采取保留的态度。

需要注意的是，样本太少或样本太小的谬误，是指绝对量太小，而不是相对量太小。根据统计学的要求，对总体抽样做出判断的准确程度主要是看抽样是否有代表性，而不是看样本占总体的比例是否足够大（当总体很大时，此比例往往很小）。因此，从统计学的观点，抽样比例小也不足以对题目的提出有力的质疑。比如，调查北京市民喜欢收看什么样的电视节目，以我们一个小区来作样本，则绝对样本太少。但如果你在北京市科学地抽样千分之一，其统计出来的结论也能可靠地说明问题。

案例　北京癌症发病率25%，不实！

日前，网友"红墙下的猫"的一则微博引发网友强烈关注，他称"北京癌症发病率惊人，需要流行病专家关注。我是77级入学1982年毕业，大学本科同班同学在京工作30多人，现有8人患癌症。他们分别来自北京友谊医院、北京同仁医院、北京天坛医院、北京复兴医院和北京佑安医院。他们当中肺癌1人、乳腺癌3人、白血病2人、子宫内膜癌1人、皮肤癌1人。而毕业出国就业者20余人无一癌症。"

北京癌症发病率真的那么惊人，高达25%吗？昨日，北京市肿瘤防治研究办公室副主任王宁表示，北京市55～60岁癌症发病率是391.17/10万；60～65年龄组是541.87/10万；65～70年龄组是766.54/10万，而美国总体为500/10万，老年组高于北京。据介绍，北京市2011年癌症新发病例38448例，5年生存率37%；而该微博博主所发事例的样本量太小，"25%太偶然了，哪个医院医务人员全院统计也不会这么高。"

（来源：北京晨报，2013年09月14日）

（2）抽样范围应当尽可能地广

样本范围越广，样本就越具有代表性，结论的可靠性就越大。

统计归纳是从选取和研究"样本"开始，将样本中表现的百分比推论到全部同类事物上，这种推论的成败就在于样本是否代表总体的特点、状况。通俗地说，样本的"代表性"指总体中包括什么类型的成员，样本中也应该包括，而且比例要相当。这就是说，任何合理的统计推理，样本都要反映总体中的有关类别及其比例。

比如，总体中有十个有关的类别，样本中也应该有同样的十个；每一个类别在总体中占多大比例，在样本中也应一样。这样，你才能使你的"样本""代表"你的"总体"，这样你得出的结论也有代表性。

案例　列车采访

某央媒记者在列车上采访：
记者：这位乘客，您买到火车票了吗？
乘客甲：买到了！

> 记者：旁边这位呢？
>
> 乘客乙：买到了。
>
> 接着，为增强说服力，记者在列车上随机采访了十几个人，高兴地发现：大家都买到了回家的火车票。
>
> 上述记者的调查范围显然过小，只调查了列车上的乘客，这些乘客当然是绝大多数都买到了火车票。由于记者没有调查社会大众，这个调查显然不能说明火车票好买。

样本的代表性是一项必须严格遵守和检查的标尺。样本的代表性和统计归纳结论的准确性有直接的关系。美国权威的民意调查机构关于选举的统计归纳能如此准确，首先在于它们在选取样本时，按比例反映选民的年龄、性别、种族、贫富、职业、地区、信仰、教育等因素。

不合理的统计归纳，多半在代表性上有缺陷。抽样范围过窄也会使样本失去代表性，如果抽样的范围过窄，那么统计数据不足为凭，就会犯"偏向样本"的错误。

（3）样本的选取应当是随机的

样本与总体的相关性越大，样本就越具有代表性，结论的可靠性就越大。

统计推理的合适性是保证样本不能有偏向，即要完整代表全体的类型分布。如何达到这个目的呢？关键在于选取样品的方法不能有偏向。概率抽样这个概念可用来描述样本与总体的相关性，如果样本是根据总体的不同性质选择恰当的随机抽样方法选取的，那么样本与总体就有相关性，并把它称为统计相关。

随机样本是总体中的每一个成员都有相等的机会被选出的样本，随机选取应该是在不同类别的例子都存在的场合下随便选取样本。科学中有专门的程序和方法来保证随机，比如运用随机的数学程序产生号码来选取。随机抽样的方法包括：简单随机抽样、分层随机抽样和系统随机抽样。

人们之所以将网上进行的所谓"民意调查"判为非科学的，是因为网上的样本没有代表性，调查者往往无法控制调查对象，他不能确定究竟哪些人会接受他的调查。例如，在互联网上进行的问卷调查，很多人见了之后根本不予理睬，回答问题的只是一些愿意回答这类问题的人（当然，也有一些出于好奇的人）。从这些问卷中得出的调查结果不一定能反映大多数读者的观点。因此，"在线民调"，是那些上网的、关注某一新闻的、愿意主动表达想法并且点击投票的人，他们不能代表那些没有看到这个网页上的新闻的大多数公众的观点。

再如，著名性学家金赛在美国首次（1948年）对性行为进行大规模和系统化研究。没有使用随机抽样，他使用的是统计学家所称的便利取样法，他访问方便参与的所有人。进入金赛样本的主要资格是自愿加入。许多对象是自愿的，这一事实本身就说明他们不代表整个抽样总体。那些主动自愿将其性历史进行访谈的人，极有可能比一般人对该历史更感兴趣，因此不太能代表一般行为。

案例 近7成北美中国留学生希望回国工作和长期居住

北美洲中国学人国际交流中心今日公布的一份调查报告显示，近七成受访北美中国留学生希望回国工作和长期居住，美国已不再是理想的工作与居住之地。

清华大学深圳研究生院等中国三所高校与科研单位八月底至九月初在多伦多、纽约、波士顿、旧金山召开了四场海外高层次人才招聘面试活动，这份报告是针对出席上述活动的中国留学人员所做的问卷调查得出的（中国新闻网，2009）。

上述统计结论显然具有偏颇性，该样本不是随机选取的。因为受调查者是参加人才招聘面试活动的，这些调查对象希望回国工作和长期居住的比例当然高，但不能代表北美所有的中国留学生。

2.影响样本随机性的因素

保证样本的代表性的方法是"随机"选取，随机选取样本这一要求适用于几乎所有的样本。随机的意思是没有偏向地选择样本，即不是有意地、有倾向地专门选取某一方面的代表，而是每个人都有同样的机会被选上。下面所列的一些因素也影响着样本选取的随机性。

（1）调查者的偏见

调查者的偏见会影响到抽样的随机选取，从而对调查的结果产生直接的影响。样本的选取应当是随机的，要求选取样本时不应带有主观偏见，主观偏见对于样本的随机性具有很大的影响。抽样调查之所以要随机进行，主要是为了避免主观因素对调查结果的客观性的影响。调查者的主观偏见除了影响抽样的随机性之外，还会以其他方式影响调查结果的代表性。由于抽样过程、调查时提出的问题等都有可能渗入提问人的主观偏见，因此，加进了调查者主观偏见的抽样调查很难反映真实的客观情况。

（2）调查方式

人们容易忽略的另一个因素是调查方式，在问卷调查中，调查者的提问方式和措辞会直接影响到调查的结果。比如，假使学生对"你有多少异性伙伴"的问题不明确，那么得出来的70%的比例就不准确。有的学生可能把单纯的异性朋友算在内，有的可能指有性关系的男女朋友。问题的设计准确、清楚、直接、一致、全面的性质，是得到准确、有意义的信息的一大关键。

（3）心理因素

心理因素对样本是否具有代表性也会有影响。心理影响的一个根源是调查者与回答者之间的个人相互作用。一方面，对调查者来说，如果想要一个自己喜欢的结果，在提问表述、可选择的项目，甚至问题的次序安排上做文章，会很有效果。政客或商业推广常常用这样的技巧来操纵民意调查，并以此反过来影响民意。另一方面，从被调查者来说，如果认为他们所给出的回答的不同会使他们得到或失去某些东西，那么可以预见，这些人将影响结果。

为防止这种相互作用影响结果，科学研究通常是在"双盲"条件下进行的。在这种条件下，无论调查者还是回答者都不知道"正确"的回答是什么（双盲是指，研究对象和研究者都不了解试验分组情况，而是由研究设计者来安排和控制全部试验。其优点是可以避免研究对象和研究者的主观因素所带来的偏倚）。

三、统计谬误

统计谬误指的是在使用统计数据作论据时所产生的错误，即运用统计推理时未能满足特定的相关条件而导致结论的可信度降低的谬误。常见的统计谬误有以偏概全以及统计数据应用方面的各种错误。

1. 以偏概全

以偏概全是运用统计推理时容易出现的逻辑错误，属于统计中的轻率概括，是根据部分具有的属性概括了整体的属性而导致的谬误，是由于忽视样本属性的异质性，或者根据有偏颇的样本所做出的概括。以偏概全主要有两种表现形式。

一类是小众统计或统计不全，是指以少数样本为根据，即只指出个别或少数数据，就仓促引申出一般结论的错误论证。小的样本不足以反映总体的特性。仅根据几个具体事例就得出绝对的结论，这样的推论是极不可靠的。由于概括出一般结论所依据的样本太少，则发现反例的机会甚大，样本不足以支持一般性结论。

另一类是样本偏颇，是由于抽样不当而导致的偏颇样本的谬误。影响统计推理结论的可靠性的不仅仅是调查对象数量，调查的范围也很重要。就统计对象的整体而言，虽然在某个局部范围内的统计样本是有代表性的，由于忽视了对其他部分的调查统计，从统计对象的总体上看仍然是样本偏颇或不具有代表性。

例1：在针对巴黎市民对垃圾食品偏好度的调查中，调查人员在巴黎的各大麦当劳餐厅随机抽取了300人做调查，发现巴黎市民更喜欢程度高达75%。

分析：该调查的样本仅仅来自巴黎的快餐厅，在巴黎快餐厅吃饭的人就餐偏好不能代表巴黎市民的就餐偏好。

例2：目前的大学生普遍缺乏中国传统文化的学习和积累。根据国家教委有关部门及部分高等院校最近做的一次调查表明，大学生中喜欢和比较喜欢京剧艺术的只占到被调查人数的14%。

分析：喜欢京剧艺术与学习中国传统文化不是一回事，不能以不喜欢京剧之"偏"概对中国传统文化的态度之"全"。

例3：美国《文艺文摘》对罗斯福和兰顿在1936年竞选总统时的民意调查，调查者打电话给10000个美国选民，问他们在即将来临的总统选举中打算怎样投票，调查的样本包括各种回答者，他们来自各个州，有农村的和城镇的，有男人和女人。民意调查预示阿尔弗雷德·兰顿将彻底击败富兰克林·罗斯福。然而，事实上罗斯福却取得了压倒性的胜利。

分析：上述统计谬误产生的原因是，调查者通过打电话进行的调查，调查样本只代表了那时能够安装电话的人，而当时拥有电话的人远没有现在这样普及。

2.幸存者偏差

幸存者偏差也叫生存者偏差或存活者偏差，指的是只能看到经过某种筛选而产生的结果，而没有意识到筛选的过程，因此忽略了被筛选掉的关键信息。若统计样本中的数据都是"幸存者"的，那以此作出的概括就属于"以偏概全"了。

幸存者偏差是属于典型的样本偏颇，其谬误产生的原因是取得信息的渠道，仅来自幸存者时（因为死人不会说话），此信息可能会存在与实际情况不同的偏差。比如，媒体调查"喝葡萄酒的人长寿"。一般是调查了那些长寿的老人，发现其中很多饮用葡萄酒。但还有更多经常饮用葡萄酒但不长寿的人已经死了，媒体根本不可能调查到他们。

可见，"幸存者偏差"是只关注到幸存者（即好的一面），而未关注到未幸存者（即不好的一面）。这是一种逻辑谬误，意思是只能看到经过某种筛选而产生的结果，而忽略了被筛选掉的关键信息。

例1：美女、帅哥在职场竞争中有很大优势，他们容易获得高薪职位。这一论断只关注获高薪职位的美女帅哥,而没有注意到在职场竞争中失败的美女帅哥。

例2:读大学期间就退学创业容易获得成功,例如,比尔·盖茨就是如此。这一论断对于大学期间退学创业失败的人没有被考虑。

例3:抽烟或许有利于健康长寿,例如邓小平、黄永玉都是老烟民,但都很长寿。这一论断没有考虑到吸烟伤害身体甚至死亡的人群。

例4:第二次世界大战时,美英空军对德国展开大轰炸,自身也损失惨重。专家们发现,所有返回的飞机腹部都遍布弹痕,但机翼却完好无损。他们由此推断:机腹非常容易受到炮火攻击,应该改进机腹的防护。后来证实,这些专家推断时受到"幸存者偏差"的影响,因为实际情况是:被击中机翼的飞机都坠落了,而仅被击中机腹的飞机大都返航了。因此,应该加强防护的是机翼,而不是机腹。

如何避免幸存者偏差呢?最明显的办法当然是让"死人"说话。双盲实验设计和详细全面客观的数据记录都是应对"幸存者偏差"的良方。所谓"兼听则明"也是这个道理,抛掉对个案的迷信,全面系统地了解才能克服这个偏差。

阅读　幸存者偏差

幸存者偏差是2000多年前古罗马一名叫西塞罗的政治家提出。

指的是取得数据的渠道,仅来自于幸存者时,此数据可能会与实际情况存在偏差。

西塞罗是无神论者,其朋友跟他说要拜神,他质疑说:

"为什么要拜神呢?"

西塞罗的朋友回答说,因为拜过神出海的人都活着回来了。

于是西塞罗就说那你把那些没有活着的人叫回来,我问问他们有没有拜过神。

因此,西塞罗也就成了第一个提出"幸存者偏差"的人。因为只有活着的人才可以说话,死人是开不了口的,每当活着的人回来之后说:

"因为我是拜过神的,所以我就活下来了。"

久而久之人们就会认为,只要拜过神出海就会平安回来。然而死人开不了口,你凭什么就认为死去的人没有拜神?

被淹死的人早已深埋海底,自然无法去验证他是否是无神论者。

被淹死的人中只要有一个拜神者,就能说明拜神并非是幸存者的特征。

用数学的语言总结如下：

A——成功者——特征C

B——失败者——无特征C

如果成功者都具有特征C，失败者都不具有特征C，则说明C是成功的要素。

但是如果是以下关系：

A——成功者——特征C

如果成功者都具有特征C，就直接得出结论说特征C是成功的要素，忽略了失败者的特征，那么这个结论就不具有任何说服力。因为完全有可能，失败者也有特征C。

B——失败者——特征C

这种情况下，特征C就不是成功的要素。

"幸存者偏差"，让人们只看到经过某种筛选而产生的结果，而没有意识到筛选的过程，因此忽略了被筛选掉的关键信息，得出的最终结论，自然是一个逻辑错误。

以下是"幸存者偏差"的几个著名案例。

1. 战争下死人不会说话

近两年地区和国家间有一些冲突，战争近在咫尺。

但有些人认为战争并没有那么可怕，多数时候只有枪声没有伤亡。

确实，战争是小概率事件，目前爆发大规模战争可能性很小。

不过，不要以为提醒战争可能发生的人是"夸大其词"。

和平年代也不过几十年，战争才是历史的常态。

请思考一下，那些在战争中死去的人是不会说话的，也没有机会来提醒你。

一旦大国之间爆发冲突，战争一触即发，很多人都可能不再是"幸存者"。

历史上的大多数时期都处在动荡和混乱之中，我们只是刚好处在一个相对和平的年代。

2. 读书无用论

读书无用论作为一种反智言论，一直有自己的市场。

不少人总喜欢举这样的例子：

XX毕业于清华北大，最终月薪还是不过万。

XX初中辍学打工，最后成了大公司老总。

用功读书的人挣不到钱，没好好上学的反倒混得风生水起，由此得出"读书无用"的结论。

但实际情况是，极少数高学历却落魄者容易受到关注，被当做新闻报道，而高学历且成功的人会被认为理所当然。

3. 社交媒体下的美好世界

无论是抖音、快手还是b站，所呈现的都是一个美好世界。

就连田园生活，都能拍出"世外桃源"之景。

这也是一种"幸存者偏差"。

那些真实存在的苦难生活，不会被算法推荐。

那些反映时代问题的镜头，不会在指尖停留。

如同"后浪"的世界永远是潮流、新视野、高科技、大城市。

但真实的世界仍然存在着贫穷、矛盾、落后、争执。

实际上，还有许多"幸存者偏差"的案例就在我们身边：

买不到春运车票的人不会在高铁内被记者采访；

没来上课的同学自然也不会举手回答；

上班族认为地球总是人满为患是因为他们只在高峰期乘车；

买降落伞想要差评的买家永远都没机会打开购物APP；

爸妈看起来不挑食不过是因为他们在买菜时挑过了；

那些"成功学"大佬失败的时候不会有机会再出来讲话；

购买廉价产品的人一般也不会发朋友圈；

……

很多时候，我们都陷在一个逻辑错误的"幸存者偏差"陷阱中，无法意识到更多藏在冰山之下的"沉默证据"，所以看到的自然是一个不全面的世界。

3.统计质疑

统计论证关键在于样本的代表性，影响样本代表性的三个因素有，样本的大小、范围和抽样的随机性。错误抽样的谬误指在做出归纳概括过程中抽样不合理（如抽样片面、样本不具代表性等）而产生的谬误。

如果统计论证的推理中出现了以偏概全这种逻辑错误，质疑该统计论证的主要方式就是拿出理由，指出样本是特殊的，偏颇的，不具有代表性。

例1：认为大学的附属医院比社区医院或私立医院要好，是一种误解。事实上，大学的附属医院抢救病人的成功率比其他医院要小。这说明大学的附属医院的医疗护理水平比其他医院要低。

分析：上述推理是由一个统计事实"大学的附属医院抢救病人的成功率比其他医院要小",而得出一个解释性结论"大学的附属医院的医疗护理水平比其他医院要低"。这个结论是建立在将两个具有不同内容的数字进行不恰当比较的基础上的。要削弱这则论证,就要指出样本(质)不同。若去大学附属医院就诊的病人的病情,通常比去私立医院或社区医院的病人的病情重,因此,显然不能根据大学的附属医院抢救病人的成功率比其他医院要小,就得出大学的附属医院的医疗护理水平比其他医院要低的结论。这就有力地驳斥了题干的论证。

例2：一家石油公司进行了一项石油溢出对环境影响的调查,并得出一个结论：接触过石油溢出的水鸟有95%的存活率。这项调查是基于一个检查,被送到石油溢出地附近兽医诊所看病的水鸟,调查发现20只受石油溢出影响的水鸟中仅仅只有一只水鸟死了。

分析：上述推理根据,被送到兽医诊所看病的20只受石油溢出影响的水鸟只死了一只,得出结论,接触过石油溢出的水鸟有95%的存活率。若发现,只有那些看起来有很大存活率的水鸟才被带到兽医诊所,这意味着这20只受石油溢出影响的水鸟具有特殊性,也即样本没有代表性,这就有力地反对了关于水鸟存活率的调查结论。

例3：很多人认为网恋不靠谱。芝加哥大学的一个研究小组对1.9万名在2005—2012年间结婚的美国人进行在线调查后发现,超过三分之一的人是通过约会网站或Facebook等社交网络与其配偶认识的；这些被调查对象总的离婚率远低于平均离婚率。这项调查表明,网恋在成就稳定的婚姻方面是很靠谱的。

分析：上述论证是通过调查发现,网恋离婚率远低于平均离婚率,从而得出结论,网恋在成就稳定的婚姻方面很靠谱。这一论证是有缺陷的,若事实上,被调查对象(即网恋)的结婚时间比较短,这意味着,网恋的离婚率与平均离婚率不具有可比性,这显然使上述结论的成立受到了严重的质疑。

例4：在过去几年中,高等教育中的女生比例正在逐渐升高。以下事实可以部分地说明这一点：在1959年,20到21岁之间的女性1.1%正在接受高等教育,而在1991年,在这个年龄段中的女性的30%在高校读书。

要评价上述论证,最需要了解什么信息?

分析：上述论证由20到21岁女性入学比例的变化,推出在大学中女生所占比例上升。这则论证涉及统计数据的误用,大学招收的20到21岁的女性占所有20到21岁女性的比例由11%增长到30%,并不意味着招收的女大学生占所有被招收大学生的比例也由11%增长到30%。针对这一统计数据的误用提出的焦点问题是,在该年龄段的男性中,接受高等教育的比例。如果招收男生的比例足够高，那么女生占学生总数的比例未必上升，如果招收的男生比例足够低，那么可以推出招收女生的比例上升了，因此，这一信息对评价题干的论证非常关键。

例5：美国的枪支暴力惨案再度引发了枪支管控的讨论。反对枪支管控者称，20世纪80年代美国枪支暴力案飙升，1986年有些州通过法律手段实施严格的枪支管控，但实施严格枪支管控的这些州的平均暴力犯罪率却是其他州平均暴力犯罪率的1.5倍。可见，严格的枪支管控无助于减少暴力犯罪。

分析：上述结论认为严格的枪支管控无助于减少暴力犯罪；理由是，实施枪支管控的州的犯罪率比其他州高。这一理由是靠不住的，因为，枪支管控的效果不应该是与其他城市的比较，而应该是比较枪支管控前后同一城市的暴力犯罪率。若事实上，自1986年以来，实施严格枪支管控的这些州的年度暴力犯罪数持续下降，则说明严格的枪支管控有助于减少暴力犯罪。

四、案例分析

例1：分析下面的论证在概念、论证方法、论据及结论等方面的有效性。

其实，坐飞机出行的安全系数是最高的。

统计表明，坐飞机出行的安全系数是远远高于乘坐火车、汽车等地面交通工具的。近10年，国际上飞机百万架次事故率的平均水平为1.03。按照这个比例计算，一个人每天坐一次飞机，要2660年才遇上一次空难。我们外出都要算里程，所以在安全的数据度量问题上，用路程比用时间更合适、更科学。自20世纪70年代中期以后，飞机每飞行1000公里死亡的人数大约为0.05个，这个数字远远低于铁路和公路。中国民航飞机的百万架次事故率只为0.23。在中国从1982～2004年算下来，22年有21起空难，遇难人数才1404人。

人们认为火车更安全，是一种偏见。一般各国的飞机事故都会及时报道，而火车事故报道就不是很及时或者不进行报道，这给我们一种错觉，飞机似乎总出事。

分析：上文是一则统计论证，统计数据需要比较才有意义，结论不能从单方面的数据来认定，上文只列举了一组与飞机相关的安全数据，没有列举与火车等地面交通的安全数据的对比。而且，该作者没有明确比较的基础，是不能笼统地得出"乘坐飞机出行的安全系数是最高的"这一结论的。

下面提供参考分析评论。

上文作者试图通过一则统计论证来证明"坐飞机出行的安全系数是最高的"，但由于存在诸多逻辑问题，其论证是值得怀疑的，现把其中的逻辑缺陷分析如下。

首先，上文没有明确"安全系数"这一概念。因为按照不同的数据统计和理解，存在不同的比较方式，比如，有事故率方面的不同比较，包括百万架次（辆）事故率、百万乘客事故率、百万公里事故率等；也有死亡率方面的比较，比如每十亿次出行死亡人数、每十亿小时出行死亡人数、每十亿公里死亡人数等。不同的比较，结果可能是完全不同的。

其次，该作者用飞机百万架次事故率为1.03，推算出，一个人每天坐一次飞机，要2660年才遇上一次空难。由此作为飞机出行安全的一个证据，理由也是存疑的。因为虽然飞机百万架次事故率很低，但一旦出现事故，死亡率是最高的，而且是死亡人数众多。而且，该作者没有提供同样出行次数的情况下，乘坐飞机和乘坐火车的出事故次数和死亡人数的比较，也许每百万次出行死亡人数，飞机是要高于火车的。

再次，该作者用"飞机每飞行1000公里死亡的人数大约为0.05个，这个数字就远远低于铁路和公路"来支持飞机出行安全的结论也是片面的。因为飞机速度快，按照公里数计算，事故率和死亡率确实相对较低。但是，如果按照出行次数或出行时间计算，乘坐飞机出行的死亡率很可能高于乘坐火车或汽车。

另外，上文笼统地认为，飞机比火车等地面交通工具安全，该结论是不成立的。因为人们对安全的理解各不相同，有人以出行次数为基础，有人以出行时间为基础，有人以出行路程为基础，不同比较的结果是不同的。按照任何单一指标比较飞行和地面交通的安全性都是不恰当的。

最后，作者认为"火车更安全，是一种偏见"，仅仅举出报道差异，这个理由是不充分的。很多人认为火车安全的理由可能很多，比如火车事故的死亡率低、火车出事后逃生的机会比飞机大得多、飞机出事后很少有生还者、有些人对高空恐惧的心理偏见等等，如果该作者想证明自己的观点，这些都需要进行驳斥。

总之，由于上述统计论证存在诸多逻辑漏洞，因此，其结论是值得商榷的。

例2：分析下面的论证在概念、论证方法、论据及结论等方面的有效性。

下文出于一本为热衷创作的人撰写的指导。

新作者通常无法使著名的大型出版社相信他们的作品将畅销，因此他们必须首先找一家没有什么名气的小出版社出版他们的作品以便赢得一些销售记录。但《神话作家》杂志的编辑们为热衷创作的人带来了一则好消息：过去两年中，神话小说出版的数量增长。此外，去年出版的神话小说中，几乎一半的作品出自首次写小说的人之手。由于神话小说的市场正在扩大，所有的出版社都会想要增加他们出版神话小说的数量。因此，新手们应该创作神话小说，以增加他们在著名大型出版社出版第一部小说的机会。

分析：上文是一则统计论证，存在多处论证。

下面提供参考分析评论。

上文作者针对从事创作的新手们如何增加在大出版社出版自己的第一部作品的机会而提出建议，应该创作神话小说。然而其论证缺乏说服力，使得其建议有待商榷。

首先，作者所依据的第一个理由是，过去两年中，神话小说出版的数量增长。然而，作者没有提供其他类型小说的出版数量是否在增长，如果其他类型小说的出版数量的增长幅度更大，那么，新手不应该创作神话小说，而应该创作其他类型的小说。

其次，作者所依据的第二个理由是，去年出版的神话小说中，几乎一半的作品出自首次写小说的人之手。这一事实也没有和创作其他类型的小说来比较，如果去年出版的其他小说中，超过一半的作品出自首次写小说的人之手，那么同样不应该建议新手创作神话小说。

再次，作者所依据的第三个理由是，神话小说的市场正在扩大，所有的出版社都会想要增加他们出版神话小说的数量。这一理由同样对作者建议的支持力不足，如果其他类型小说的市场扩大程度更大，出版社想要增加出版其他类型小说的数量更多，那就应该建议新手去创作其他类型的小说。

其实，作者建议是否可行的关键点在于，应该比较"新手创作的神话小说在著名大型出版社出版的数量"与"新手创作的神话小说在著名大型出版社投稿的数量"的比率与"新手创作的其他类型小说在著名大型出版社出版的数量"与"新手创作的其他类型小说在著名大型出版社投稿的数量"的比率，若前者大于后者，作者的建议就是合理的，若前者小于后者，则作者的建议就是不合理的。

最后，还要考虑的问题是，神话小说的市场热潮是否可以持续，若像别的时尚潮流一样来得快，去得也快，那么由于学习和创作神话小说通常需要一定的时间，等新手们创作完了神话小说时已很难得到出版的机会了。

总之，作者论证的理由不充足，存在明显的逻辑漏洞，以此为据而提出的建议也不能使人信服。

第三节　数据应用

统计推理的作用在于，在现实生活中，人们常通过调查对象的统计性质来分析研究各种问题。为了评价统计论证，我们必须能够解释它们所依据的统计数据。

统计数据主要是指统计活动过程中所取得的反映经济和社会现象的数字资料，包括平均数、百分比、相对数量与绝对数量、比率、概率及其他样本数据。很多人都认为，数字是客观的，用数字说话是有说服力的。但需要注意的是，数字背后是可以有陷阱的，利用客观的数据可以安排种种陷阱，使我们在不知不觉中陷入圈套。所以，我们不要被那些看似有道理，实则不合理的数据所迷惑。在当代社会，我们确确实实生活在一个"数字化"的时代中。各种数字、数据、报表可以说铺天盖地，频频出现在大众传媒之中，我们当然不能对这些数字、数据、报表进行毫无根据的怀疑，但明智的、理性的态度是应该对这些数字保持必要的警惕：人们是如何得到这些数字和数据的？获得这些数字、数据的方法和途径是什么？这些数字、数据准确、可靠吗？这些数字到底能说明什么问题？要想不被数字愚弄，就应该对统计数字有一个批判的态度。

数据应用就是对数据进行分析、处理，从中获取有价值的信息。在论证中，用统计数据作论据具有很强的证据支持效力。正因如此，在论证中一出现有误用统计数据的情况发生，就会动摇论证的基础。另外，统计数据也是诡辩者感兴趣并善于利用的手段，它也为种种诡辩手法的运用提供了方便。因此，在考察统计论证或运用统计数据推出结论时，应注意以下两个方面：一是，对统计数据的基础反复核查；二是，利用统计数据作为证据建构合理的结论。

在应用统计数据的过程中，如果忽视统计数据的相对性、交叉性、相关性和可比性等将会导致的数据误用谬误。一旦在所使用的统计数据方面产生谬误，就会动摇论证的基础。数据应用的谬误主要有：平均数谬误、大小数字的陷阱、掩人耳目的百分比、赌徒谬误、统计不全、错误抽样的谬误、数字和结论不相关、数据不可比、独立数据等。

一、平均数

平均数是表示一组数据集中趋势的量数，是指在一组数据中所有数据之和再除以这组数据的个数。它是反映数据集中趋势的一项指标。

1.平均数的含义

"平均数"有几种不同含义：算术平均数（均值）、众数、中位数以及几何平均数、调和平均数、加权平均数等。因此，需要了解平均的含义到底是哪种，尤其要注意不恰当地使用这些数字所带来的统计问题。

算术平均数是指，一组数值的总和除以这组数值的个数所得到的数。一个数据集合的均值是算术平均数。它是这样计算的：用集合中数据的个数去除这些个别的数据的值之和。从算术平均数的算法可以看出，它很容易受极端值的影响。调查对象的差别越大，数量越少，算术平均数反映对象一般水平的能力也就越差。

众数是调查对象中出现次数最多的数。众数的大小不随极端值的变化而变化，因而它也无法反映极端值对调查对象整体水平的影响。在应该使用算术平均数的时候使用众数，会给人造成错误的印象。

中位数是将所有数据从高到低排列起来，居于数列中间位置的那个数。一个数据集合的中位数是当这些数据按照上升的顺序整理好之后的中点。换句话说，中位数是这样的点，在它的上方和下方有相同数目的数据。如果数列的项数是偶数，则把居于中间位置的两个数字加以平均，得到的便是中位数。中位数也不能反映调查对象的数量分布情况。

一般意义上，"平均数"指的就是算术平均数（均值）。平均已经似乎成了社会衡量各种事物的一个标准概念，统计与宏观趋势的分析中可以用平均，但具体事物的处理时却不能简单地用平均数来说明问题。

平均数可以表征一批数据的典型值，但是仅凭平均数还不能给我们提供足够的信息，平均数无法表征一组数据的分散程度。

2. 平均数谬误

平均数谬误在这里就是指是误用算术平均数，即不恰当地使用算术平均数，从而平均数假象而引申出一般性结论的错误论证。

算术平均数的特点是拉长补短，以大补小，以最终求得的结果代表对象总体的某种一般水平。算术平均数很容易受极端值的影响。极端值可以将平均数向上拉，也可以将它向下拉。调查对象的差别越大，数量越少，算术平均数反映对象一般水平的能力也就越差。算术平均数掩盖了实际上的不平均，通过算术平均数设计的数字陷阱主要是利用了算术平均数的这一特点。

平均数的含义本身就意味着个体的统计值围绕它有上下幅度的波动，而且在许多情况下这种波动的幅度是相当大的。在论证中，如果将总体的平均值或平均数的性质机械地分配给总体中的个体，就会导致"误用平均数"的错误。

例1："本市平均的空气污染指数已降到警戒线以下"，但你切要以为生活在本市就十分安全，因为可能你所生活的那个社区，或你所工作的那个单位是本市污染最严重的社区或单位，假如你继续在该社区生活或在该单位工作，就会严重地损害你的健康。

例2：三个统计学家打猎，碰上一头大鹿。第一个人开火，结果偏左一米。第二个人开火结果偏右一米。第三个人放下枪，欢呼胜利："平均而言我们打中了!"事实上,平均而言打中了,没有任何意义。

例3:受多元文化和价值观的冲击,甲国居民的离婚率明显上升。最近一项调查表明,甲国的平均婚姻存续时间为8年。张先生为此感慨,现在像钻石婚、金婚、白头偕老这样的美丽故事已经很难得,人们淳朴的爱情婚姻观一去不复返了。

分析:张先生得出"人们淳朴的爱情婚姻观一去不复返了"的观点是基于对"平均婚姻存续时间为8年"这一统计数据的理解。而这一理解可能是不确切的,如果现在有不少闪婚一族,他们经常在很短的时间里结婚又离婚。这说明闪婚现象导致了平均婚姻存续时间降低,但这并不说明家庭从总体上不稳定。比如,少部分家庭是闪婚,但在短时间内不断地结了离,离了结,结了又离,离了再结,这样就大大降低了总体上平均婚姻存续时间,但不能说大部分家庭不稳定。

例4:索马里自1991年以来,实际处于武装势力割据的无政府状态。1991年索马里的人均GDP是210美元,2011年增长到600美元,同年,坦桑尼亚的人均GDP是548美元、中非是436美元、埃塞俄比亚是350美元。由此看来,与非洲许多有强大中央政府统治的国家相比,处于无政府状态的索马里,其民众生活水平一点也不差。

分析:以上论述根据处于无政府状态的索马里人均GDP高于非洲许多有强大中央政府统治的国家,得出结论,索马里民众生活水平一点也不差。但是,如果索马里的财富集中在少数人手中,许多民众因安全或失业等因素陷入贫困。这表明其人均GDP不能真实反映索马里民众生活水平,这就有力地说明出了上述论证严重的缺陷。

二、数据相对性

数据的相对性主要指的是百分比、基数与绝对量三者的相对关系,数据的相对性谬误就是指忽视三者的相对变化而导致对数据的滥用。

一般来讲,绝对数与相对比例相结合才能有效地说明问题,而仅仅用绝对数或相对比例往往容易误导受众。

1.绝对数字陷阱

绝对数字陷阱也叫大小数字的陷阱,是统计推理中用绝对数字构制的陷阱。在论证中为了需要任意操纵数字,使用庞大的数字可以让人相信某个事实;使用微小的数字可以让人觉得,某事微不足道。但有可能由这些大、小数字得出的结论有些是荒唐至极的,也许是说话人有意地隐瞒了某些重要信息。绝对数难以反映对象的相对变化,遇到绝对数时请拷问:说话人为什么要使用这些数字,他用百分比是不是更能说明问题?

例1:某校今年本科上线人数达500人,比去年上线人数多了50人,所以,某校今年高考可以说是喜获丰收。

分析:这则论证的谬误在于没有考虑考生的总人数是否增长。

例2:郑兵的孩子即将上高中,郑兵发现,在当地中学,学生与老师的比例低的学校,学生的高考成绩普遍都比较好,郑兵因此决定,让他的孩子选择学生总人数最少的学校就读。

分析:郑兵的想法是选择学生与老师的比例低的学校,但当他选择学校的时候只选择学生总人数最少的学校。可见,郑兵是把相对比例(学生与老师之比)和绝对数(学生人数)弄混淆了,也就是他的决定忽略了:一个学生总人数少的学校,如果老师人数也相应少,则学生与老师的比例不一定低。

例3:消防队员的工作并不比其他工作更危险。过去5年中,我市消防队员因工受伤的只有4人,而电工因工受伤的有8人,钳工有11人,汽车司机就更多了。

分析:从绝对数字上看,电工、钳工、汽车司机因工受伤的人数确实比消防队员多。但这绝对说明不了消防队员的工作不比其他工作更危险。谁知道该市的电工比消防队员多多少倍,钳工和汽车司机的数量又分别比消防队员的数量多多少倍?如果用相对数字来比较的话,消防队员因工受伤的百分比可能要比电工的要高出好多倍。

2.百分比陷阱

百分比可以使人们了解某一类对象在全体对象中所占的比例。使用百分比的优点是,可以使人们了解某一类对象在全体对象中所占的比例,统计结果简单明了,一目了然。使用百分比的缺点是,无法反映一种非常重要的信息,即得出百分比所依据的绝对数字。百分比高不意味着绝对量大,还要看基数。

(1)有关百分比的批判性问题

误用百分比指论证中使用了确切的百分比,却疏漏了一件重要的信息——百分比之所凭依的绝对数字。所以,在遇到百分比的时候,我们务必分析以下两个批判性问题:

CQ1:该百分比所依据的基础数据是什么?

CQ2:百分比所表示的绝对总量是多大?

例1：在某种饮用水中，铅的含量只有0.0005%，请放心饮用。

分析：如果饮用水中含铅量的合格标准是0.0001%，那么0.0005%就不是一个微不足道的数据。

例2：肺结核发病正在迅速增长，今年肺结核发病数量增长的比率是去年的4倍。

分析：增长的比率是去年的4倍，不意味着今年患病的人数是去年的4倍。假如前年患者的人数是1000例，去年是1001例，那么今年则是1005例，而不是4004例。这里，标准是增长的比率，去年与前年相比增长的是1，这个增长数字的4倍是4，因而今年的总数是1005例。

例3：某出版社近年来出版物的错字率较前几年有明显的增加，引起了读者的不满和有关部门的批评，这主要是由于该出版社大量引进非专业编辑所致。当然，近年来该出版物的大量增加也是一个重要原因。

分析：要评价以上论证，"错字率"就是一个必须抓住的关键性概念。错字率是单位数量的文字中出现错字的比例，一般地说，它和文字的总量没有确定关系。上述论证把近年来上述出版社出版物的大量增加，解释为该社近年来出版物的错字率明显增加的重要原因，是一个逻辑漏洞。

例4：美国航空公司近两年来的投诉比率比前几年有明显下降。这主要是由于该航空公司在裁员整顿的基础上，有效地提高了服务质量。当然，"9·11事件"后航班乘客数量的锐减也是一个重要原因。

分析：航空公司的投诉率，是单位数量航班乘客中投诉者的比例，一般地说，它和乘客的总量没有确定关系。以上论述把"9·11事件"后航班乘客数量的锐减，解释为美国航空公司投诉率有明显下降的重要原因，是一逻辑漏洞。

（2）使用百分比的陷阱类型

百分比只是一个相对数字，它不能反映对象的绝对总量。在我们的日常生活中，到处都有可能碰到莫名其妙的百分比。一旦说话人或作者拿百分比进行比较，我们要保持必要的警惕。

要警惕有人为了某种目的，选用需要的基础数据，使用百分比显得畸大或畸小。要注意百分比所表示的绝对总量，该百分比虽小，但绝不意味着它所体现的数字同样貌不惊人。

使用百分比的陷阱包括以下几种类型：

① 使用小的分母（小的基数）加大百分比，可使人们相信夸大了的事实。

② 使用大的分母（基数）缩小百分比，可以使人相信某种现象并不重要或不值得重视，没有必要大惊小怪。

③ 在不该使用百分比的情况下使用百分比，对不同的百分数进行错误的比较，从而误导对方。

在不该使用百分比的情况下使用百分比，是诱人上当的另一种把戏。其秘诀是，隐蔽大、小绝对数的实际差异，对不同的百分数进行错误的比较，从而使人产生错误的印象。相对数量和绝对数量是两个差别很大的概念，前者是个比值，而后者却仅仅是个统计数值，所占的百分比较高不一定意味着其绝对量较大。

例1：通常认为左撇子比右撇子更容易出事故，这是一种误解。事实上，大多数家务事故，大到火灾、烫伤，小到切破手指，都出自右撇子。

分析：上述论证只比较了右撇子出事故的人数比左撇子出事故的人数多，就确认左撇子不比右撇子更容易出事故，这个比较显然是不对的。怎样来比较左撇子与右撇子哪个更容易出事故呢？关键是要比较，左撇子的事故率和右撇子的事故率。

左撇子的事故率＝左撇子出事故的人数／左撇子的总人数
右撇子的事故率＝右撇子出事故的人数／右撇子的总人数

可见，上述论证中的漏洞是，未考虑左撇子在所有人中所占的比例。

只有考虑左撇子在所有人中所占的比例，才能确定左撇子和右撇子的总人数比，进而才能确定左撇子和右撇子哪个更容易出事故。如果左撇子在所有人中所占的比例明显低于右撇子，那么就不能根据大多数家务事故都出自右撇子，就否定左撇子比右撇子更容易出事故。

例2：塑料垃圾因为难以被自然分解，一直令人类感到头疼。近年来，许多易于被自然分解的塑料代用品纷纷问世，这是人类为减少塑料垃圾的一种努力。但是，这种努力几乎没有成效，因为据全球范围内大多数垃圾处理公司统计，近年来，它们每年填埋的垃圾中塑料垃圾的比例，不但没有减少，反而有所增加。

分析：这则统计论证涉及比例的相对变化与绝对值之间的关系。"塑料在垃圾中所占的比例"是一个相对量，"塑料垃圾的总量"则是一个绝对量。相对量增加，绝对量不一定增加。如果近年来，由于实行了垃圾分类，越来越多过去被填埋的垃圾被回收利用了，这意味着虽然塑料垃圾在垃圾中所占比例的有所上升，但塑料垃圾总量却可能明显减少，这就能有力地削弱了上述论证。

例3：鸟类需要大量摄入食物以获得保持其体温的能量，有些鸟类将它们大多数的时间都用在摄食上。但是，一项对食种子的鸟类和食蜜的鸟类的比较研究表明：相同的能量需要，肯定会使食种子的鸟类比食蜜的鸟类在摄食上花费更多的时间，因为相同量的蜜所含的能量大于种子所含的能量。

分析：上述论证涉及在比较数据时与基数的关系问题。在绝对值（总能量）相同的情况下，根据"相同量的蜜所含的能量大于种子所含的能量"能否推出"食种子的鸟类比食蜜的鸟类在摄食上花费更多的时间"，这取决于基数（食相同量的蜜与食相同量的种子所花的时间）是否相同。因此，要使论证成立，必须假设，食蜜的鸟类吃一定量的蜜所需要的时间不长于食种子的鸟类吃同样量的种子所需要的时间。否则，如果食蜜的鸟类吃一定量的蜜所需要的时间长于食种子的鸟类吃同样量的种子所需要的时间，这样题干结论就不一定成立了。

案例 中国癌症的现状：既在"老龄化"，又在"年轻化"！

根据国家癌症中心的最新统计，发现中国癌症患者同时呈现出两个特点：

一方面，老年癌症患者比例在增加，患者平均年龄在增加，所以在"老龄化"。

另一方面，年轻人中多种癌症的发病率在持续提高，所以也有"年轻化"。

根据中国各个年龄段癌症发病率情况，很容易就发现两个规律：

① 年龄越大，发病率越高。70岁的老人患癌风险是20岁年轻人的100倍以上。

② 无论男女，40岁以下人群整体发病率都在持续增加。

由于老年人患癌风险远高于年轻人，所以不出意外，患者多数都在60岁以上。

不仅如此，中国癌症患者的平均年龄还在一直增加。2000年的时候，平均发病年龄是62.6岁，此后逐年上升，到2014年提高到了63.6岁。

从这个角度看，中国的癌症毫无疑问在"老龄化"。

但同时，癌症又确实在"年轻化"。有些癌症类型发病率增加很明显，比如女性的乳腺癌，从2000年开始，40岁以下人群的发病率在持续增加。研究发现，在相同年龄的时候，不同年份出生的女性乳腺癌风险是持续升高的。60后比50后风险高，70后比60后风险高，80后比70后风险高，90后比80后风险高。结直肠癌也有类似的趋势。无论男女，年轻人发病率都在提高。原因大概和现代生活习惯，包括营养激素水平发生改变有密切关系。

既然年轻人发病率在提高，为啥患者平均年龄却在增加呢？

因为中国社会在迅速老龄化，老年人比例增加了很多。

为了帮助大家理解这个看似矛盾的现象，举一个虚构的例子：

在一个虚构的社会里，有两组人：年轻人（平均30岁）和老年人（平均70岁）。

以前年轻人占75%，癌症发病率是6%，而老年人占25%，癌症发病率40%。这种情况下，20个人里有3位患者（1位年轻人+2位老人），平均年龄是57岁。

随着人口老龄化，现在年轻人和老人各占50%。同时年轻人癌症发病率提高了，从6%变成了10%。这种情况下，20个人里有5位患者（1位年轻人+4位老人），平均年龄是62岁。

在这个虚构的例子中，有三件事同时发生了：

① 年轻人发病率提高了。

② 患者总数变多了。

③ 患者平均年龄提高了。

这就是中国癌症的现状：既在"老龄化"，又在"年轻化"！因此，我们既不能忽视老年癌症患者的增多，也不能忽视年轻人的癌症风险增加。只谈其中任何一个，都是片面的。

三、数据交叉性

数据的交叉性也是常见的数字陷阱，运用统计推理时，需要注意的是统计数据所描述的不同对象的概念外延是否重合，即数据中是否有相容的计算值。

例1：员工诚实的个人品质对于一个企业来说至关重要。一种新型的商用测谎器可以有效地帮助企业聘用诚实的员工。著名的QQQ公司在一次对300名应聘者面试时使用了测谎器，结果完全有理由让人相信它的有效功能。当被问及是否知道法国经济学家道尔时，有1/3的应聘者回答知道；当被问及是否知道比利时的卡达特公司时，有1/5的人回答知道。但事实上这个经济学家和公司都是不存在的。测试结果证明：该测谎器的准确率是100%。从中可以推出什么结论？

分析：根据以上论述可推出，当回答知道法国经济学家道尔时，有100名应聘者撒谎；当回答知道比利时的卡达特公司时，有60名应聘者撒谎；又因为测谎器的准确率是100%，所以在上述面试中撒谎的不少于100人，即未撒谎的不多于200人。

例2：在产品检验中，误检包括两种情况：一是把不合格产品定为合格；二是把合格产品定为不合格。有甲乙两个产品检验系统，它们依据的是不同的原理，但共同之处在于：第一，它们都能检测出所有送检的不合格产品；第二，都仍有恰好3%的误检率；第三，不存在一个产品，会被两个系统都误检。现在把这两个系统合并为一个系统，使得被该系统测定为不合格的产品，包括且只包括两个系统分别工作时都测定的不合格产品。可以得出结论：这样的产品检验系统的误检率为0。请评价上述推理是否具有必然性？

分析：根据以上论述，对于甲乙两个系统中的任一系统：

第一，测定为合格的产品实际上都是合格产品；

第二，合格产品中有3%测定为不合格，属误检；

第三，甲系统误检为不合格的产品，若经乙系统检验，则被测定为合格（同样，乙系统误检为不合格的产品，若经甲系统检验，则被测定为合格）。

因此，任意一批产品中，真正不合格的产品一定是分别经过甲乙两个系统的检验并都测定为不合格的产品。也就是说，甲乙两个系统所合并成的系统的误检率为0。所以上述推理是必然性的。

四、数据相关性

数据相关性是指应用统计数据推出结论时，数据必须与结论相关。数据的相关性表现在样本的归属问题上。相对不同的群体，某事在样本身上发生的可能性的大小通常是不一样的。所以，当我们衡量某事在一个样本身上发生的可能性时，必须确定这个样本属于哪个群体。

1.数据与结论不相关的谬误

数据与结论不相关的谬误是指把不相关的统计数据误认为密切相关而做出的错误的统计论证。如果统计推理提供的数字与其结论之间明显地毫无关联，人们可能不知道它究竟在说什么，但却不会上它的当。但是，在很多情况下，统计推理的前提与其结论之间貌似相关，而实际上却不相关。这种似是而非的相关性使很多人在不知不觉中受了骗。

在评价统计推理时，就要仔细分析一下统计推理的前提与其结论之间的相关程度，具体有两种方法：

一种方法是，把注意力放在推理中出现的统计数字上，仔细分析一下，从这些数字中可以推出什么结论？如果我们发现，由推理中给出的数字所推出的结论与推理的结论不相符,也许我们就发现了推理的错误所在。

另一种方法是,在遇到一个统计推理时,我们应先将推理中出现的统计数字放到一边,考虑一下,什么样的统计数字可以证明推理的结论?然后,把证明结论所需要的数字与推理中所给出的数字比较一下。如果二者毫不相干,或许我们就可由此发现推理的错误。

统计本质上也属于归纳,在统计论证中,归纳强度取决于样本与总体的相关性。统计概括的结论不但描述对象的性质,也描述对象的因果关系。当我们依靠统计数据来解释或者确认一种因果关系时,必须考虑前提所选取的样本属性与结论所描述的总体属性是否相关,在很多情况下,统计推理的前提与其结论之间貌似相关,而实际上却不相关。因此,数据与结论不相关往往也表现为强加因果联系的论证谬误。

例1:某国牧师薪水增长的比率与该国朗姆酒消费增长的比率非常接近,有人由此提出结论说:当牧师有了多余的收入时,他们倾向于把多余的钱用来打酒喝。事实是由于该国人均生活水平的提高导致了这两方面的同步增长。

例2:我国的戏剧工作者中,只有很小的比例在全国30多个艺术家协会中任职。这说明,在我国的艺术家协会中,戏剧艺术方面缺少应有的代表性。

分析:上述论证有漏洞,因为我国的戏剧工作者中,只有很小的比例在全国30多个艺术家协会中任职,并不意味着在我国艺术家协会中戏剧工作者只占很小的比例。体现戏剧艺术在艺术家协会中的代表性,依据应该是"在艺术家协会中任职的戏剧工作者的比例",而不应该是"戏剧工作者中有多少比例在全国艺术家协会中任职"。

例3:一位评论家在谈到这种滥用数据的谬误时,举了一个颇具讽刺性的例子:

近十年来,得克萨斯州博士的数量每年增加5.5%,而该州骡子的数量每年却减少5.5%,所以博士数量的增长导致了骡子数量的下降。

分析:得克萨斯州博士增长和骡子下降的百分比有统计关联,可能其真正的共同原因是城市化的进程。

2.概率误解

典型的数据与结论不相关的谬误是对概率的误解。

概率,又称或然率、机会率或机率,表示随机事件发生可能性大小的量,是事件本身所固有的不随人的主观意愿而改变的一种属性。如果一件事情发生的概率是$1/n$,不是指n次事件里必有一次发生该事件,而是指此事件发生的频率接近于$1/n$这个数值。

案例　量子真随机数

随机性在实际应用中是一种极其重要的资源，随机数在密码学中应用非常广泛。通俗地讲，随机数序列是对一个均匀分布随机变量的一组抽样，其结果是不可预测的，序列中的每个数都是独立的，且服从均匀分布。

一、表面随机数

所谓表面随机性，顾名思义就是事件表面上看似具有随机性，而本质上并不是随机的，只是确定性事件的概率组合。它之所以表现出随机性，是因为观察者对系统整体运作机制的不完全了解。由表面随机性所产生的随机数并不是真正随机的，这里称之为"表面随机数"。

下面以经典抛硬币游戏为例说明为何它产生的随机数不是真随机。当我们抛掷一枚硬币时，从力学的角度看，硬币落地的正反面结果其实是一个确定性的事件。一旦我们明确知道硬币抛出时的角度、速度、在空气中受到的风力、阻力及落地时地面的粗糙程度等所有外在影响因素，那么其落地的正反面结果完全可以根据力学规律推导出来，是确定的，而不再是随机的。试想一下，如果假设每次抛硬币的外在因素都是完全一样的，那么得到的结果会如何呢？显然一定会是相同的结果，而不会是随机的。当然这一假设并不容易实现，而外在因素稍有差异就可能会引起结果的不同，所以我们每次抛硬币的结果看起来就像是随机的了。

由此可见，抛硬币不能产生真正的随机数。而基于其它经典物理过程（如掷骰子、转轮、电子元件的噪声等）所产生的随机数也是如此。那么，我们有没有可能产生真正的随机数呢？随着量子力学的发展，人们在量子系统中找到了肯定的答案。

二、真随机数

"量子"是一个不可分割的基本个体，是构成现实事物的微小能量和物质，如光子、原子、电子都是"量子"的组成微粒。量子力学是研究微观世界力学规律的理论，其正确性已经逐步得到证实。研究表明，微观粒子的状态具有"内禀随机性"。也就是说，其随机性不是因为缺乏对系统的了解而造成的，而是微观粒子固有的特性。利用这种内禀随机性，可以产生真正的随机数，即"真随机数"（或称为"内禀随机数"）。

实际上随机数包括两方面的要求：一是"等概性"，即每个比特0和1

> 出现的概率相等；二是"独立性"，即每个比特与其它任何变量（包括该随机数中的其它比特和外部变量）都统计独立。密码系统中必须要保证所产生的随机数与其它外部变量完全无关，即包括设备供应商在内的其它任何人都不能获知该随机数的任何信息。这一点在经典世界中是难以实现甚至无法想象的。然而随着设备无关量子密码的发展，人们提出了设备无关量子随机数扩展方法。该方法可以保证所产生的真随机数与外部变量无关，因此我们称之为"自验证真随机数"。
>
> 总之，经典世界中的随机性是表面随机性，因而不能产生真随机数。而量子世界特有的性质确保了其不同于经典世界，具有内禀随机性，因此可以产生真正的随机数。

概率推理是根据某类事物部分对象具有某种概率，推出该类事物都具有该种概率的推理。概率是对大量随机事件所呈现的规律的数量上的刻画，通常用 $P(A)$ 表示。运用概率推理，我们可以获知某事件发生的可能性有多大，或者说某事件发生的机会有多大。在这个意义上，可以说概率推理即关于机会的推断。

（1）赌徒谬误

赌徒谬误是指根据一个事件在最近的过去不如期望的那样经常出现，推断最近的将来它出现的概率将会增加的统计推理谬误。

该谬误产生的根源在于人们误认为博彩游戏中相互独立的事件之间存在因果关联，由于赌徒们经常犯这种错误，故以此命名。赌徒们的错误在于误解了"大数定律"或"平均定律"。但是，大数定律和平均定律的原理告诉我们，一种情况随机发生的频率有其稳定性。在大量重复进行同一试验时，这种情况发生的频率总是接近于某个常数。这个常数就被称为该情况随机发生的概率。当试验次数足够多时，随机情况发生的频率与它们的概率无限接近。

比如，在掷硬币的游戏中，每次出现正面或反面是偶然的，但在大量重复时，出现正面的次数与总次数之比，却必然接近于确定的数——1/2。但大数定律只告诉我们一个长远的概率，并没有告诉我们，在投掷第 $n+1$ 个硬币时将会出现什么样的概率。赌徒们没有注意到，每一次抛掷都是一个独立的事件，先前的抛掷对以后的抛掷没有因果上的影响。所以，先前几次正面朝上的事实并不能增加下一次抛掷出现反面朝上的可能性。每次掷硬币正面向上的概率永远是1/2。即便以往10次掷硬币时，都是正面向下，下次掷硬币时，其正面向上的概率仍然是1/2。

再如，在盘子上有红、黑两色的轮盘赌中，每次出现红色的概率是二分之一，赌徒输一次就增加赌注，以为这一次输了，下一次赢的机会就会增大；赢一次就减少赌注，以为这一次赢了，下一次不大可能还会赢。一个赌徒在输掉几次之后，加大赌注，以期在"应该"要发生的事件到来时大捞一把。然而，赌徒可能会输得更惨。

例1：有一个与赌徒的谬误相关的有趣例子，据说在第一次世界大战中，许多士兵要找新的弹坑藏身，理由是看起来不大可能两个炮弹一个接一个都落在同一点，这样他们就合理地认为藏在新弹坑在一段时间内将会安全一些。在第二次世界大战中，国际象棋大师班里在伦敦的住宅被炸之后，基于同样的理由返回了他的住宅，结果他的住宅又一次挨了炸弹。

例2：一对农村夫妇，特别想要个男孩，生了第一个孩子是女儿，取名叫招弟；第二个又是女儿，叫跟弟；第三个还是女儿，叫听弟；第四个仍是女儿，叫等弟；第五个到第七个也都是女儿，分别叫候弟、盼弟、望弟；一共生了7个女儿，就是没生出男孩。其实，不管连续生了几个女儿，下一个生儿生女的概率仍各为50%。

例3：有一个故事讲的是很多年前有一个人坐飞机到处旅行。他担心可能哪一天会有一个旅客带着隐藏的炸弹。于是他就总是在他的公文包中带一枚他自己卸了火药的炸弹。他知道一架飞机上不太可能有某个旅客带着炸弹，他又进一步推论，一架飞机上同时有两个旅客带炸弹是更加不可能的事。事实上，他自己带的炸弹不会影响其他旅客携带炸弹的概率。

（2）条件概率及其谬误

条件概率是指事件A在另外一个事件B已经发生条件下的发生概率。条件概率表示为$P(A|B)$，读作"在B条件下A的概率"。

案例　长发顾客中女性顾客的概率

某一高级商场的负责人在月末时需要了解该月光临商场顾客中女性的比例。该负责人通过调用商场出口的监控记录来进行判断，但是监控摄像只摄录到了顾客出门时的头部影像而无法看到脸部，故只能从背部看清顾客头发的长短。

那么，如何辨别顾客的性别呢？一般说来，如果顾客是长发则为女性，如果顾客是短发则为男性，但生活中也存在着许多短发女性和少数留着长发的男性，若按常规逻辑推断有可能发生辨别错误，这时候统计

学中的贝叶斯公式则给我们做出判断的"信心"。假设商场以往光顾的女性顾客比例为70%，男性为30%，则$P(女)=0.7$，$P(男)=0.3$，女性留长发的人群比例为80%，男性留长发的人群比例为5%，以条件概率表示为$P(长发|女)=0.8$，$P(长发|男)=0.05$，根据贝叶斯公式，监控影像为长发，其为女性顾客的概率为：

$$P(女|长发) = \frac{P(长发|女)P(女)}{P(长发|女)P(女)+P(长发|男)P(男)} = \frac{P(长发|女)P(女)}{P(长发)}$$

$$= \frac{0.8 \times 0.7}{0.8 \times 0.7 + 0.05 \times 0.3} = 0.974$$

$P(女|长发)$中的长发代表了研究问题的结果，性别是所要推断的原因，由该计算结果我们很大程度上相信长发的就是女性顾客这一结论，这里我们可以看出贝叶斯公式探求的实际上是造成"果"的某一个原因的可信程度，做出该判断依赖于我们对于该事物以往的经验认识。

条件概率的谬论是假设$P(A|B)$大致等于$P(B|A)$。

例1：假设人群中有1%的人患有某重大疾病，而其他人是健康的。我们随机选出任一个个体，并将患病以disease、健康以well表示，阳性以positive、阴性以negative表示。

$$P(disease) = 1\% = 0.01$$
$$P(well) = 99\% = 0.99$$

假设检验动作实施在未患病的人身上时，有1%的概率其结果为假阳性（如果没有患病的99人被测试，那么，根据1%的错判率，其中大约有1人将被错判为有病）。即：

$$P(positive|well) = 1\%$$
$$P(negative|well) = 99\%$$

再假设检验动作实施在患病的人身上时，有1%的概率其结果为假阴性（阴性以negative表示）。即

$$P(negative|disease) = 1\%$$
$$P(positive|disease) = 99\%（如果你真得了病，而被检出为阳性的条件概率）$$

分析：由计算可知，100人中测试为阳性的2个人中，只有1个人是确实患病的。也即，你被检出为阳性，而你实际上真得了病的条件概率$P(disease|positive) = 50\%$。

由本例中所选的数字，最终结果可能令人难以接受：被测定为阳性者，其中的半数实际上是假阳性。所以，在这种情况下，如果在一次体检中被检测出有病，也别过于苦恼，因为有一半的可能是假阳性，你应该进一步做重复检测，再次确认是否真的患病。

例2：一种检测假币的仪器在检测到假币时灯会亮，制造商称该仪器将真币误认为是假币的可能性只有0.1%。因此，该仪器在1000次亮起红灯时有999次会发现假币。

分析：上述在讨论百分比时实际偷换了数据概念，该仪器将真币误认为是假币的可能性只有0.1%，是指"在检测一千次真币时红灯会亮一次"，而不是"在一千次亮起红灯时有九百九十九次会发现假币"。

例3：在对100个没有使用过毒品的人进行吸毒检验时，平均只有5人的检验结果为阳性。相反，对100个吸过毒的人进行检验的结果有99人为阳性。所以，如果对随便挑选的人进行此项检验，绝大多数结果呈阳性的人都是用过毒品的人。

分析：上述论证中的推理是错误的，因为这则论证没有考虑到使用毒品的人在总人口中所占的比例。如果使用毒品的人在总人口中所占的比例极小，那么随便挑选的人进行此项检验，可能里面根本就没有吸过毒的人，但有可能有一些人检验结果为阳性，这样题干结论就不成立了。

例4：一种为机场安全而设计的扫描仪在遇到行李中藏有易爆品时会发出警报，扫描仪把没有易爆品的行李误认为有易爆品的可能性只有百分之一。因此，在一百次报警中有九十九次会发现易爆品。

分析：上述论证的推理是错误的，因为在讨论百分比时替换了一组数据的概念。从"把没有易爆品误报为有易爆品的可能性只有百分之一"中推不出"在一百次报警中有九十九次会发现易爆品"。"把没有易爆品误报为有易爆品的可能性只有百分之一"的意思是，若连续检验10000件没有易爆品的行李，扫描仪可能会发出100次报警，而这100次警报可能都是假的。而"一百次报警中有九十九次会发现易爆品"的情况属于"把有易爆品的行李误认为没有易爆品的可能性只有百分之一"。可见，题干对"把没有易爆品误报为有易爆品的可能性只有百分之一"误解为"把有易爆品的行李误认为没有易爆品的可能性只有百分之一"。

案例 辛普森律师的辩解

辛普森是美式橄榄球明星、演员，他被指控于1994年犯下两宗谋杀罪，受害人为其前妻及她的好友。

尽管警方在案件现场收集到了很多证据，包括带血的手套、血迹、现场DNA检验，看似辛普森难逃被定罪伏法的命运，可是辩护律师们通过各种方法一一化解。

辛普森高价请来了顶级律师团，其中一位是哈佛大学法学院的教授Alan。Alan在法庭上用概率来为辛普森辩解：

已知：美国400万被虐待的妻子中只有1432名被其丈夫杀死。

所以：辛普森杀死妻子的概率只有1432/400万，即1/2500。

因此：辛普森杀死妻子的概率是非常低的事件，即辛普森几乎不可能杀死他的妻子。

辩词听起来很有道理，检察官一时无法反驳。问题出在哪儿呢？

让我们用直观的方式来分析一下。

先看下面这个图，加黑外圈代表被虐待的美国400万妻子，实线内圈代表1432名被丈夫杀死的妻子。

律师的逻辑看起来没毛病，你看图中，算下来虐待妻子的丈夫，只有一小部分（也就是1/2500）谋杀了妻子。

如上图，1/2500是"实线内圈面积/加黑外圈面积"的结果。

但是，律师偷换了概念。

再看下面这个图，加黑外圈代表被虐待的美国400万妻子，实线内圈代表1432名被丈夫杀死的妻子。

这里新加了一个虚线的圈，其信息如下：

因为我们讨论的是被谋杀的被虐待妻子，所以虚线圈被包含在加黑外圈内；

因为并不是所有被谋杀的妻子都是被丈夫杀害的，所以实线内圈圆圈被包含在虚线圈内，"问号"部分表示那些被别人谋杀的被丈夫虐待的妻子。

> 你看看，即使不知道凶手是谁，辛普森的妻子应该在哪个圈里？
> 是虚线圈。
> 所以，辛普森是凶手的概率，应该是用实线内圈面积除以虚线圈面积。
> 律师的鬼把戏是什么？
> 他用加黑外圈替换了虚线内圈，用"实线内圈/加黑外圈"的虚假概率1/2500，替换了"实线内圈/虚线内圈"的真实概率。
> 那么，这个真实概率应该是多少呢？
> 据统计，高达90%！
> 条件概率的颠倒，看似很简单，但迷惑性极强，连聪明人也不能幸免。

五、数据可比性

比较或者对比是确定事物之间相同点和相异点的思维方法，它为客观全面地认识事物提供了一条重要途径。对比可以是两个对象之间的比较，也可以是同一对象自身前后不同阶段之间的比较，前者称为横向比较，后者称为纵向比较。

运用对比论证的规范如下。

（1）比较的双方要具备可比性

数据的可比性是数据能够起到证据作用的必要条件，是审查统计数据是否具备作为理由的资格。在统计推理或统计论证中，如果忽略总体性质的差异对两个统计数据进行比较，并试图在此基础上确立某一结论，这就犯了数据不可比的错误。

（2）要建立合理的参照系

比较要有比较的对象，也要有比较的共同基础。也就是说，要进行比较，就必须具有合理的共同参照系，没有共同的参照系，两者就无法进行比较。所谓参照系指的是用来衡量和确定双方优劣长短的标准，这样的标准必须具有客观性，否则比较的结论就不可靠。

数据的可比性是统计数据能够起到证据作用的必要条件，审查数据是否具备作为理由的资格，这是评估统计论证最重要的方面。统计概括的结论总是涉及总体的性质，也就是总体的规模和它的异质性程度，由于忽略总体性质的差异而对两个统计数据进行比较，并试图在此基础上确立某一结论，这就犯了数据不可比的错误。

数据不可比的谬误根源在于：
① 两个样本有实质性差别。
② 统计对象和样本有实质差别。
③ 概念的不同解释对得出结论的关键影响。

比如，在比较有关犯罪率的数据时，可能需要考虑"犯罪"这一概念基础是否有相对变化，比如几年前还没有"破坏东西生态环境罪"，相应的行为未计入犯罪数据中，而在今年增加了此项立法，相应的犯罪行为就被计入犯罪数据中，因此现在的犯罪率可能会高于以往的，然而，据此并不能充分肯定现在社会现象比以往更加严重。

数据不可比谬误的主要表现为"对比不当"与"独立数据"的谬误。

1."对比不当"的谬误

"对比不当"的谬误是指在不同的基础上进行比较，或者把本来不可比的对象、数据拿来强行做比较。削弱统计论证常用的方式是通过指出比较的根据或基础不正确，来说明某一组数据不能说明问题或两组数据不可比。

（1）比较的对象不恰当

遇到统计数字时需要追问：说话人为什么要使用这些数字，他用百分比是不是更能说明这个问题？说话人是否有意地用令人印象深刻的大、小数从而隐瞒某些重要信息？

例：今年本公司的汽车销售了10万辆，这比我们的一个竞争对手的销量多出了一倍，看来，我们最好的年头到底来了。

分析：这则论证的谬误在于没有和本公司其他年份的销量对比，因而得不出结论。

（2）两个样本有实质性差别

由于忽视统计对象和样本的实质差别，而将两组数据机械进行比较而导致的错误。即表面上这两组数据在进行比较，而实际上这两组数据根本就没有可比性。

例1：统计表明，大多数医疗事故出在大医院，因此去小医院看病比较安全。

分析：这则统计论证的结论是建立在将两个具有不同内容的数字进行不恰当比较的基础上的。若样本（质）不同，即事实上，去大院就诊的病人的病情，通常比去小医院的病人的病情重，因此，显然不能根据大医院的医疗事故多，就得出去大医院看病不安全的结论。所以，上述论证是有漏洞的。

例2：在第二次世界大战中，大约有37.5万名平民在美国本土死亡而有大约40.8万名美国军人在海外死亡。基于这些数字可以得出结论，在第二次世界大战中作为军人派驻海外并不比作为平民留在本土危险很多。

分析：要比较危险程度，不能用绝对死亡人数来比较，而要用死亡率来比较，这种比较将揭示出死亡人数少的一组反而有更高的死亡率。题干推理的荒谬之处在于，事实上留在国内的市民远比在海外服役的军队人数多得多。

例3：在美国与西班牙作战期间，美国海军曾经广为散发海报，招募兵员，当时最有名的一个海军广告是这样说的，美国海军的死亡率比纽约市民的死亡率还要低。海军的官员具体就这个广告解释说："根据统计，现在纽约市民的死亡率是每千人有16人，而尽管是战时，美国海军士兵的死亡率也不过每千人只有9人。"

分析：由于这两个数据的统计对象和样本有实质的差别，海军士兵是经过体格检查选拔出来的身强力壮的年轻人，而纽约市民中则有婴幼儿、老年人和各式各样的病人，所以基于这样不同的调查对象所做出的统计数据是没有可比性的。

例4：一份研究报告指出，一种特殊的教育计划增加了接受研究的3～5岁的孩子在今后学校教育中获得成功的可能。因此，对所有孩子实行类似的教育方案会提高他们在以后学校教育中取得成功的机会。

分析：以上论述根据，一种特殊的教育计划使被研究的3岁到5岁的孩子都获得了成功；从而得到一个普遍性的结论，这一教育计划会使所有3岁到5岁的孩子都获得成功。若研究人员无意地包括了相当多的以前接受过别的教育启智项目的孩子，这意味着，作为这个研究人员测试对象的孩子是特殊，他们的成功性增大完全有可能是另外教育启智项目的结果，这就能有力地削弱上述结论。

例5：研究发现，试管婴儿的出生缺陷率约为9%，自然受孕婴儿的出生缺陷率约为6.6%。这两部分婴儿的眼部缺陷比例分别为0.3%和0.2%，心脏异常比例分别为5%和3%，生殖系统缺陷的比例分别为1.5%和1%。因而可以说明，试管婴儿技术导致试管婴儿比自然受孕婴儿出生缺陷率高。

分析：以上论述运用统计数据得出结论，试管婴儿技术导致试管婴儿比自然受孕婴儿出生缺陷率高。若发现，试管婴儿的父母比自然受孕婴儿的父母年龄大很多，父母年龄越大，新生儿出生缺陷率越高。这就说明"试管婴儿比自然受孕婴儿出生缺陷率高"的原因不是"试管婴儿技术"，而是"父母年龄大"，从而有力地削弱了上述结论。

例6：对某种溃疡最常用的一种疗法可在六个月内把44%的患者的溃疡完全治愈。治疗这种溃疡的一种新疗法在六个月的试验中，有80%的溃疡患者有明显的好转，61%的溃疡患者完全治愈。由于在实验中治疗的溃疡比平均的病情更严重，因此，这种新的疗法显然在疗效方面比最常用的疗法更显著。

分析：以上论述通过比较患者在六个月内的痊愈率，新疗法比常用疗法高，推出新疗法更好。但该论述却没有提供最常用的疗法使溃疡患者好转的比例。要评价这一论证，必须针对数据的可比性提出的一个焦点问题：在六个月内用最常用的疗法医治该种溃疡的患者中，取得明显好转的比例是多少？如果六个月内用最常用的疗法医治该种溃疡的患者中，取得明显好转的比例超过80%，那么不能说明新疗法比常用疗法好，如果六个月内用最常用的疗法医治该种溃疡的患者中，取得明显好转的比例在80%以下，则说明新疗法比常用疗法好。

2."独立数据"的谬误

独立数据是脱离比较基础的数据。在统计论证中，独立数据在论证中的证据效力是不能令人信服的。

（1）没有设定供比较的对象

如果没有供比较的对象，那么这组数据表面上在进行比较，而实际上根本没有比较。

例如：这种药物的疗效提高了68%。

这句话并没有明确说明这种药物的疗效比什么提高了68%，是该药物的疗效比市场上见到的同类药品的疗效提高了68%？还是该药物的疗效比该公司以前生产的同类药品的疗效提高了68%？不提供这样的背景信息，上述表面上的比较就毫无意义。

（2）没有与相关的数据进行比较

若要使所列的数据成为有说服力的证据，就必须与相关的数据进行比较。比如，某人提出一个特殊群体具有某种行为的比例，因此，这种行为与这个群体的特殊情况有因果联系。为了证明题干的这种因果联系是否成立，我们就需要找出用于对比的另一个群体中具有该种行为的比例，并把这两个可对比的群体中具有该种行为的比例进行比较。

比如，如果一份对中国人的调查显示，肺癌患者中90%以上都是汉族人，由此显然不能得出结论，汉族人更容易患肺癌，因为汉族人本身就占了中国人的90%以上。

例1：据某国卫生部门统计，2004年全国糖尿病患者中，年轻人不到10%，而患者中的70%为肥胖者。这说明，肥胖将极大地增加患糖尿病的危险。

分析：该论证所用的是独立数据，不具备说服力。从上述论证的前提可知，该年全国中老年糖尿病患者中，肥胖者约占60%～70%。仅由这一前提是不能得出肥胖会增加患糖尿病的危险这一结论的。如果事实上在2004年，肥胖者在该国中老年人中所占的比例超过60%，接近于肥胖的糖尿病患者在整个中老年糖尿病患者中的比例，这意味着，肥胖很可能与患糖尿病无关。

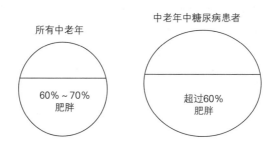

例2：一项对某高校教员的健康普查表明，80%的胃溃疡患者都有夜间工作的习惯。因此，夜间工作易造成的植物神经功能紊乱是诱发胃溃疡的重要原因。

分析：要使上述统计论证使所列的数据成为有说服力的证据，就必须与相关的数据进行比较。若发现，该校教员中只有近五分之一的教员没有夜间工作的习惯，即该校教员中80%以上都有夜间工作的习惯，这个比例已经大于或者等于胃溃疡患者有夜间工作习惯的比例，也就是说，是否患胃溃疡与有否夜间工作的习惯无关。

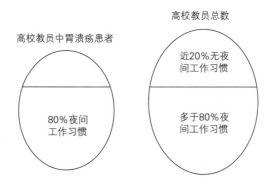

3.辛普森悖论

统计上著名的辛普森悖论（Simpson's Paradox），是英国统计学家E.H.辛普森（E.H.Simpson）于1951年提出的悖论，即在某个条件下的两组数据，分别讨论时会满足某种性质，可是一旦合并考虑，却可能导致相反的结论。

例：某大学历史系和地理系招生，共有13男13女报名。历史系5男报名录取1男，8女报名录取2女。地理系8男报名录取6男，5女报名录取4女。

历史系：1/5（男）< 2/8（女）

地理系：6/8（男）< 4/5（女）

合 计：7/13（男）> 6/13（女）

上面的数据给出了如下悖论：

① 每个系的女生的录取率却都高于男生录取率。历史系女生的录取率（2/8）大于男生录取率（1/5）。地理系女生录取率（4/5）也高于男生录取率（6/8）；

② 整个学校统计，男生录取率（7/13）高于女生录取率（6/13）。

倒过来想容易很多，历史系女生被淘汰6人，男生被淘汰4人。地理系女生被淘汰1人，男生被淘汰2人，从而男生的整体淘汰率更低。

阅读　统计推断中的辛普森悖论

辛普森悖论表明，X 和 Y 边缘上正相关，但是给定另外一个变量 Z 后，在 Z 的每一个水平上，X 和 Y 可能负相关。

案例一　吃药与康复的统计悖论

下表就是一个数值的例子（Pearl，2000）。在整个人群中，吃药与康复之间存在正相关；然而，当用性别对人群分层后发现在男性和女性人群中，吃药与康复都是负相关。

合并表	康复	未康复	康复率
吃药	20	20	50%
安慰剂	16	24	40%
男性	康复	未康复	康复率
吃药	18	12	60%
安慰剂	7	3	70%
女性	康复	未康复	康复率
吃药	2	8	20%
安慰剂	9	21	30%

案例二 分组与总评

下面是两个选手参加两种级别挑战赛的胜率统计。

选手	高手挑战赛			平手挑战赛			合计		
	场数	胜场	胜率	场数	胜场	胜率	场数	胜场	胜率
选手1	20	1	5.00%	80	40	50.00%	100	41	41.00%
选手2	80	8	10.00%	20	20	100.00%	100	28	28.00%

选手1在两种级别的挑战赛胜率都比不上选手2，但在合计胜率里却比选手2更高。但让我们来看明显选手2更强一些。高手挑战赛难度大，选手2打了 10% 的胜率，比选手1更强。但在计算合计胜率的时候，却无视它的难度，直接跟平手挑战赛胜场简单相加。所以，最终合计胜率上平手挑战赛胜场更多的选手1占了便宜。

如果非要看和合计数据，正确的做法应该增加高手挑战赛的权重，再相加。这样对选手2才是公平的。

这也是为什么 NBA 会分别统计二分球和三分球命中率，而不会统计整体命中率。

辛普森悖论反映了在分组比较中都占优势的一方，在总评中有时反而是失势的一方。为什么发生辛普森悖论？是因为各个局部都具有的性质在整体上未必具有，简单地将分组数据相加汇总，是不能反映真实情况的。

学习辛普森悖论之后，再看数据就不要一股脑地将数据简单相加看表面的数字。而是该分组分组，该加权加权。

案例三 是否性别歧视

一所美国高校的两个学院，分别是理学院和文学院，新学期招生。人们怀疑这两个学院是性别歧视，具体数据如下。

学院	女生申请	女生录取	女生录取率	男生申请	男生录取	男生录取率	合计申请	合计录取	合计录取率
文学院	100	49	49%	20	15	75%	120	64	53.3%
理学院	20	1	5%	100	10	10%	120	11	9.2%
总计	120	50	42%	120	25	21%	240	75	31.3%

158　科学推理　逻辑与科学思维方法（第三版）

上面的数据给出一个令人迷惑的结论：

① 文学院录取率是男性75%，女性只有49%；而理学院录取率是男性10%，女性为5%。两个学院都是男生录取率比较高；

② 但在汇总中，女生录取率42%是男生录取率21%的两倍。

在我们的日常生活中，辛普森悖论所导致的误解和偏差无处不在。当人们尝试探究两种变量（比如新生录取率与性别）是否具有相关性的时候，会分别对之进行分组研究。然而，在分组比较中都占优势的一方，在总评中有时反而是失势的一方。

导致辛普森悖论有两个前提：

① 两个分组的录取率相差很大，就是说理学院录取率9.2%很低，而文学院53.3%却很高，另一方面，两种性别的申请者分布比重却相反，女生偏爱申请文学院，故文学院女生申请比率占83.3%，相反男生偏爱申请理学院，因此理学院女生申请比率只占16.7%。结果在数量上来说，录取率低的理学院，因为女生申请人数少，所以不录取的女生相对很少。而录取率很高的文学院虽然录取了很多男生，但是申请者却不多。使得最后汇总的时候，女生在数量上反而占优势。

② 性别并非是录取率高低的唯一因素，甚至可能是毫无影响的，至于在文理学院中出现的比率差可能是属于随机事件，又或者是其他因素作用，譬如学生入学成绩却刚好出现这种录取比例，使人牵强地误认为这是由性别差异而造成的。

既然辛普森悖论是数据分析领域中常见的现象，那么其也是有数学层面的表达式的，表达式如下。

如果 $\dfrac{q1}{p1} > \dfrac{q2}{p2}$，$\dfrac{q3}{p3} > \dfrac{q4}{p4}$，那么，推不出 $\dfrac{q1+q3}{p1+p3} > \dfrac{q2+q4}{p2+p4}$。

这个就是辛普森悖论比较通俗易懂的表达式了，那么怎么证明这个表达式呢？我们能想到的就是用反证法了，因为"推不出"是概率触发的，需要满足一定的数字特征才能触发。

现抽象出一个通用模板，两个统计对象在两个分项的比例指标和汇总的比例指标如下表。

当出现以下三个数字特征的时候，即使统计对象1在两个分项指标都高于（或低于）统计对象2，那么也有较大的概率使得汇总数据出现反转。这三个特征是：

	分项1指标	分项2指标	Total
统计对象1	$\dfrac{q1}{p1}$	$\dfrac{q3}{p3}$	$\dfrac{q1+q3}{p1+p3}$
统计对象2	$\dfrac{q2}{p2}$	$\dfrac{q4}{p4}$	$\dfrac{q2+q4}{p2+p4}$

① 统计对象1中，分项1和分项2的分母p1和p3不是一个数量级（比如p1是万级，而p3是千级甚至百级之类）；

② 统计对象1中，分项1的比例值（q1/p1）显著高于（或低于）分项2的比例值（q3/p3）（例如75% vs 25%之类）；

③ 统计对象2的分母p2、p4，和统计对象1的分母p1、p3的分布明显不同（例如统计对象1的分母p1、p3的比例是9：1，但统计对象2的分母p2、p4的比例是6：4之类）。

为了避免辛普森悖论出现，就需要斟酌个别分组的权重，以一定的系数去消除因分组资料基数差异所造成的影响，同时必须了解该情境是否存在其他潜在要因而综合考虑。

六、案例分析

例1：分析下面的论证在概念、论证方法、论据及结论等方面的有效性。

随着总体人口寿命水平的上升，我国的老年人口数量在持续增长。例如，在我国某个人口较密集的地区，65岁以上的老人就占了20%，而过去6个月以来，该地区度假酒店的入住率大幅下降。有鉴于这两种趋势，一个谨慎的投资者最好放弃对酒店业的兴趣，把投资转向医院和老人护理院。

分析：上文是一则统计论证，但其论证的有效性值得怀疑，其主要逻辑缺陷在于：统计数据难以说明问题，其样本可能不具有代表性，甚至可能存在反例，以及结论的得出不合理等。

下面提供参考分析评论。

上文基于老年人口数量持续增长的趋势和一个人口较密集的地区度假酒店的入住率大幅下降的趋势，得出了放弃酒店业转而加大医院和老人护理院的投资建议。由于其理由不充分且存在逻辑漏洞，因此其结论不可靠，现把主要论证缺陷分析如下。

首先，作者解释"我国的老年人口数量在持续增长"这一趋势，用了"我国某个人口较密集的地区，65岁以上的老人就占了20%"这一例子，这一论述是模糊且无效的。这20%的老人本身是否数量大是不得而知的，因为缺乏比较的基础；而且老年人口数量持续增长的趋势是否存在也不清楚，因为没有和过去进行比较。

其次，这个地区的代表性如何，很难说。由于这个地区的人口较密集，不一定能成为全国人口变化趋势的典型样本。如果该地区恰好是老人喜欢移入居住的地区，那以该地区作为样本就没有代表性了。

再次，全国范围内是否存在老年人口数量持续增长，同时度假酒店的入住率上升的反例呢？上文没有论述在适合养老度假的地区，可能这样的现象是存在的。因此，老年人口数量增多未必会导致度假酒店的入住率下降。

最后，即使上述两个趋势真的存在，那放弃对酒店业的兴趣，也不能轻易地提出要把投资转向医院和老人护理院。因为现有的医院和护理院也许闲置率很高，也许老年人更喜欢居家养老、康复和护理。

总之，该作者的投资建议是建立在不充分的论据以及没有内在联系的统计数据基础之上的，因此，其论证是缺乏说服力的。

例2：分析下面的论证在概念、论证方法、论据及结论等方面的有效性。

我公司研制开发的财务软件，自5年前投放市场以来，受到市场高度关注，目前，市场占有率一直保持在25%左右，市场占有率位居同类软件第二名。根据市场调研，我们与第一名"财信通"的差距主要表现在界面的易用性方面，有0.9%的客户反映"财信通"的软件界面比我们的产品界面更友好。我们经过慎重考虑，在新版产品中，并未对这一问题进行任何修改。我们认为，尽管有千分之九的客户对我们的产品界面提出了批评，但是，相反的方面，也就是说，99.1%客户是满意的。因此，保持独特的产品风格，保持软件的平稳升级，尊重广大客户的习惯应该是我们的选择，这样，老客户会更稳定，新客户会逐渐多起来，最终扩大我们的市场占有率，做到业内第一。

分析：上文是一则统计论证，其主要逻辑缺陷是统计数据应用不合理、没有提供数据间的比较、理由不充分、得出的结论不恰当等。

下面提供参考分析评论。

上文对其财务软件产品的竞争分析是基于统计论证的，由于该论证存在统计数据应用不合理等逻辑漏洞，因此，其得出的结论不恰当。现把其主要逻辑缺陷分析如下。

首先，作者认为"我公司的财务软件受到市场高度关注"的理由是"市场占有率一直保持在25%左右，位居同类软件第二名"，这一论述的漏洞在于数据既没有提供比较也没有明确含义。一方面，该论述没有提供与第一名的比较，另一方面，25%的市场占有率指的是"整个财务软件市场"，还是该公司财务软件的细分市场？假如该公司5年前推出的财务软件只占整个财务软件市场的千分之一，虽然在本行业专用财务软件市场中占25%，而第一名的公司在去年才推出类似的软件，市场占有率就高于50%。如果是这样的情况，那么就很难说该公司的财务软件受到了市场的高度关注。

其次，作者认为，他们与第一名"财信通"的差距主要表现在产品界面的易用性方面，得出这一结论的理由是，根据市场调研，有0.9%的客户反映"财信通"的软件界面比我们的产品界面更友好。这一理由是不充分的，关键是没有提供有多少比例的客户对该公司产品与"财信通"在其他方面差距的数据，没有比较是无法得出结论的。比如，有95%的客户反映"财信通"的软件性能比我们的产品性能更优，那么该公司软件产品与"财信通"的差距就主要在性能方面而不是界面的易用性。

再次，由"有千分之九的客户对我们的产品界面提出了批评"推不出"余下的99.1%的客户是满意的"。因为这些客户中也许有很多人对软件的界面并不满意，但只是未提出批评意见而已，或者多数客户对软件的界面谈不上不满意，也谈不上满意。

最后，界面更友好些不一定就会影响我公司产品的"独特产品风格"，也不一定影响"软件的平稳升级"，没准还会更符合广大客户的习惯。所以不能武断地认为，我们目前不作修改就是尊重广大客户的习惯。即使不升级用户界面，真的满足了老客户的要求，新客户是否会增加也是个未知数。由此，根本得不出"最终扩大我们的市场占有率，做到业内第一"的结论。

总之，作者思路混乱、推理机械，使得该统计论证的有效性受到严重质疑，其结论完全不具有说服力。

阅读　实证研究方法概述

社会科学中的实证研究方法是一种与规范研究方法相对应的方法，它是基于观察和试验取得的大量事实、数据，利用统计推断的理论和技术，并经过严格的经验检验，而且引进数量模型，对社会现象进行数量分析的一种方法，其目的在于揭示各种社会现象的本质联系。相比规范研究方法，实证研究方法主要进行定量分析，依据数据说话，使其对社会问题的研究更精确、更科学。

实证研究离不开三方面的要素：

第一是科学理论。理论开展是实证研究的基础，脱离了科学理论的实证研究，无异于进行一次数据挖掘和组合的游戏。在实证研究的各个环节，如提出研究假设、设计研究变量，构建模型、分析结果，都离不开理论。

第二是数据。数据之于实证研究，如同大米之于巧妇，数据越完整、越准确，实证研究的可靠性也越高。

第三是方法。实证研究主要基于计量经济学的分析方法，融合了统计推断、参数估计等现代统计学知识。实证研究方法的基本框架如下图所示。

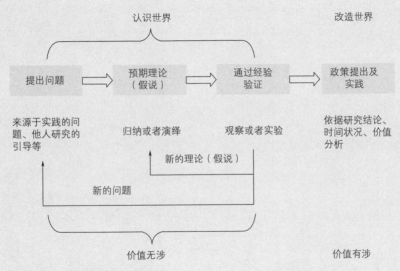

实证研究的基本流程如下。

第一步：确定研究选题。社会科学以人类活动为研究对象，人类活动的多样性和复杂性为实证研究提供了广阔的天地。

第二步：理论推导并提出研究假设。一旦确定了研究选题，接下来要做的事情就是通过理论推导来说明选题的合理性。当研究者从理论高度推导出可能的研究结论，就可以提出实证研究的待检验假设。也就是说，直接去检验理论的真伪，有一定的难度，但是基于逻辑理论推导，可以通过研究假设，直接证明理论的真伪。需要注意的是，研究假设要紧密结合理论推导，并且研究假设表意要清晰，可操作性要强。

第三步：数据收集与实证研究设计。提出研究假设之后，要围绕研究假设收集数据。收集数据有两层含义：一是收集的数据要同研究假设中的概念相一致，即假设中的概念转换为数据；二是数据要完整、合理、力求准确。当数据收集完毕，研究者要设计实证计量模型，将零散的数据组合起来，以便于进一步分析。

第四步：实证检验分析。根据数据的特征和实证模型，研究者要选取适当的实证检验方法。对于和预期结果不一致的情况，研究者要深入分析原因，不能仅仅选择容易解释或者同预期一致的结果去分析，而对不容易解释或者同预期不符合的结果不做解释。

第五步：提出研究结论。当研究者对实证检验结果做了详尽分析之后，应当提出明确的研究结论。

第五章

因果分析

第一节　因果概述

第二节　因果辨析

第三节　因果传递

因果分析就是分析事物之间的因果关系，并用因果来解释一个事物，探究某一事物的来源、事物的发展和事物的最终走向。世上万事万物为什么会发生、为什么会得到某种结果，都是通过分析事物的运动发展的因果关系来完成的。

第一节　因果概述

因果联系是指原因和结果之间的联系。如果一个现象的出现必然引起另一个现象的出现，那么，这两个现象之间就有着因果联系。

一、因果关系的特点

因果关系是原因导致结果的关系，因是能产生一定后果的原因，果就是由一定原因产生的结果。例如，加热和物体体积膨胀是两个互相联系的现象，只要加热就会引起物体体积的膨胀。在这里，加热是物体体积膨胀的原因，而物体体积膨胀则是加热的结果。

因果关系的主要特点如下。

1.普遍必然性

因果关系是普遍的关系，作为原因的事件必然导致作为结果的事件。普遍性是因果关系的一个性质，因果关系意味着它在相应的条件下总会出现。因果联系是完全确定的，任何现象都有其因也有其果，且同因（是指所有的原因）必同果，即在同样的条件下，同样的原因必然产生同样的结果。例如，在通常的大气压力的条件下，把纯水加热到摄氏一百度，它就必然会产生汽化的结果。

2.共存性

共存性指原因和结果总是共同变化的，原因和结果之间在时空上总是相互接近的。共存性表现为两个现象总是共同出现的关联性，比如，温度到达摄氏0度以下总是和水结冰的现象关联，这已经是对这种关联的普遍性的归纳，而最后结论"所以，温度到达0摄氏度以下将引起水结冰"，是比这个关联关系的更进一步的推断。

3.先后性

所谓的先因后果，就是指原因和结果在时间上是先后相继的，原因总在结果之前，而结果总是在原因之后。因此，我们在探求因果联系时，只能从先行的情况中去找原因，从后行的情况中去找结果。

因果关系往往具有先后性，但是具有先后性不一定具有因果关系。如果只是根据时间上前后相继的两个现象之间的表面特征就断定两个现象之间有因果联系的结论，那么，这就犯了"以时间先后为因果"的错误，这属于一种"轻断因果"的错误。例如，白昼和黑夜，在时间上虽是先后相继的，但它们之间并不具有因果联系，它们都是由于地球自转和绕太阳旋转所引起的结果。又如，闪电总是在雷鸣之前发生，但是闪电并不是雷鸣的原因，那是因为我们不知道光速远远大于声速。现在我们都知道两者有一个共同原因，就是云层放电。"以先后为因果"是许多迷信、错误信念的根源。比如，"我吃了那个绿苹果之后很不舒服，我发誓再也不吃任何绿苹果了！"

4. 复杂多样性

因果联系是多种多样的，固然有"一因一果"，但更多的时候是"多因一果"，有时出现"一因多果"，还有时出现"多因多果"。人们在探求因果联系时，特别应当注意复杂现象的构成原因或结果。

"多因一果"关系是指一个现象的产生是多种原因引起的。例如，一块地里的农作物生长不好的原因，可以是水分不足，也可以是肥料太少，也可以是病虫害等。如果我们忽略了原因的多样性，只注意一种原因，比如，只注意施肥料，那就必然会导致减产的后果。

"一因多果"关系是指一个原因引起多种结果。例如把世界上"人口太多"看作原因，它当然会引起许多具体结果。因为人口有几十亿，每个人都要活动，都会引起相应的结果，于是也出现一因多果的情况。

"多因多果"关系实际上是一因一果关系的复合。例如，鲜美可口的味道是由许多单一的"味道"组合而成的，我们可以把它分解为单一味道分别加以研究。

阅读　康德对于休谟因果怀疑论的回应

休谟一个著名的论证就是关于因果性的论证。比如说，我们通常所讲的太阳晒热了石头，太阳是石头热的原因，石头热是太阳晒的结果，一点都不怀疑，我们认为我们把握到了客观物质世界的因果律——因果关系。但是休谟经过严格的分析，认为这种说法是不正确的。如果要实事求是地看，也就是把经验派的原则贯彻到底，我们就只能看到太阳晒是一个事实，石头热是另外一个事实，虽然太阳晒在前，石头热在后，但是你怎么知道太阳晒是石头热的原因、石头热是太阳晒的结果呢？我

第五章　因果分析

们看到的石头、太阳都是事实,但是我们没有看到原因和结果这样的概念,原因和结果、因果性这都是抽象概念,那你凭什么说客观世界有一个原因和结果?这是休谟的分析。

他的论证是这样的:由于印象多次重复,看到太阳晒在前石头热在后,也就是一个被称作原因的在前,一个被称作结果的在后,这样的现象反复出现,在我们的头脑里就形成了一种习惯性的联想。当看到太阳出来的时候,当感觉到热的时候,我们就会产生一种习惯性的联想,然后我们看到石头晚上冷了,中午又慢慢变热了,我们就习惯性地想到一定有一种原因使它这样,而太阳晒就是经常伴随着石头热的一个事实。当我们每一次习惯性地寻求原因和结果时,我们都能找到,多次成功的尝试使我们形成一种习惯,认为太阳晒是石头热的原因。

既然因果关系这样的概念是我们通过习惯性的联想形成的,那么,如果有某种效力的话,也只有主观的效力,而没有客观的效力。它不是一种客观规律,只是我们主观的习惯联想而已,只是一种心理上的事实而不是一种客观的事实。

休谟的说法有他的道理,太阳晒不一定是石头热的原因,石头热也有很多原因,尽管太阳在晒,但很可能石头热是因为别的原因,比如有人用火把它烧热了,或者说用开水把它烫热了,等等。但是像烧热石头和开水烫热石头这种事不常见,最常见就是太阳晒热石头,所以我们看到石头热又看到太阳出来,就习惯地联想到是太阳晒热了石头。但经过休谟的解释,这样一种因果性的客观必然性就不存在了。

休谟对一切因果性都抱有一种怀疑态度,他对于因果性的可靠性和必然性进行了解构,这在当时的学术界是一件大事情,因为因果性在西方哲学史和科学史上是一个理论的台柱。

从亚里士多德开始,他的形而上学之所以要建立起第一哲学,就是要探讨事物的原因。西方的科学精神就体现在为事物寻求它的原因,就是我们通常所说的,我们要知其然还要知其所以然,要在现象底下去发现它的本质,去寻求它得以如此的原因何在,西方的科学精神就在于此。

休谟的批判可谓石破天惊!因果性都被摧毁了,那科学还有什么可相信的?都成了一大堆心理印象的偶然堆积了,看上去井然有序,但这个井然有序实际上是人的一种习惯性联想,我们完全可以把它等同于一种错觉。休谟的怀疑论挑战,使科学的可靠性的基础成了问题。

康德是一个非常认真的人，他觉得这个东西不能不回应，不能回避。直到1781年，康德才发表了他的《纯粹理性批判》，发表以后震惊世界！他说："我不是主观唯心主义者，我是一个先验唯心主义者。"

先验唯心主义有一点相当于客观唯心主义。他认为一切思维者都具有一种思维的结构，这个结构不是哪个人主观的，当然每个人的主观里面都有，但它不是主观的，而是思维本身内部固有的，任何一般可能的思维者都必须服从于这样一种结构。这样的结构他称之为先验的。人有观念，这个观念本身有一定的结构。知识本身的结构不是人的结构，它不是主观决定的，这个结构是不以人的心理为转移的，是由知识本身决定的。

在休谟那里，人的知识是以人的心理习惯为转移的，即所谓的习惯性联想。知觉和印象都属于人的心理，是人内心的东西，人内心的东西可归结到人的心理，甚至归结到人的大脑，归结到人的生理。康德认为不是这样的，他是一种先验的观念论，从知识里面去发现普遍性的知识结构，这就是康德的思路。

康德要恢复因果性的普遍必然性，或者是因果性的客观有效性，他把因果性归于人的主观先天的先验的范畴，认为因果性是主观先验的范畴之一。因果性是主观的，但不是随意的，不是说你想要有就有，想要没有就没有，不是习惯性的联想，而是后天的。因果性又是先验的，一切发生的事情都是有原因的。一切发生的事情都是有原因的，是一个先天的判断，如果按休谟的观点，就不能这样说，你如何知道一切发生的事情都是有原因的？很可能有一件事情是没有原因的。

在康德看来，因果性有一种先天的必然性、普遍必然性，但到底是什么原因那是后天的，需要后天去确定。是太阳晒热石头还是火烧热了石头，还是别的什么原因导致石头热，这个要具体问题具体考虑，但是石头热必定是有它的原因的，这是不用怀疑的，是任何人都可以先天断言的。康德认为这种先天断言的肯定性不是基于人的习惯，不是说每次看到有原因就习惯于相信所发生的事情都有原因，恰好相反，这不是一种后天的习惯，而是一种先天的认识结构，人只能用像因果性、实体性、单一性、多数性等这样一整套的范畴织成的认识之网去把握一切感性经验的材料。人只能这样而且必然要这样，除非你不去认识。

康德对因果性的基础的根本性探讨，给了因果性一种先验唯心论的解释，用这种方式来排除休谟的怀疑论对科学知识的可靠性的巨大威胁。这是康德对于休谟的一种回应。

"一切发生的事情都是有原因的"，这是一个客观规律。为何是客观规律呢？一切事情都可以断言它肯定是有原因的，哪怕它尚未发生，这不以任何人的意志为转移，这是人的基本认识结构。科学知识的信念就建立在这个上面。你要是把人所皆知的这样一种规律也否定了，那科学知识确实就没有什么根基了，就垮台了。

所以康德就建立了一个理性的法庭，他认为人为自然界立法，立法之后的具体断案还有种种具体的情况，如石头热是太阳晒的还是火烧的，究竟是哪个原因，当然由后天的经验去断定。人为自然界立法，并不是说人把所有的具体情况都决定了，但是他建立了一个"法庭"，所有发生争论的事情，如太阳晒热、火烧热等具体的问题都可以到这个"法庭"打官司。一切发生的事情都有原因，所以石头和太阳的关系要看适不适合一切发生的事情的因果关系的链条，这个因果关系能否纳入整个因果关系的链条中去。这是一个理性的法庭，如果你可以解释得头头是道，你就可以说石头热是太阳晒的结果，太阳晒是石头热的原因。但是如果这种解释跟其他因果关系发生冲突了，例如说，太阳并没有直接晒到石头上，你就得考虑了，是否换一种解释。但任何解释都必须建立在一切发生的事都有原因这一条上，你不能说有一件事没有原因，不能用它是纯粹的奇迹等来解释。所以人为自然界立法并没有解决一切科学知识的问题，它只是给科学知识的可靠性提供了一个根基。这个并不能决定所有东西的可靠性，但是它提供了一个基础，所有东西都要在这个法庭里面打官司。这是康德对休谟的回应。

二、因果关系的解释

"解释"一词有许多含义，这里，我们在解释事物成因的意义上使用解释这个词，仅限于因果解释。

1.对事物的成因做出解释

在每天的思考中，思考事情的原因是至关重要的。在了解事物的原因时，首先需要对事物的成因做出解释。了解事情的成因可以消解迷惑，我们常常根据谨慎思考的结果来做出决定，并引导我们的行动。

案例　塞梅尔魏斯的"微粒"假说

匈牙利的塞梅尔魏斯1846～1850年在维也纳综合病院的第一产院任医师。他在维也纳工作的时代，产褥热是对产妇威胁很大的疾病。在第一产院（医学生的实习医院）的产妇和新生儿因产褥热而死亡率高达18%，培训接生员的第二产院中产妇和新生儿因该病死亡者明显少于第一产院（2.7%），甚至在家中分娩的妇女患产褥热的机会都少于第一产院。

当时产褥热病因不明。他观察证明空气中"有害气体"，产妇恐惧心理，便秘等，与发病无关。改变分娩姿势，推迟哺乳期等，都不能控制发病。1847年他一位当法医的友人做病理解剖时，手指不慎割破而感染，患败血症死亡，尸体检查发现其病理改变，与死于产褥热的妇女非常相似。

这件事启发了他，他发现医生和实习生经常做完病理解剖后，不洗手就进病房为产妇检查或接生，推断产褥热是由于医生不洁净的手或产科器械将某种传染性的物质带进产妇创口所致。由于不知道细菌、微生物的概念，塞梅尔魏斯便假想有一种未知的"尸体微粒"沾在做了尸体解剖的医学院学生的手上，在他们随后检查产妇时，这种"尸体微粒"传入她们的血中，引起了感染，导致产褥热。这也解释了为何第二门诊的死亡率低：助产士不学习尸体解剖课程（虽然她们也有别的可能使手污染）。

自然，根据这个接生医师的脏手导致产褥热的因果解释，阻止它的办法就是清除。这也正是检验这个假说的方法。为此，他命令医学生检查产妇之前，一定要用漂白粉溶液洗手，实施这种做法后一个月感染率大为下降。不久，他的产科消毒法在匈牙利得到公认。1861年发表《产褥热的病因、概念及预防》。书中以大量的统计资料阐明、论证他的发现和理论。他将著作寄给外国杰出的产科医师及医学学会，他的概念却受到许多权威的反对。他认为感染性"微小颗粒"能够附着于指尖，这也不被当时的医学理论接受。医生其实也经常用肥皂洗手，他们的手明显看来是干净的。那种看不见的、如此微量的微粒怎么能产生这样大的损害？有的医生还认为，实践的成功并没有证实塞梅尔魏斯的因果假说，有可能那几个月的死亡率减少是出于别的偶然因素，并没有足够的统计信息排除这些可能。1865年塞梅尔魏斯精神失常，后因手术中误伤右手，伤口感染而逝世。

就在塞梅尔魏斯含冤去世不久，新的致病医学理论登上大堂，带着越来越多的实验证据，证明了细菌存在、传播、致病的机制。这个对塞梅尔魏斯来说来得太迟的新理论，就是1864年法国的路易斯·巴斯德的细菌学说。巴斯德用实验证明微生物可以在生物体内繁殖生长并致病，他还发明了巴氏灭菌法来杀死细菌的营养体。德国的罗伯特·科赫在1870年有力证明了炭疽杆菌就是炭疽热的病因。英国外科医生约瑟夫·李斯特在1865年论证缺乏消毒措施是手术后发生感染的主要原因，并在1867年发明了外科消毒技术，大大减少了创伤化脓和手术后的死亡率。到此，人类确认了致病的细菌原因和机制，理解了塞梅尔魏斯"微粒"假说的因果机制。基于塞梅尔魏斯的巨大贡献，一百年后，1965年，联合国宣布此年为塞梅尔魏斯年。

2.因果解释的复杂性

因果有时是比较复杂的，对事物之间的因果关系必须做出合理的解释。

比如，一因多果是一种现象可能会导致多种结果。一般情况，有A应该有B，但目前结果是有A却有非B。为了解释这种矛盾，往往要注意一因多果的现象。即：尽管A应该引起B，但由于A也引起了另一现象C，而C又会导致非B。结果是A导致了B和C，而B和C的综合效应是非B。这样就解释了矛盾。

例如：道路修好后，交通事故率却上升了。为什么？

分析：道路修好后，车流量增加了；道路修好后，车速更快了；道路修好后，司机开车比以前大意了。这些因素反而导致了交通事故率的上升。

又如：某地空气极好，但是当地死于肺癌的患者数量，却名列全国前几位。为什么呢？

分析：原来，因为空气好，所以大量肺癌有呼吸疾病的患者前来疗养。所以，空气好，是"肺癌患者死亡率"的原因。但是"空气好"，并不能成为"肺癌患者死亡率高"的原因。这就是：原因的原因，不一定是真实的原因。

三、因果解释与逻辑论证

现实中能够用"因为……所以……"表述的关系并不都是因果关系，"因为，所以"可能在因果关系（因果解释）上使用，也可能在论证关系上使用。

理由与结论是逻辑范畴，表现为论据与论题之间的证据支持关系；原因与结果是哲学范畴，表现为客观事物之间的本质联系。因此，理由与结论的关系和事物的因果联系一般不一定对应。一般情况是，原因表现为理由，结果表现为结论。但有时，理由可表现为结果，结论可表现为原因。

（1）结果≠结论

在日常生活中，人们经常把因果关系中的"结果"与逻辑论证中的"结论"相混淆，我们在分析"因为……所以……"这样的表述时，一定要搞清它是逻辑推理，还是因果关系。

（2）原因≠理由（前提）

"原因"指的是事件之间的因果关系，是关于事实的；而"理由"指的是前提与结论或论据与论点的内在联系，是关于逻辑的。

例1：因为小张病了，所以他躺在床上。

应理解成："生病"是"躺在床上"事实上的"原因"。

例2：因为小张躺在床上，所以他病了。

应理解成："躺在床上"是"生病"论证上的"理由"。

例3：今天天气很冷，因为气温表已经降到零下20摄氏度。

这一论述作为结论的"今天天气很冷"在客观上是原因，作为理由的"气温表已经降到零下20摄氏度"在客观上是结果。

因果解释与逻辑论证两者的区分如表5-1所示。

表5-1 因果解释与逻辑论证两者的区分

项目	因果解释	逻辑论证
定位	因果关系	论证关系
含义	现实中的"原因和结果"	逻辑论证中的"理由和结论"
性质	事件之间的因果关系，是关于事实的	前提与结论的内在联系，是关于逻辑的
时间因素	必须考虑时间因素	不考虑时间因素
论述目的	试图表明事实之间是否有某种联系	提供证据试图证明某一主张是否真实或可信
"A因为B"型的语段	上下文的语境表明B是A的原因	上下文的语境指示A需要B作为证据来证明而B本身不需要证明

由"因为"所引导的陈述可能是一种解释，也可能是一个论证。在日常思维中，论证与解释都是对"为什么"的直接回答，对二者做出区分是一件困难的事情。实际上，解释与论证是有区别的。在论证中，我们提供证据试图证明某一主张A是否真实或可信，如果上下文的语境指示A需要B作为证据来证明

而B本身不需要证明，则"A因为B"型的语段表达的是论证；而在解释中，我们试图表明事实之间是否有某种联系，如果上下文的语境表明B是A的原因，那么"A因为B"型的语段可能表达的是一种解释。比如，"因为天下雨，所以地上湿"表明的是因果关系，而"因为地上湿，所以天下雨了"表明的是一种论证关系。

案例　为什么胖了

老张：老李，你为什么说我胖了？

老李：看看你的腰带，都要扣不上了。还有你的衣服，比从前有点紧。

老张：还真是的，你说我为什么会发胖？

老李：最近你饮食过量，而且缺乏锻炼，所以你就发胖了。

分析：老李的第一次回答给出的是证明老张发胖的证据，腰带要扣不上了、衣服有点紧，这是证明老张发胖的证据，不是老张发胖的原因，因而这次回答给出了一个论证。

老李第二次回答给出的是对老张发胖原因的解释，饮食过量、缺乏锻炼是导致老张发胖的原因，不是证明老张发胖的证据，因而第二次回答给出的是一种因果解释。

第二节　因果辨析

因果联系在我们的现实生活中扮演重要的角色，为了对环境进行控制性操作，我们必须拥有某种因果连接的知识。对历史和现实的理解需要追溯它们的原因，对未来的预见要求我们把握现实的可能发展结果。

一、原因的条件分析

日常语言中的"原因"是有歧义的，往往由于模棱两可、含混不清而使得交流受到了严重影响。当"原因"一词在日常生活中使用时，有时指的是充分条件原因，有时指的是必要条件原因，而在另一些场合下，可能指的是充分且必要条件原因，也可能是既非充分也非必要原因。我们可以运用系统的方法，来探求不同条件意义上的原因，这就构成了以一个因果陈述为结论的论证。

为了澄清"原因"一词词义的这种含混性，采用充分、必要条件的语言就很有用。

用充分和必要条件只能表示因果关系的部分含义，比如它不能表达因果机制的含义。

说P是Q的原因，如果用条件句来表示，可以有这样的一些含义的其中一种：

（1）充分条件原因

所谓充分条件就是仅有这条件就足以带来结果，无须考虑别的条件了。P是Q的充分条件是指：如果P出现，Q一定出现。相应地，充分条件原因是对于给定的结果而言能够独自产生这一结果的一个事实或条件。

当满足下列原因时，P是Q的充分条件原因（P、Q代表事件或属性）：

① 任何时候，P出现时，Q也出现；

② P不出现时，Q可出现，也可不出现（即P不一定是唯一可以产生Q的原因）；

③ 从未有P出现时，Q却不出现。

这种关系可图示如下（其中，蕴含符号"→"表示"必然得出"）：

由图可知，P、R、S都可分别独立导致Q，所以，在没有P时并不一定没有Q（因为有R或S也会有Q），在有Q时也并不一定就有P（因为Q可由R或S所致）。

充分条件原因属于"并联现象"。如果几个现象中只要有一个出现，结果就必然出现，那么这些现象就称为"并联现象"。并联开关只要有一个"由关到开"，即可出现灯泡"由灭到亮"的结果，所以对于灯泡"由灭到亮"的结果来说，并联开关的每一个"由关到开"的现象，就属于并联现象。

我们把在所有情况下都能导致其结果产生的原因称为实质性原因，充分原因属于实质性原因。

例如，"一个人患肺炎，他就发热"。当肺炎出现时，发热也出现；肺炎不出现时，发热可能出现（感冒发热），也可能不出现（没有任何病症）；我们从来不会遇到一个患肺炎而不发热的人。因此，患肺炎就是发热的充分条件原因。

又如，"天下雨，地上就湿"。当天下雨时，地上湿就出现（指的是露天的地面）；天不下雨时，地上可能湿（比如自然水管破裂），也可能不湿。我们从来不会遇到天下雨而地不湿的情况。因此，天下雨就是地上湿的充分条件原因。

充分条件原因的意义在于，当我们期待一个现象出现时，通常情况下就要寻找一个充分条件原因。通过干预，使得这个充分条件出现，则会使我们所期待的现象也出现。例如，当我们说在炎热的夏天，我们期待凉爽下来，去游泳就行。这是指游泳本身就可以使我们凉爽下来，但其他的一些方法也同样有效，比如冲凉水澡、进入空调房，等等。

例：在青崖山区，商品通过无线广播电台进行密集的广告宣传将会迅速获得最大程度的知名度。

分析：以上论述表明，"商品通过无线广播电台进行密集的广告宣传"是"迅速获得最大程度的知名度"的充分原因，也即，只要无线广告宣传就足够了，不需要其他，就可获得知名度。因此，可推出的结论是，在青崖山区，某一商品为了迅速获得最大程度的知名度，除了通过无线广播电台进行密集的广告宣传外，不需要利用其他宣传工具做广告。

（2）必要条件原因

所谓必要条件就是没有这个条件，结果一定不会产生。P是Q的必要条件是指：如果P不出现，Q一定不出现。相应地，必要条件原因是这样一个事实，对于给定的结果而言，必然有这一个事实存在，或者说没有这一事实这个结果则不可能产生。

当满足下列原因时，P是Q的必要条件原因：

① 任何时候，P不出现时，Q不出现；
② P出现时，Q可出现，也可不出现（虽然有了P但不一定就产生Q）；
③ 从未有P不出现时，Q却出现。

这种关系可图示如下：

$$\left.\begin{array}{c}P\\+\\R\\+\\S\end{array}\right\} \rightarrow Q \text{（当且仅当P、R、S，Q）}$$

由图可知，要使Q成立，需P、R、S都同时成立。所以，仅有P，不一定有Q（因为也许没有R或S）；没有Q也不一定就没有P（因为没有R或S时，也就没Q）。

必要条件原因属于"串联现象"。如果几个现象必须全部出现，结果才出现，即对于结果来说（注意，是对于特定结果来说的），这些现象缺一不可，那么这些现象就称为"串联现象"；在一个电路中，串联开关的每一个都必须"由关到开"，才会出现灯泡"由灭到亮"的结果，所以对于灯泡"由灭到亮"来说，每一个串联开关"由关到开"的现象就属于"串联现象"。

例1：当我们说浇水是花生长的原因时，我们的意思是花的生长需要水，而不是仅仅有水花就会生长，此外还需要阳光和适宜的土壤。我们从来不会遇到不需要浇水而花生长的情况。因此，浇水就是花生长的必要条件原因。

必要条件的意义在于，当我们想阻止一个现象出现时，通常情况下要寻找一个必要条件原因；通过干预，使得这个必要条件不出现，则会使我们欲阻止的那个现象也不出现。

忽视这种意义的原因将导致无谓的争论。比如对人来说，成功的真正原因是遗传的基因，还是后天的环境、教育、个人的努力、机运等等？其实这些都起作用；当这几个因素都不能独自解释该成功的时候，这些因素都是本质的，都是成功的必要条件。

为了淘汰某个现象，人们只要找到某个对该现象的存在为必需的条件，然后将该条件淘汰。医生努力寻找何种微生物是某个疾病的"原因"，以便开出杀灭那些微生物的药物，从而治愈该疾病。那些微生物被认为是该疾病的原因，是说它是疾病的必要条件，因为如果没有它们便不会有该疾病。

例2：感染病毒是得流感的必要条件，只要你得了流感，那你一定以某种方式感染上了流感病毒。但是，即使你感染了流感病毒，但如果你的免疫力足够强，那也不一定得感冒。因此，你通过平时加强锻炼，注意饮食和生活有规律等加强你身体的免疫力，就可以避免得感冒。

充分条件和必要条件是有关系的。一个事件出现，应至少有其一个充分条件出现或其所有必要条件出现。对于给定的结果，有时我们发现一组事实，其中的每一个都是这个结果产生的必要性，而且这些事实结合起来就会成为这一结果产生的充分条件。即所有必要条件的齐备就是实际导致该事件发生的充分条件。

例3：点燃一根火柴的必要条件是热（摩擦产生）和氧气。把这两个必要条件结合在一起就给出了充分条件。换句话说，在氧气出现的情况下，摩擦火柴对于点燃它来说是充分的。

例4：对绿色植物的光合作用来说，阳光、水分、二氧化碳等每一项都是有必要的，而这些所有的必要原因结合起来就是绿色植物的光合作用的充分原因。

(3) 充要条件原因

所谓充要条件就是充分且必要条件，是指仅有这条件就足以带来结果，没有这个条件就一定不会产生这个结果。P是Q的充要条件原因就是指这样一个事实，对于给定结果的发生来说，这一事实既是充分条件，也是必要条件。

当满足下列原因时，P是Q的充要原因：

① 任何时候，P出现时，Q一定出现；

② 任何时候，P不出现时，Q一定不出现；

③ 从未有P出现时，Q却不出现；P不出现时，Q却出现。

比如，"当且仅当脑死亡，则人死亡"。意味着，"脑死亡"是"人死亡"的充要原因。

充要条件原因的意义在于，当我们想阻止一个现象出现或期待它出现时，掌握了它的充要条件原因，我们就有了强有力的手段。但是，很显然，充要条件原因的获得是以充分条件原因和必要条件原因的获得为基础的。

(4) 既非充分也非必要条件原因

"原因"一词有另外一个普遍的但不精确的用法，给定现象与某些后果关联，它可能便是原因。我们把在总体中倾向于产生某一结果的原因称为统计性原因，或称随机性原因。这些原因往往既非结果的充分条件，也非必要条件。

我们仅能够在"必要条件"的含义上合法地从结果中推出原因。并且，我们仅能够在"充分条件"的含义上合法地从原因中推出结果。当我们从原因推论到结果并且从结果推论到原因时，原因必定是在既充分又必要条件的意义上使用的。但原因在很多情况下，是结果产生的既非充分也非必要条件。

既非充分也非必要原因是指P是Q产生的一个因素。虽然P既不是Q产生的充分条件也不是它的必要条件，即有P不一定产生Q，没有P也不一定就不会产生Q，但P的存在是Q"更可能"出现的一个因素。这个情况在统计的因果推理上很普遍。

既非充分也非必要条件原因的意义在于：作为某个现象发生过程中的关键因素，即在现有的条件之下造成该事件出现或不出现的差别的事件或行为是什么。

比如，吸烟可能导致肺癌。

其意思是，一方面，虽然并非每个吸烟的人都会得肺癌，也并非不吸烟就一定不会得肺癌；另一方面，就很大的一个样本总体来说，吸烟有致癌的倾向性，或者说吸烟的人比不吸烟的人更容易得癌。也就是说，吸烟与某些生态环境相结合，在癌症的发展中频繁地发挥作用，以至于我们合理地认为吸烟为癌症的一个"原因"。

案例　吸烟与肺癌

吸烟的人不一定都会发生肺癌，但吸烟与肺癌确实有紧密的相关性。据统计，90%的肺癌都和吸烟有关。

2004年，《英国癌症杂志》曾发表过一篇关于烟民与肺癌发生率的相关研究，详细统计了英国等欧洲国家不同群体男性的肺癌死亡率。文中得出的研究结论如下。

① 不吸烟者，75岁前患肺癌的概率仅为0.3%；如果经常吸烟，概率将会提升到16%；即经常吸烟比不吸烟者对肺癌患病率超过50倍。

② 若每天吸烟的量超过了5支，概率会高达到25%。也就是说每天5支烟，在4个烟民中，会有1人得肺癌。

③ 戒烟越早，效果越好。30岁左右戒烟，死于肺癌概率不到2%，即使50岁戒烟，概率也不到6%。

所以，很多抽烟的人没有死于肺癌，是很正常的，但是抽烟的人比不抽烟的人得肺癌的概率要高得多。

而且，吸烟除了大大增加得肺癌的概率外，还有各种其他严重的危害，肺癌只是吸烟导致人死亡的一小部分原因。烟草烟雾中含有超过7000种化合物，数百种有害物质，香烟的影响足以危及全身。

国际上的医学研究发现，经常吸烟的人：

① 有28%概率死于心血管疾病。吸烟者发生冠状动脉痉挛是普通人的4.2倍。即使对于没有基础冠心病的人，吸烟也可能导致血管痉挛及心梗。

② 有18%概率死于肺部疾病，7%死于吸烟导致的其它癌症。吸烟并不是只会导致肺癌，烟雾中含有的致癌物，可导致多种组织器官细胞发生癌变，尤其是口腔和鼻咽部恶性肿瘤、喉癌、食管癌、胃癌、肝癌、胰腺癌等。

③ 有9%死于吸烟导致的其它疾病。

④ 烟民有35%的概率，在65岁会死于吸烟带来的各种疾病。也就是说，虽然现在人均寿命已经接近80岁，但一辈子抽烟的人，1/3活不过65岁。

因此，长期吸烟者，好比在65岁之前玩俄罗斯轮盘，3个孔里有1

个孔里含一颗子弹，你敢扣动扳机么？

在《中国吸烟危害健康报告》中提及，吸烟者的平均寿命要比不吸烟者缩短10年。所以，我们要不停地宣传戒烟。

现实生活中的因果关系是非常复杂的，我们讲的因果关系一般是实验室情况，排除了其他背景因素的干扰。现实生活中原因可能是充分条件，也可能是必要条件，也可能是既非充分也非必要条件。

如下所示：

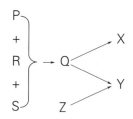

上例P可以看成Y的原因，属于既非充分也非必要条件原因。

一方面，有P不一定有Q（可能没R和S），所以不一定导致Y。

另一方面，P有助于导致Y（有P有助于导致Q，从而导致Y）。

案例　燃烧的条件

传统燃烧理论认为"只有存在氧气，物质才能燃烧"。意思是当氧气不出现时，燃烧必定不出现；当氧气出现时，燃烧可能出现，也可能不出现（温度不够）；我们从来不会遇到没有氧气而燃烧的情况。因此，有氧气就是燃烧的必要条件原因。

但随着科学的发展，人们发现自然界中存在没有氧气也可燃烧的情况。只要是任何发光、发热、剧烈的氧化还原反应，都可以叫燃烧。换句话说，某些物质可以代替氧气在燃烧中的作用，比如，氯气可以代替氧气使氢气、铁丝等可燃物燃烧。二氧化碳在镁条燃烧中便代替了氧气的位置，除了镁条，金属钠等活泼金属均可以在二氧化碳中燃烧。这也解释了二氧化碳灭火器不能用于扑灭钾、钠、镁等金属燃烧形成的火灾的原因。所以，在面对火灾时，一定要确定可燃物的种类，选择正确的灭火方式，防范不当的灭火方法造成更大的损害。

可见，氧气是燃烧的既非充分也非必要条件原因。

二、混淆原因的谬误

因果论证是对因果关系的运用或确定，推理的前提或结论涉及对因果关系的认识。如果对原因的类型认识错误，就会犯"混淆原因"的谬误，具体包括：

① 将某一结果产生的一个充分原因当作导致这一结果产生的必要原因。

② 将某一结果产生的一个必要原因当作导致这一结果产生的充分原因。

③ 将某一结果产生的某一个原因或者部分原因当作导致这一结果产生的全部原因（即充分原因）。

④ 将某一结果产生的必要原因或充分原因当作导致这一结果产生的唯一原因（即充要原因）。

如"下雨"是"地湿"（指的是露天的地面）的充分条件，即下雨必然引起地湿，而非必要条件，地湿不一定是下雨引起的（也许是洒水车洒了水）。将充分条件等同于必要条件便可荒谬地得出"若地湿了，那么下雨了"。

例1：一项对过去20年中由于麻醉造成的医疗死亡事故的详细考察表明：安全方面最显著的改进来自麻醉师的良好训练。在此期间，绝大多数手术室里没有装配监控患者的氧气和二氧化碳水平的设备。所以，在手术室增加使用这种监控设备将不会显著降低由于麻醉造成的死亡事故。

分析：上述论证的缺陷是把充分原因误认为唯一的，也即误认为是充要原因。"麻醉师的良好训练能降低麻醉造成的死亡事故"这一事实不能成为否定"监控设备也能降低麻醉造成的死亡事故"的充足理由。

例2：不足六个月的婴儿能迅速分辨相似的语音（不仅是那些抚养他的人使用的语言的声音），而年轻的成人只能迅速地分辨他们经常使用的语言的声音。事实上，生理上的听觉能力在婴儿期之后开始退化。所以，在婴儿与年轻的成人之间观察到的辨别听觉上相似语音能力的这种差别是由于听觉的生理退化导致的。

分析：上述论证的推理是有缺陷的，因为即使"不足六个月的婴儿与年轻的成人在迅速分辨相似语音上的差别"和"生理上的听觉能力在婴儿期之后开始退化"都是事实，但是，题干并没有给出证据证明"听觉的生理退化"是造成"分辨相似语音能力降低"的充分原因。

例3：洛杉矶这样的美国西部城市，几乎是和私人汽车业同步发展起来的，它的城市布局和风格明显带有相应的特点。由于有了私人汽车，住宅都散布在远离工作地点的地方；为了留出足够的停车空间，商业街的周边缺少林木绿化带。因此，如果私人汽车当初不发展，洛杉矶这样的城市会是另外一种完全不同的风貌。

如何评价上述论证？

分析：上述论证的理由是，私人汽车业的发展造成了洛杉矶现有的城市风貌。可见，"私人汽车业的发展"是"造成现有城市风貌"的充分原因。

结论是：如果私人汽车当初不发展，洛杉矶不会是现在的风貌（即会是另一种完全不同的风貌）。可见，"私人汽车业的发展"是"造成现有城市风貌"的必要原因。

根据以上分析，由上述理由是得不出上述结论的，题干论证是轻率地把充分原因当成了充分必要原因，即是唯一的原因，即上述论证不恰当地把某个结果归结为一个原因，并且仅仅归结为一个原因。

三、因果关系与条件关系

条件关系与因果关系既有联系又有区别，其主要区分如表5-2所示。

表5-2 条件关系与因果关系的主要区分

项目	条件关系	因果关系
含义	逻辑推理中的"前件和后件"，是命题之间的关系	现实中的"原因和结果"，是事件之间的内在联系
性质	条件必然蕴涵结论	原因并不必然蕴涵结论
时间因素	静态的，不考虑时间因素	动态的，必须考虑时间因素
现实性	不需要现实支撑，是某种假设性命题，可分析虚拟的事	现实关系，针对已经发生的事实而言
传递性	具有传递性	不具有传递性
逻辑分析	逻辑推理的条件是有限的	任何一个因果关系中，原因总是条件的集合，"条件"实际上是无限的

（1）含义的区分

条件关系指的是逻辑推理中的"前件和后件"，因果关系指的是现实中的"原因和结果"。条件关系不等于因果关系。例如，在逻辑上，已婚男子是男子的充分条件，这意思是说如果"某人是已婚男子"为真，"这个人是男子"就不可能假。但是，已婚男子并不是男子的原因。

（2）性质的区分

条件关系属于意义蕴涵关系，即思想中命题的逻辑蕴涵关系。演绎推理中，条件必然蕴涵结论。因果关系属于对客观事实的某种认识。因果关系的部分性质可以表达为蕴涵关系，所以，可以用条件句来表达，但因果关系的陈述不等于条件句。在因果关系中，原因并不必然蕴涵结论，而只有在"条件"都已经具备的情况下，原因的出现才引起了结果的发生。

现实生活中发生的每一个因果关系都是具体的，都是特定的原因引起了特定的结果。只有在实验室条件下（即在严格限定条件的背景下），原因和结果的关系才是确定不变的：相同的原因必然引起相同的结果，不同的原因引起不同的结果，同样，"同果必然有同因""异果必然有异因"，这一原理也只有在实验室条件下才是有效的。

（3）时间因素的区分

条件关系是静态的，原因与结果都是动态的。条件关系与因果关系的最根本的区别是，逻辑推理不考虑时间因素，而因果关系却必须考虑时间因素。

因果关系表示原因先于结果出现或者和结果同时出现，原因不可能在结果之后。但条件句可以没有这样的时间要求。比如说"如果路没有湿，那么天没有下雨"，这个条件句的前项其实是时间在后的事件。

（4）现实性的区分

因果关系是现实关系，只有在原因现象和结果现象已经发生之后，我们才说，原因A和结果B之间存在"因果关系"。因此，因果关系更多的是针对已经发生的事实而言。

条件关系不需要任何现实性做支撑，是某种假设性命题，是一种"理论"推导，逻辑推理的条件就必然蕴涵结论，可以分析未发生的事，未来的事，虚拟的事。

（5）传递性的区分

条件关系具有传递性，若A→B，并且B→C，则A→C。

但是因果关系却不具有这种传递性。即A是B的原因，并且B是C的原因，却不能必然得出A是C的原因。比如，你的朋友的朋友，不一定是你的朋友。

四、陈述句的逻辑分析

条件关系、论证关系与因果关系既有联系又有区别。

这三者的联系在于存在交集，一个论述，可能同时存在条件关系、论证关系与因果关系这三者或其中的两者。

这三者的区别关键在于在什么意义上使用，在日常思维中的句子之间的关系是在什么意义上使用，主要取决于论述者的思维意图。如果我们能从逻辑推理的角度评估推理的有效性，那它们就可以在条件关系的意义上使用；如果我们能从用某些理由支持某一结论的角度评估思维的合理性，那它们就可以在论证关系的意义上使用；如果我们能从因果关系的角度分析因果主张，那它们就可以在因果关系的意义上使用。因此，一个论述或一个陈述句，可以从条件关系、论证关系与因果关系这三个方面进行分析。

① 包含"如果，那么"等连接词的陈述句一般都具有条件关系，但不是论证关系，而是否存在因果关系需要具体分析。

例1：如果天下雨，那么地上湿。

该陈述反映的是条件关系："天下雨"是"地上湿"的充分条件。

也可以理解成因果关系："天下雨"是"地上湿"的原因。

例2：如果地上不湿，那么天没下雨。

该陈述反映的是条件关系："地上不湿"是"天没下雨"的充分条件。

但不可以理解成因果关系："地上不湿"不能看成"天没下雨"的原因。

例3：如果电影不好看，那么买票的人不多。

该陈述反映的是条件关系："电影不好看"是"买票的人不多"的充分条件。

也可以理解为因果关系："电影不好看"是"买票的人不多"的原因。

例4：如果买票的人多，那么电影好看。

该陈述反映的是条件关系："买票的人多"是"电影好看"的充分条件。

但不可以理解为因果关系：电影好看的"原因"应该是导演导得好，演员演得好，编剧编得好等等，而"买票的人多"不能成为"电影好看"的原因。

② 包含"因为，所以"等指示词的陈述句一般都具有论证关系，但是否具有因果关系，以及是否具有条件关系都需要具体分析。

例5：因为天下雨，所以地上湿。

该陈述反映的是论证关系："天下雨"是"地上湿"的理由。

也可以理解成因果关系："天下雨"是"地上湿"的原因。

也可以理解为条件关系："天下雨"是"地上湿"的充分条件。

例6：因为地上不湿，所以天没下雨。

该陈述反映的是论证关系："地上不湿"是"天没下雨"这一结论的理由。

不可以理解成因果关系："地上不湿"不能看成"天没下雨"的原因。

但可以理解为条件关系："地上不湿"是"天没下雨"的充分条件。

例7：因为电影不好看，所以买票的人不多。

该陈述反映的是论证关系："电影不好看"是"买票的人不多"的理由。

也可以理解为因果关系：反映的是两个事件在事实上的因果关系，"电影不好看"是"买票的人不多"的原因。

但不可以理解为条件关系：不能确定"电影不好看"是"买票的人不多"的何种条件。

例8：因为买票的人多，所以电影好看。

该陈述反映的是论证关系："买票的人多"是"电影好看"的一个理由。

但不可以理解为因果关系："买票的人多"不能成为"电影好看"的原因。

也不可以理解为条件关系：不能确定"买票的人多"是"电影好看"的何种条件。

阅读　逻辑因果

量化相关与逻辑因果在对案例进行分类的问题上存在显著的不同。这种不同主要源于二者对于因果性本体论的认知差异：量化相关将确认因果关系的问题转化为确认平均因果效应的问题，逻辑因果将因果关系转化成不同类型的条件与结果之间的关系问题。

从逻辑因果出发的理论假说，旨在挖掘条件对结果影响的充分/必要性，而在不同的条件之间，只有类型的差异，而没有因果效应程度的差别。

一、因果关系的条件类型

逻辑因果将因果关系阐释为不同类型的条件与结果之间的关系，对结果产生影响的条件分为五个主要类型：

1. 充分条件

如果条件A发生，总能引起结果Y发生，那么A就是Y的充分条件；

2. 必要条件

如果结果Y的发生，总能发现条件A的存在，或者当条件A不存在时，结果Y总是不能发生，那么条件A就是结果Y的必要条件；

3. 充要条件

如果条件A发生，总能引起结果Y发生；同时，当条件A不存在时，结果Y总是不能发生，那么A就是Y的充要条件；

4. 充分（非必要）条件的必要（非充分）部分（INUS）

如果条件A与条件B的组合总是能够引起结果Y发生，那么条件组合AB就是结果的充分条件组合，而A与B则均是结果B的INUS条件；

5. 必要（非充分）条件的充分（非必要）部分（SUNI）

如果条件A是结果Y发生的必要条件，条件B是产生条件A的充分条件，那么条件B就是结果Y的SUNI条件。

二、因果类型与案例分类

在针对逻辑因果的假说检验过程中，如何确定相关案例，以及如何对案例进行分类，下面分别对充分条件与必要条件进行论述，从而展示在逻辑因果传统下案例分类的基本方式。

1. 充分条件

假设条件（或条件组合）A（存在/不存在）是结果Y（发生/不发生）的充分条件，那么意味着：如果A存在，则Y一定会发生。

充分条件下的案例分类

	A不存在	A存在
Y不发生	方格1：-	方格2：接近于0
Y发生	方格3：-	方格4：支持案例

在这个矩阵中，方格1与3是与检验充分性不相关的案例，因为当充分条件A不存在时，无论Y是发生还是不发生，都既不能证实也无法证伪条件A的充分性。方格4中的案例是支持充分性假说的案例，而方格2中的案例对充分性假说有高度的证伪性，因此，这部分的案例数应当为0或几乎接近于0。若当有大量案例落入方格2中时，研究者亦应从数据与理论两方面入手进行反思与调整。

2. 必要条件

假设条件（或条件组合）A（存在/不存在）是结果Y（发生/不发生）的必要条件，那么A与Y的必要性关系可以通过两种方式进行定义：①如果Y发生，则A一定存在；②如果A不存在，则Y必不发生。

必要条件下的案例分类

	A不存在	A存在
Y不发生	方格1：支持案例	方格2：-
Y发生	方格3：接近于0	方格4：支持案例

由此可知，当检验一个关于必要条件（或组合）的理论假说时，落入方格2中的案例，即"当A存在，Y不发生"的案例是与假说检验无关的案例，因为从必要性的逻辑定义出发，这一类案例既不能提供支持也无法进行证伪。研究者需要在方格1与方格4中寻找案例以满足必要性的逻辑定义。方格3中的情况对于必要性假说具有很强的证伪功能，因此，

如果当大量案例落入方格3中，研究者需要审慎地从数据与理论两个方面加以反思：第一，证伪型案例大量存在，是否因为存在概念界定、测量上的误差；第二，是否因为存在一种新的因果逻辑。

三、《国家与社会革命》中的案例与分类

这里以斯考切波的名作《国家与社会革命》中的案例为例，将以上关于因果类型与案例分类的内容进行简要的展示。

在解释革命为什么会爆发这一问题时，斯考切波提出两个重要的因素，一个是来自上层的政治危机（A），另一个是来自下层的农民起义（B）。这两个因素的共同作用，最终引起一国社会革命的爆发（Y）。

不难看出，在这一理论中，条件A与B分别是结果Y的必要条件，而AB的组合是导致革命产生的一个充分性条件组合。在检验这一理论时，斯考切波前后使用了六个案例。在这六个案例中，条件A、B与结果Y的对应情况如下表。

《国家与社会革命》案例比较

	政治危机（A）	农民起义（B）	社会革命（Y）
俄国	是	是	是
法国	是	是	是
中国	是	是	是
日本	否	是	否
英国	是	否	否
普鲁士（德国）	否	否	否

在必要条件的定义下，俄国、法国、中国都是支持型案例；日本、英国与普鲁士（德国）也是支持型案例。

如果历史中能够找到A、B不存在，然而Y却发生的案例，那么这些案例则是对于政治危机与农民起义作为社会革命必要条件的证伪型案例。

在关于充分条件的唯一定义下，俄国、法国与中国均是支持型案例。如果存在政治危机与农民起义发生，而社会革命不发生的案例，那么则是对斯考切波理论的证伪型案例。将这些理论上所有可能的案例归类如下表。

《国家与社会革命》案例分类

政治危机 （A）	农民起义 （B）	社会革命 （Y）	案例类型
是	是	是	AB充分性组合支持型案例
是	是	否	AB充分性组合证伪型案例
是	否	是	必要条件B证伪型案例
是	否	否	必要条件B支持型案例
否	是	是	必要条件A证伪型案例
否	是	否	必要条件A支持型案例
否	否	是	必要条件A、B证伪型案例
否	否	否	必要条件A、B支持型案例

由此可见，从必要条件与充分条件的定义出发，政治危机、农民起义与社会革命二分取值的所有组合对应的案例都是相关案例，从理论上说并没有哪一种是真正无关的案例。

第三节　因果传递

哲学上把现象和现象之间那种"引起和被引起"的关系，叫做因果关系，其中引起某种现象产生的现象叫做原因，被某种现象引起的现象叫做结果。如果现象A的存在引起了现象B的发生，我们就说A是导致B的原因，B是A所引起的结果。

但在现实生活中，人们对"引起"和"被引起"却有大不相同的看法，结果出现了许多复杂的因果关系表述形式。但是表述越是复杂，越容易出现模糊和混乱，给科学地认识因果关系造成困难。因此，建构因果关系的模式非常有必要。

一、因果关系的传递

原因总是发生在结果之前，而不是在结果之后。时间上的先后对于区分原因和结果来说是非常重要的一个因素。

因果链条是指包含三个以上因果的传递关系，传统上人们将它们称为遥远的和最近的原因。几个事件组成的一个因果序列或链条：A引起B，B引起C，C引起D，D引起E，E引起F。

为与蕴涵符号"→"以作区分，原因引起（导致）结果，"引起"用"➔"表示。上述因果链条可表示为：A➔B➔C➔D➔E➔F。

此时我们将E称为先行事件的结果。其中最近的即E，为F的最近的原因，而其他的为F越来越遥远的原因：A比B遥远，B比C遥远。

因果链条可能包含实质性的因果传递关系，即实质性的因果链条；也可能不包含实质性的因果传递关系，即虚假的因果链条。

1.实质性的因果链条

因果关系具有相对性，即一个现象对于某现象来说是结果，但对于另一现象来说又是原因。例如，房屋倒塌是地震的结果，又是导致人员伤亡的原因。因果关系的相对性，使事物之间可以形成一个没有起点和终点的因果链条。实质性因果链条的形成关键在于这种因果关系能传递并直到最后仍然使因果关系得以保持。

真正的因果链条指实质性的因果传递关系，这时，远因（遥远的原因）可能就是结果发生的"根本原因"。

例1：在南极海域冰冷的海水中，有一种独特的鱼类，它们的血液和体液中具有一种防冻蛋白，因为该蛋白它们才得以存活并演化至今。但时至今日，该种鱼类的生存却面临巨大挑战。有人认为这是海水升温导致的。因为南极海水中的含氧量随气温上升而下降，缺氧导致防冻蛋白变性，易沉积于血管，导致供血不足，从而缩短鱼的寿命。

分析：以上论述的因果链条为：海水升温➔海水含氧量下降➔防冻蛋白变性沉积于血管➔血管供血不足➔鱼的寿命缩短➔该种鱼类的生存却面临巨大挑战。

例2：由于常规使用抗生素能够引起在抗生素环境中仍能生存的耐药细菌的出现，人体内耐药细菌的存在可能是由于人们使用处方抗生素引起的。然而，一些科学家相信，人体内绝大多数的耐药细菌来自人们食用的被细菌感染的肉食品。因为畜牧业主为了提高他们的牲畜的生长速度，普遍把抗生素加在喂养牲畜的饲料中。

分析：以上论述的因果链条为：抗生素加在饲料中➔牲畜产生耐药细菌➔肉食品被耐药细菌感染➔人们食用后使得人体内的耐药菌存在。

例3：由风险资本家融资的初创公司比通过其他渠道融资的公司的失败率要低。所以，与诸如企业家个人素质、战略规划质量或公司管理结构等因素相比，融资渠道对于初创公司的成功更为重要。

分析：以上论述根据，与其他渠道融资相比，由风险资本家融资的初创公司成功的可能性高，得出结论，融资渠道比企业家个人素质等其他因素更重要。这一论证是有缺陷的，若事实上，风险资本家在决定是否为初创公司提供资金时，把该公司的企业家个人素质、战略规划质量和管理结构等作为主要的考虑因素。即企业家个人素质等是影响风险资本家的关键因素，这样形成的因果链条为：企业家个人素质 → 融资渠道 → 初创公司的成功。这显然有力地削弱了题干结论。

例4：在美国，近年来在电视卫星的发射和操作中事故不断，这使得不少保险公司不得不面临巨额赔偿，这不可避免地导致了电视卫星的保险金的猛涨，使得发射和操作电视卫星的费用变得更为昂贵。为了应付昂贵的成本，必须进一步开发电视卫星更多的尖端功能来提高电视卫星的售价。事实上，电视卫星具备的尖端功能越多，越容易出问题。

分析：以上论述，电视卫星事故多，导致其保险金的猛涨，使其成本增加，因此，必须进一步开发电视卫星更多的尖端功能来提高其售价。

而事实上，电视卫星具备的尖端功能越多，越容易出问题。因而又将导致保险金的新一轮上涨，使得电视卫星的成本继续上涨。

这样形成的因果链条为：卫星事故 → 保险索赔增加 → 保险费提高 → 卫星更昂贵 → 开发更多的尖端功能来提高电视卫星的售价 → 卫星事故。

这说明电视卫星的成本将继续上涨。

例5：华盛顿广场有名的杰弗逊纪念大厦建成之后不久，墙面出现裂纹。最初人家认为损害建筑物的元凶是酸雨。进一步研究，却发现对墙体侵蚀最直接的原因，是每天冲洗墙壁所含的清洁剂对建筑物有酸蚀作用。而每天为什么要冲洗墙壁呢？是因为墙壁上每天都有大量的鸟粪。为什么会有那么多鸟粪呢？因为大厦周围聚集了很多燕子。为什么会有那么多燕子呢？因为墙上有很多燕子爱吃的蜘蛛。为什么会有那么多蜘蛛呢？因为大厦四周有蜘蛛喜欢吃的飞虫。为什么有这么多飞虫？因为飞虫在这里繁殖特别快。而飞虫在这里繁殖特别快的原因，是这里的尘埃最适宜飞虫繁殖。为什么这里最适宜飞虫繁殖？因为开着的窗阳光充足，大量飞虫聚集在此，超常繁殖……

分析：这道难题的答案就是拉上窗帘就可以了！因为这一长串因果链条具有实质性的因果传递关系。

2. "错否因果"的谬误

"错否因果"的谬误往往涉及间接原因或间接因果，指的是对表面上不相干或关系不紧密的两个现象，就断定其不存在因果关系而事实上存在因果关系的谬误。在自然和社会生活中，对表面上不相干或关系不紧密的两个现象，如果用联系的眼光看问题，深入分析下去，有时候会发现在它们的背后存在着间接的因果关系，排除了表面现象的迷惑，就更加接近了事物的本质。

下面列出几种常见的"错否因果"谬误。

① A是B的原因，所以A就不是C的原因。

而事实是：B导致了C，从而A→B→C形成因果链条，所以，A是C的间接原因。

② A是C的原因，所以B就不是C的原因。

而事实是：B导致了A，从而B→A→C形成因果链条，所以，B是C的间接原因。

③ A和B貌似不相关，所以，A不是B的原因。

而事实是：A导致了C，而C导致了B。从而A→C→B形成因果链条，所以，A是B的间接原因。

例1：北大西洋海域的鳕鱼数量锐减，但几乎同时海豹的数量却明显增加。有人说是海豹导致了鳕鱼的减少。这种说法难以成立，因为海豹很少以鳕鱼为食。

分析：上述论证是，因为海豹很少以鳕鱼为食，所以，不可能是海豹数量的大量增加导致了鳕鱼数量的显著下降。

若事实上，鳕鱼只吃毛鳞鱼，而毛鳞鱼也是海豹的主要食物。这就说明了海豹数量的大量增加会导致毛鳞鱼数量的显著下降，从而使鳕鱼的食物短缺，影响了鳕鱼的生存，这就有力地削弱上面的论证。

这样形成的因果链条为：海豹数量增加 → 毛鳞鱼数量下降 → 鳕鱼数量下降。

例2：1988年北美的干旱可能是由太平洋地区温度模式的变化导致的，因此，干旱不是由二氧化碳等大气污染引起的正在发生的长期全球变暖趋势所导致的。

分析：上述论证是，P（温度模式）导致了Q（干旱），因此，R（全球变暖）不能导致Q（干旱）。

若事实上，全球变暖趋势能够引起太平洋地区温度模式变化的频率和轻重程度。这表明，R（全球变暖）导致了P（温度模式），这就有力地削弱了以上论述。

这样形成的因果链条为：全球变暖 → 温度模式变化 → 干旱。

例3：一些土壤科学家断言，森林地表的腐烂物质与降落在山湖的酸雨相比，是山湖酸性的最主要来源。因此，他们主张减少酸雨不会显著地降低山湖的酸性程度。

分析：上述论证是，腐烂物质是山湖酸性的最主要来源，因此，减少酸雨不会显著地降低山湖的酸性。

若事实上，当植物生命残存时，酸雨大大增加了自然环境中腐烂的有机物质的量。这意味着，减少酸雨就能够降低酸性浓度，这就严重削弱了以上论证。

这样形成的因果链条为：酸雨 → 腐烂物质 → 山湖酸性。

二、虚假的因果链条

虚假的因果链条则不包含实质性的因果传递关系。

因果关系并不是一定能传递的，即结果的原因的原因，不一定是结果的原因。若把原因的原因看作结果的原因，一切事物的最终原因就都是自然界本身。这样理解因果关系，就丧失了研究的意义。如果严格套用因果关系定义，可以看到这些理解并不符合因果关系定义。从虚假的因果链条中我们不能逻辑地推出首项和末项一定具有因果关系，这时，远因（遥远的原因）就不是结果发生的"根本原因"。

若因果链条不包含实质性的因果传递关系而断定其具有因果关系，那就会犯"诉诸远因"或"滑坡论证"的谬误。"诉诸远因"与"滑坡论证"都属于假因果谬误，广义上可看成同一类谬误，若要区分的话，"诉诸远因"是往过去源头的方向错误地寻找根源；而"滑坡论证"是往未来的方向错误地预测结果。

诉诸远因是指论证中忽视关键的直接因素在原因链条中的影响而把较为遥远的某个因素看作直接原因，或者忽视其他因素在原因长链中的影响而诉诸遥远的单一因素的谬误。

滑坡论证也叫滑坡谬误，是基于一系列未确证的假设对事件作出的预测。滑坡论证总是从论证者接受的一个前提开始，通过小的步骤，经过一个论证链，逐渐地推进到一个灾难性的最终后果。显然，这种论证，随着论证一步步推进，其确证性却一步步下降，最后，前提和结论的联系往往变得十分微弱，甚至毫无关系。因此，我们形象地把这种推理谬误叫做滑坡论证。这也是因为把非传递性关系看作具有实质性的传递关系所导致的。

通俗地讲，滑坡论证谬误是利用一个看似内在密切相关的推理链条，一步步推理下去，从而在论证链条两端关系较远或毫无关系的两个命题之间建立直接因果联系的谬误。事实上，这个链条往往是不确定的，缺乏足够理由的。滑坡谬误，往往不断地从程度上递增或者递减，最后完全偏离原先的论题。避免滑坡谬误的最好方法就是，每一步的论证都拿出充分的论据，而不能忽略条件、含糊其词地连锁推理。

1.滑坡论证的通俗模式

A可能导致B，B可能导致C，C可能导致D，D可能导致E，E可能导致F。因此，如果A出现，可能导致F出现。而F是不能接受的结果。所以，不应让A出现。

声称某事之后将会发生一连串通常是可怕的后果，但却并无充分证据支撑该推论。这样的推论事先假定，只要我们踏上了"滑坡"，就不可能中途停住，于是就必定会一路滑跌到沟底。

例如：因为阴天，所以关节疼。关节疼，导致我心情不好。心情不好，导致我和丈夫吵架，吵架导致丈夫离家出走。因此，阴天是丈夫离家出走的原因。

2.滑坡论证的形式

根据一系列预见而进行断定时，含有如下这样的前提：

A_0可能会导致A_1；A_1可能会导致A_2；A_2可能会导致A_3；…，可能会导致A_n；

$A_0\cdots\rightarrow A_1\cdots\rightarrow A_2\cdots\rightarrow A_3\cdots\cdots\rightarrow A_n$

从论证者接受的一个前提开始，通过小的步骤，经过一个论辩链，逐渐地推进到他并不接受的事物。

第一步前提：A_0被公开考虑为初看起来像是应该被产生的某个东西的提议。

递归前提：实现A_0将可能导致（在我们所了解的环境中）A_1，A_1将依次导致A_2，依此类推，导致整个序列A_2……，A_n。

坏结果前提：A_n是可怕的（灾难性的、坏的）结果。

结论：A_0不应被产生。

3.评估因果链条的批判性问题

CQ1：在A_0与A_n相联结的序列中，什么干涉建议实际上被给出了？

CQ2：为了使事件序列是似真的，哪些其他步骤需要填充进去？

CQ3：该序列中最弱的联结是什么，对它应该提出是否一个事件会真的导致另一个的批判性问题吗？

要注意对链条中的每一个环节做出分析和论证，充分考虑可能影响这个链条的其他的多种因素，并且对链条中每一步可能性的发展做出恰当的评估。在滑坡论证的线性链条结构中有两个明显的特点，一个是由初始事件A到终端后果F，其间每一种可能性的累积呈递减的趋势；另一个是其间的任何一个步骤一旦发生断裂，后果F就不会产生，或者说，后果F的发生依赖于每一个步骤的不间断性。当我们对由A到F的中间可能性依次加起来进行思考时，其可能性的趋势是依次递减的。

可见，滑坡论证是通过一连串因果推理来论证，而这些推理中，很多都只是概率性的（甚至是很小的概率），而诡辩者故意把叠加的"可能性"转为"必然性"。错误的前提是"可能性"等于"必然性"或者放大某些相关因素。滑坡的谬误是一种危险的状况，或者是某种无法接受的观点；而每一次的"引起"都没有得到严格的证明，小的失误遭遇大的放大，实际的情形是A导致E的可能性很小甚至可以从一件事最终"推理"出几乎毫无联系的结果。

假设由A到F的每一个中间步骤的可能性是70%，则A可能会导致F的可能性却仅有16.8%。如果我们以高于20%的确信度来接受"A可能会导致F"这个结论，就犯了滑坡的谬误。

例1：兰科植物大都需要昆虫传递花粉，才能授粉。据达尔文的实验结果，熊蜂几乎是三色堇和三叶草授粉所必需的，因为别的蜂类都不访这种花。一个地方熊蜂的数目又和田鼠的数目很有关系，因为田鼠常破坏蜂窝，吃蜂的幼虫。而田鼠的数目又和猫的数目很有关系。所以，区域内猫的数目可以决定该区域内三色堇和三叶草的多少。

分析：上述推理具有实质性的因果传递关系，但是，有的科普读物继续发挥达尔文的思想，说英国海军的强弱与当时英国的尼姑的多少也有关系。因为尼姑喜欢养猫，尼姑多则猫多，田鼠少，熊蜂多，三叶草多，则牛奶和牛肉的产量高，因而海军官兵的体质就强壮。这就形成了滑坡的谬误。

例2：构成生命的基础——蛋白质的主要成分是氨基酸分子。它是一种有机分子，尽管人们还没有在宇宙太空中直接观测到氨基酸分子，但是科学家在实验室里用氢、水、氧、甲烷及甲醛等有机物，模拟太空的自然条件，已成功合成几种氨基酸。而合成氨基酸所用的原材料，在星际分子中大量存在。不难想象，宇宙空间也一定存在氨基酸的分子，只要有适当的环境，它们就有可能转变为蛋白质，进一步发展成为有机生命。据此推测，地球以外的其他星球也存在生命体，甚至可能是具有高等智慧的生命体。

分析：以上论述的推测是，地球以外的其他星球存在生命体。

即因果链条可分为三步：原材料 → 有机分子（氨基酸）→ 蛋白质 → 有机生命。

以上论述重点强调了第一步的可靠性。若事实上，从蛋白质发展成为有机生命的过程和从有机分子转变为蛋白质的过程存在巨大的差异。即第三步与第二步存在巨大差异，因此，因果关系不能实质性的传递，犯了滑坡的谬误。所以，就有力地削弱了以上的推测。

4.滑坡谬误所涉及的因果关系

滑坡的谬误可能会涉及各种各样的因果关系。

（1）物理因果

即论证所基于的是纯粹的物理因果关系。

例如：某个人可能会论证说，从一栋建筑物上移走一块砖将会产生一系列连锁反应，最终导致这栋建筑的倒塌，或者由砍倒一棵大树开始，接二连三地将会有其他的大树相继被砍倒，最终导致整片森林都被砍光了。

（2）社会因果

即论证所基于的是社会领域中的因果关系。

例如："迟到的学生要判刑。因为迟到是不用功的表现，将来工作也不勤奋，不勤奋导致公司损失，公司损失就会倒闭，公司倒闭会使人失业，失业造成家庭问题，家庭问题导致自杀率上升。为了防止自杀率上升，我们应给迟到的学生判刑。"

分析：滑坡谬误中假定了连串"可能性"为"必然性"。比方说，迟到是否必然是不用功的表现？将来工作又是否必然不勤奋？答案可想而知。例子虽然夸张，但其实许多时候大家亦会犯相同错误而不自知。

（3）精神因果

即论证所基于的因果关系属于精神领域。

例如：某个人可能会论证说，在夫妻间相互忠诚的问题上，由于有一个人的脑子中播下了怀疑对方的种子，这粒不幸的种子会不断地折磨这个人，最终导致双方婚姻关系的破裂。

5.滑坡谬误与连锁反应

连锁反应是指一件事情的发生带动其他事情接连的发生，连锁反应有时确实是真实存在的。比如，一位父亲在公司受到了老板的批评，回到家就把沙发上跳来跳去玩得正高兴的孩子臭骂了一顿。孩子心里立马窝火，狠狠去踹身边打滚的猫。猫逃到街上正好一辆卡车开过来，司机赶紧避让，却把路边的孩子撞伤了。

"滑坡"谬论的迷惑性之所以很强，是因为一种连锁反应究竟在未来能否发生？有时是难以识别的，因为有时的确可以预知某事之后的一系列连锁反应。

这就需要我们检查论证中的连锁因果推理,确保事件系列关联合理。

三、蝴蝶效应的逻辑分析

蝴蝶效应是两个表面上看似完全没有任何关系的事物竟然产生了联系。假设一只在巴西丛林里扇动翅膀的蝴蝶会在大气中激起几个月后有可能改变伦敦天气的小旋风。

蝴蝶效应这一概念是美国麻省理工学院气象学家洛伦兹1963年提出来的。为了预报天气,他用计算机求解仿真地球大气的13个方程式,意图是利用计算机的高速运算来提高长期天气预报的准确性。为了更细致地考察结果,在一次科学计算时,洛伦兹对初始输入数据的小数点后第四位进行了四舍五入。他把一个中间解0.506取出,提高精度到0.506127再送回。而当他喝了杯咖啡以后,回来再看时大吃一惊:本来很小的差异,前后计算结果却偏离了十万八千里!前后结果的两条曲线相似性完全消失了。再次验算发现计算机并没有毛病,洛伦兹发现,由于误差会以指数形式增长,在这种情况下,一个微小的误差随着不断推移造成了巨大的后果。后来,洛伦兹在一次演讲中提出了这一问题。他认为,在大气运动过程中,即使各种误差和不确定性很小,也有可能在过程中将结果积累起来,经过逐级放大,形成巨大的大气运动。于是,洛伦兹认定,他发现了新的现象:事物发展的结果,对初始条件具有极为敏感的依赖性。他于是认定这为:"对初始值的极端不稳定性",即"混沌",洛伦兹把这称为"蝴蝶效应"。

从洛伦兹第一次发现混沌现象至今,关于混沌的研究一直是科学家、社会学家、人文学家所关注的。研究混沌,其实就是发现无序中的有序,但今天的世界仍存在着太多的无法预测,混沌这个话题也必将成为全人类性的问题。"今天的蝴蝶效应"或者"广义的蝴蝶效应"已不限于当初洛仑兹的蝴蝶效应仅对天气预报而言,而是一切复杂系统对初值极为敏感性的代名词或同义语,其含义是:对于一切复杂系统,在一定的"阈值条件"下,其长时期大范围的未来行为,对初始条件数值的微小变动或偏差极为敏感,即初值稍有变动或偏差,将导致未来前景的巨大差异,这往往是难以预测的或者说带有一定的随机性。

例:2003年,美国发现一宗疑似疯牛病案例,马上就给刚刚复苏的美国经济带来一场破坏性很强的飓风。扇动"蝴蝶翅膀"的是那头倒霉的"疯牛",受到冲击的,首先是总产值高达1750亿美元的美国牛肉产业和140万个工作岗位;而作为养牛业主要饲料来源的美国玉米和大豆业,也受到波及,其期货价格呈现下降趋势。但最终推波助澜,将"疯牛病飓风"损失发挥到最大的,还是美国消费者对牛肉产品出现的信心下降。在全球化的今天，这种恐慌情绪不仅造成了美国国内餐饮企业的萧条，甚至扩散到了全球，至少11个国家宣布紧急禁止美国牛肉进口，连远在大洋彼岸中国广东等地的居民都对西式餐饮敬而远之。这让人联想到时下的禽流感，最初在个别国家发现的禽流感，很快波及全球，就算在没有发现禽流感的地区或国家，人们也会"谈鸡色变"。

要注意蝴蝶效应与滑坡谬误的联系和区别，对"蝴蝶效应"的理解有以下几条。

第一，"蝴蝶效应"与"滑坡谬误"看起来非常类似，但蝴蝶效应通常用于天气、股票市场等在一定时段难以预测的比较复杂的系统中。此效应说明，事物发展的结果，对初始条件具有极为敏感的依赖性，初始条件的极小偏差，将会引起结果的极大差异。也就是说，在特殊情况下，可能会发生"蝴蝶效应"。

第二，要注意蝴蝶扇动一个翅膀所产生的微弱气流，是否能引起四周空气或其他系统产生相应的变化，接下来会不会产生其他连锁反应，是很不确定的，得依赖一定的气候、气象和地理条件，不符合这个条件的话，连锁反应就不会发生。你不能仅仅因为初始条件下可能存在某种情况，就像滑坡一样无限地推下去。也就是说，在通常情况下，是不会发生"蝴蝶效应"的。

第三，"蝴蝶效应"实质是一种方法论，这种方法论，承认系统的边界，是建立在宇宙无限论之上的探讨宇宙的有限性的方法。

一方面，"蝴蝶效应"往往给人一种对未来行为不可预测的危机感。一个坏的微小的机制，如果不加以及时地引导、调节，也可能给社会带来非常大的危害，戏称为"龙卷风"或"风暴"；有些小事可以糊涂，有些小事如经系统放大，则对一个组织、一个国家来说是很重要的，就不能糊涂。常言道："千里之堤溃于蚁穴""一招不慎，满盘皆输"，也就是这个道理。你觉得这是"谬误"吗？但是存在这种风险的概率，这种风险的结果损失却是巨大的。"蝴蝶效应"给社会中人们的启示是：看似微不足道的细小变化，却能以某种方式对社会产生微妙的影响，甚至影响整个社会系统的正常运行。可见，某种意义上，细节决定成败。所以，要关注细节，防微杜渐，注重关联，控制全局。

另一方面，"蝴蝶效应"使我们有可能"慎之毫厘，得之千里"。一个好的微小的机制，只要正确指引，经过一段时间的努力，就有可能会产生轰动效应，或称为"革命"。有时做一个决定了，虽然很不容易，但是重要的是迈出了第一步。而你每天也都在做很多看起来毫无意义的决定，但某天你的某个决定就能改变你的一生。

例1：有个西方民谣，"钉子缺，蹄铁卸；蹄铁卸，战马蹶；战马蹶，骑士绝；骑士绝，战事折；战事折，国家灭。"这首民谣是说：失了一颗铁钉，丢了一只马蹄铁；丢了一只马蹄铁，折了一匹战马；折了一匹战马，损了一位国王；损了一位国王，输了一场战争；输了一场战争，亡了一个帝国。因此，失了一颗马蹄钉，亡了一个帝国。如何来评价这一民谣？

分析：可从以下两个方面来认识上述民谣。

一方面，如果滥用上述说法，那就犯了"滑坡谬误"。过于强调某个细节的重要性，无限地推演其可能发生的后果，一步步地推演，最后推出一个可怕的结论。其实，现实通常不会按照这种推演的逻辑去发生，每一步的发生其实都需要条件，每一步的推演都忽略了应具备的条件，最后的结果当然非常可怕。事实并非如此，一个帝国不只是因为少一个铁钉，很可能是因为缺少许多其他更重要的东西，而使帝国遭到灭亡的。比如，缺少装好铁掌的备用马匹，缺少能随机应变、跑到邻近驿站的通信员、缺少能征善战的军队等。"因缺一个铁钉"这不应该是帝国灭亡的唯一因素或者最重要的因素。

另一方面，这个故事用来强调"细节"的重要性是可以的。因为偶然发生的连锁反应，甚至"蝴蝶效应"虽然可能性比较低，但也是有可能的。马蹄铁上一个钉子是否会丢失，本是初始条件的十分微小的变化，但其连锁效应却是一个帝国存与亡的根本差别。所以，一个明智的领导人一定要防微杜渐，看似一些极微小的事情却有可能造成集体内部的分崩离析，要努力把可能导致恶劣后果的小的苗头消灭在萌芽状态。

例2：一个面试官对应聘者说："你随手扔垃圾，是不负责任的表现，就你这表现，你将来肯定不会对公司负责"。该面试官是否犯了滑坡谬误？

分析：准确一点说，这两事物没有"必然"关联，但是面试官认为"喜欢乱扔垃圾的人"不符合他的招聘标准，所以给PASS掉了。逻辑上没有什么直接联系，但是面试官代表公司，有自己的逻辑也有公司的逻辑，在假设公平的前提下用这些逻辑来招人符合他们公司的利益。面试官的推理是，乱扔垃圾是不负责任的表现，你乱扔垃圾，所以你可能是个不负责任的人，所以，你有可能不对公司负责任。滑坡就是把众多可能的确定都强制归纳为确定，对应聘者来说，这一论证是滑坡的，但对考官来说，这不是滑坡论证，而是防微杜渐，为了防止将来出现不好的结果，我只看到你存在这个可能性，那么我删掉了，就不会变成最终结果，那么就降低我公司将来出现不负责任的人的概率。

第六章 因果推理

第一节　因果建构
第二节　因果推导
第三节　因果解释
第四节　因果推断

因果推理是指根据事实或前提进行推理判断事实的因果关系，理解因果作用的机制是承认因果关系存在的关键。因果关系是科学研究的基本目标，通过研究因果关系，我们可以加深认识客观世界，验证和形成科学理论，有效地预测未来，并为决策提供科学根据。

第一节　因果建构

对因果关系，学界至今还没有建构起理论公认的完整框架。因果关系不是纯粹逻辑的或演绎的，只能经验地或后验地发现。但是我们的经验总是与特定情形、特定现象以及现象的特定次序有关。我们能够观察到一个特定事态（比如A）下的几个事例，人们观察到的事例也能够被一个特定种类现象（如B）的一个事例所伴随。然而，如何能够从经历的特定事例中，得到A的所有场合下都有B这样普遍性的命题（A引起B）？那就要用归纳方法。

一、因果关系的基本模型

因果关系（causality或causation）可以进行逻辑分析，逻辑推理的条件是有限的，而在任何一个因果关系中，条件实际上是无限的，现实中原因和结果的关系，要比逻辑推理中的条件关系复杂许多倍。

为对因果关系给予解释，下面建构一个"因果关系的基本模型"。

简单因果关系模型为：

原因 → 结果

原因与结果都是动态的，比如，开关的"开"与灯泡的"亮"之间具有因果关系，而不是开关与灯泡具有因果关系。

用符号表示，A现象"引起"B现象，即现象A是结果B的原因，可表示为：

A → B

1. 因果关系的三要素

一个因果关系的三个基本要素是：原因、结果和引起。

（1）结果

因果关系是一个事件（即"因"）和第二个事件（即"果"）之间的作用关系，其中后一事件被认为是前一事件的结果。

（2）原因

尽管形成一个因果关系的根本是结果，但一个因果关系发挥其功用的关键却是原因。显然，对引起结果有作用的原因多多益善。由于人们的怀疑可以是连续的，即不仅对结果怀疑，而且可能对引起的原因也提出疑问。由于出现疑问就要求解释，因此原因具有各种类型和层级性，即认定的原因，其他的原因，原因的原因，原因之原因的原因等。

（3）引起

对结果的辩护是否成功，取决于原因的引起力量。引起有程度之别——完全充分的引起、较大的引起、微弱的引起等。而引起程度的不同也是通过各种原因来担保的。

"时间"参数是判定因果关系的关键，不管是什么情况，只要在特定结果发生前的最后一个现象就是"认定原因"，之前起作用的其他事实现象就是"条件原因"。

通常意义上，说A是B的原因，就是说B的出现依赖A的出现，或者说A的出现导致B的出现。这样，在时间上A应该先于B，至少和B同时出现。在空间上，A和B之间应该有物质、信息的接触、传递，我们可以认为有中间接触过程和机制将它们相联系。要断定现象A是现象B的原因，要比说A和B总是一起出现要有更多的内容，这表示A会"引起"或"导致"B，就像我们使用打火机时，用拇指按一下上面的按钮击打火石、引起火花、点燃汽油起火，这个击打火石的动作是原因，引起了汽油起火的结果。

比如，把一个鼠夹子放置在老鼠经常出没的地方，最后逮住了老鼠。如果说"安放"鼠夹子的行为是原因，"逮住"老鼠是结果，但这并不严格符合"因果关系定义"，因为"安放"鼠夹子时，"逮住"老鼠这一结果并没有发生，只有老鼠"接触"到了夹子鼠，它才是引起结果现象发生的认定原因。因此"安放"鼠夹子的行为，是间接原因，但也是根本原因。

通过上述分析后，因果关系的基本模型可表示为：

认定原因及其间接原因集 → 特定结果

A+（A1+A2+…+An）→B

其中，A为认定原因；B是特定结果；（A1+A2+…+An）为间接原因集，并且有An→…→A2→A1→A。

2.原因总是条件的集合

因果关系有一个重要的性质：任何事情都是在一定条件下产生的。

我们把与结果发生有关的所有先前情况统称为"先前因素"，探索因果关系就是要确定哪些先前因素是原因，哪些先前因素是条件。对这些"先前因素"发生（成就）的时间次序进行排列，分别为第1、2、3…n个现象。哪个因素发生了，结果就发生了，这个因素就是"原因"，而这个因素之前发生的所有因素都属于"条件"。

这里所说的条件是广义上的条件，包括了"条件原因"与"潜在条件"。

假如你作为调查人员，回答为什么实验室着火的问题时说是因为有空气，那你就会被认为头脑有问题，空气是着火的一个潜在条件，而不能认为是个根本的原因。

寻找可能的原因（现象）是逻辑推理，可能的原因现象有"并联"和"串联"两类，并联现象中只要有一个现象发生结果就会发生，串联现象中必须全部现象发生结果才会发生。

（1）充分条件原因的理解

一般意义上，我们说A是B的充分条件原因，表明有A就会产生B，其实是说，A在一定条件下足以产生B；或者换句话说，A是产生B的一个"充分条件组"的一员。

可表示为：认定原因＋潜在条件集→特定结果

比如，击打火石之所以能产生火，在于火石、汽油、空气和必要的温度共同发生作用引起了火。所以，如果用A表示击打火石，用B表示产生火，而用h代表火石，k代表汽油，m代表空气，n代表温度。它们缺一不可，没有击打动作不行，没有其他因素也不能点燃火。A是产生B的一个充分条件组中不可缺少的一员。一般情况下我们只谈论A，把其他因素当作"当然前提"，这些"当然前提"就是潜在的"条件"。有时候我们甚至不知道有哪些其他条件或者因素一起产生了结果。我们感到A是直接"引起"B的因素，所以将它挑出来说成原因，这是由具体情况决定的。

所谓A是B的充分条件原因：A➔B（其中，蕴涵关系为A→B）

其实是：A+（h+k+…）→B

其中，A为认定原因，也是充分条件原因；B是特定结果；(h+k+m+n+…)为潜在条件集。

（2）必要条件原因的理解

A是B的必要条件原因也可以这样理解，没有A就没有B。其实是说，A和所有别的原因合在一起足以产生B；或者换句话说，A也是产生B的一个"充分条件组"的一员。

可表示为：认定原因＋条件原因集＋潜在条件集→特定结果

比如，出现流感病毒（A）是病毒性感冒（B）产生的必要条件，指所有能够产生病毒性感冒的充分条件组中必须要有流感病毒。虽然环境中有流感病毒的存在，并不表示你一定会得病毒性感冒，可能是你没有接触到流感病毒，也可能你的肌体的抵抗力免疫力良好，挡住了病毒的侵袭。但任何能产生病毒性感冒的充分条件，其中包括流感病毒侵入身体（P）、免疫力的缺乏（Q）等等。当然，病毒性感冒发生还要有流感病毒源（h），流感病毒传播媒介（k）等潜在条件。

所谓A是B的必要条件原因：A→B（其中，蕴涵关系为¬A→¬B）

其实是：A+（P+Q+…）+（h+k+…）→B

其中，A为认定原因，也是必要条件原因；B是特定结果；（P+Q+…）为条件原因集。

二、因果关系的扩展模型

哲学上，"物"是静态的，"事（事实）"则是"物（物体）"的动态变化过程。复杂因果关系是"基本因果关系"的复合。

原因和条件的区别全在于出现的时间不同，在"认定原因"和"条件原因"出现之前的各类相关事物就是"潜在条件"。

扩展的因果关系模型是，我们认定的原因、条件原因（事实现象）和各类相关事物（潜在条件）结合在一起，导致了结果。

可表示为：认定原因+其他事实现象+各类相关事物→特定结果

利用因果关系模型，可以对日常生活中与因果关系有关的情况作出分析和解释。

我们把静态的事物简称为"事物"，实际上是原因导致结果的条件，用小写字母h、k等表示。

把事物的动态变化表现出的形态叫做"现象"或"事实"，用大写字母表示。其中：

我们认为的引起结果的原因用A表示，B表示为结果。

用P、Q等表示其他事实现象，也就是导致结果的条件原因。

A现象和P、Q等其他事实现象以及h、k等相关事物条件合在一起"引起"了B现象。

再考虑到认定原因还有其原因，以及原因的原因……，因果关系可表示为：

认定原因及其间接原因集+条件原因集+潜在条件集→特定结果

用字母可表示为：

A+（A1+A2+…+An）+（P+Q+…）+（h+k+…）→B

例：恐怖分子发现炸药仓库的守护卫兵在后半夜两次交接班时警惕性较差，遂利用这一疏漏，接近仓库点燃引爆物引发仓库爆炸，使国家财产遭受重大损失。

分析：恐怖分子点燃引爆物的动态行为（A）无疑是仓库"爆炸"的原因。

保卫工作的"疏漏"（P）是个动态持续的行为，也是"爆炸"事件发生的重要原因，是条件原因。

恐怖分子受到恐怖组织的命令（A1），而恐怖组织的形成是受到邪教的蛊惑（A2），这些是在恐怖分子点燃引爆物之前就存在，故可以称为"间接原因""远因"，也是一个"根本原因"。

"炸药能够爆炸"（h）是个静态的事物，"空气中有氧气"（k）也是个静态的事物，显然都是"不言而喻"的前提条件。

因此，该因果模型可示意如下：

A+（A1+A2+…+An）+（P+…）+（h+k+…）→B

其中，An→…→A2→A1→A

三、因果关系的复杂模型

严格意义上的原因，绝大多数是既非充分又非必要条件原因，即统计因果关系，可以这样理解：

A是B产生的一个因素，指在一些情况下，A是B产生的某个充分条件组中的一员。

认定原因及其间接原因集+条件原因集1+潜在条件集1
非认定原因及其间接原因集+条件原因集2+潜在条件集2 ⟶ 特定结果
………………+………………+………………

例如：吸烟虽然并不总是导致肺癌，我们也不知道到底有多少因素一起组成了肺癌的充分条件，但是我们知道，在统计意义上，吸烟（A）更可能是一组导致肺癌（B）的充分条件中的一个因素。当然，不吸烟，比如经常在油烟环境（S）中，也会导致肺癌（B）。

如下所示：

A+（A1+A2+…+An）+（P1+Q1+…）+（h1+k1 +…）
S+（S1+S2+…+Sn）+（P2+Q2+…）+（h2+k2 +…） ⟶ B
………………+………………+………………

万物之间的因果关系是非常复杂的，在绝对意义上是不可能完全分析清楚的，只能在一定范围内进行相对清晰的分析，为分析复杂的因果模型，我们用符号来表示：

首先，把特定结果记为B。

认定原因记为A，其间接原因集（A1+A2+…+An）记为JA，条件原因集（P1+Q1+…）记为TA，潜在条件集（h1+k1+…）记为QA。

非认定原因记为S，其间接原因集（S1+S2+…+Sn）记为JS，条件原因集（P2+Q2+…）记为TS，潜在条件集（h2+k2+…）记为QS。

而更为复杂的因果模型还有中间结果以及其他非认定原因。

我们把中间结果记为Z，其间接原因集记为JZ，条件原因集记为TZ，潜在条件集记为QZ。

再把其他非认定原因记为X，其间接原因集记为JX，条件原因集记为TX，潜在条件集记为QX。

这样，复杂的因果模型可表示如下：

$$
\begin{array}{c}
A+JA+TA+QA \searrow \\
S+JS+TS+QS \longrightarrow Z+JZ+TZ+QZ \searrow \\
\cdots+\cdots+\cdots+\cdots \nearrow \quad \cdots+\cdots+\cdots+\cdots \longrightarrow B \\
X+JX+TX+QX \nearrow
\end{array}
$$

阅读　疾病的因果分析

现实生活中的某些客观问题，比如持续已久的工作压力或家庭矛盾等外在冲突，容易引起心理问题。而持续的心理问题，也容易诱发某些躯体化问题，如头痛、胃痛、腰痛、腹痛等。这些躯体化症状，由于久治不愈，也会让人感到心理问题——催生新的心理问题，并且强化原先的外在冲突。即：

持续的外在冲突①……→心理问题①……→躯体化症状①……→心理问题②……→躯体化症状②和持续的外在冲突②……→心理问题③……→躯体化症状③和持续的外在冲突③……→……

可见，在病症的恶性循环中，因产生果，"果"也能成为引起下一级病链的因。因果关系是相互的，即：因→果→因→果→……层出不穷。不仅只有最初的因，更包括后续源源不断的"果"所形成的因。也就是说，"因"包括各种浅因和较深层次的原因。治病不仅要治因，也要治果，否则，"果"的泛滥，容易形成新的因和新的果。

比如，严重颈椎突出问题，你知道了病因（总是低头看手机或写作），你也解决了病因（不再低头看手机或写作），但你的颈椎引起的头昏这个"果"还在伤害你，这让你感到很痛苦。为了解决头昏这个"果"，你有两种选择：一是服药控制头昏的症状；二是打羽毛球或游泳。显然，第一种只是从症状本身下手。这是一种救急办法，但不是长久之计。第二种是从引起症状的原因下手，这是长久之计。正是因为你这样去做（坚持了半年打羽毛球和游泳），你的颈椎问题解决了，再也没有头昏。但问题彻底解决了吗？当然没有。如果你继续低头写作或看手机，并且缺少有效的锻炼（比如游泳、打球等），你的颈椎问题可能还会复发。怎么办？因为你知道原因，所以你在写作或看手机的时候，总会把手机或电脑放在与眼睛水平（甚至仰望）的位置，这样，你的颈椎问题才能有效改变。假如你只知道病因，而不去实施（比如你知道打球或游泳有好处，但不去实践），你的问题还是没有解决。因此，任何疾病都必须理论和实践相结合。

只要能切断心理问题的根本原因——起因问题，比如解决了最初的外在冲突①，就等于从源头上解决了一部分根本问题。但后面已经滋生的系列次生问题，比如躯体化症状，被强化的外在冲突等，也要清零。比如可以通过放松转移注意力，严重的可以通过药物控制神经等手段，调理生理和情绪问题。躯体化症状，毕竟只是人体功能出现紊乱而已，而非器质性疾病，不是像胃炎、肝炎、肾炎、颈椎突出这样真正的生理性疾病，因此不是靠吃药或手术就能治愈的。只要患者，从源头上和末尾上解决了客观和主观问题，标本兼治，假以时日，后面的心理问题和躯体化问题都会土崩瓦解。

四、原因类型与因果认识

1. 原因的分类

除前述对原因的逻辑分析之外，从哲学和认识论的角度，原因还可分为以下几种类型：

（1）直接原因与间接原因

直接原因是直接导致事件发生的原因，或者说是事件变化发展的表面上的原因。如第一次世界大战直接原因是"奥匈帝国皇位继承人斐迪南被塞尔维亚族青年用手枪打死"（即萨拉热窝事件）。而间接原因，则是原因的原因而已。

（2）主要原因与次要原因

主要原因是在引发事件发生的诸多原因中的最重要的那一个，即对事件的发展变化产生重大影响的原因。比如，第一次世界大战爆发的主要原因是英德矛盾。

次要原因是指在引起结果发生的诸原因中起非主导和非决定作用的原因。

（3）根本原因与终极原因

根本原因是指隐藏在事件发生背后的，导致事件发生变化的本质的原因。比如，第一次世界大战爆发的根本原因是"各帝国军事、经济、政治发展不平衡"。

根本原因是探讨原因的原因，直到在特定范围内无法再继续探讨为止。有人把根本原因称为"终极原因"，但如果不限定范围，任何事物的终极原因都是自然界本身。所以脱离一定范围，终极原因的探讨就毫无意义。既然要探讨终极原因，就应当限定范围，确定探讨到什么程度为止。

（4）偶然原因与必然原因

考察原因的来源，把来源"偶然"的因素称为"偶然原因"；把来源"必然"的因素称为"必然原因"。偶然因素和必然因素对应着哲学的偶然性和必然性。

必然性是指在事物联系和发展过程中合乎规律的一定要发生的，坚定不移的趋势。

偶然性是指在事物联系和发展过程中并非一定要发生的，可以这样出现又可以那样出现的不确定的趋势。

（5）主观原因与客观原因

主观原因是指当事人方面的原因，是可以改变的事物本身的意愿或者能力。

客观原因是个人意识难以预测或不能控制的原因。例如每个工作者的工作能力就是主观的，但是工作的环境就是客观的原因。销售人员业绩会受到主观原因的影响，也会受到客观原因的影响。

（6）内因与外因

"内因外因"理论是根据具体某个事物的界限的内外的因素来划分的。

内因也叫内部根据，是指事物发展变化的内在原因，即界限内的各种因素；

外因也叫外部条件，是指事物发展变化的外部原因，即界限外的各种因素。

通常，把主观原因看成内因，并看成主要的、第一位的原因，也许在教育人们发挥主观努力上具有作用。但内因外因的实际区分，却需要明确针对具体的事物，进行严格的分析，是以什么界限区分内外的。

就上述恐怖分子点燃引爆物引发仓库爆炸这一事例，分析其内外因：

对"炸药"来说，"炸药能够爆炸"（具有爆炸的性能）是内因，恐怖分子"点燃"引爆物是外因，这个分析显然是可笑的。

对"仓库保卫"来说，保卫工作的"疏漏"是内因，"恐怖分子点燃""炸药能够爆炸""空气中有氧气"等都是外因。

对"恐怖分子"来说，恐怖分子的"点燃"是内因，"保卫工作的疏漏""炸药能够爆炸""空气中有氧气"等都是外因。

区分内外因的界限的主体是人，而不应该是物。内因是根本的、决定性的原因。从法律上看，恐怖分子当然属于犯罪、守护卫兵也犯了渎职罪，都要负法律责任，当然一般判决是恐怖分子的罪行更大。

（7）远因与近因

原因和结果之间的距离，有时候可以用来评估因果之间连接的强弱。

远因是指不是直接造成结果的原因，即是在原因长链中较为遥远的某个因素。前面已详细论述过"诉诸远因"的谬误。

近因就是和结果直接相连的原因，即直接促成结果的原因。需要注意的是，效果上的最直接原因，不一定是时间上的远近。

2. 因果关系的法律认识

在法律上，近因具有可预见性，即人们应该能够预见该原因可能会（直接）导致某个结果。

例：你的朋友为了给你买礼物，路上遭遇了车祸。你不必为此过于内疚。因为即使两件事"非常近"，但是因为你的朋友出门时，并不能预见会发生车祸，所以这不算"近因"。

阅读　保险责任

海上保险事故发生的原因，必须是近因。英国海上保险法第55条规定，海上保险标的的损失，必须是保险事故的最近直接原因所造成的，保险人负赔偿责任；对于不是海难所直接造成的任何损失，不负赔偿责任。

近因原则在保险学实践中分为以下几种情况。

① 单一原因造成的损失，如果这一原因是保险人承保的风险，那么这一原因就是损失的近因，保险人应负赔偿责任；反之，则不负赔偿责任。

② 多数原因造成的损失，而这些原因都是保险责任范围内的，则该损失的近因肯定是保险事故，保险人应负赔偿责任；反之，则不负赔偿之责。

③ 多数原因造成损失的，这些原因中既有保险责任范围内，也有保险责任范围外的，则要具体情况具体分析，如果前面的原因是保险责任范围内的，后面的原因虽不在保险责任范围之内，但后面的原因是前面原因导致的必然结果，则前面的原因是近因，保险人应负责赔偿。如果前面的原因不是保险责任范围内的，后面的原因却在保险责任范围之内，但后面的原因是前面的原因导致的必然结果，则近因不是责任范围内的，保险人不负赔偿之责。

不同学科对因果关系往往有不同的认识。最典型的就是"法律上的因果关系"和"现实中的因果关系"就大不相同。

例1：果园主人为了防止有人偷果子，故意喷洒了剧毒农药，导致偷果子的人中毒死亡。按照我们的严格分析，对"死亡"来说，"喷洒农药""偷果子""误食"是"串联现象"，最后一个现象"误食"，应当是死亡的"原因"，而"喷洒农药""偷果子"则是因果关系发生的条件原因或相关条件。

分析：上述因果关系可表示为：

（偷果子 → 误食）＋喷洒农药 → 死亡

其中，"误食"是认定原因，"偷果子"是"误食"的原因，是根本原因。"喷洒农药"是条件原因。

在法律上，追查责任的标准是相关当事人的"过错"大小，死者"偷果子"当然有过错，但由于已经死亡，一般就不予追责。

而果园主人由于违反了农药使用规定，主观上有过错，所以就认为果园主人"喷洒农药"的行为与偷果人中毒"死亡"的结果之间"具有法律上的因果关系"，于是判决果园主人承担主要民事责任，甚至还可能承担刑事责任。

例2：工程队在公路边挖沟修管道，没有作出明显标记，致使晚上骑自行车经过此处的行人摔倒而受伤。

分析：上述因果关系可表示为：

行人晚上骑自行车＋工程队挖沟没有作出明显标记 → 行人摔倒 → 行人受伤

按照因果关系定义，行人摔倒是受伤的原因，而行人摔倒的直接原因是行人晚上骑自行车，而工程队挖沟没有作出明显标记只是引起结果发生的有关"条件原因"。

在法律上，"条件原因"反而可能是最重要的，如果行人是正常行驶无过错,就认为挖沟人应承担全部责任。

例3:有人走路时不小心吓走了一只乌鸦。乌鸦飞走的时候,惊到了一位正在穿越街道的路人。路人驻足观望,结果导致一辆正在朝他骑过来的自行车不得不在最后一秒急转车头。自行车避让行人后,正好骑到了一辆出租车行驶的车道上。出租车为了避让自行车,结果撞上了一个消防栓。消防栓出水导致附近一栋大楼的地下室被淹,破坏了地下室的供电设施。地下室的供电设施被破坏导致全楼停电。

分析:虽然吓走乌鸦是启动整个原因链的原因,我们也可以认为是吓走乌鸦这件事导致了后面的一系列事件,但很少有人会认为吓走乌鸦的那个人应该对之后出现的一系列事件负责——即使很多人都同意是那个人引起了这一系列的事件。

第二节 因果推导

因果推导涉及对因果关系的认识,包括从因到果、从果到因以及从相关到因果的推理。

一、从因到果的推理

从因到果的推理是指:预见一个事件将出现,因为其原因已经出现。

比如,如果水温达到了摄氏100度,那么水会沸腾;这壶水的温度即将达到摄氏100度;所以,这壶水即将沸腾。

再如,如果温度到达摄氏0度以下,水就会结冰。我们用这个因果关系的知识来作前提,推导别的结论。一旦听到天气预报说明天温度摄氏0度以下,我们就会想到路上湿地方会有冰,就会小心一些。显然这是一个用"温度到达摄氏0度水就会结冰"的因果规律作为前提的一个演绎推理:

温度到达摄氏0度以下水就会结冰。

明天温度到达摄氏0度以下。

路上有水的地方会有冰。

1. 从因到果的论证形式

顺序的因果逻辑:一般情况下,因为事件A(因)发生,所以产生事件B(果)。

前提：事件A已经（可能）发生；

结论：事件B将要（可能）发生。

2.评估从因到果论证的批判性问题

CQ1.说明原因问题：先行事件在某一情况下确实发生了吗？

即事件A是否真的发生了。

CQ2.因果联系问题：前提中反映某因果联系的命题是否为真？

即事件A与事件B是否真的具有因果关系？假如前提中存在证明某因果联系的证据，那么，这些证据足以证明某因果联系存在吗？

CQ3.干扰因素问题：存在干预或抵消在此情形中产生那个结果的其他因素吗？

例1：研究发现，年龄在15～30岁的女性是购买冰激凌的最多的人群，她们购买冰激凌的量是所有其他年龄段人加起来的总和。因此，显然，相对于其他年龄段的人，年龄在15～30岁的女性一定吃了最多的冰激凌。

分析：这是一则从因到果推理。因为她们买得多，所以，她们吃得多。如果发现事实上，15～30岁的女性经常买冰激凌给她们的孩子或者家人吃。即虽然她们买得多，并不代表她们吃得多，这就有力地削弱了上述论证。

例2：喜欢甜味的习性曾经对人类有益，因为它使人在健康食品和非健康食品之间选择前者。例如，成熟的水果是甜的，不成熟的水果则不甜，喜欢甜味的习性促使人类选择成熟的水果。但是，现在的食糖是经过精制的。因此，喜欢甜味不再是一种对人有益的习性，因为精制食糖不是健康食品。

分析：上述因果论证是，因为有甜味的精制食糖不是健康食品，所以，喜欢甜味不再是对人有益的习性。显然这一因果联系的证据不足以证明因果关系的存在，如果喜欢甜味的人，在含食糖的食品和有甜味的自然食品（例如成熟的水果）之间，更可能选择前者。则说明人们会在含食糖的食品和健康食品间先选择含食糖的食品，即选择了不健康的食品，这样就有力地支持了上述断定的因果关系。

例3：分析下面的论证在概念、论证方法、论据及结论等方面的有效性。

"社会经济"期刊刊文指出，自2000年以来，全世界的离婚率不断上升。因此，目前世界上的单亲儿童，即只与生身父母中的某一位一起生活的儿童，在整个儿童中所占的比例，一定高于2000年。

分析：上文是一则从因到果的论证，该论证的结构如下。

一般规则：离婚率不断上升，单亲儿童的比例将上升。

因：离婚率不断上升。

果：目前单亲儿童的比例将上升。

评估这一论证可以从离婚率不断上升是否确实发生了，离婚率上升必然会导致单亲儿童的比例上升吗，是否存在导致单亲儿童的比例变化的其他因素等方面来考虑。

下面提供参考分析评论。

上文根据离婚率不断上升，得出结论，目前单亲儿童的比例将上升。这一论证是值得商榷的，现把其逻辑缺陷分析如下。

首先，自2000年以来，全世界的离婚率是否真的不断上升？"社会经济"期刊的这篇文章所刊载的内容是否真实，该文章所依据的调查是否科学？该文章的观点是否客观？上文均没有交代，因此，"自2000年以来，全世界的离婚率不断上升"这一说法存疑。

其次，上述论证所隐含的假设是：一般来说，离婚率不断上升，单亲儿童的比例就上升。而这一假设没有得到验证，其真实性是存疑的。因为除了离婚率之外，导致单亲儿童的比例变化还存在其他因素，如已婚人士的死亡率、非婚生子的比例等因素。

再次，如果自2000年以来，相对和平环境的医疗技术的发展，使中青年已婚男女的死亡率极大地降低；或者，非婚生子的情况大大减少，那么，即使自2000年以来，离婚率不断上升，目前世界上的单亲儿童在整个儿童中所占的比例也不一定高于2000年。

总之，由于这一论证存在以上逻辑漏洞，其结论不具有说服力。

二、从果到因的推理

与因果现象实际发生的过程正好相反，人们在探讨因果关系时往往是先知道结果，而后才去探讨其原因，这一过程称为"执果索因"。如果说从因到果的推理是从过去到未来的预见性推理的话，那么，从果到因是从现在追溯过去的推理。

1.溯因推理的含义

溯因推理也叫回溯推理，属于典型的从果到因推理，就是从已知事实结果出发，根据一般的规律性知识，推测出事件发生的原因的推理方法。溯因推理是科学发现的一种重要的逻辑方法，利用这种方法，人们可以阐明新思想，形成新的假设集，对原有的认识形成新的综合。在科学研究中，溯因推理的作用主要体现在提出假说的过程中。

（1）溯因推理的形式

顺序的因果逻辑：一般情况下，因为事件A（因）发生，所以产生事件B（果）。

前提：在某一具体情况下，B发生了；

结论：所以，在某一具体情况下A可能发生了。

例如，某些科学家相信：所有的人都是生活在大约二百万年前的女祖先的后裔，这个结论是通过对人类的DNA的线粒体的研究而得出的。人类的DNA有96%的线粒体是相似的，基于这一事实，这些科学家运用DNA的线粒体的突变来逆推已经过去了的时间，也就是自人类的女祖先存在以来的时间。

分析：为使科学家的结论成立，必须假设：DNA的线粒体按照一致性原则经受突变，并且按照可预见的比率和母系的遗传方式传下来。

其溯因推理过程如下：

因果关系：如果所有的人都是生活在大约二百万年前的女祖先的后裔，而且DNA的线粒体按照一致性原则经受突变且按照可预见的比率和母系的遗传方式传下来，那么，现在人类的DNA有96%的线粒体是相似的。

存在结果：现在人类的DNA有96%的线粒体是相似的。

推出原因：所有的人都是生活在大约二百万年前的女祖先的后裔，而且DNA的线粒体按照一致性原则经受突变且按照可预见的比率和母系的遗传方式传下来。

（2）评估溯因推理的批判性问题

由于客观现实中一果多因现象的存在，溯因推理不是一种必然性推理。必然性推理前提真则结论必真，而溯因推理前提真，结论只是或然真。因此，对溯因推理的结论的可靠性需要进一步的评估。例如，"花凋谢"这一现象的出现，可以是由于花缺水引起，可以是由于施肥过量而引起，也可以是由水太多引起，也可以是由于病虫害所引起等。既然一果可以是多因所产生或引起，那么当已确知一个结果时，要找出它的原因，就可以有很多个。至于哪一个，在未进一步证实之前，只能进行分析、猜测、试错和选择等思维操作。评估溯因推理的批判性问题如下：

CQ1.说明结果问题：结果在某一情况下确实发生了吗？

即事件B是否真的发生了。

CQ2.因果联系问题：前提中反映某因果联系的命题是否为真？

即事件A和事件B是否真的具有因果关系？

例如：英国科学家在2010年11月11日出版的《自然》杂志上撰文指出，

他们在苏格兰的岩石中发现了一种可能生活在约12亿年前的细菌化石，这表明，地球上的氧气浓度增加到人类进化所需的程度这一重大事件发生在12亿年前，比科学家以前认为的要早4亿年。新研究有望让科学家重新理解地球大气以及依靠其为主的生命演化的时间表。

分析：科学家上述发现所需要的假设是，只有大气中的氧气浓度增加到一个关键点，某些细菌才能生存。把该隐含的假设补充到论证中，其推理结构如下：

以上陈述：发现了一种生活在约12亿年前的细菌化石。

补充假设：只有大气中的氧气浓度增加到一个关键点，某些细菌才能生存。

得出结论：地球上的氧气发生在12亿年前。

CQ3.其他原因问题：是否排除了其他原因的可能性？

造成一定结果的原因是否只有一种？即造成事件B的原因是否只有A？有没有另一个事件C是事件B发生的原因？

例1：核聚变是这样一个过程：原子核聚合或被"熔化"，并且在这个过程中释放出能量，聚变的副产品之一是氦气。最近使用含在一密封烧瓶里的"重"水进行了一聚变试验，烧瓶放在一个充满空气的单间里，以消除外来振动。在试验之后，在单间的空气里有可测量到的氦-4气体，试验者以此证据支持他们的结论：核聚变已经完成。

分析：上述论证过程是，核聚变的副产品之一是氦气，在某次试验之后测量到了氦-4气体，试验者由此得出结论，核聚变已经完成。如果发现，在单间里的氦-4的量没有超过普通空气里的氦气量，说明实验过程并没有释放出氦-4，意味着核聚变并没有发生。这就对试验的结论提出强有力的质疑。

例2：分析下面的论证在概念、论证方法、论据及结论等方面的有效性。

某教育专家认为："男孩危机"是指男孩调皮捣蛋、胆小怕事、学习成绩不如女孩好等现象。近些年，这种现象已经成为儿童教育专家关注的一个重要问题。这位专家在列出一系列统计数据后，提出了"今日男孩为什么从小学、中学到大学全面落后于同年龄段的女孩"的疑问，这无疑加剧了无数男生家长的焦虑。该专家通过分析指出，恰恰是家庭和学校不适当的教育方法导致了"男孩危机"现象。

分析：上述专家的观点是，男孩全面落后于同年龄段的女孩这一"男孩危机"现象的根源在于，家庭和学校不适当的教育方法。这是一则从果到因的论证，其论证结构如下

果："男孩危机"现象。

因果关系：家庭和学校不适当的教育方法会导致"男孩危机"现象。

因：家庭和学校不适当的教育方法。

评估这一论证可以从"男孩危机"现象是否真的客观存在，家庭和学校不适当的教育方法是否是导致"男孩危机"现象的主要原因，是否还存在其他因素影响了"男孩危机"现象等方面来考虑。

下面提供参考分析评论。

上文根据"男孩危机"现象，认为其原因是，家庭和学校不适当的教育方法所致。这一论证存在明显的逻辑漏洞，其结论是不具有说服力的。现把其逻辑缺陷分析如下。

首先，作者认为"男孩危机"现象的依据是"今日男孩为什么从小学、中学到大学，全面落后于同年龄段的女孩"，这一看法是值得商榷的。因为这里所指男孩全面落后于同年龄段的女孩的"落后"，是指调皮捣蛋、胆小怕事、学习成绩这几个方面的落后？还是指各个方面的落后？如果仅指前者，而在学习能力、动手能力、运动能力、好奇心、探索精神等方面，男孩并不落后，甚至还领先于女孩，这就不能说明"男孩危机"的根源是教育方法问题了，反而说明了当今的教育理念和评价指标等方面存在问题。

其次，即使"男孩危机"现象属实，上述论证的隐含假设也是存疑的。作者的假设是，一般来说，家庭和学校不适当的教育方法会导致"男孩危机"现象。而这一假设没有得到验证。因为除了教育方法之外，导致"男孩危机"现象还存在其他因素，比如，男孩天性活泼好动、男孩身心发育上晚于女孩、社会上选秀文化盛行阴盛阳衰等因素的影响导致了"男孩危机"现象。

再次，很可能还存在其他因素影响"男孩危机"现象，比如，现代社会游戏泛滥，男孩天性比女孩更喜欢游戏，这耗去了他们大量的精力。这样，即使"男孩危机"现象真的存在，其根源也未必是家庭和学校不适当的教育方法所致。

总之，由于这一论证存在以上缺陷，其结论是存疑的。

（3）溯因推理的特殊形式

溯因推理的特殊形式可以用公式表示为：

e

如果h，那么e

所以，h可能真

上面公式中的"e"表示已知的结果，"如果h，那么e"表示一般的规律性知识，"h"表示根据已知的结果和一般的规律性知识推测出的有关事件发生的原因。

不难看出，溯因推理特殊形式的逻辑结构实际上就是以充分条件假言命题为前提的肯定后件肯定前件式，它不符合充分条件假言推理的规则：肯定后件不能因此而肯定前件。因为，在"如果h，那么e"中，从断定h可以演绎出e，但是，有了e，未必一定有h。

例1：如果咽喉发炎，那么就会咳嗽；老王咳嗽，所以，老王的咽喉发炎了。

例2：如果患有先天性心脏病，那么心脏会发生杂音；医生听到玛丽的心脏发出杂音，所以，玛丽患有先天性心脏病。

溯因推理虽然结论是或然的，但运用却十分广泛。无论在日常生活和工作中还是科学研究中，都有着重要的作用。例如，电工师傅运用溯因推理寻找日光灯不亮的原因；医生运用溯因推理给病人找出病因等。

例如：当我们了解到我国西北地区的农作物普遍歉收时，就会推测出可能是由于今年大面积干旱少雨造成的。因为西北地区十年九旱的气候条件告诉我们，如果这一地区大面积干旱少雨，农作物就会普遍歉收。

分析：如果西北地区没有普遍干旱少雨，该地区的农作物是不是就不歉收了呢？这也不一定。因为，还可能有其他的原因导致农作物歉收，如虫害、旱涝不均等。所以，溯因推理的前提与结论之间的联系是或然的，前提真，结论可能真，但结论不是充分可靠的。

2. 回溯推理的逻辑分析

回溯推理属于广义的溯因推理，现在也多称为"达到最佳解释推理"。典型的方式是根据已观察到的现象，提出一个关于产生这个现象的原因或者规律的假说，这个假说是对这个现象的解释，它可信与否，在于它是否是一个最佳的解释。

相应地，回溯论证就是从某种情形下一组证据的存在到对该证据集最佳说明的论证。根据所发现的和经验上验证的证据，正规地根据一个理论来论证说明它的一个临时假说。

（1）回溯推理的形式

F是一个发现或给定的事实集。

E是F的一个满意解释。

到目前为止没有一个可选择的解释E′有E那么令人满意。

因此，作为一个假说，E是似真的。

（2）评估回溯推理的批判性问题

CQ1：在对话中除了目前为止可获得的其他解释之外，E作为对F的一个解释自身在多大程度上是令人满意的？

CQ2：在对话中，假说E比到目前为止可获得的其他假说好多少？

CQ3：对话进展到哪一步？如果对话是一种探究，对情况的研究有多彻底？

CQ4：继续这个对话比现在就做出结论要好吗？

回溯推理是皮尔士所认为的，除了传统的演绎推理和归纳推理之外的第三种推理类型。回溯推理倾向于是这三种推理中最弱的。通过回溯推理所得出的结论是一种理智猜测。下面引用的是皮尔士所给出的一个例子，能被用来说明用于一门科学——古生物科学中的回溯推理。

比如，在约翰·约瑟弗森和苏珊·约瑟弗森一本有影响性的著作中，所引用的在日常推理中运用回溯推论的一个例子是下面这样一组对话。

乔：你为什么把车开到这个加油站？

提马思：因为油箱快要空了。

乔：是什么使得你这样认为？

提马思：因为油表指示油箱快要空了，而且我没有理由认为油表坏了，同时距上次加油已经过了很长一段时间。

这段对话中的提马思对油表所显现的给定情况作出了两个可选择的解释：一个解释是油箱里的油快要空了；另一个解释是油表可能坏了。但是，提马思记得距上次加油已经过了很长一段时间了，因此，最佳解释是油箱快要空了。这个结论对于通过寻找加油站来保证采取审慎行动来说是足够似真的。

案例　国道系列袭车案

1999年7—9月间，位于温州郊区的104国道仰义—双屿路段，连续发生汽车挡风玻璃被击碎事件。短短几个月时间，上百辆过往车辆都遭遇不法之徒这种猖狂的袭击，有相同遭遇的驾驶员们怨声载道，联名上书有关部门，新闻媒体纷纷报道，一时造成极大影响。

温州市鹿城区公安分局为此组成了专案组，对案件多发地段进行了秘密监控。在调查排摸工作中，侦查人员集中了两个疑点：在仰义—双屿长仅7.6公里的沿线，就有四家汽车玻璃修配店，其中三家都是一个名叫刘某某的江苏人所开。

专案组在秘密守候控制期间发现，每当刘外出后不久，就有汽车被袭击案件发生，就有汽车上他的店门请求换玻璃。据此线索，10月21日下午，侦查员及时拘捕了刘，并当场从刘及其"搭档"诸某的身上搜出了作案工具：弹弓和钢珠。

分析：在此案例中，侦查人员运用了溯因推理的一般形式，进行案情分析与推断：

连续发生汽车挡风玻璃被击碎事件，每当店主刘某外出后不久，就有汽车被袭击案件发生，就有汽车上他的店门请求换玻璃，车玻璃被打坏需要修理（即已知事实F）；

如果该路段汽车被袭案与汽车修理店主有关（迫使汽车上门修理），那么就会发生以上事实（即如果E则F）；

因此，该路段汽车被袭案与汽车修理店主有关（即造成F的原因是E）。

三、从相关到因果的推理

世界上的所有事物，都会受到其它事物的影响。如果有两个事物，当一个事物发生变化时，另一个事物也随着发生规律变化，那么这两个事物存在相关性。那么，如何来评估一个事物对另一个事物是否存在影响呢？以及这种影响程度有多大呢？这就需要进行相关性分析和影响因素分析。

然而，因果关系和相关关系是不等同的。两个事物存在因果关系，那么它们一定存在相关关系；但存在相关关系的两个事物，却不一定是因果关系。存在相关关系的两个事物，是否存在因果关系呢？这就得需要从专业和逻辑的角度来进行判断了。

从相关到因果的推理就是根据两个事件之间存在一定的相关性，进而推断出它们之间存在着因果关系。从事物之间的相关性，推出因果关系，是科学研究的重要任务。但相关并不等于具有因果联系，一个因果推理的前提是事物之间相关性的证据，结论是它们有因果联系，如何从这个前提到这个结论？需要充分的、具体的和细致的分析和探究。

从相关到因果的推理是从已知的现象来推导普遍的因果结论，所以它也是一种归纳推理。

比如，我们看到一次、两次、很多次，很多地方，温度到达摄氏0度以下时，水就会结冰。然后我们说，温度到达摄氏0度以下是水结冰的原因，这个推理是：

一次观察到事件P（温度到达摄氏0度以下）时有事件Q（水结冰）。

两次观察到事件P（温度到达摄氏0度以下）时有事件Q（水结冰）。

（中介结论）事件P（温度到达摄氏0度以下）和事件Q（水结冰）总是相关联。

（最终结论）所以，事件P是事件Q的原因。

这就是根据过去观察到的现象"温度到达摄氏0度以下"和现象"水结冰"之间是相关联的，最后归纳，温度到达摄氏0度以下是水结冰的原因。这是因果普遍规律，我们相信它将总是这样。

1. 推断因果关系的证据

在了解事物的原因时，首先需要对事物的成因做出解释。如何确立哪些陈述是最接近事情真实原因的解释？一般说来，有两种类型的相互关联可以作确立因果主张的初步证据：时间关联和统计关联。

（1）时间关联

时间关联通常是用来确立实质性因果主张的一个证据，指的是事物现象之间在时间上的联系。对于特定的事件A和B：

当A发生在B之前，我们说A早于B；例如，喝了几杯红酒之后，我感到头痛。

当A与B一起发生时，我们说A与B是共时的；例如，在日本军队偷袭珍珠港的同时，爆发了美、日太平洋战争。

如果A与B总是恒常伴随，我们说A与B是相互伴随的；例如，每当家猫出来，老鼠就会走开；如，每当我剧烈运动时就胸口痛。

当然，仅仅依靠现象之间的时间关联是不足以确定其具有因果关系的，正如18世纪英国哲学家大卫·休谟认为，我们从来没有亲身体验或者亲眼证实过因果连接关系本身，我们看到的永远是两个相继发生的现象，所以一切因果关系都是值得怀疑的。举个例子，公鸡叫了，太阳升起。这两个事件同样是相继发生，但是公鸡叫并不是太阳升起的原因。

（2）统计关联

统计关联指的是总体中的两个事实或者特征在统计上的相互关联。一般而言，具体是指某一特征的有或者无，与另一个特征出现的频率的高或者低的相互关联。

例1：心脏病发病率和喝咖啡之间的关系，如果喝咖啡的人比不喝咖啡的人心脏病发病率高，那么喝咖啡和患心脏病之间就有统计上的相互关联。

例2：在某学校的中学生中，对那些每天喝2到3瓶啤酒、持续60天的学生做医学检查，发现75%的学生肝功能明显退化。具有很高可信度的实验已经排除了"这些结果是碰巧发生的"这一可能性。这一论述,通过对喝酒中学生的医学检查发现,喝酒与肝功能退化之间存在统计关联,即喝酒与青少年的肝功能退化呈显著的相关性。

例3:在对使用五大湖中两个湖的10处沙滩的8000多人的调查研究中,多伦多大学的生态学家们发现,游泳的人中呼吸道疾病和胃肠疾病的患病率达69.6‰,而没有游泳的人这两类病的患病率为29.5‰。从上述数据可合理地得出结论:在这些湖中游泳与呼吸道、胃肠疾病之间的联系为这两者之间的因果关系提供了证据。

2.推断因果关系的困难

因果关系之所以是难以得到的知识,在于怎么证明相继发生的事件或统计相关的事件不是偶然的、碰巧的,而是有必然的因果联系,这是因果推理的首要问题。

所谓"相关关系"是指某物存在,另一物就会存在,或不存在。但是为什么会如此呢?归纳法无法说明。

例1:有高血压的人,通常比没有高血压的人更加焦虑和急躁。这一事实表明,具有这种所谓"高血压个性"特征的人可能更容易得高血压。这一论述只根据"高血压"与"高血压个性"之间的关联,来证明"高血压个性"是导致"高血压"的原因。这一论证显然是不充分的。

例2:吸烟会得肺病,或吃味精会致癌,为什么会这样呢?不知道,只是它们经常伴随而生,所以引起我们的怀疑,如此而已。其实指出相关关系,说服力还是不够的。理想的做法是除了有相关关系存在以外,还要寻找其内部的影响机制。为什么抽烟会得肺病?可能是烟里含有某种成分,在某种情况下它会跟我们身体上的某种组织结合,进而造成肺部组织的怎样变化等。如果能够将其间相互影响的环节交代清楚,而且有事实资料作佐证,那么其说服力就很高了。

推断因果关系的困难在于:

第一,由于确定两个现象之间是否有因果关系通常是一件困难的事情,从原因开始发挥作用直到结果的产生,有时会间隔很长一段时间,这可能会使人们对因果关系的认识更加困难。比如,暴露在石棉之中与患石棉沉着病之间相隔三十年的时间,这阻碍了人们对其中因果关系的认识。

第二,两个事件之间有关联的时候,要确定这种关联的程度也是非常困难的。比如高压输电线产生的电磁场与患白血病之间可能有某种关系,但是这种关系可能是微不足道的。

第三，在确立因果关系时应当牢记一点：不能高估统计相关的作用，统计相关本身通常只能透露一点有关实际的情况，并不能确认是否具有因果联系。

第四，当人们知道两个现象间存在因果关系时，想要确定哪个是原因，哪个是结果恐怕仍然是有困难的。比如，体质的过敏反应可能和一段时间的焦虑有关系，但是，若要确定过敏导致焦虑，还是焦虑导致过敏，可能是有困难的。

第五，在由人类行为所组成的社会领域，确定其中因果关系的困难是众所周知的。人的行为动机的复杂性使得人们对所有这类因果主张的评估变得困难重重。

3.相关性的逻辑分析

从仅仅依靠现象之间的统计相关，还不足以确定其具有因果关系。相关关系可以推出因果关系的猜想，但要有合理的解释。

比如，一定量的气体，在压力不变的条件下，气体的体积随温度上升而增大；所以，温度上升是导致气体体积增大的原因。

再如，美国著名调查机构PEW在"胸围与幸福指数"调查中对500对30～40岁的夫妻调查结果显示：女性胸围A杯的离婚率为37%，胸围B杯的离婚率为16.3%，胸围C杯的离婚率为4%，而胸围达D杯的女性离婚率1%都不到。这则调查似乎说明胸围会影响幸福指数，但该调查对象只有500对30～40岁的夫妻，样本规模是否足够大？样本是否具有代表性？都是值得怀疑的。尤其是"胸围与幸福指数"这两者之间到底是否存在因果机制，并没有提供有说服力的解释。

（1）关联方向和关联强度

相关作为一个统计概念，包括关联方向和关联强度两个要素。

一是，关联方向。

在日常生活中，我们经常会观察到随着一件事情的变化，会引起另一件事情的变化。这种变化的方向可以是同向的，也可能是反向的。

正相关：一事件发生（不发生）会增加另一事件发生（不发生）的机会。例如失业率和犯罪率。再比如，高中的平均成绩与考上大学之间，通常存在同向的变化。

负相关：一事件发生（不发生）会降低另一事件发生（不发生）的机会。例如空气的相对湿度和山火。在室外的气温与暖气的账单之间，则存在反向的变化。

不相关：一事件发生（不发生）不会增加或降低另一事件发生（不发生）的机会。那么，这两个事件便是不相关的或独立的，例如体重和智商。

二是，关联强度。

除了两件事在方向上的改变外，还要注意它们在强度上的变化。关联强度指的是两个事实或者特征改变关系的紧密程度。考察统计关联就是要使用统计的方法来衡量两个事实或者特征的关联程度。

相关性研究只是科研的初级阶段，使用大规模统计发现事件之间的相关性是最简单的科学方法。我们看到的大量科学新闻本质上都是相关性研究，比如，睡眠时间与判断力的关系，孕妇焦虑与小孩任性的关系，出生季节与平均寿命的关系等等。

发现相关性，已经是一个足够发表的科学成就，但相关性结论并不等于因果关系，因此还不能用来指导实际生活。

（2）相关性与因果关系

对比实验或对比观察是发现因果的好方法。比如，要想发现某个因素（比如，吸烟、吸毒、某类药物）对人健康的影响，就可以找完全相同的两组健康的人进行实验。可是现实世界中根本不存在"完全相同"的两组人，这种理想实验无法进行。好在科学家有一个退而求其次的巧妙办法：找一群人，然后完全随机地把他们分为两组去做实验。在样本数足够大的情况下，随机性可以保证任何不同因素都可以大致均匀地分配到两个组里。这就是在关于人的研究中最重要，也是最可靠的办法。

然而，统计推理本质上不是因果推理，因果关系来自因果机制的发现。一般来说，即使统计的关联是真实的，其本身也不能说明有因果关系。确定因果关系是在确定两个现象之间有更深层次、更具体的物质和信息联系之后，即知道它们作用的因果机制：原因是怎样产生结果的。

因果机制是关于因果之间具体和细致的联系及其方式。仅仅举出两个事物P和Q一起出现的事实是不够的。你应该问，根据已有的知识，这个推理有没有说明P是怎样和Q联系起来的，P怎样引起了Q？

一个好的因果推理，需要说明P怎样引起Q。如果你能把P和Q之间的物质或信息传递、作用关系描述出来，找到科学的规律、理论或者假说来说明这种关系发生、作用的每一步机制，你就能够知道这是不是因果关系，这个推理是不是找到了真正原因。

例：生理学研究发现的令人不安的证据表明许多结构性紊乱症与慢跑有关。与这项流行的运动明显相关的疾病有椎间盘脱出、压迫性足踝骨折、膝胯关节损伤和肌腱炎。此外，这些疾病不只是发生在初习者中，经常锻炼的人也有相同比例的患者。这些累计的数据表明人体的骨骼不足以承受慢跑所带来的压力。

上述论证的假设是什么？

分析：上述论证显然需要假设，慢跑与一定的结构性紊乱之间的关联体现了某种因果关系。补充假设后形成的论证如下：

以上陈述（结果）：研究发现，许多结构性紊乱症与慢跑有关。

补充假设：慢跑与一定的结构性紊乱之间的关联体现了某种因果关系。

得出结论（原因）：人体的骨骼不足以承受慢跑所带来的压力。

案例　舆论操纵

科学记者John Bohannon在牛津大学分子生物学博士毕业，筹划了一篇乱来的科学研究是怎么能登上全世界的媒体头条的……

他招到了15个志愿者，把实验对象随机分成三组，低糖减肥组，低糖加黑巧克力减肥组和对比控制组。前两组被要求尽可能多吃低糖分的食物，而要求控制组保持现有的饮食。

21天之后，对比控制组平均增重0.7%！低糖组和低糖加巧克力组的志愿者全都平均减掉了5斤！而且！巧克力组减重的速度比单纯的低卡组速度快了10%！，不但体重减了，巧克力组的胆固醇还更低了！！而且整次实验的数据统计学有显著性差异，$P<0.05$。

在他后来的文章里，他揭秘了他实验的猫腻……一切都出在样本数量上，他们整个实验的一切都是为了创造出一些统计学上的巧合设计的，他们只有15个志愿者，但是他们每个人都要测量18个数据！他们每天测量他们的体重，胆固醇，血压，血钠含量，蛋白质水平，睡眠质量，幸福感……这么多的数据在这么小的样本范围里任一比对，总能捡到有你想要的趋势的组。于是在这群人里，刚好这21天他们发现巧克力组表现最好的，刚好是体重和胆固醇。如果刚好是别的话，那么最后的新闻标题可能就成了《研究表明巧克力可以提高睡眠质量》或者《研究表明巧克力可以降低血压》之类的标题。

有了这一切，他们很快把论文写了出来，一切都按照学术格式，实验方法，数据分析，结论……各种图表、各种数据、各种分析。他们选定的，是各种不需要同行审阅的杂志社，最后选中一个发表了。

接着，他把他的论文改编成了一篇足以上头条的新闻素材，爆炸性的标题：吃巧克力可以减肥！没有一个记者在意过这次实验里的样本数量……

德国最大的日报Bild画报杂志把这个研究直接上了他们的头版，接

第六章　因果推理　223

> 着瞬间覆盖了整个网络，20多个国家的网站进行了转载……当然，也包括微博。
>
> 他就用这么一篇水研究，骗过了上百万的读者……
>
> 所以，我们见过各种各样的研究，吃盐有益，吃盐有害，蛋白质有益，蛋白质有害，脂肪有益，脂肪有害……每一个研究后面都号称有各种实验和数据支撑，这些我们都不能轻易信服，要考察其统计和试验过程，以后是否有很多次实验验证。
>
> 摘自《他是怎样一步一步操纵舆论，让全世界相信吃巧克力能减肥的》

4.统计推理和因果关系

（1）统计实验

统计实验也叫对比实验或对照实验。需要用控制实验来进行统计研究。

Ⅰ.统计实验的具体步骤。

① 先有一个假说：在总体P中因素A引起现象B。
② 随机地在P中找出有代表性的样本S。
③ 随机地把S分成两组，实验组和控制组，两组各方面特征一样。
④ 把因素A加入实验组，而控制组保持不变。
⑤ 观察，看看现象B出现在实验组上的数量是否明显地高于控制组。

Ⅱ.影响统计实验的其他因素。和其他统计推理一样，统计的实验需要尽量满足推理的这些要求：

● 代表性：用随机抽样来保证。
● 样本范围：实验组和控制组的样本范围应足够大。
● 确定因素A只存在于实验组而不在控制组（其他影响因素应尽可能地被排除）。
● 保持其他实验条件和状态都一样。

（2）统计调查

统计调查也叫对比观察。

大多数统计推理都不是理想状态下的推理。现实中，很多统计研究都不是来自严格的控制实验，而是对人群中的某种特点和另外一种特点的关联性的抽样观察，这些统计研究几乎不可能达到上面那种控制实验的状态。它们的最好设计类似于这样：

① 假说：在人群总体P中属性A和属性B相关。
② 随机地在P中选出样本S，将其中有属性A的部分当作观察组，将S中没

有A的其余部分当对照组；尽量保持两组在其他方面一样，不同的只是属性A。

③ 观察在有属性A的观察组出现B的数量是否明显高于对照组。

步骤② 是统计研究可靠性的关键：随机地在P中选出样本S，以保证S有代表性。在分成观察组和对照组时，要力图保持两组都有代表性并且其他方面特征一样。但是，在绝大多数统计报道中，虽然看起来它们有样本、有对比，但人们根本没有办法从报道中了解它们是如何保证排除其他因素影响、如何保持对比组有代表性和一致的。因此，在统计推理也是流行的"忽悠"手段的今天，如果没有足够信息给你判断，你的第一反应就应该是怀疑。

案例 死于疫苗的人数比死于天花的人还多?

数据显示，每年死于天花疫苗的人数大于死于天花的人数。这个数据被很多反疫苗组织用来宣传"疫苗有害论"，认为应该禁止人们接种疫苗。

数据到底对不对呢？这其实是一道简单的算术题。

假设天花疫苗的接种率为99%，1%的不良反应率，不良反应中有1%的死亡率，100万儿童中有99万接种了疫苗，简单计算可知，因天花疫苗接种不良反应而死亡的儿童为99人。

另有一万儿童没有接种疫苗，假设未接种疫苗的人群，感染天花的概率是2%，而天花的致死率为20%，那么没有接种天花的儿童死亡人数为40人。

没错，死于天花疫苗不良反应的儿童数大于死于天花的儿童数。

但我们也发现了问题所在，接种的儿童数量实在是太大了，只要接种率降低2个百分点，死于疫苗不良反应的人数下降到97人，而死于天花的人数就会上升到120人。你还不如说，原因是接种率太高了。

接种率与两类死亡人数的关系如下表。

接种率	死于天花疫苗不良反应的儿童数（每百万人）	死于天花的儿童数（每百万人）	共计
99%	99	40	139
97%	97	120	217
90%	90	400	490
70%	70	1200	1900
50%	50	2000	2050
0	0	4000	4000

理解了这一层因果关系之后,你会发现,死于疫苗和死于传染病的人,没有可比性,这两个数字的大小关系,与疫苗有没有好处,并不形成因果关系。

那么,其中的因果关系到底是什么呢?因果关系有以下三个层次。

现象的相关性(第一层):天花、天花疫苗与儿童死亡的概率关系。

动作的因果性(第二层):如果打疫苗,有多大的概率因疫苗而死亡。

反事实的因果性(第三层):如果不打疫苗,有多大的概率因天花而死。

非常明显,认为打天花疫苗不安全的人,违反了因果关系的第三层"反事实的因果性",如果儿童都不接种天花疫苗,结果就是一道简单的数学题:

每100万儿童每年因天花死亡数:$1000000 \times 2\% \times 20\% = 4000$ 人

对于医学家而言,不需要区分这两种死亡数,真正有意义的是最后一项"共计死亡数",99%接种率,儿童死亡数是139人,0接种率,儿童死亡总数是4000人。

如果一定要区分的话,那逻辑反而是这样的:如果有一天,全球死于新冠疫苗不良反应的人数高于死于新冠病毒的人,我们就可以彻底战胜新冠病毒了。

反事实思考是一种非常高级的思维方法。

"公鸡打鸣,太阳升起",这两者到底有没有因果关系?我们只是根据常识判断"没有",但有没有什么更严密的推理呢?

因果关系的层次分析,是英国哲学家休谟率先进行的。他认为,现象A之后,一定会出现B现象,是因果关系的第一层;但因果关系还需要第二层:如果没有A(公鸡打鸣),那么B(太阳升起)也不会出现。

休谟的理论把因果关系的探究推进了一大步。

因果关系既非完全主观,也非完全客观,一个新发现往往先提出一个看似合理的假设,再寻找相关数据的支持,再进行"反事实"的验证,最后对你的想法进行修正与限制,再重复一遍上述过程。

医学,人命关天,一种药物到底对治疗疾病有没有用?这个因果关系就不仅仅是一个理论问题了,而药物临床试验中的"安慰剂组"和"常规治疗组",作用就相当于"反事实思考"。

"安慰剂组"提供的反事实是,如果什么药都不吃,病自然消失的概率;"常规治疗组"提供的反事实是,如果用现在已知最好效果的药,病好的概率。

如果新药的疗效好于这两组，那就是有用的；如果低于这两组，那就是无效；如果高于"安慰剂组"低于"常规治疗组"，那就需要看具体区别。

5. 从相关到因果的推论

从相关到因果的推论，一般是根据事件相继出现或者一起出现的现象，推断它们之间有因果关系。

（1）从相关到因果的论证形式

相关性前提：A和B之间存在正相关。

结论：A引起B。

要注意的是，除时间关联和统计关联外，两类因素要有因果关系还必须有实质性的相关。好的因果推论必须考虑如何排除其他可能的解释，确定相关性不是偶然的，甚至以具体的因果机制说明，显示"A导致B"是最佳的因果解释。

例如，有证据显示，拥有宠物如小狗的人有较强的自我依靠能力，明显增强的忍耐力以及良好的社交技能；所以，拥有宠物是形成以上明显改善的社会品质的原因。在这一推理中，根据拥有宠物如小狗和改善的社会品质之间存在一定的相关性，进而推断前者是造成后者出现的原因。这样的推理，就是"从相关到因果的推理"。

案例　长寿老人的生活方式

一、百岁老人的调研

2013年，浙江省中医药学会启动了一项研究，对浙江省255位百岁老人的生活方式进行走访调研。研究报告显示：百岁老人中不吸烟的人占比83%，不吸烟也不喝酒的人占比73%，说明多数长寿老人是烟酒不沾的。

江苏省的另一项调查显示：93%的百岁老人现在不抽烟，81.5%的百岁老人过去也不吸烟。

由此可见，不抽烟不喝酒的人更长寿。

二、为什么有人抽烟也长寿

但有些人抽了半辈子的烟，却依然长寿，这又是为什么呢？

美国加利福尼亚大学洛杉矶分校等机构的研究人员，将90名长期吸烟但活到80岁以上的人，以及730名长期吸烟但寿命不足70岁的人进行了基因对比，结果发现，长期吸烟但寿命在80岁以上的人，具有"长寿基因"，与普通人的基因不一样，其基因有215处单核苷酸多态性，能使长期吸烟的人体内细胞修复的速度更快、能力更强。

由此可见，"长寿基因"只是小概率事件，所以无法将"吸烟不影响寿命"推广到更多人身上。

三、百岁老人大多乐观

除了不吸烟、不喝酒，百岁老人还有什么特点呢？

2019年，一项发表在《美国国家科学院院刊》上的研究表明，越乐观的老人越长寿。研究人员对7万多名志愿者进行30年的随访，最终发现，最乐观的男性平均寿命延长了11%，女性延长了15%，在排除其他因素后，乐观与寿命的关联性依然显著。

此外，2017年，山东省老龄办、山东省老年学学会等单位联合开展的调查也显示，百岁寿星最主要的特点之一，就是乐观。

（2）评估从相关到因果的批判性问题

在评估从相关到因果的推理之可靠性时，以下批判性问题需要考虑。

CQ1. 相关性存在问题：在A和B之间真的存在实质性的相关性吗？

如果在A和B之间没有实质性的相关，相应的推理就会犯"虚假因果"这一谬误。正如《生活大爆炸》中的主角，一个量子物理学家对他妈妈说的一句话，揭露了这种谬误的要害："妈妈，你是为我祈祷了，我也的确从北极平安回来了，可这两件事是先后逻辑，不是因果逻辑。"

因果误置是指把没有因果关系的误认为有因果关系，或把有因果关系的误认为没有因果关系。比如，华盛顿和丹佛市的人口数量几乎相等，华盛顿的警察是丹佛市的3倍，可华盛顿的谋杀案数量是丹佛市的8倍，于是就有人认为是华盛顿那些多余的警察导致了谋杀案数量的上升。这就是强加因果，除非拥有更多信息，否则你很难判断什么引起了什么。

例1：新近一项研究发现，海水颜色能够让飓风改变方向，也就是说，如果海水变色，飓风的移动路径也会变向。这也就意味着科学家可以根据海水的"脸色"判断哪些地区将被飓风袭击，哪些地区会幸免于难。值得关注的是，全球气候变暖可能已经让海水变色。

分析：显然，上述科学家作出判断所依赖的前提是，海水颜色与飓风移动路径之间存在某种相对确定的联系。

例2：服用深海鱼油胶囊能降低胆固醇。一项对6403名深海鱼油胶囊定期服用者的调查显示，他们患心脏病的风险降低了三分之一。这项结果完全符合另一个研究结论：心脏病患者的胆固醇通常高于正常标准。因此上述调查说明，降低胆固醇减少了患心脏病的风险。

分析：这一论证忽视了，并存或相继出现的两个现象，可能有因果联系，但不一定有因果联系。即没有考虑到这种情况：深海鱼油胶囊减少了服用者患心脏病的风险，但不是降低胆固醇的结果。也就是说深海鱼油胶囊可能含一种物质，减少了患心脏病的风险，而不是降低胆固醇才导致减少患心脏病的风险的。

CQ2.相关性证据问题：存在A和B之间正相关的大量实例吗？

在A和B之间相关强度如何？在某些其他的情况下，在A和B之间是否依然存在正相关的关系吗？是否存在大量的场合，在这些场合中A和B之间存在着相关性？如果不存在，相应的推理就会犯"相关性的存在缺乏足够证据"这一谬误。

相关性的确定要有丰富的证据。要考察大量场合下，两个事件具有相关性。从两个事件相伴随出现的少量的甚至单一的实例，得出两个事件的相关性，是一种有很大错误风险的弱论证。通过大量事例才可以排除偶然的相随、碰巧的契合。

CQ3.因果方向问题：是否存在证据可以表明A是B的原因，而B不是A的原因？

相关并不能直接确定因果的方向。从A和B相关，推出A是B的原因，显然必须假设B不是A的原因。

例1：有医学研究显示，行为痴呆症患者大脑组织中往往含有过量的铝。同时有化学研究表明，一种硅化合物可以吸收铝。陈医生据此认为，可以用这种硅化合物治疗行为痴呆症。

分析：痴呆症和患者大脑中的铝含量两个现象共存，如果存在因果关系，有两种可能：前者是后者的原因，或者后者是前者的原因。陈医生的论证显然假设：后者是前者的原因，即过量的铝是导致行为痴呆症的原因，患者脑组织中的铝不是痴呆症引起的结果。

例2：一项实验显示，那些免疫系统功能较差的人，比起那些免疫系统功能一般或较强的人，在进行心理健康的测试时记录明显较差。因此，这项实验的设计和实施者得出结论，人的免疫系统，不仅保护人类抵御生理疾病，而且保护人类抵御心理疾病。

分析：上文根据实验发现，免疫系统功能差的人心理健康也差，得出结论，免疫系统可以抵御心理疾病。这显然必须假设，心理疾病不会引起免疫系统功能的降低。否则，如果心理疾病会引起免疫系统功能的降低，那么，免疫系统功能差很可能是心理疾病的结果，而不是其原因。这就会大大削弱以上结论的说服力。

是否存在一定的证据，它们可以表明A是B的原因？是否可以排除B是A的原因？如果不存在这样的证据，相应的推理就可能犯"因果倒置"这一谬误，即误将原因视为结果，将结果视为原因。

比如，据说俄国沙皇听说那些疾病肆虐最为严重的省份往往正是那些医生最多的省份，于是，他立即命令处死那些省份的所有医生。

再如，某个岛上的居民在几个世纪的完全准确的观察中发现，健康的人有体虱，健康状况不太好的人却没有。他们传统上的结论是，虱子是引起健康的原因。其实，这里发生的情况是，当人发热生病的时候，他有较高的体温，虱子感到不适而离开。观察到这个情况，那个岛的人们得出虱子使人健康的结论。但是，可以更正确地得出这样的结论：健康是为体虱提供适合条件的原因因素。在这里，根据相关搞错了因果的方向。

CQ4. 独立第三因素问题：A和B之间的相关性有没有可能是由第三个因素造成的？

是否能够排除A和B之间的相关性是由某个既引起A又引起B的第三因素C加以说明吗？也即B的产生有没有可能是因为一个与A同时发生的C导致的？也即C同时导致了A和B？

如果不能排除A和B之间的相关性是由第三个因素造成的这样一种可能，相应的推理就可能犯"因果关系的寻找范围过窄"的谬误。

比如，有人曾经试图探求是否抽烟者的大学成绩比不吸烟者差。在保证了研究过程是正确的情况下，结果，相关关系十分明显。两个现象的相关也可能是第三个因素的产物。例如，是不是那些把读书不当回事、喜爱社交的学生更爱抽烟，而且他们的成绩也相对较差？

再如，一个很经典的问题：吸烟是否导致肺癌？由于我们没法对人群是否吸烟做随机化试验，只能用观察性的数据：吸烟和肺癌之间存在正相关，这能否断言"吸烟导致肺癌"呢？也不能。这是因为可能存在一些未观测的因素，它们既影响个体是否吸烟，同时影响个体是否得癌症。比如，某些基因可能使得人更容易吸烟，同时容易得肺癌；存在这类基因的人不吸烟，也同样得肺癌。

此时，吸烟和肺癌之间虽然相关，却没有因果作用。

CQ5.因果间接性问题：是否存在能够表明A和B之间的因果关系是间接的干涉变量（A和B之间的因果关系是其他原因起中介作用产生的）引起的？

即有没有可能是"A导致了C, C导致了B"，或者"A与C相结合导致了B"，或者"B与C结合导致了A"。

假如A和B之间的相关性涉及另外的变项，能否说明A和B之间的相关性是间接的，即通过其他原因而存在？如果事实上可以，那么，相应的推理就可能犯"忽视原因的多样性"这一谬误。

当因果关系需要通过一个介于两个因素之间的另一个因素才存在的时候，就需要关注这个中间因素。这时，更为准确的说法是，结果间接由原因引起，即原因引起结果需要通过某个中介。

CQ6.相关性范围问题：假如A和B之间的相关性在特定的范围之外不成立，那么，能否清楚地指明该限制范围？

假如A和B之间的相关性仅仅局限于一定的范围，那么，能否清楚地指出这一范围？如果不能，相应的推理就可能犯"忽视相关性的存在范围"这一谬误。

在特定的案例范围内，两个变量之间存在正相关，当这个关系超出这个范围后，得出的因果关系的结论是不妥的。人们常常观察到，雨水有利农作物生长。在特定条件的范围内，这个因果关系是成立的，雨水越多，农作物长得越好。但是，如果出现太多的雨水，对农作物就会有不利的影响。在某些环境下，两个因素之间的正相关意味着一个引起另一个。但是，在其他环境下，这种因果关系可能不复存在。

例：分析下面的论证在概念、论证方法、论据及结论等方面的有效性。

一项关于婚姻的调查显示，那些起居时间明显不同的夫妻之间，虽然每天相处的时间相对较少，但每月爆发激烈争吵的次数，比起那些起居时间基本相同的夫妻明显较多。因此，为了维护良好的夫妻关系，夫妻之间应当尽量保持基本相同的起居规律。

分析：上文是一则从相关到因果的论证，该论证的结构如下。

相关性前提："起居时间不同"和"夫妻关系不和"之间存在正相关。

结论："起居时间不同"是引起"夫妻关系不和"的原因。

这一论证的有效性是值得商榷的，其可能存在的逻辑缺陷可从相关到因果的批判性准则来分析。

下面提供参考分析评论。

上文根据"起居时间不同"与"夫妻关系不和"这两个现象存在统计相关,得出结论,为了维护良好的夫妻关系,夫妻之间应当尽量保持基本相同的起居规律。这一论证是值得商榷的,现把其逻辑漏洞分析如下。

首先,"起居时间不同"与"夫妻关系不和"之间真的存在相关性吗?那些起居时间明显不同的夫妻之间,每月爆发激烈争吵的次数,是不是确实比起那些起居时间基本相同的夫妻明显较多?上文只是基于一项调查,其调查是否科学不得而知,应该基于更多的调查,才能说明问题。

其次,即使"起居时间不同"与"夫妻关系不和"之间确实存在相关性,那也未必是前者影响后者,也许是后者影响了前者呢?事实上屡见不鲜的是,夫妻闹矛盾时,一方往往用不同起居的方式表示不满。

再次,"起居时间不同"与"夫妻关系不和"之间的相关性有没有可能是由其他原因引起的呢?比如,家庭负担过重、投资失败、事业发展受挫、子女教育观念不一致、赡养双方老人的态度不同等等,这些都有可能同时导致"起居时间不同"与"夫妻关系不和",而不一定是"起居时间不同"引起的"夫妻关系不和"。

最后,也许"起居时间不同"只是导致"夫妻关系不和"的多个因素中的一个而已,比如"起居时间不同"加上双方沟通不畅、家庭经济条件变差等因素综合起来,共同导致了"夫妻关系不和"。

综上所述,仅仅根据"起居时间不同"与"夫妻关系不和"这两个现象具有相关性是不足以推出这两者存在因果关系的,所以,上述论证的有效性值得质疑。

第三节 因果解释

因果主张是一个被断定的陈述,这个陈述表达了相关现象之间的因果关系。从相关到因果的推理需要作进一步的探讨,仅仅因为A与B存在相关并不能得出因果联系的存在,真正要判断这是A导致B的因果关系,常常还需要进一步研究。

若A与B时间相关或者统计相关,其因果主张的解释存在以下几种情况。

解释1:A与B时间相关或者统计相关,因为A导致B。或者,A与B时间相关或者统计相关,因为A与B互为因果。

若能排除其他因素影响的可能,确定相关性不是偶然的,甚至以具体的因果机制说明,显示"A导致B"是最好的因果解释。这种情况就属于合理的因果推定。

解释2：A与B时间相关或者统计相关，其实是纯属巧合，并没有因果关系。

在这种情况下贸然断定A是B的原因，就犯了"虚假因果"（包括"轻断因果""错断因果""强加因果"等）的谬误。

解释3：A与B时间相关或者统计相关，因为B导致A。

在这种情况下贸然断定A是B的原因，就犯了"因果倒置"的谬误。

解释4：A与B时间相关或者统计相关，因为C导致了A和B。

在这种情况下贸然断定A是B的原因，就犯了"复合结果"（或"共同原因"）的谬误。

解释5：A与B时间相关或者统计相关，因为A与C相结合导致了B，即A是导致B的部分原因。或者，因为B与C导致了A，即B是导致A的部分原因。或者，A只是B的次要原因，C才是导致B的主要原因。

在这种情况下贸然断定A是B的原因，就犯了"复合原因"（包括"单因谬误"和"遗漏主因"）的谬误。

例1：A与B具有相关性，常见的有4种可能解释，以下表举例。

相关关系	因果解释			
	A导致B	B导致A	A和B同时被C导致	A和B没有任何关系
研究发现，越是收入多的成功人士，睡眠时间越短	更少睡眠导致收入增加	收入增加导致睡眠减少	随着年龄的增长，人对睡眠要求减少，因此睡眠少。同时年龄大的人，往往经验、人脉、知识更多，也自然收入更多	收入增加与睡眠减少没有任何关系
研究发现，女人结婚后变得更加贫穷，男人结婚后变得更加富有	结婚后女人变穷导致了男人变富	结婚后男人变富导致了女人变穷	随着年龄的增长，男人收入不断增加。同时随着年龄的增长，有相当数量的女人婚后退出职场，导致女人收入减少	女人结婚后变得更加贫穷与男人结婚后变得更加富有没有因果关系
研究发现，越富有的人越幸福	富有导致幸福	幸福导致富有	家庭出身好的人更富有，同时更幸福	富有与幸福没有因果关系
研究发现，去医院越多，越容易生病	去医院越多越容易受感染，从而更容易生病	生病多导致去医院多	经常怀疑自己生病，就去医院多。同时，经常怀疑自己生病，也容易导致真的生病	去医院多和容易生病这两者之间没有任何关系

第六章 因果推理 233

例2：调查发现，常喝葡萄酒的人长寿。因此，常喝葡萄酒能延年益寿。

而且还提供了看似很靠谱的研究过程：两组人，一组喝葡萄酒，一组不喝，样本量足够，实验时间也够长。

但这里很可能隐含有错误归因的逻辑谬误。

可能是，有钱人更可能有闲有钱喝葡萄酒，是有钱导致长寿，而不是葡萄酒。

也可能是，喝葡萄酒的人喜欢社交，而社交令人精神愉悦而促进人长寿。

又或者是，有长寿基因的人倾向于社交，而喝葡萄酒是社交的一种常见礼节。

例3：父母的身高一定会影响子女的身高，即父母身高与子女身高呈相关性，从基因的角度可以理解为因果关系；然而，从统计数据上看，兄弟姐妹身高也呈相关性，但有相关性的变量，不一定是因果关系，事实上，兄弟姐妹身高并不存在因果关系，他们有共同的原因，即他们的身高从基因上都受父母身高的影响。

一、因果推定

好的因果推论必须是观察到的现象之间有实质性相关。对于观察到的时间或统计关联，好的因果推论必须考虑如何排除其他可能的解释，确认A导致B是对其相关联的最佳解释，以此为据，才能使人有信心接受"A导致B"这一因果主张。

1.因果推定的论证型

A与B有时间关联或者统计关联。

A导致B是对其相互关联的最佳解释。

所以，可能是A导致了B。

比如，游泳训练与游泳水平有统计关联，因为游泳训练导致了你游泳水平的提高。

再如，吃酸梅与倒牙有时间关联，因为吃酸梅是倒牙的原因。

2.注意事项

① 有时因果关系还可能是双向的。互为因果更具有辩证逻辑的特点。事物在一定条件下的互相转化，是极为普遍的现象。相关的因素也可能互为因果，或可以不断地交换地位。比如，某个学生善于合作，下功夫学习，因而老师给予他特别的关注和尊敬。而该学生得到特别的关注和老师的尊敬，因而他倾向于特别合作，在这个教师的课堂上更为努力。

② 相关性只是确认因果关系的一个证据，因果关系的确立关键在于解释为

什么会有这种现象，即发现因果的机制，而且这个机制中的每一步也必须是可以验证的。只有到了这个程度，才真正谈得上用发现的这个因果规律去预测未来。

二、强置因果

若在探究因果联系的过程中，忽视或错认了某些相关条件和相互关系就会导致因果谬误。其谬误在于在不具有因果联系的两个现象之间断定了一种因果关系，具体地说，就是前提与结论的联结依靠的是某些想象到的因果关系，而实际上可能不存在这些因果关系。

强置因果也叫嫁接因果、无关因果、虚假因果、相关误为因果等，是指仅根据具有表面相关但没有实质性相关的现象之间，轻率地断定具有因果联系的谬误。

即在推理和论证中，不能对凡具有相关性的事件都做出同类型的推论：因为现象A和现象B具有相关性，所以A与B是因果关系；否则，如果没有实质性的相关，便会犯这一类谬误，其根源在于尚未排除其他不同的解释。当一个论证被怀疑犯了假因果的谬误时，读者或听者应当能说出该论证的结论所依赖的假设：A导致了B。然而，A可能根本就不是导致B的原因。

"强置因果"的谬误大致可以分为三类。

1.轻断因果

轻断因果也叫巧合谬误、后此谬误、事后归因、以时间先后为因果等，是指以时间关联为因果关系，把先后关系误认为因果关系的谬误。

轻断因果的推理模式是：仅仅因为A事件与B事件同时发生或先后发生，就断定A事件与B事件具有因果关系。

在因果关系中，"原因在先而结果在后"这是必要条件。但这并不意味着"在先事件"就一定是"在后事件"的原因。尽管原因总是在结果之先发生，但先发生的现象不一定就是原因，最多只能列为可能的原因，究竟是不是真正的原因，还要做许多的调查研究工作。显然，只凭因果关系在时间上具有的特征来确认一种因果关系，这是不充分的，有时间上似乎相互关联的两件事，实质上并不存在因果关系。如果只根据时间先后这一表面特征就断定两个现象之间有因果关系，便易于产生"轻断因果"的错误。

例1：闪电之后常常接着打雷和下雨，所以，闪电是打雷和下雨的原因。

例2：她前几天感冒了，喝了好多橘子汁，两天后感冒就好了，可见橘子汁可以治疗感冒。

例3：希希吃了一种药，出现过敏反应。因此，希希认为这种药必然导致过敏反应。

例4：中国古人遇月食便放鞭炮，驱天狗，而每次放鞭炮后月亮都会重现，于是认为放鞭炮是月亮重现的原因。其实，日食、月食的发生，古代由于天文不够发达，对此现象的解释是太阳、月亮被天狗吃了，因此希望太阳、月亮回来必须敲锣打鼓将天狗赶走。但事实是，这几件事之间没有必然的因果关系，原因是被虚构的。

例5：威胁美国大陆的飓风是由非洲西海岸高气压的触发而形成的。每当在撒哈拉沙漠以南的地区有大量的降雨之后，美国大陆就会受到特别频繁的飓风袭击。所以，大量的降雨一定是提升气流的压力而构成飓风的原因。

例6：许多后来成为企业家的人，他们在上大学时经常参加竞争性的体育运动。所以，参加竞争性体育运动一定能促进使人成为企业家的能力。

2. 错断因果

错断因果，也叫错为因果，是指仅以表面具有的统计关联便断定两个现象之间存在因果关系的谬误。其谬误根源在于两类事件就某些统计数字上看好像是密切相关的，其实两者之间并不存在真正的因果关系。

例1：在月圆时出生的人较多，所以，月圆引致出生率上升。

分析：这一推理要考虑的是月圆引致较多出生，还是由于其他原因（可能是统计上的期望差异）？

例2：儿童观看电视的暴力场面，成长后会有暴力倾向。

分析：这一推理要考虑的是，那是由于电视节目引致暴力，还是有暴力倾向的儿童喜欢观看暴力节目？真正引致暴力倾向的原因也可能完全与电视无关。

例3：某国的一项统计材料表明，该国的居民中喝牛奶的和死于癌症的比例都很高。因此，喝牛奶是引起癌症的原因。

分析：这一论证是有问题的。喝牛奶与癌症的关系需要进一步探讨，仅仅根据数据的表面相似，是不能建立实质性的相关性的。其谬误在于是把两类并非真正相关的事件误认为是相关事件而作出错误的结论。

3. 强加因果

强加因果是指把根本不是某些事物产生的原因当成这些事物产生的原因所犯的错误，具体是指把毫无因果关系的现象生拉硬拽在一起所产生的谬误。

例1：你的老板所运用的语言比你丰富，这就是为什么他是老板、你是雇员的原因。

例2：妈妈对小女儿说：你不是想长成像那些令人惊艳的女孩子一样漂亮

吗？那就赶紧把猪肝和胡萝卜吃完。

例3：某学生一上课就头痛，不上课就不头痛，他抓住上课和不上课这个表面上的不同点，不恰当地得出上课是头痛原因的结论。后经医生检查，发现他上课时戴的眼镜不合适，这才是引起头痛的真正原因。

例4：某大学的选修课实行挂牌授课制，即学生通过试听两周课来决定是否选修某位教师主讲的某一门课，结果有位教师主讲的某门课的选修人数达到了本年级在校生的85%。假设导致这一结果的真实原因是：这位教师对学生是否来听课和考试要求不严，学生易于蒙混过关。但在这种情况下，这位教师或教务部门对这一结果会解释说：学生选修的人数较多反映了这位教师的教学质量较高。

三、倒置因果

倒置因果也叫因果倒置，是指在因果解释中，错把原因当结果或者错把结果当原因所犯的错误。比如，日出是公鸡打鸣的原因，而非公鸡打鸣导致日出，因此，制止公鸡打鸣不会阻挡日出。

例1：微生物侵入是造成有机物腐败的原因，而有人认为有机物腐败才导致微生物侵入，这是倒因为果。

例2：某种疾病常常表现出某些症状，有些庸医经常把症状当原因，不治病根，而只治那些症状。这也是因果倒置的一种类型。

例3：心脏病与生活压力有统计关联，不是因为心脏病导致了压力，而是压力导致了心脏病。

例4：室内的温度计与室外的气温下降相互伴随，不是因为温度计的度数下降导致气温的降低，而是因为气温的降低导致了温度计度数的下降。

例5：研究人员发现得老年痴呆症的人，他的大脑里有铝沉积。但是，仅根据这一点不足为断定铝沉积是导致这种疾病的原因，因为脑组织中的铝沉积可能是老年痴呆症直接代谢的一个结果，或者说是得这种病的一种副产品。也可能存在第三种因素，比如一个病原体或者一种循环机能障碍，引发了老年痴呆症并引发了脑组织中的铝沉积。

例6：某研究离婚的社会学家注意到，一个国家离婚率的变化与该国国内生产总值的波动相关。随着国内生产总值的增加，离婚率下降；而随着国内生产总值的下降，离婚率上升。据此，社会学家得出结论：两种现象间有因果关系。在本例中，很可能得出一个更强的结论，也就是国内生产总值的下降导致了离婚率的上升，反之不成立。用国内生产总值表示的经济上的繁荣会影响离婚率的变化似乎是十分合理的，反之却非如此。

因果关系一方面具有相对性，即一个现象对于某现象来说是结果，但对于另一现象来说又是原因；因果关系另一方面又具有绝对性，即因果链条的每个环节来说，原因就是原因，结果就是结果，既不可倒"因"为"果"，也不可倒"果"为"因"。但由于因果关系具有共存性，即原因和结果是在时空上相互接近的，并且总是共同变化的，这容易引起人们颠倒事件的因果关系，包括倒因为果（错把原因当结果），或倒果为因（错把结果当原因）。

例1：某研究人员报告说：与心跳速度每分钟低于58次的人相比，心跳速度每分钟超过78次者心脏病发作或者发生其他心血管问题的概率高出39%，死于这类疾病的风险高出77%，其整体死亡率高出65%。研究人员指出，长期心跳过速导致了心血管疾病。

分析：上述论证是有缺陷的。若发现各种心血管疾病影响身体的血液循环机能，导致心跳过速，那么该研究人员的观点就受到严重质疑。

例2：一项研究将一组有严重失眠的人与另一组未曾失眠的人进行比较，结果发现，有严重失眠的人出现了感觉障碍和肌肉痉挛，例如，皮肤过敏或不停的"眼跳"症状。研究人员的这一结果有力地支持了这样一个假设：失眠会导致周围神经系统功能障碍。

分析：上述论证是有缺陷的。若发现周围神经系统功能障碍的人常患有严重的失眠，则意味着，不是失眠会导致周围神经系统功能障碍，而是周围神经系统功能障碍的人常患有严重的失眠。这就有力地削弱了上述假设。

例3：一项研究把一组有慢性抑郁症的人与另一组在其他方面都一样但没有抑郁症的人进行了比较，发现有抑郁症的人明显具有更多的免疫系统失调症。研究人员的这一结果强有力地支持了这样一个解释：人的精神状况会影响身体对传染病的抵抗能力。

分析：上述论证是有缺陷的。若发现，免疫系统失调导致许多有这种问题的人患上了慢性抑郁症。则意味着，不是因为抑郁症导致免疫系统失调，而是因为免疫系统失调才导致抑郁，这就对研究人员的解释提出了严重的质疑。

例4：一位社会学家对两组青少年做了研究。第一组成员每周看暴力内容的影视的时间平均不少于10小时；第二组则不多于2小时。结果发现第一组成员中举止粗鲁者所占的比例要远高于第二组。因此，此项研究认为，多看暴力内容的影视容易导致青少年举止粗鲁。

分析：这一论证由"看暴力内容的影视"与"青少年举止粗鲁"存在统计关联，就得出结论：前者是后者的原因。若发现，第一组成员中很多成员的粗鲁举止是从小养成的，这使得他们特别爱看暴力影视。这意味着上述论证可能犯了因果倒置的错误，即：并非因为看暴力影视才造成举止粗鲁，而是因为举止粗鲁，所以爱看暴力影视。

例5：一位长期从事醉酒及酒精中毒研究的医生发现，一般情况下，醉酒者的暴力倾向远远高于未饮酒者或适度饮酒者。据此，该医生断定，具有暴力倾向的人容易喝醉酒。

分析：这位医生的断定是有缺陷的，若发现，当人们喝醉酒时经常会采用暴力行为发泄心中的不满。说明因为醉酒而出现暴力倾向，而不是因为具有暴力倾向的人容易喝醉酒。

例6：某重点中学最近一项调查表明，该校高中生对踢足球有着特殊偏好，而且远远超过了其他球类，调查同时发现经常踢足球的学生学习成绩比不经常踢足球的学生好。由此可见，经常踢足球能够提高学生的学习成绩。

分析：以上论述通过调查发现经常踢足球的学生学习成绩比不经常踢足球的学生好，从而得出结论，经常踢足球是这些学生学习好的原因。这一论证是有缺陷的，若发现，该校经学生家长同意订立了一条规定：只有学习成绩排名在年级前30%的高中生才能够经常踢足球。这意味着，不是经常踢足球的学生才学习成绩好，而是因为学习成绩好的学生才让经常踢足球。

四、复合结果

复合结果也叫共同原因，其谬误的根源在于一因多果，是指根据现象A看成现象B存在时间相关或者统计相关，就误认为现象A和现象B具有因果关系，而事实是有一个共同原因C导致了现象A和现象B两个结果同时出现。

相关分析方法尽管是科学研究的常用方法，但结论却是需要证明的。比如两组数据的相关性很强（存在正比或反比关系），是否可以得出两者之间具有因果关系？但相关现象之间可能没有任何因果关系，而只是另一事件共同的结果。

例1：气短和心口痛可能相互伴随，但是，心口痛不是气短导致的，气短也不是心口痛导致的，是因为动脉硬化导致了气短和心口痛。

例2：把患有肺癌的人与没患肺癌的人进行对比，我们发现，有使用烟灰缸历史的人与患有肺癌的人具有正相关性。也就是说，从前或者当前使用烟灰缸的人患肺癌的比例远远大于其他人。但是，显然使用烟灰缸不会导致肺癌而是抽烟导致肺癌，大多数肺癌患者之前是抽烟者，而大多数抽烟的人使用烟灰缸。也就是说，是抽烟这个因素，同时导致了使用烟灰缸的人数与患有肺癌的人数。

例3：在1986年于波士顿举行的一次有关人与宠物关系的会议上，有研究者报告，宠物可以降低人的血压，提高心脏病人的存活机会，甚至能了解孤独症儿童的孤独。按照《每周新闻》的报道，研究者在该会议上报告了宠物伙伴关系的有益效果。研究表明，那些把所拥有的宠物狗当作自己孩子一样的妇女，在自立、社交能力和耐受性测验上，比无宠物的妇女得分要高。那些有自己宠物狗的男人，"感到更大的个人价值、归属感，具有更好的社会技能。"和宠物在一起的儿童也表现出更大的同情心。

分析：在这里，拥有宠物与健康改善之间确实存在真正的相关。但是，可能这两个因素是那些需要宠物的人高于平均社会品质的结果，这个第三因素既导致拥有宠物也导致更好的健康。

例4：辩论吸烟问题时，正方认为：吸烟有利于减肥，因为戒烟后人们往往比戒烟前体重增加。反方驳斥道：吸烟不能导致减肥，因为吸烟的人常常在情绪紧张时试图通过吸烟缓解，但不可能从根本上解除紧张情绪，而紧张情绪导致身体消瘦。戒烟后人们可以通过其他更有效的方法解除紧张的情绪。

分析：正方认为吸烟是原因，减肥是结果。

反方认为，紧张是原因，消瘦是结果。紧张导致吸烟，紧张同时导致消瘦。可见，反方给出另一事实对正方的因果联系做出新的解释。

例5：越来越多的有说服力的统计数据表明，具有某种性格特征的人易患高血压，而另一种性格特征的人易患心脏病，如此等等。因此，随着对性格特征的进一步分类研究，通过主动修正行为和调整性格特征以达到防治疾病的可能性将大大提高。

分析：上述统计发现，甲现象（某性格特征）总伴随着乙现象（某疾病）出现，因此推断，甲是乙的原因。若事实上，某种性格与其相关的疾病可能由相同的生理因素导致。则表明，甲和乙可能是丙（某种生理因素）的共同结果。既然在性格特征和疾病之间没有确定的因果关联，通过主动修正行为和调整性格特征以防治疾病的设想就不具有可行性。

例6：大约在12000年前，气候变暖时，人类开始陆续来到北美洲各地。在同一时期，大型哺乳动物，如乳齿象、猛犸和剑齿虎等，却从它们曾经广泛分布的北美洲土地上灭绝了。所以，与人类曾和自然界其他生物和平相处的神话相反，早在12000年前，人类的活动便导致了这些动物的灭绝。

分析：上述论证根据"人类活动"和"动物灭绝"两个事件的时间相关性，得出"人类的活动"是"动物灭绝"的原因。这一论证是有缺陷的，有可能是第三个因素引起两个事件，产生了它们之间的相关，但在它们二者之间并没有任何直接的因果联系。即所提出的证据同样适用于两种可选择的假说：气候的变化导致大型哺乳动物灭绝，同样的原因使得人类来到北美洲各地。

例7：对患有偏头痛的成年人的研究揭示，被研究者中有很大比例的人患有非常复杂的综合征，这种综合征的特征是有三种症状。那些患有综合征的人早在他们的孩童时代，就经历了极度的焦虑症。当到了青少年时，这些人开始患有偏头痛。当这些人到20岁时，他们还开始忍受循环性发作的抑郁症。既然这种模式是一成不变的，开始时总是伴随着过度焦虑症，那么就可推出孩童时代的过度焦虑症是偏头痛和后来的抑郁症的起因之一。

分析：上述论证根据综合征的三种症状中先出现的是焦虑症，后依次出现偏头痛和抑郁症，从而推出焦虑症是偏头痛和抑郁症的起因之一。这一论证是有缺陷的，该推理模式把先出现的事物当作后出现的事物的原因，其结论成立的前提假设是先后出现的事物不可能具有共同的起因，而以上论证没有给出这个前提假设，即没有排除该综合征的所有症状特征具有共同的起因的可能性。

例8：据一项有几个大城市的统计显示，餐饮业的发展和瘦身健身业的发展呈密切正相关。从1985年到1990年，餐饮业的网点增加了18%，同期在健身房正式注册参加瘦身健身的人数增加了17.5%；从1990年到1995年，餐饮业的网点增加了25%，同期参加瘦身健身的人数增加了25.6%；从1995年到2000年，餐饮业的网点增加了20%，同期参加瘦身健身的人数也正好增加了20%。

分析：上述统计事实是，餐饮业和瘦身健身业存在的正相关性。两者之间有统计相关，可能存在因果关系，也可能不存在因果关系。事实上，在上述几个大城市中，最近15年来，城市人口的收入的逐年提高，刺激了包括餐饮业和健身业在内的各消费行业的发展。

五、复合原因

复合原因的谬误根源在于一果多因，是指当一个特定的结果是由多种原因引起的时候，论证者只选择其中的部分原因作为对该结果产生原因的解释。部分原因是指导致某个结果的众多原因中的某一个原因或某一部分原因，也叫作助成事实。

复合原因谬误主要包括两类。

1. 单因谬误

典型的复合原因谬误是单因谬误，即将导致结果产生的多种因素简单地归结为其中的某一个因素，使人看起来该因素好像是导致该结果产生的唯一原因。

现实中，产生一个现象的重要、直接原因可能是多种，但人们往往采取只取出其中一个，把它当作唯一的因素，别的都不算的态度。这种态度是那种把什么都归到一个原因上的错误的一种。事实上，原因很可能是多方面的，也许它们都起着重要的作用。

在科学实验中，判断因素对结果的影响中往往要求在排除其他因素的影响的前提下，使用单一变量法，来验证某个变化对结果的影响。而在自然和社会生活中，一个特定的结果往往是由很多因素共同造成的，在没有办法将其他因素一一排除的前提下，不能断然决定是某一个因素导致了结果的产生。

例1：今天，所有的人都能看到这样的事实：我们的寿命比我们的父辈和祖辈要长。这应当感谢那些成千上万无私奉献的医生，他们竭尽全力来保证我们的健康。

分析：在论证中，医生的努力只是使我们长寿的因素之一，影响人们长寿的其他重要因素包括好的饮食、体育锻炼、减少吸烟、安全的高速公路，以及其他更严格的职业安全操作规范等。

例2：近年来，我们中小学的教育质量下降了。显然，我们教师近年来的工作是不称职的。

分析：教育质量的下降是由许多因素导致的，其中包括学生不能按时完成家庭作业、缺乏父母的管教、看太多的电视，以及吸毒等。教师的教学质量差可能只是其中的因素之一。

2. 遗漏主因

遗漏主因也叫次要原因或无足轻重谬误，是指举出无足轻重的次要原因进行论证，而遗漏了真正的主因。

主要原因指的是导致结果最关键的原因。某种现象往往是由多种原因引起的，这时就必须分析和抓住其中的主要原因，提示引起结果的最本质的、最核心的因素。如果误把次要原因当成主要原因，就会导致遗漏主因的谬误。

有些人往往将一个局部放大成全体。比方说，有历史学家研究认为，拿破仑在滑铁卢战役时，由于痔疮犯了，无法安心坐下指挥战斗，所以才失败了。其实，拿破仑失败的原因是多方面的，他的身体状况、性格特点等个人原因以及历史、时代等客观原因共同起着作用，而不能简单归结为某个次要因素。

例1：吸烟使北京空气质量每况愈下。

分析：导致北京空气质量差的主因是工业污染、交通车辆的尾气和天气情况，而吸烟只能是次要原因。

例2：（广告词）喝了"好记星"，学习就出众。

分析：学习成绩好的原因很多，其中最重要的应该是学生个人学习动力充足，学习刻苦努力，学习方法得当，教师指导有方等这些直接因素和关键因素。至于服用一些安神补脑的口服液，都是次要的因素。

例3：据统计资料显示，美国的人均寿命是73.9岁，而在夏威夷出生的人的平均寿命是77岁，在路易斯安那州出生的人的平均寿命是71.7岁。因此，一对来自路易斯安那州的新婚夫妇，如果选择定居夏威夷，那么，他们的孩子的寿命可以指望比在路易斯安那出生要长。

分析：上述论证根据统计资料显示，夏威夷出生的人比路易斯安那州出生的人的平均寿命高，因此，夏威夷出生会比在路易斯安出生的孩子寿命长。这一论证是有缺陷的。若发现，和环境相比，遗传是人的寿命长短的更为重要的决定性因素。这意味着，一对来自路易斯安那州的新婚夫妇，如果选择定居夏威夷，对于他们的孩子来说，改变的只是环境，而不是遗传基因，因此，没有理由认为，他们的寿命，可以比在路易斯安那出生要长。

第四节　因果推断

因果推断（Causal Inference）是研究如何更加科学地识别变量间的因果关系。爱因斯坦认为"西方科学是建立在以因果律为基础的形式逻辑之上"。

一、因果推断法

客观事物普遍存在着内在的因果联系，人们只有弄清事物发展变化的前因后果，才能全面地、本质地认识事物。

1.因果推断的层次

科学研究的最终目标是人们通过观察和实验发现自然规律、探索现象之间的因果关系。因果推断有三个层次：

第一，关联：通过观察进行。看到A怎么影响我对B的理解？

例如，今天出门看到喜鹊，今天要做的事会很顺利吗？

第二，干预：通过行动进行。我做了A之后，那么B会怎么样？

例如，考前好好复习，考试是否会取得好成绩？

第三，反事实：通过想象进行。如果我做了A，那么B会怎么样？

例如，如果我年轻时候多买套房，现在生活还会那么辛苦吗？

2.量化相关

量化相关将因果关系简化为数量问题，具体关注的是自变量（实验干预）对于因变量（实验结果）的效应大小。

例如，在一个关于新药的试验中，研究发现，服用该药的患者比服用安慰剂的患者从平均结果来看更有可能改善病情。

这一结论只能在概率的意义上进行解读，而不能理解为服用该药物是促使某位患者病情改善的充分或必要条件。因为在现实中，完全存在这样的可能：某位患者因为服用该药物后病情反而恶化，而另一位患者因为服用安慰剂后病情却得到了改善。

值得注意的是，当因果性在概率意义上进行理解时，对于结果的任一具体取值，没有什么原因可以认为是充分的或必要的。

3. 因果网络图

自古以来，关于因果关系的研究一直吸引着人们去思考。Galton 提出了相关系数的概念（1888年），Pearson 提出用列联表分析因果关系（1911年），Wright 提出路径分析模型（1921年），Neyman 提出潜在结果模型（1934年），Fisher 提出随机化试验方法（1935年），Rubin 关于观察性研究提出虚拟事实模型（1974年）。

Pearl 和 Spirtes 等提出因果网络图模型，给出了一个设想的关于肺癌的因果网络。

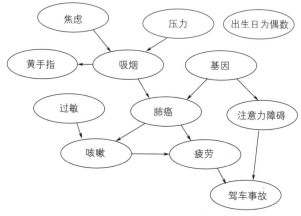

4. 混杂因素

实际问题中寻找直接的因果关系是十分困难的，多数情况下会掺杂着混杂因素。

无因果关系的两个因素 A 和 B 可能会有相关关系，这个相关关系是由于其他因素 C 对它们共同影响所造成的，因素 C 称为混杂因素。

案例 肺癌与吸烟之间的因果效应

我们想要了解肺癌与吸烟之间的因果效应，两者都受个人基因、环境、心理健康状态等诸多因素的影响，因此不能说明吸烟与肺癌之间存在明确的因果关系，我们要尽可能地控制其他影响干扰因素，将其作为条件加以控制，从而准确表示吸烟与肺癌间的内在因果逻辑。

下面以因果图加以说明，X→Y 表示 X 是导致 Y 的原因，将两个变量用箭头连接起来即形成路径，上例中的因果路径图如图 1 所示。

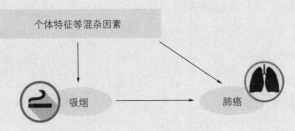

图 1　经典统计学中的因果推断

在图 1 的吸烟与肺癌的统计因果路径图中，个体特征等混杂因素既是吸烟的因，又是肺癌的因，因此我们无法直接推断吸烟与肺癌间的因果关系，方框表示以该变量为条件加以控制，当去除上述干扰因素的影响后，便可以得到吸烟与肺癌之间的直接因果效应。

现实生活中存在着很多因果逻辑的误用，例如大多数携带打火机的人通常是吸烟人群，吸烟人群患肺癌的概率高，因此带打火机导致患肺癌的风险增加，这显然是错误的逻辑。图 2 中给出了三者之间的关系，一般说来，吸烟人群具有携带打火机的习惯，当吸烟作为携带打火机与肺癌两个结果的原因时，毫不相关的两个变量便产生了一定的相关关系，我们可以说打火机和患癌之间存在着某种关联，但绝不存在明显的因果关系，前者的分析显然是混淆了二者的概念，导致了因果路径的混乱。日常中许多现象存在着这样的相关联系，若不加辨别地以因果逻辑加以推断，就会产生十分荒谬的结论。

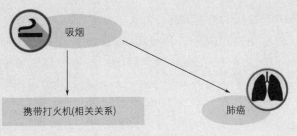

图 2　打火机与肺癌的相关关系图

第六章　因果推理　245

5. 中间因素悖论

中间因素悖论或替代指标悖论是指因素A对因素B有正作用，并且因素B对因素C也有正作用，而出现因素A对因素C有负作用的现象。

比如，抑制心律失常能降低发生心脏骤停的可能性，医学界曾将抑制心律失常作为评价治疗猝死药物的替代指标。美国批准了几种能有效抑制心律失常的药品，但是，经过长期追踪研究发现，这些药品不但没有降低心脏骤停的可能性，反而增加了可能性，这就是美国20世纪80年代发生的历史上最严重的药品灾难事件。

6. 随机化实验

随机化试验是因果推断的最可靠方法，采用随机化试验，可以排除混杂因素。

因果推断的关键特征是通过引入潜在结果框架去清晰地定义因果关系、利用随机化实验的思想（克服不可观测因素造成的影响）作为有效识别因果关系的基础。

在观察性研究中，首先确定观测变量的集合，然后从中选择混杂因素是因果推断的两个关键步骤。当存在未知的或不可观测的混杂因素时，可以选择一个与原因变量相关，但不受混杂因素影响的变量称为工具变量，来消除混杂偏倚，而根据先验知识很难确保不受混杂因素影响。因此，确定和选择工具变量是另一个具有挑战性的研究课题。

因果推论要求原因先于结果，原因与结果同时变化或者相关，对于结果不存在其他可能的解释，强调原因的唯一性。

因果推断的一个重要特点是强调实验设计，其以随机化实验为基础，对潜在结果进行建模，而不是对观测结果建模，通过科学的实验设计，使数据自动呈现因果效应，尽量避免模型设定或函数形式之类的假设，从而更好地识别因果关系，计算出因果效应。

由于因果推断主要借助的是随机化的实验思想，故而新的研究范式有时也被称为计量经济学的"实验学派"。

随机化实验是识别因果效应的利器，不同于物理研究中的控制变量法，随机化分配机制不要求将所有其他因素控制住，只要求干预分配是随机化的，使得除干预变量（原因变量）外的因素能够分布平衡，使得控制组和实验组个体具有可比性。

阅读　结构方程模型

结构方程模型（Structural equation modeling，SEM）是一种融合了因素分析和路径分析的多元统计技术。它的强势在于对多变量间交互关系的定量研究。在近三十年内，SEM大量地应用于社会科学及行为科学的领域里，并在近几年开始逐渐应用于市场研究中。

SEM以研究因果关系为背景，是一种包罗万象的量化和理论检验的工具。在市场研究界可应用于多种研究，如：满意度研究、品牌研究、产品研究等。其目的在于探索事物间的因果关系，并将这种关系用因果模型、路径图等形式加以表述。

1. 在模型中包括两类变量

一类为观测变量，是可以通过访谈或其他方式调查得到的；

一类为结构变量，是无法直接观察的变量，又称为潜变量。

2. 结构方程模型由测量模型和结构模型两部分组成

测量模型（验证性因素分析）：描述观测变量与潜变量之间的关系。

结构模型（路径分析模型）：描述潜变量（或观测变量）之间的关系。

3. 结构方程模型的基本步骤

① 研究者事先假设理论模型；

② 构建结构方程SEM分析模型；

③ 评价模型与数据的拟合；

④ 拒绝／不拒绝理论模型；

⑤ 修正完善理论模型。

比如，顾客满意度就是顾客认为产品或服务是否达到或超过他的预期的一种感受。各变量之间均存在一定的关系，这种关系是可以计算的。计算出来的值就叫参数。参数值的大小，意味着该指标对满意度的影响的大小，是直接决定顾客购买与否的重要因素。如果能科学地测算出参数值，就可以找出影响顾客满意度的关键绩效因素，引导企业进行完善或者改进，达到快速提升顾客满意度的目的。

二、因果推断的应用

基于事物发展的这种规律，在论证观点时，有时就可以直接从事物本身的因果关系中进行推论,这就是因果推断法。

1. 统计推理与因果推断

纵观统计学的发展,数据分析、概率建模和计算科学是共同发展的。统计学、计量经济学、流行病学、心理学和计算机科学在不同的领域,出现了各种各样的因果推理方法。

	领域	因果推理方法
1	统计学	有关匹配和其它调整并衡量实验组和对照组之间差别的方法
2	计量经济学	线性模型的因果估计的可解释性
3	流行病学	基于观测数据的推理
4	心理学	交互和各种处理效应
5	计算机科学	多维因果归隐模型
6	数据科学	数据处理和高效计算

随着统计方法变得越来越先进,理解数据、模型和实体理论之间的联系将变得越来越重要。统计方法的研究与科学和工程学中统计应用的趋势越来越紧密,生物学、心理学、经济学和其他科学领域都需要根据统计证据得出结论。现代计算还启发了新统计方法的应用和开发,从而产生了大数据,比如,基因阵列、流图像和文本数据以及自动驾驶汽车等在线控制问题。

2021年诺贝尔经济学奖给了两个做因果推断的学者(美国麻省理工学院经济系教授Joshua Angrist和美国斯坦福大学经济系教授Guido Imbens),他俩对因果关系分析的方法论作出了贡献,随着收集数据能力的不断提升,因果模型的相关应用和研究会越来越多和越来越深入,由此相关应用将会产生出更大的影响力。

阅读　五种因果推论方法

怎样认识因果关系呢?不要轻易相信狭窄的、线性的、直接的、简单的因果关系,因为凡事都是多种因素的影响,就如生态系统。

我们通常问"X会影响Y吗?"即我们想知道输入X对结果Y的因果影响,但是仅凭原始相关性这一项指标并不能说明什么。因为可能存在一些既影响X又影响Y的干扰变量C,使得我们判断X和Y的因果关系时出现误差。

研究者在进行因果效应探究的过程中，都是在尽可能地从非实验性数据中寻找出随机实验的情境，通过适当的方法对因果效应进行研究。计量经济学主要运用以下五种方法帮助我们绕过干扰变量并准确估计因果关系。

方法1：控制回归法（controlled regression）

控制回归背后的思想是，我们可以直接控制Y对X的回归中的干扰变量C。控制回归的统计要求是，给定干扰变量C，潜在结果Y的分布应该有条件地独立于自变量X。

方法2：断点回归设计法（regression discontinuity design，RDD）

断点回归设计法（RDD）是一种利用随机性进行因果推论的统计方法，在狭义上也可以看作是一个局部随机实验。断点回归设计（regression discontinuity design，RDD）之所以能做因果推断是因为控制了非观测因素。在断点回归设计法中，我们主要关注的是一个截断点。

方法3：倍差法（difference-in-difference，DID）

倍差法也可以理解为差异中的差异法，最简单的方式是比较实验组和对照组之间在实验前后结果的差异。该方法的基本思路是将测试样本分为两组，一组是实验对象即"实验组"，一组是非实验对象即"对照组"。根据实验组和对照组在实验实施前后的相关信息，可以计算实验组在实验实施前后某个指标的变化量，同时计算对照组在实验实施前后同一指标的变化量。然后计算上述两个变化量的差值（即所谓的"倍差值"）。

方法4：固定效应回归法（Fixed Effects Regression）

固定效应回归法是控制回归法的一种特殊类型，通过在模型中纳入个体效应固定项以及时间效应固定项控制非观测因素。

方法5：工具变量法（instrumental variable，IV）

我们想估计X对Y的因果影响，但存在既与X又与Y相关的干扰变量C，使得我们判断X和Y的因果关系时出现误差。要想解决这个问题，我们想做的就是找一个过滤器，把X中和C相关的部分过滤掉，只剩下正交的部分。工具变量法就是实现这样一个过滤作用的方法。

2.统计分析与人工智能

因果推断领域向统计学、机器学习和人工智能提出了各种具有挑战性的重要研究问题，其中包括基于观察数据评价因果作用的方法，探究直接作用和间接作用等因果机制的方法，基于因果模型对外部干预进行预测的方法，从高维数据、混合类型数据、多源数据、时间序列数据、不完全数据及含隐变量等复杂数据中挖掘因果关系和因果网络的方法等。

人工智能（AI）可以理解为人类智能在计算机上的实现。作为新一代产业革命的核心技术，人工智能的发展已经上升到国家战略层面。目前，人工智能的发展主要是实现在衣、食、住、行以及教育、医疗和养老等相关市场，系统地将人、数据和现实中的问题和需求进行整合，成为一个可以创建经济新业态的平台。

机器学习（machine learning）是人工智能的核心，其使用计算机作为工具并致力于真实实时的模拟人类学习方式，是使计算机具有智能的根本途径。机器学习专门研究计算机怎样模拟或实现人类的学习行为，以获取新的知识或技能。作为一门多学科交叉专业，机器学习涵盖概率论知识、统计学知识、近似理论知识和复杂算法知识，并重新组织已有的知识结构使之不断改善自身的性能。机器学习中的大多数方法来自统计学，甚至可以认为，统计学的发展极大地促进了机器学习的发展。比如围棋就是针对巨大不确定性在做博弈，AlphaGo就是通过大量数据的学习，在每次落子时做出最大成功概率的选择，然后一步一步超越人类。

深度学习（deep learming）是一种实现机器学习的技术，是利用深度的神经网络，将模型处理得更为复杂，从而使模型对数据的理解更加深入。深度学习是机器学习研究中的一个新的领域，其动机在于建立、模拟人脑进行分析学习的神经网络，它模仿人脑的机制（包括图像，声音和文本）来解释数据。深度学习是人工神经网络（artificial neural network）的升级版。

作为数据分析方法最近十几年的最大成果，深度学习的影响越来越大。无论对计算机视觉、自然语言处理、非参数模型、反问题、图像处理、偏微分方程数值解等领域都是根本性的改变，深度学习在许多领域里面都替代了传统方法。深度学习的迅猛发展，有力地推动了智能数据产品的落地，进一步推进了数据科学可解决问题的深度和广度，从而越来越大地影响着各个领域。

在人工智能加速发展的过程中，统计学需要从收集和提炼数据到搭建有效的数据平台，并逐渐从分析方法上抽象出一套完整的统计学理论，在推动业务发展的过程中促进人工智能在产业上的落地，从而产生巨大的应用价值。

第七章
因果探究

第一节　契合法

第二节　差异法

第三节　契差法

第四节　共变法

第五节　剩余法

因果联系是世界万物之间普遍联系的一个方面，科学研究的一个重要任务就是要把握事物之间的因果联系，以便掌握事物发生、发展的规律。在科学研究中，人们根据因果关系的特点，在前后相随的一些现象中，通过某些现象的相关变化，如同时出现、同时不出现，或同时按比例发生变化等事实中研究对象的因果联系。

探求现象间的因果联系是一个复杂的思维和认识过程，大致上可以概括为这样两个基本步骤。首先，确定可能的原因（或结果）。任何现象都有许许多多的先行状态或后继状况，人们必须根据已有的科学知识作出初步判定：究竟哪些现象是与被研究现象有关的，可能是被研究现象的原因（或结果）。其次，从可能的原因（或结果）中探求出真正的原因（或结果）。其方法主要是对被研究现象出现（或不出现）的各种场合进行比较，把那些不可能成为被研究现象原因（或结果）的那些现象，排除出去，从而探求出真正的原因（或结果）来。

为了探索事物现象之间的因果关系，往往通过在现象的比较中发现因果关系。19世纪英国著名哲学家穆勒（John Stuart Mill, 1806-1873，也译作"密尔""弥尔"）在其名著《逻辑体系：推理和归纳》（1843年）系统地阐述了他的归纳逻辑和因果理论，其中包括五种实验推论方法（Methods of Experimental Inquiry）。这五种方法也被人们称为"探求因果关系的方法""因果五法""穆勒方法"或"穆勒五法"，也叫排除归纳法，包括契合法、差异法、契差法、共变法和剩余法。其基本思路是：考察被研究现象出现的一些场合，在它的先行现象或恒常伴随的现象中去寻找它的可能的原因，然后有选择地安排某些事例或实验，根据因果关系的上述特点，排除一些不相干的现象或假设，最后得到相对可靠的结论。这些方法是近代科学归纳法的重要成就，是探求分析因果联系的一个常用方法。

第一节　契合法

契合法又称求同法，是指被研究现象发生变化的若干场合中，如果只有一个情况是在这些场合中共有的，那么这个唯一的共同情况就是被研究现象的原因（结果）。

一、契合法概述

契合法本质上是排除法，它说明了这样的事情，在我们感兴趣的现象出现的某些场合而不是所有场合下出现的因素,不大可能是该现象的原因。因而,人们否定某个声称的因果关系,可能是因为他们注意到缺乏共同点,从而推论得出所声称的原因既不是该现象的充分条件又不是它的必要条件。

1. 契合法的结构

契合法可以用这样一个公式来表示它:

场合	先行情况	被研究现象
(1)	A、B、C	a
(2)	A、D、E	a
(3)	A、F、G	a
…	…	…

所以,A是a的原因(或结果)

契合法的结论是"所以,A是a的原因、结果或者原因的一部分"。但是A到底是原因还是结果,你还得进一步研究。

例1:我们常常发现一些同志身体很好,很结实。原因是什么呢?他们的情况各不相同,有的是教师,有的是学生,有的是工人;有的原来体质较好,有的原来体质较差;他们的工作条件、生活条件、学习条件也各不相同……。但发现他们却有一个共同的情况,他们都持之以恒地锻炼身体。由此,我们可以作出结论,持之以恒地锻炼身体是他们身体好的原因,至少是身体好的部分原因。

例2:在19世纪,人们还不知道为什么某些人的甲状腺会肿大,后来人们对甲状腺肿大盛行的地区进行调查和比较时发现,这些地区的人口、气候、风俗等状况各不相同,然而有一个共同情况,即土壤和水流中缺碘,居民的食物和饮水也缺碘,由此作出结论:缺碘是引起甲状腺肿大的原因。

例3:氟化物对牙齿的有益作用的发现,为契合法的实际用途提供了一个例证。几十年前人们注意到某些社区居民的牙齿非常健康,在研究了这些社区共有各种因素之后,科学家们发现,在这些社区的水源中的天然氟化物含量较高。从这一证据中,科学家们得出结论:氟化物促进牙齿健康。

例4:据说夏威夷群岛中有个岛,人称"狗叫岛"。在这个岛上的一些地方,人一走动,脚下就会传来"汪汪"的狗叫声。原来,这些地方的表层覆盖着厚达18m的珊瑚、贝壳层。所谓"狗叫"就是从这些物质组成的沙砾里发出来的。如果抓起一把这种物质在手里揉搓,就会发出"狗叫"声。人们后来解开了"狗叫岛"的秘密。事实上,这个例子中就用了上面所说的"契合法"。人走在岛上和用手搓"狗叫岛"地上的特殊物质是两种现场,虽然场合不同,但发生了相同的情况,即是特殊物质受到摩擦,结果是都发生了狗叫声。因此这种特殊物质摩擦是产生"狗叫"的原因。

2.契合法的特点

契合法的特点是"从异中求同"。它主要是一种观察的方法，通过排除现象间不同的因素、寻找共同的因素来确定现象间的因果联系。这种方法虽然比简单枚举归纳法前进了一大步，但是，归纳强度还是比较低，所得的结论的可靠性还不高，也就是说契合法结论是或然的。

也就是说，应用契合法所得到的认识（即找出的原因）并不都是正确的。因为在各种不同场合里存在的共同条件可能不止一个，而作为真正原因的某一共同条件可能正好被忽视了。比如，当我们通过契合法初步找到植物合理间作是增产的原因时，再进一步探寻，为什么间作能增产？经过进一步研究分析，才可以找到"间作能增产"的真正原因。因此，通过契合法所得到的认识，应当通过实践或用其他方法去进一步检验。

但是，契合法为我们提供了找到现象原因的线索。所以，它作为一种发现现象因果联系的方法，在科学研究和日常生活中经常被人们应用着。

案例　梦产生的原因

梦是怎样引起的呢？古人说："日有所思，夜有所梦。"这是对梦产生原因的一种解释。现代人则解释得更为详细。外部的刺激能引起梦。睡时阳光照脸，就可能梦见熊熊大火；双足露在被外，也许会做在冰雪中奔跑的梦。有人这样试验：在睡着的人的鼻前放了一瓶香水，那人醒后说，他梦中到了大花园，觉得到处都是花香。一本古老的著作也提到：轻轻加热熟睡者的手，他在梦中觉着自己穿过火丛。身体内部的刺激也会产生梦。正在发育的人，可能会梦自己凌空飞行。有的气喘病人说，当他呼吸通畅后，也会做飞行的梦。如果睡着后，膀胱胀满要小便，就可能在梦中到处找厕所，小朋友或许就会尿床⋯⋯

每个人的梦境可以千差万别，每个人所接受到的内外刺激也可以形形色色，但是有一个共同点，就是都受到了刺激，因此可以推断，"刺激是产生梦的原因"。这就是一个契合法推理。

二、契合法分析

契合法的核心逻辑是在其他条件都具有极大差异的情况下，如果仍然能够达到相同的结果，事物间的共性即为其原因。

案例1：A+B+C+D+E→Y

案例2：A+F+G+H+I→Y

在以上的两个案例中，在其他原因不同而导致相同的结果时，可以认为原因A导致了结果Y。

契合法是在必要条件的意义上探求原因的，是系统地用于找出许多场合里所共有的单个因素，从而确定这个因素为这些场合中现象发生的原因。

1. 契合法的挑战

对契合法的挑战是：先行现象表面的"同"可能掩盖着本质的"异"，表面的"异"可能掩盖本质的"同"，并且相同的先行现象可能不止一个，而有好多个，等等。这些情况的出现都会对契合法的结论构成质疑。

举例分析：

在某个食堂就餐的学生当中发现很多同学发生了腹泻、腹痛、发热等疑似食物中毒的过敏症状，我们如何了解其原因？首先要研究的自然是所有得病的人吃了什么食物？一些病人吃的而不是所有病人吃的食物不大可能是得病的原因；我们需要调查的是什么因素是每个得病场合所共同的。当然，共同的东西可能不是一种食物；可能是受感染的器具，或者接近某种有害的污水，或其他的情况，接下来再作进一步分析。可见，只有在找到了某种对所有疾病的事例都是共同的事态，我们才找对了正确寻找病因的途径。

假定在这个食堂吃饭的五个学生都生病了。进一步假定这些学生按菜谱点的东西各式各样，但所有人点的唯一共同的食物是f。换句话说，所有用餐者仅仅在食用f这点上是一致的，这样一种情况表明f引起了疾病。为了弄清这种方法的作用方式，我们把这个例子具体分析一下：

五位学生在食堂吃饭，一共包括7种食物，甲吃了a、c、d、f和g，乙吃了a、b、c、e、和f，丙吃了b、d、f和g；丁吃了a、b、e、f和g，戊吃了a、c、e、f和g。后来，他们都因为自己吃的某种食物而生病。问题：哪种食物引起了疾病？

我们构造如下反映五个学生所吃的食物状况的表格。其中加号＋代表某条件出现，短横－代表某条件未出现。

场合	学生	食物							过敏症状
		a	b	c	d	e	f	g	S
1	甲	+	−	+	+	−	+	+	+
2	乙	+	+	+	−	+	+	−	+

续表

场合	学生	食物							过敏症状
		a	b	c	d	e	f	g	S
3	丙	−	+	−	+	−	+	+	+
4	丁	+	+	−	−	+	+	+	+
5	戊	+	−	+	−	+	+	+	+

现在，由于契合法是在必要条件的意义上确定原因的，我们从排除表格中对于现象的发生不是必要的条件开始。为此，我们使用"如果现象出现时一个条件不出现，那么该条件对于现象的发生就不是必要的"这一规则。因而，

场合1消除了b和e；

场合2消除了d和g；

场合3消除了a、c和e；

场合4消除了c和d；

场合5消除了b和d。

这样，只留下了f作为可能的必要条件。因而，f引起了用餐者的疾病这一结论就得到了保证。

但这一结论仅仅是可能的，并不很可靠，主要原因如下：

第一，在搜集整理条件时，某一条件很有可能被忽略掉。例如，如果f里用的是受污染的小勺，那么用餐者的病就是由该条件而不是由f引起的。

第二，如果超过一种食物受到污染，那么疾病就该是由食物的结合食用，而致病的并不是f。

第三，有的人对一定程度的某种有毒食物具有天然的免疫力，这就有可能误把某种原因排除掉。比如，吃了a这种食物对多数人都能引起食物中毒，但丙对a有天然的免疫力。

第四，可能忽略掉了其他真正的病因，比如，真正的病因是该饭店的一批餐具都受到了病毒污染，而正好这批餐具用来盛装这五个学生的食物，而食物f并不是真正的病因。

因此，契合法的论证力度取决于以上可能性不出现。

另外，还需要注意的是：

首先，意识到上表产生的结论仅仅直接适用于这五个场合所代表的五位用餐者而不是可能在这家饭店吃饭的每一个人也是很重要的。因而，如果某一食物而不是表上列出的食物，比如食物h受到污染，那么仅当其他学生避免食用h和f时，才能确保不得病。但是如果在饭店的所有食物中，只有f受到了污染，

这一结论也会扩展到其他学生。

其次,由于这一结论产生的是必要条件意义上的原因,它并不要求任何吃了f的人都会得病,有的人免疫力强大,即使吃了f也不会得病。

最后一点说明了由契合法得出的结论具有"有限的一般性"这一事实。它仅仅直接适用于列举出来的那些场合,以及间接地通过两次归纳推理适用于其他场合。

因而,契合法的用途十分有限。从根本上说,它所阐述的是f是学生得病的一个重大可能因素,并且如果调查人员想要跟踪疾病的原因,他们就应该从这里入手展开调查,查到病因的可能性相对要大。

阅读　运用契合法的注意事项

通过契合法(求同法)进行因果推断的基本逻辑是:假设X是原因,在两个案例中,除X以外的所有其它因素(A、B)都不同,那么这些案例所共有的结果Y,就是原因X导致的结果。这种推断逻辑可简要表示如下表:

	X	A	B	Y
案例1	1	1	0	1
案例2	1	0	1	1

"量化可比"的策略是指选择那些除自变量以外,其它控制变量的"取值"都相等或都不等的案例。在上述表格中,"其它因素"A与B在两个案例中取值各不相同,满足了关于案例比较的"量化可比"要求。

然而,当我们将逻辑因果中不同类型的条件这一因素考虑进去时,这种简单的量化可比思维就存在重要的问题。例如,当条件A与条件B均为影响结果Y的充分条件时,那么在这一比较中,我们就无法了解到底Y为"1"是由于X的影响,还是由于A、B的影响。

通过布尔代数的方式论证如下。

已知$Y = X + A + B$,

当$B = 0$时(即案例1的情况),$Y = X + A$,

当$A = 0$时(即案例2的情况),$Y = X + B$,

因为,布尔代数满足定理:$A + 1 = 1$

所以,当$1 = X + A$时,有$X = 1$或$A = 1$

> 当 1 = X + B 时，有 X = 1 或 B = 1
> 综上，在两个案例中，当 Y = 1 时有三种情况，X = 1 或 A = 1 或 B = 1。
> 由此可见，从逻辑因果的阐释出发，仅仅根据"量化可比"的要求，令所有控制变量"取值"不同并不能完成有效的因果推断。当"其它"条件是影响结果的充分条件时，需要令其值为 0，才能进一步在案例中推断条件 X 对结果的可能影响。

2. 契合法的类型

契合法可分为直接契合法和逆向契合法两类。

（1）直接契合法

直接契合法是用来寻找被研究属性的必要条件的，它的内容是：如果仅有一个可能的条件属性在被研究属性出现的若干场合中都出现，那么这一可能的条件属性就是被研究属性的必要条件。

比如，一个家用计算机的厂商的维修经理注意到，许多计算机被返回修理。这些计算机生产于不同的年份，在不同的城市售给不同的消费者。唯一值得注意的共同因素是这一事实：所有这些计算机都是从海岸区航运来的。由于海岸区的空气中有较高的盐分含量，所以经理得出结论，来自海洋的含盐分空气引起故障。本例用了直接契合法，得出了"来自海洋的含盐分空气是引起计算机故障的必要条件原因"。

举例分析：

据报，在同一饭店吃过午饭的 5 个人都得了肝炎。卫生部门的督察员获知，这 5 人吃的是不同的食物，但在他们都食用过的蔬菜色拉中均有番茄。这是 5 人食用过的唯一相同的东西。督察员得出结论，他们的疾病由番茄所传染。

分析：本例用了直接契合法，验证一个事件或属性与其必要条件之间因果联系的方法。某个单一的因素在被考察现象出现的每一场合始终伴随出现，则可推断这个因素是被考察现象的必要条件。

由于两个理由，直接契合法只能得出可能的结论。

第一，某些重要的可能原因也许被忽略了。例如，若用餐的器具被污染，这 5 个人都购买了路边的瓶装水，肝炎或许是通过它传染的，而不是番茄。

第二，在该事例中，如果一种以上的食物被污染，肝炎或许是通过多种食物一起传染的。因此，论证的强度取决于这两个可能的大小。

此外，得出的结论仅能直接应用于所列举的 5 个场合，而不是适用于在同一饭店吃饭的所有人。结论并不是说，那些不吃番茄的人将不会得肝炎。

相当可能的是，在这没有列举的某种食物也被污染，这时，仅当他们没有吃那种食物，也没有吃番茄的情况下，可以保证其他的用餐者不会得病。但是，如果在该饭店的所有食物之中，唯有番茄被污染，那么，结论也就可以扩展到其他就餐者。这说明这样一个事实，运用直接契合法得出的结论在普遍性上有所局限。结论直接应用于所列举的那几个场合，通过再一次归纳推论，才能直接应用于其他对象。显然，列举的场合越多，可能的因素越多，结论越有普遍性。

结论所说的是，因素b即番茄，是一个非常可疑的致病因素，如果研究者想深究肝炎的根源，这里就是他们的出发点。这并不是说，番茄是那些在该饭店用餐的人，或者在其他饭店用餐的人得病的唯一来源。当然，它也不是说，任何吃了番茄的人都会得肝炎。许多人对肝炎相对免疫，即使吃了被污染的食物，也不得病。

例1：

场合	可能条件属性				被研究属性
	a	b	c	d	S
场合1	+	+	+	−	+
场合2	+	−	+	+	+
场合3	−	+	+	+	+

注：+表示出现，−表示不出现。

假定可能条件属性a、b、c或d被怀疑是被研究属性的必要条件，但究竟是哪一个却不知道；假定通过实验控制或观察，S在条件不同的场合总是出现，而在可能条件属性中，在所有场合都出现的只有c，所以c就是S的必要条件。

这个推理过程如下。

① 场合1表明d不能是S的必要条件。因为根据必要条件的定义，S的必要条件必须是在S出现的任何场合，d都要出现。但在场合1中，S出现而d没有出现。

② 同理，场合2表明b不能是S的必要条件。

③ 场合3排除了a并再次排除了d。

那么，唯一的必要条件候选者就只能是c。

这些观察表明，如果可能条件属性之一事实上是S的必要条件的话，那么就必定是c。从以上推理过程可以看出，它本质上就是排除与被研究属性无条件相干的属性。

在例1中，我们通过三个场合排除了a、b、d作为S的必要条件，事实上，我们可以不需要场合1，因为场合3也可以排除d，甚至一个场合就可以排除a、b、d。

例2：

场合	可能条件属性				被研究属性
	a	b	c	d	S
场合1	−	−	+	−	+

或许有人认为c并非是S的唯一的必要条件，d的不出现也应该是S的必要条件，也就是说，¬d应该是S的必要条件。但请注意，我们这里所考虑的可能条件属性只有a、b、c、d，而¬d不在其中。然而假如我们将a、b、c、d的否定属性加进例2的可能条件属性的目录中，我们就得到如下情况：

例3：

场合	可能条件属性								被研究属性
	简单的				复杂的				
	a	b	c	d	¬a	¬b	¬c	¬d	S
场合1	−	−	+	−	+	+	−	+	+

在这一情形下，就不足以排除所有的其他属性而唯一确定c为S的必要条件。在例3中，场合1表明a、b、d和¬c都不能是S的必要条件，而c、¬a、¬b、¬d就成了可能的候选者，要排除¬a、¬b、¬d，仅靠一个场合是不可能的。那么，至少需要几个场合呢？请看例4。

例4：

场合	可能条件属性								被研究属性
	简单的				复杂的				
	a	b	c	d	¬a	¬b	¬c	¬d	S
场合1	−	−	+	−	+	+	−	+	+
场合2	+	−	+	−	−	+	−	+	+

从例4可以看出，两个场合就可以做到这一点。

综上所述，如果在可能条件属性中，包含有简单属性及其否定属性，那么要得到唯一的可能条件属性作为被研究属性的必要条件，至少需要两个场合。而如果在可能条件属性中仅仅包含有简单属性，那么，要得到唯一的作为被研究属性的必要条件，可能条件属性所需要的场合至少有一个。在这两种情况下，基本的排除规则不变,即当S出现时,某一属性不出现,那么它就不可能是S的必要条件。

下面我们来分析简单属性的析取作为必要条件的情形。例如:在高中阶段成绩优秀或者入学考试成绩优秀是进入大学的必要条件,但很可能不是充分条件,因为如果有犯罪记录或有犯罪倾向的精神失常,仍可能被大学拒绝入学。我们对析取的必要条件感兴趣,是因为它表明了一替换条件域,如果我们要达到我们的目标的话,每一个可替换的必要条件都必须意识到,这样无疑给我们提供了多种达到目标的进路的选择。用直接契合法,我们可以明确这一点。

例5:

场合	可能条件属性					被研究属性
	简单的				复杂的	
	a	b	c	d	b∨c	S
场合1	−	+	−	−	+	+
场合2	−	−	+	−	+	+

在例5中,b∨c就是唯一的当S出现,而它也出现的属性。所以,如果有一个可能条件属性是S的必要条件的话,那么就只能是b∨c。当然,我们也可以通过直接契合法排除b∨c。

(备注:上述逻辑析取符号"∨"代表"或者"的意思)

例6:

场合	可能条件属性					被研究属性
	简单的				复杂的	
	a	b	c	d	b∨c	S
场合1	−	+	−	+	+	+
场合2	+	−	−	+	−	+

在例6中,b∨c就不是S的必要条件,而只有d才是。应该说,直接契合法的推理不是演绎有效的,除非可能条件属性的范围完全确定,并且简单属性足够基本。而事实上,这是不可能的,因为从逻辑可能的角度看,在每一场合中,可能的条件属性是无穷多的,但我们在有限的时段内,只能考察有限的可能条件属性,而把其他的可能条件属性当作是与被研究现象无条件相干的而排除掉了。另外,如果简单属性相对于被研究属性不够基本的话,就会出现在若干场合中与被研究属性共同出现的可能条件的属性并非是必要条件,反而是我

们没有观察到的那些不同的可能条件属性中包含着一个更基本的属性,这一属性才是被研究属性出现的必要条件。

例如:某人一个晚上看了两小时书,又喝了几杯浓茶,结果整夜失眠。第二天晚上读了两小时书,抽了很多烟,结果整夜失眠。第三个晚上他又读了两个小时的书,喝了大量的咖啡,结果又整夜失眠。三个晚上似乎只有一个共同现象,即读了两小时书。

此人运用契合法得出结论,读两小时书是他整夜失眠的原因。但这只是表面上的,在这个现象旁边还有一个更基本的属性我们没有观察到。要提高直接契合推理的归纳强度,最基本的方法就是尽可能地增加被研究属性出现的各种各样不同的场合,以达到必要条件的唯一性。

(2)逆向契合法

逆向契合法是寻找充分条件的方法。发现一个被研究属性S的充分条件,就是去找这样的可能条件属性,无论何时S不出现,它就不出现,实则就是无论它何时出现,S也会出现。

该法的内容是:如果仅有一个可能条件属性在被研究属性不出现的每一场合,它也不出现,那么该可能条件属性就是被研究属性的充分条件。

比如,一个初中二年级老师有6个学生阅读能力很差。这些学生来自不同人口的家庭,有不同的社会和经济背景,在小学就读于不同的学校。他们具备的唯一共同的因素是在一年级缺乏任何发声学指导。老师得出结论,发声学可使儿童成为好读者。

本例用了逆向契合法,得出了"发声学指导是成为好读者的充分条件原因"。

例1:

场合	可能条件属性				被研究属性
	a	b	c	d	S
场合1	−	+	−	−	−
场合2	−	+	−	−	−
场合3	+	−	+	−	−

从例1可以看出,只有d是在S不出现的每一场合,它都不出现。因此,如果有一个可能条件属性是S的充分条件的话,那么就只能是d。

逆向契合法可以被看作直接契合法运用于否定的属性,这样做的根据是:如果¬d是¬S的必要条件,那么d就是S的充分条件。看以下举例:

例2：

场合	S的可能充分条件				¬S的可能必要条件				被研究属性
	a	b	c	d	¬a	¬b	¬c	¬d	¬S
场合1	−	−	−	−	+	+	+	+	+
场合2	−	+	+	−	+	−	−	+	+
场合3	+	−	+	−	−	+	+	+	+

从例2可以看出，运用直接契合法，我们可以得到¬S的必要条件是¬d，根据必要条件和充分条件相互转换的原则，那么d就是S的充分条件。

逆向契合法的排除规则是：当被研究属性S不出现时，而某一属性出现，那么它就不能是S的充分条件。

（3）双契合法

就目前而言，已知直接契合法是用来寻找必要条件的方法，逆向契合法是用来寻找充分条件的方法。为了寻找一个被研究属性的充分必要条件，我们可以考虑将它们结合在一起。

场合	可能条件属性								被研究属性
	简单的				复杂的				
	a	b	c	d	¬a	¬b	¬c	¬d	S
场合1	+	−	+	−	−	+	−	+	+
场合2	−	+	+	+	+	−	−	−	+
场合3	−	+	−	+	+	−	+	−	−
场合4	+	−	−	−	−	+	+	+	−

这是一个将直接契合法和逆向契合法结合使用的例子，有时又称双契合法。

通过场合1和场合2，即使用直接契合法排除其他属性，我们可以得到c为S的唯一必要条件。

而通过场合3和场合4，即使用反向契合法可以排除其他属性为S的充分条件，得到c为S的唯一的充分条件。

于是我们得出，如果可能条件属性中有一个是S的充分必要条件，那么必定是c。

三、契合法评估

从以上论述可以看出，契合法就是通过消除不相干因素，找出一个共同特征，由此断定该特征与所研究事件有因果联系。

契合法的缺陷在于，如果无法说明其他因素不重要，由于无法解决变量和结果之间存在的"多重因果性"，即各类变量/原因相加导致的相同结果，就会降低理论的解释力。因此通常情况下，在定性的研究中，如果仅仅停留在对于少量因素的求同，就无法得出正确的结论。

评估运用契合法推出的因果主张，可提出如下批判性问题：

CQ1：考察的场合是否足够多？是否有反例存在？

使用契合法时，前提并没有对出现被研究现象的所有场合都加以考察，而只考察了部分场合；因此，要想把契合法运用得好，应注意：尽可能多地考察有被研究现象出现的不同场合。考察的场合越多，越能排除偶然性。因为这样各场合共有一个不相干的共同现象的可能性越小，从而结论的可靠性程度相应也就得到了提高。

例如：《新民晚报》1995年10月16日报道，国际学术界研究发现，神童与父母双亲的年龄差距有密切联系。丹麦一位学者收集了世界历史上两千多位名人、天才人物出生时父母的年龄，包括各行各业。结果发现，他们父母年龄差距都比较大，最小的相差七岁，最大的差五十多岁。比如，孔子父母相差54岁；柴可夫斯基父母相差18岁；居里夫人父母相差11岁；果戈理父母相差24岁；爱因斯坦父母相差11岁；贝多芬父母相差10岁。

这一推理虽然收集了两千多个例子，但这些都是名人、天才人物出生时父母的年龄差距大的情况，没有考虑普通人物出生时父母的年龄差距小的情况，所以，其结论不够有说服力。

CQ2：不同场合中所具有的相同因素是不是唯一的？在所比较的两种现象之间是否存在其他相同的因素？

契合法的局限在于仅仅依靠该方法往往不足以确定待寻找的原因。当研究发现所有事例中共同的因素不止一个时，只使用该技术不能评判这些不同的可能性。

场合	先行情况	被研究现象
（1）	T、A、B、C	a
（2）	T、A、D、E	a
（3）	T、A、F、G	a

这时，除A外，T也可能是导致a出现相同因素，因此，推断出A与a之间的因果关系受到严重质疑。

不同场合中的先行情况是众多的和复杂的，往往无法加以考察，这样就可能会把与被研究现象不相干的表面相同的先行情况看作是它的原因，而把表面看来不相同实质上却隐含着共同因素的先行情况当作无关情况而加以排除，因而获得的结论就不可靠。因此，要注意考察各种场合中是否有无其他共同情况。

应用契合法要注意：考察各种场合中是否存在其他隐含的相同因素。有时人们忽略了不同场合中的另一个相同情况，而它可能恰好就是被研究现象的真正原因。

例1：积雪和棉花有许多不同之处，但都有保温的效果。二者表面的相同点是颜色相同，内在的相同点是疏松多孔，能存储空气。显然，颜色并不是保温的原因，疏松多孔才是保温的原因。

分析：使用契合法，不能仅凭表面相同的情况匆忙地下结论，否则就可能产生谬误。而应该找出实质性的相同点。

例2：售货员对顾客说：压缩机是电冰箱的核心部件，企鹅牌电冰箱采用与北极熊牌电冰箱同样高质量的压缩机，由于企鹅牌冰箱的价格比北极熊牌冰箱的价格要低得多，所以，当你买企鹅牌冰箱而不是北极熊牌冰箱时，你花的钱少却能得到同样的制冷效果。

分析：这是一则用契合法做出的论证，即比较两个对象所具有的相同点（压缩机），并以此相同点为原因推出其产生的结果（制冷效果）也相同。要得出该论证的结论，就必须假设压缩机是影响制冷效果的全部原因（唯一的原因）。若事实上，电冰箱的制冷效果仅仅是由它的压缩机的质量决定的，就能合理地推出售货员的结论。

例3：光线的照射，有助于缓解冬季忧郁症。研究人员曾对九名患者进行研究，他们均因冬季白天变短而患上了冬季抑郁症。研究人员让患者在清早和傍晚各受三小时伴有花香的强光照射。一周之内，七名患者完全摆脱了抑郁，另外两人也表现出了显著的好转。由于光照会诱使身体误以为夏季已经来临，这样便治好了冬季抑郁症。

分析：上述研究人员得出这个结论的方法就是契合法，即其他条件都不同，只有光照相同。若事实上，每天六小时的非工作状态，改变了患者原来的生活环境，改善了他们的心态，这是对抑郁症患者的一种主要影响。这对以上的实验进行了另一种解释，从而表明，光线照射的增加，和冬季忧郁症缓解这两者之间的联系只是一种表面的非实质性的联系。这就有力地削弱了以上的结论。

例4：尽管迈克一贯胃口不好，但是他却非常喜欢在德普饭店吃的三顿饭。然而不幸的是他每次饭后都得了病。第一次，他吃了一块巨大的香肠比萨饼外加一道辣椒；第二次，他尽其所能吃了"吃你所能吃炸虾"和辣椒特价菜；第三次,他就着辣椒吃了两个德普饭店的大肉团三明治。因为这三顿饭中每次都有的菜,只有辣椒,所以迈克推论出他生病就是因为德普饭店的辣椒。

分析:上述推理运用的是契合法:迈克在饭店吃了三餐饭后都得了病,他吃的三餐饭都不同,但每餐都包含有辣椒这个共同因素,因此,他认为生病的原因就是辣椒。显然,迈克的推理是存在缺陷的。如果他除了每餐都包含有辣椒这个共同因素外,还有别的共同因素,比如这三餐饭他都吃得太多了,那么,就不能认为生病的原因就是辣椒,而是另外的共同因素,即吃得太多造成的。

案例　疟疾的防治

开初,人们只知道疟疾是由疟原虫引起的,它一旦钻入人体,便会致病。但是,人们并不知道疟原虫是怎样钻进人体的。因此必须寻找出传播疟原虫的媒介物,防治疟疾才有可能。

1895年7月,英国医生罗斯为寻找传播疟原虫的媒介物,从英国来到了疟疾猖獗的印度。他调查了几个疟疾流行最严重的地区,这些地区的自然条件和社会条件并不相同,但为什么疟疾同样流行呢?他发现这些地区有一个共同的特点:蚊子特别多,他想:难道传播疟原虫的是它?原来罗斯经过反复实验,证实了自己的推论。他因此而获得了诺贝尔奖。

罗斯所应用的就是契合法,罗斯在印度调查了疟疾猖獗的几个地区,发现这些地区的自然条件和社会条件很不相同,只有一个唯一共同的先行情况:蚊子特别多(A)。于是得出结论:疟原虫通过蚊子钻入人体(A)是发生疟疾(a)的原因。

而在罗斯之前,欧洲人一直认为引起疟疾的原因是沼泽地,因为凡是流行疟疾的地方都有沼泽地这一共同情况。后来,罗斯才发现产生疟疾的原因不是沼泽地,真正原因是疟原虫通过蚊子叮咬钻入人体。沼泽地只是容易孳生蚊子,因此容易流行疟疾。把沼泽地当作了引起疟疾的原因,这是将原先的相同情况找错了。由此可见,在寻找原因的时候,不能被表面现象所迷惑,而应仔细加以分析。

CQ3:表面相同是否有实质不同?表面不同是否实质相同?

在运用契合法时,要注意被研究现象有时表面相同但实质上有差异。而在先行因素中有时表面看起来是不同的,但实际上隐含着实际相同的因素,这时,推断出 A 与 a 之间的因果关系受到严重质疑。

场合	先行情况	被研究现象
（1）	A、B、C	a
（2）	A、D、E	a
（3）	A、F、G	a

比如B、D、F表面不同，实质相同。

例1：什么东西使酗酒者多次喝醉？他仔细观察，第一晚他喝的是苏格兰酒和苏打，第二晚喝的是波旁酒和苏打，接着是白兰地和苏打、朗姆酒和苏打、杜松子酒和苏打。他发誓再不碰苏打！

分析：这一推理显然是错误的。虽然相同点是苏打，但却不是喝醉的真正原因。苏格兰酒、波旁酒、白兰地、朗姆酒、杜松子酒等虽然是不同的酒，但实质相同，都是酒，喝醉是其中的酒精引起的。

例2：某人一连三个晚上失眠，回想起来，第一天晚上看了书，喝了几杯咖啡；第二天晚上也看书，喝了几杯浓茶；第三晚上同样看了书，还吸了许多香烟。于是他断定看书是失眠的原因。

分析：这个结论显然是不对的，原来另一个真正的原因他没有注意到，咖啡、浓茶、香烟虽是三个不同的东西，但它们却有一个共同的因素，即有大量的兴奋剂，而这才是引起失眠的真正原因。假如再考察第四天和第五天，虽然同样每晚看书，但只喝了几杯白开水，结果失眠现象消失了，这样也就不容易把每晚看书误认为是失眠的原因。

CQ4：相同点是导致某一现象产生的部分原因，还是全部的或唯一的原因。

在运用契合法时，有时所发现的共同因素虽然是结果的原因，但只是部分原因或次要的原因，此时，还需要分析出导致结果产生的其他原因或主要原因。

例：在一项学习实验中，一位研究人员将老鼠置于一个迷宫之中，有的老鼠是瞎子，有的老鼠是聋子，有的老鼠没有嗅觉，还有一些老鼠没有感官缺陷。但是，所有的老鼠都在几乎同样多的时间里学会了自己的任务。在除视觉、听觉和嗅觉之外的感觉中，只有动觉以前没有被表明与迷宫学习无关。以这些事实为基础，研究人员得出结论说：动觉即身体运动的感觉对迷宫学习就已经足够了。

分析：研究人员运用契合法得出了结论。这一推论是有缺陷的，因为虽然老鼠都失去了一种感觉，但不是同时失去所有动觉以外的感觉，因此，有可能是动觉和其他感觉相结合进行迷宫学习。

第二节 差异法

差异法，也叫求异法，是指这样一种方法：如果某一现象在一种场合下出现，而另一场合下不出现，但在这两种场合里，其他条件都相同，只有一个条件不同（在某现象出现的场合里有这个条件，而在某现象不出现的那一场合里则没有这个条件），那么，这唯一不同的条件，就是某现象产生的原因。

一、差异法概述

差异法不关注在产生结果的事例中什么是共同的，而是关注在产生结果的事例和没有产生结果的事例之间存在什么差异。当我们去除某个因素时，待考察的现象也不再发生，当我们将该因素引进来时，考察的现象发生了，此时，我们将相当肯定地找到我们考察的现象的原因或原因的一个不可缺少的部分。

1.差异法的结构

差异法可用下述公式来表示：

场合	先行情况	被研究现象
（1）	A、B、C	a
（2）	—、B、C	—

所以，A是a的原因（或结果）

例1：研究人员将角膜感觉神经断裂的兔子分为两组，实验组和对照组。他们给实验组兔子注射了一种从土壤霉菌中提取的化合物。3周后检查发现，实验组兔子的角膜感觉神经已经复合，而对照组兔子未注射这种化合物，其角膜感觉神经都没有复合。研究人员由此得出结论：该化合物可以使兔子断裂的角膜感觉神经复合。

例2：化学课上，张老师演示了两个同时进行的教学实验：一个实验是$KClO_3$加热后，有O_2缓慢产生；另一个实验是$KClO_3$加热后迅速撒入少量MnO_2，这时立即有大量的O_2产生。张老师由此指出：MnO_2是O_2快速产生的原因。

例3：在新近的医学实验中，对黄热病免疫的20名志愿者，在一种防蚊的环境中，与已经出现黄热病症状的病人生活很长一段时间。志愿者经常与这些病人接触，但没有一个志愿者染上黄热病。当该实验在不防蚊的环境中重复时，几名志愿者被蚊虫叮咬。在这种情况下,被叮咬过的志愿者全都染上了黄热病。基于这个实验,可以有信心推出:蚊虫的叮咬,而不是与患这种病的病人接触,是患黄热病的原因。

例4:为了确定一种石油添加剂的效果,检测公司购买两辆同样的汽车行驶3万英里进行检测,使用相同的汽油、机油和同一驾驶员。在一辆车的发动机的油中包括添加剂,另一辆并不包括。行驶结束后,两辆车的发动机都被拆除检验,发现使用添加剂的发动机较少磨损。检测公司得出结论,石油添加剂引起减少磨损。

例5:在一千多年之前,埃塞俄比亚的凯夫镇上有个牧羊人。有一次,他到一块新的草地上去放牧。每天放牧回来,温驯的羊兴奋得疯疯癫癫的,到处乱跑。多年的放牧经验告诉他,羊可能吃了一种新的草。他对新旧两块放牧草地进行观察和比较,发现在新放牧的草地上有种从未见过的草,开着白花,结着浆果。经过反复试验,证实就是它使羊一反常态。后来,这种植物的浆果就成了制作咖啡的原料。

例6:母鼠对它所生的鼠崽立即显示出母性行为。而一只刚生产后的从未接触鼠崽的母鼠,在一个封闭地方开始接触一只非己所生的鼠崽,七天后,这只母鼠才显示出明显的母性行为。如果破坏这只母鼠的嗅觉,或者摘除鼠崽产生气味的腺体,上述七天的时间将大大缩短。

根据上述断定,由差异法显然可推出,非己所生的鼠崽的气味是母鼠对其产生母性行为的障碍。

例7:各品种的葡萄中都存在着一种化学物质,这种物质能有效地减少人血液中的胆固醇。这种物质也存在于各类红酒和葡萄汁中,但白酒中不存在。红酒和葡萄汁都是用完整的葡萄作原料制作的;白酒除了用粮食作原料外,也用水果作原料,但和红酒不同,白酒在以水果作原料时,必须除去其表皮。

这是使用差异法做出的论证,差异因素是"葡萄皮",比较的现象是"含降低胆固醇的物质",得出的结论就应该是:差异因素(葡萄皮)是导致某种现象(含降低胆固醇的物质)产生的原因,因此合理的推论是:能有效地减少血液中胆固醇的化学物质,只存在于葡萄的表皮之中,而不存在于葡萄的其他部分中。

例8:在1988年,波罗的海有很大比例的海豹死于病毒性疾病;然而在苏格兰的沿海一带,海豹由于病毒性疾病而死亡的比率大约是波罗的海的一半。波罗的海中的海豹血液内的污染性物质水平比苏格兰海豹的高得多。因为人们知道污染性物质能削弱海洋生哺乳动物对病毒感染的抵抗力,所以波罗的海中海豹的死亡率较高很可能是由于它们的血液中污染性物质的含量较高所致。

以上论述根据,波罗的海中的海豹由于病毒性疾病而死亡的比率大约是苏格兰沿海的海豹的两倍,波罗的海中的海豹血液内的污染性物质水平比苏格兰海豹的高得多,从而得出结论,波罗的海中海豹的死亡率高是由于它们的血液中污染性物质的含量较高所致。若发现,1988年,在波罗的海内的除了海豹之外的海洋生哺乳动物死于病毒性疾病的死亡率要比苏格兰海岸沿海水域的高得多。这作为一个新的证据,表明了污染性物质能使海洋生哺乳动物死于病毒性疾病的死亡率上升,有力地支持了上述论证。

2.差异法的特点

差异法的特点是同中求异(只有一个因素不同,其余相同)。

差异法大多是以实验观察为依据的。由于它能够经过人们自觉的安排,既考虑到被研究对象出现的场合,更注意到被研究对象不出现的场合。因此,它的结论比契合法的结论更为可靠。正是因为差异法所得结论的可靠程度高,因此,人们经常使用这种逻辑方法来探寻现象间的因果联系。比较某现象出现的场合和不出现的场合,如果这两个场合除一点不同外,其他情况都相同,那么这个不同点就是这个现象的原因。

比如,当我们研究胃不适问题时,如果我们已经知道得病的所有人吃了甜点罐装梨子,而没有吃那些梨子的人没有得病,我们能相当自信地认为,我们已经找到了该病的原因。

例1:某食品研究中心把两块同样的鲜牛肉同时放上大肠杆菌和沙门氏菌,其中一块经过辐照后长时间内仍然保持新鲜,而另一块没有经过辐照的牛肉很快就腐烂了。由此推断,利用辐照的放射线杀死细菌是使牛肉保鲜的原因。

例2:以前有的心理学家曾经认为,盲人的皮肤感觉非常发达。在他接近物体时,能用面部皮肤感知空气的回流来躲避障碍物。有人把盲人的这种本能称为"面部视觉"能力。后来心理学家做过这样的试验。把盲人的面部用毯子遮住,他们仍然能回避障碍物,从而推翻了过去的结论,而把他们的耳朵塞住或让他们赤脚在地毯上行走,便丧失了回避障碍物的能力。这个试验揭示出盲人的"特异功能",那就是具有高度发达的听觉能力。

案例 巴斯德实验

在1881年5月5日,法国生物学家巴斯德就对一个牧场的50只羊做过炭疽病毒的免疫实验。巴斯德对牧场周围观看热闹的人说:"诸位先生,我现在把这50只羊分成两群,我将给其中的一群羊注射炭疽病的菌苗,而不给另一群羊注射,过12天,我还要这样重复一遍。再过

> 12天，我将给这50只羊全部注射新鲜的、剧毒的炭疽病菌，请大家记住，注射炭疽菌两天后，先前没有接种菌苗的25只羊将全部死掉，而接种过菌苗的25只羊一只也不会死。"看他说的，人们窃窃私语。然而，到了6月1日，人们再来牧场时，展现在他们面前的情景和巴斯德预言的完全一样。
>
> 巴斯德的实验运用的就是差异法。两群羊中的一群接种过炭疽病菌苗，而另一群没有。两群羊在这唯一不同的情况下，都注射了炭疽病菌，两天后，前者安然无恙，而后者全部死去。由此可知，接种炭疽病菌苗的羊群免疫的原因。

3. 差异法和对照实验

差异法的目的是确定预先选择好的条件是否是现象的原因，这个预先选择好的条件在两个场合中的一个出现，在另一个不出现。而并用法的目的是将被选出的一系列条件汇总，确定哪一个条件是现象的原因。通过运用充分条件和必要条件的相关规则，（一个人希望）并用法把一系列条件减少到仅有一个。

差异法在几乎所有类型的科学研究中起着中心作用，为了检查的某种因果关系是否为真，最可靠的实验方法是改变原因后，看结果是否不同。差异法的推理在科学研究中，特别是科学实验中，就是对照实验方法，是一种被广泛运用的方法。

对照实验包含两组对象：一个实验组，一个对照组。实验组由接受一定处理的对象组成，而对照组则由没接受处理的对象组成，除此之外，与实验组的成员从属相同的条件。然后，在实验组中加入某种情况（即某种条件、某种原因），进一步观察被研究对象是否出现。在对照组中，则不加入某种情况。再将两个场合的情况进行比较，推出可靠性程度较大的结论。

科学史上许多重要发现和科学原理都是在科学实验中运用差异法取得的。例如"空气能传声""氧气能助燃"等原理都是运用差异法得到的。

例1： 阿德莱德大学的研究人员在一项食用大蒜的实验研究中，将受试者分为两组。第一组的受试者在3至6个月中每天服用600～900毫克含有蒜素的营养补充剂，对照组人员服用安慰剂。研究结果显示，服用蒜素营养补充剂的高血压患者的高压平均降低了8.4毫米汞柱，低压平均降低了7.3毫米汞柱。

上述对比实验的结果显然有利于说明：食用蒜素有助于降低血压。

例2： 研究人员安排了一次实验，将100名受试者分为两组：喝一小杯红酒的实验组和不喝酒的对照组。随后，让两组受试者计算某段视频中篮球队员相互传球的次数。结果发现，对照组的受试者都计算准确，而实验组中只有18%的人计算准确。经测试实验组受试者的血液中酒精浓度只有酒驾法定值的一半。由此专家指出，这项研究结果或许应该让立法者重新界定酒驾法定值。

上述对照实验发现，喝一小杯红酒的人虽然血液中酒精浓度只有酒驾法定值的一半，但比不喝酒的人判断力要明显低；从而得出结论，应该重新界定酒驾法定值。

例3：科学家给内蒙古的40亩盐碱地施入一些发电厂的脱硫灰渣，结果在这块地里长出了玉米和牧草，科学家得出结论：燃煤电厂的脱硫灰渣可以用来改造盐碱地。

若发现，这40亩试验田旁边没有施用脱硫灰渣的盐碱地上灰蒙蒙一片，连杂草也很少见。由差异法可知，脱硫灰渣是盐碱地改良的原因。这就有力地支持了科学家得出的结论。

例4：游隼的数目在20世纪50年代迅速下降，并且在20世纪70年代达到空前的最低点。这种下降被科学家归因于乡村地区广泛使用的杀虫药DDT。

以上论述由"游隼数量快速下降"这一事实，得出一个解释性的结论"DDT是原因"。若进一步发现，在1972年后DDT被禁止使用的时间里，游隼的数目已经稳定增加。相当于"没有DDT，就没有游隼数量的下降"，由此强化了使用DDT和游隼数量快速下降的因果关系，从而有力地支持了科学家的主张。

例5：许多孕妇都出现了维生素缺乏的症状，但这通常不是由于孕妇的饮食中缺乏维生素，而是由于腹内婴儿的生长使她们比其他人对维生素有更高的需求。

为了评价上述结论的确切程度，有效的操作办法是，对日常饮食中维生素足量的一个孕妇和一个非孕妇进行检测，并分别确定她们是否缺乏维生素。若发现，非孕妇不缺乏维生素而孕妇缺乏维生素，则腹内婴儿就可被认为是孕妇维生素缺乏的原因；反之，如果非孕妇也缺乏维生素，则不能认为腹内婴儿是孕妇维生素缺乏的原因，可能是所有妇女都缺乏维生素了。

例6：研究人员把受试者分成两组：A组做十分钟自己的事情，但不从事会导致说谎行为的事；B组被要求偷拿考卷，并且在测试时说谎。之后，研究人员让受试者戴上特制电极，以记录被询问时的眨眼频率。结果发现，A组眨眼频率会微微上升，但B组的眨眼频率先是下降，然后大幅上升至一般频率的8倍。由此可见：通过观察一个人的眨眼频率，可判断他是否在说谎。

上述研究人员通过把受试者分成两组进行对比试验后得出结论：眨眼频率与说谎有因果关系。由于对比实验的结果要有说服力，必须保证背景相同，即要求两组测试对象之间除了说假话外，在其他方面没有重大差异，否则，测试结果的差异有可能不是源自是否说谎，而是源自其他方面的差异，为了评价上述结论的确切程度，可以考察的问题有：A组和B组受试者在心理素质方面有很大差异吗？B组受试者是被授意说假话，而不是自己要说假话，由此得出的说假话与眨眼之间的关联可靠吗？用于A组和B组的仪器设备是否有什么异常？A组和B组受试者有没有配合实验结果的心理？

案例　基因剔除

医疗研究人员对特定蛋白质的效果进行的研究，这种蛋白质被怀疑与某种疾病的发展有关联。待考察的物质是否真的是原因（或者原因的一个不可缺少的一个部分），只有在我们建立了一个该物质被排除的实验环境的时候才能确定。当然，研究人员只能是在老鼠身上而不是在人身上进行该研究：从染上同样疾病的老鼠的身上去除产生可疑蛋白质的基因。处理过的老鼠进行近亲交配，以产生后代。这些后代被称为"基因剔除老鼠"。该老鼠与其他患有该种疾病的老鼠除了由基因剔除产生的差别外其余的完全一样，老鼠身上由基因剔除而缺少的物质被假定为原因。这样的研究在医疗上产生了重大进展。

案例　蜥蜴实验

美国纽约州立大学的两位女生物学家发现，有一种蜥蜴头顶上有第三只眼，具有辨别方向的功能。巴巴拉艾利斯昆恩和卡洛西蒙在亚历桑纳州山区研究一种蜥蜴，发现蜥蜴头顶上有第三只眼，可以辨别方向，于是就做了一项实验。她们共抓了80只蜥蜴，其中40只在头上涂上油漆，其余40只未涂，再将这80只蜥蜴全部带到和它们住家相隔150米远的地方，结果发现，未涂油漆的蜥蜴，不到半个钟头的时间就可以找到家，但是头上涂过油漆的蜥蜴，就如同没头苍蝇般地乱闯，始终找不到归途。这项实验证明了蜥蜴头上的第三只眼，果然是蜥蜴有方位感的主要原因。

案例　新药测试

为了测试某种针对儿童注意力缺陷多动障碍（多动症）的新药的有效性，可以进行一次试验。选取50个患有多动症的儿童，随意选取其中25个安排在实验组，另外25个安排在对照组。给实验组的儿童服用这种药物，可能是在一个教室的情况下，给对照组的儿童服用无效对照剂（糖丸），这可以以"双盲"为基础进行，以便孩子和进行试验的人员都不会预先知道谁会得到药物，目的是尽可能多地控制条件。然后记录下50个儿童中的每一个人在一个时期内，如一个小时内的消极行为。比如应该记下以下行为：每次孩子离开他/她的座位、打扰别人、烦躁、不听从指令等。

这样的试验结果预计会遵循正态分布曲线（钟形曲线）。其中一条曲线代表实验组，另一条代表对照组。假定药物有效，两条曲线可能互相远离，但也可能部分重叠。这就意味着实验组的某些儿童比对照组的某些儿童表现出了更多的消极行为，但大多数实验组的儿童比大多数对照组的儿童表现出较少的消极行为。然后对两条曲线运用统计学方法去确定药物的有效性。

二、差异法分析

差异法的核心逻辑就是，在其他条件一致时，导致结果不同的差异即为原因。差异法成立的前提是严格的准实验状态，即通过控制变量来达到准实验状态，否则就可能因为无法消除竞争性解释而降低理论的可信度。

案例1：A+B+C+D+E→Y

案例2：~A+B+C+D+E→~Y

在上述两个案例中，如果因素A的差异导致了结果Y的差异，就可以认为A是Y的原因。

如果在一个事例中被研究现象发生，在另外一个事例中该现象不发生，两个事例中的事态除了这一个事态不同外（该事态仅在现象发生的过程中），其他均相同，该事态（它使两个事例产生区别）便是该现象的结果或原因，或者为原因中的一个不可缺少的部分。

某个单一的因素在特定场合出现，但在被研究现象不出现的一个类似场合不出现，则可推断这个因素是被考察现象的充分条件。这种方法通常在实验控制的环境下进行。

差异法系统地用于确定单一因素，这一因素在被研究现象出的场合是出现的，在被研究现象不出现的场合是不出现的。这种方法是在充分条件的意义上确定原因的。

为了更清楚地说明这种方法的运用，我们在前述食物中毒的案例中，这五个人改为一对完全一样的同卵双胞胎，他们对于食物中毒的过敏性完全相同，去那家饭店用餐，除了其中一个点了g作为甜点，另一个没点外，他们所点的其他食物都相同。也就是说，g是两餐的唯一不同之处。后来，双胞胎中点g的那个生病了另一个却没有。顺理成章的结论就是g引起了疾病。

一对双胞胎，甲和乙在一家饭店用餐。她们对于食物中毒的过敏性完全相同。如果我们分别用场合1与场合2代表甲和乙，a代表她们对于食物中毒的特定过敏性，甲吃的食物是b、c、d、e、f和g。乙吃的食物是b、c、d、e、f，但没吃g。之后，甲生病了，乙却没有得病。问题：哪种食物引起了甲的疾病？

我们用+号代表某条件出现，−号代表某条件未出现。

场合	双胞胎	先行因素							过敏症状
		a	b	c	d	e	f	g	S
1	甲	+	+	+	+	+	+	+	+
2	乙	+	+	+	+	+	+	−	−

与契合法一样，我们着手消除某些条件。但是在此种情况下，我们使用"一个条件对于现象的发生不是充分的，如果它出现时现象不出现"这一规则。因此，场合2消除了a、b、c、d、e和f，这样只剩下g作为现象的充分条件。因而，g成为引起甲的疾病的原因。

由于使用差异法得出结果仅适用于一个场合，在这个场合里现象是出现的，因此与通常适用于若干个场合的契合法相比，它经常不易于归纳概括。所以，g可能导致甲生病的单一事实并不意味着它会让其他吃g的顾客生病。也许那些人对食物中毒具有比甲或乙更强的抵抗力。但是考虑到其他人在相关方面与甲和乙是相似的，因而这一结果经常被一般化，也涵盖到其他人。至少如果饭店的其他顾客也生病了，g使甲生病这一事实表明：当调查人员试图解释其他人生病的原因时，他们应该从这里着手去解决。

然而，使用差异法得出的结论仅仅是可能的，甚至对于它所直接适用的一个场合也是如此。问题在于两个场合不可能在每一个方面都严格地一致。这样的差异可能微不足道，但仍存在着误差的可能性。如何将有意义的差异与无意义的差异区分开来，这一点也不显而易见。再者，列举所有的可能条件也是不可能的；但没有这样的列举，有意义的条件不被忽略这一点就不能得到保证。

差异法的目的是确定特定场合出现的条件中的充分条件。然而，有时有一个因素的不出现可被看作必须予以考虑的正事例。例如，在饭店吃饭的双胞胎都对奶制品过敏，但他们通过服用乳糖酶药片能避免过敏反应。我们进一步假定两个双胞胎都吃了含有奶酪的食物g，但只有乙服用了药片，饭后，甲得病了，这样我们就可以把甲的疾病归因于乳糖酶的缺失。

下面我们用h代表乳糖酶药片，下面是修改后的表格：

场合	双胞胎	先行因素								过敏症状
		a	b	c	d	e	f	g	h	S
1	甲	+	+	+	+	+	+	+	−	+
2	乙	+	+	+	+	+	+	+	+	−

使用消除规则，我们看到场合2消除了a到g作为充分条件，这样只留下了¬h（乳糖酶不出现）作为甲疾病的原因。在这种情况下，g就不再被认定为原因，这是由于乙（场合2）吃了g但却没有生病。

阅读　运用差异法的注意事项

通过差异法（求异法）进行因果推断的基本逻辑是：假设X是原因，在两个案例中，如果所有其他因素都相同，仅有X分别存在于一个而不存在于另一个，并且结果Y的发生情况在两个案例中也有相同的对应关系，那么X与Y之间就存在因果关系。这种推断逻辑可简要表示如下表：

	X	A	Y
案例1	1	1	1
案例2	0	1	0

根据这一逻辑，若想证伪X与Y之间的相关性，可通过寻找两个案例，使其满足如下表：

	X	A	Y
案例3	1	0	0
案例4	0	0	0

从实验的逻辑来看，通过案例3与案例4来证伪X与Y之间的关系似乎并无不妥，因为从取值的角度来看，其他相关的影响变量都得到了有效的控制。然而，当我们将不同类型的逻辑因果条件纳入考量时，这一"量化可比"的策略便再次令人失望。

例如，先行研究显示，政府干预（A）是经济发展的一个必要条件，一项新的研究试图在此基础上考察劳工压制（X）是否为经济发展（Y）的另一必要条件。那么，基于案例3与案例4的研究设计并不能证伪劳工压制作为必要条件的影响，因为研究者无法排除以下因素：两个案例中的经济停滞现象，均由缺乏政府干预引起。

布尔代数可以用非常简单的过程将这一问题展示出来：

已知X、A与Y的关系为Y=X*A，

因为，有定理A*0=0，

所以，当A=0时，Y=X*0=0

综上，在案例3与案例4中，结果Y=0被A=0的完全影响所决定，因此X对Y的影响既无法得到证实也无法得到证伪。因此，若想考察X与Y的关系，需要在其他必要条件均为1的情况下进行比较。

差异法是用来寻求在特定的场合下，被研究属性的充分条件。在被研究属性出现的场合与被研究属性不出现的场合中，只有一个可能条件属性与被研究属性同时出现和不出现，那么该属性就是被研究属性的充分条件。

例：

场合	可能条件属性				被研究属性
	a	b	c	d	S
场合1	+	+	+	−	+
场合2	−	+	+	−	−
场合3	−	−	−	+	−

从上例可以看出，只有a才是S的充分条件。我们首先通过特定的场合1确定被研究属性S的充分条件的候选者为a、b、c，然后通过场合2排除b、c是S的充分条件，最后通过场合3排除d为E的充分条件。

例如，科学家发现黄热病被传播的唯一的充分条件是蚊子传播，就是一个运用差异法的例子。下面我们重构他们的探索过程。

通过一定的场合，科学家筛选出感染黄热病的途径有两种可能：一是通过接触黄热病人使用过的各种日常生活用品而感染；二是通过被吸食过黄热病人的蚊子叮咬后感染。接着再通过另一个场合，在这一场合中，让实验人不被带有黄热病毒的蚊子叮咬，而穿上黄热病人曾穿过的衣服，使用他们用过的茶具和被褥，最终该实验者未得黄热病。

令 a 代表可能条件属性——接触病人的用具，b 表示可能条件属性——被带病毒蚊子叮咬，S 表示被研究属性——得黄热病，将以上过程表格化如下：

场合	可能条件属性				被研究属性
	a	b	¬a	¬b	S
场合1	+	+	−	−	+
场合2	+	−	−	+	−

差异法具体使用的排除规则是：当 S 不出现时，凡出现的可能条件属性都不可能是充分条件。从本例中可以看出，若有一个可能条件属性是被研究属性的必要条件的话，那么一定是 b。

差异法推理仍然是或然性的。因为与被研究属性同时出现和不出现的属性可以无穷，我们只考虑了有限几个，难免忽略掉真正的充分条件。因此，要提高差异法的可靠性，就要注意是否还有其他与被研究属性共存共亡的可能条件属性，从而找到真正条件相干的属性。

三、差异法评估

差异法存在逻辑和实际操作的问题。首先，差异法对于准实验状态存在高度的依赖，由于科学研究中很难找到两个只有条件 A 不同而其他因素都一样的案例或样本，通常只能够对于变量进行近似的控制，因此差异法往往会存在较多的竞争性解释，即被研究者所忽视的差异会削弱解释变量的因果解释。因此，研究者在最大程度地控制差异之后，往往还需要解释为什么其他的差异（竞争性解释）并不重要。除此之外，仅仅停留在联列表的差异法，在逻辑上仍然是一种相关性的推断，还需要通过案例研究来增强其因果解释。

应用差异法要注意：前提中比较两个不同场合所出现的不同情况，必须是唯一的，而且确实不同。如果所比较的两个不同场合中出现的不同情况不是唯一的，或者所比较的两个不同场合中出现的"不同情况"实际上是相同的，那么差异法就失去了根据，其结论就是不可靠的。

评估运用差异法推出的因果主张，可提出如下批判性问题：

CQ1：先行情况和被研究现象之间是否具有实质性的因果联系？

即要从导致不同结果的原因方面来考察并确认差异因素是唯一、关键的或必不可少的。

例1：早期人类的骸骨清楚地显示他们比现代人更少有牙齿方面的问题。因此，早期人类的饮食很可能与今天的非常不同。

分析：以上是运用差异法做出的论证，比较的对象是早期人类与现代人，先行情况中的差异因素是"饮食"，比较的现象是"牙齿健康"，差异法的结论：差异因素（饮食情况）是导致某种现象（牙齿健康）产生的原因。要使这个论证成立，就必须确认"饮食情况"这个差异因素是对"牙齿健康"这个现象的出现是关键的，即饮食是影响牙齿健康最重要的一个因素。

例2：让所有的实验鼠奔跑1小时。第一组实验鼠跑前1小时喝西红柿汁。第二组跑后喝西红柿汁。第三组奔跑到30分钟后喝西红柿汁，休息1小时后再跑30分钟。对照组实验鼠只饮水。运动过后6小时测量实验鼠血液中标志动物疲劳的物质"TGF-b"的浓度，结果是：与只饮水的实验鼠相比，第一组和第三组实验鼠的这一指标减少50%至60%，而第二组实验鼠几乎没有差别。

分析：上述实验表明，实验鼠跑前或跑中喝西红柿汁，可减轻疲劳，而跑后喝就没有效果。

例3：有人得了流感，吃扶正祛邪的某些中药，病好了，中医会说这是中药的作用。

但如果建立两个对照组，一个组吃中药，一个组不吃中药，只加量喝白开水，过些天两个组可能都痊愈了。西医会说感冒好不是中药的作用，因为感冒是可以自愈的。

分析：世界上很多因果关系的确是有些不明确的。事实上许多疾病属于自限性疾病，是可以自愈的，确实许多感冒不吃药也会好。

由此可见中医药的疗效是推测的，效果是概率性的、或然的，不是明确的和必然的，所以有人认为，中医药并非科学，很难通过双盲测验。

CQ2：有没有考察别的场合？是否有反例存在？

例1：人们知道鸟类能感觉到地球磁场，并利用它们导航。最近某国科学家发现，鸟类其实是利用右眼"查看"地球磁场的。为检验该理论，当鸟类开始迁徙的时候，该国科学家把若干知更鸟放进一个漏斗形状的庞大的笼子里，并给其中部分知更鸟的一只眼睛戴上一种可屏蔽地球磁场的特殊金属眼罩。笼壁上涂着标记性物质，鸟要通过笼子口才能飞出去。如果鸟碰到笼壁，就会粘上标记性物质，以此判断鸟能否找到方向。

分析：如何增强上述论证的可信度呢？若发现，没戴眼罩的鸟和左眼戴眼罩的鸟顺利从笼中飞了出去，右眼戴眼罩的鸟朝哪个方向飞的都有。这作为一个证据，有力地支持了研究人员的发现。

例2：动物种群的跨物种研究表明，出生一个月就与母亲隔离的幼仔常常表现出很强的侵略性。例如，在觅食时好斗且拼命争食，别的幼仔都退让了它还在争抢。解释这一现象的假说是，形成侵略性强的毛病是由于幼仔在初始阶段缺乏由父母引导的社会化训练。

分析：如何增强上述论证的可信度呢？若发现，在父母的社会化训练环境中长大的黑猩猩在交配冲突中的侵略性，比没有在这一环境中长大的黑猩猩弱得多。这作为一个证据，有力地加强了上述论证。

例3：科学家发现，一种名为"SK3"的蛋白质在不同年龄的实验鼠脑部的含量与其记忆能力密切相关：老年实验鼠脑部SK3蛋白质的含量较高，年轻实验鼠含量较少；而老年实验鼠的记忆力比年轻实验鼠差，因此，科学家认为，脑部SK3蛋白质含量增加会导致实验鼠记忆力衰退。

分析：上述发现是使用差异法做出的论证，比较的对象是老年鼠和年轻鼠，比较的现象是"记忆力"，得出的结论是：差异因素（SK3含量）是导致某种现象（记忆力好坏）的原因。若事实上，当科学家设法降低老年实验鼠脑部SK3蛋白质的含量后，它们的记忆力出现了好转。这作为一个证据，有力地加强了科学家的观点。

例4：根据最近一项跨文化研究，结婚的人通常要比离婚后未再婚的人的寿命长，这表明与离婚相关的压力会对人体健康产生不利影响。

分析：这是使用差异法做出的论证，先行情况中的差异因素是"是否离婚"，比较的现象是"寿命"，差异法的结论：差异因素（离婚）是导致某种现象（寿命短）产生的原因。若发现，从来没有结婚的成年人比相同年龄结婚的人寿命要短。这说明并不是离婚压力使人寿命短，也许是单身生活使人的寿命短，这就有力地削弱了上述论证。

CQ3：不同场合中所具有的差异因素是不是唯一的？在所比较的两种现象之间是否存在其他差异的因素？

因为差异法是"从同中求异"，正反两种场合除了有一种情况不同外，其余情况必须完全相同，如果相异之处不止一个，就很难判定真正的原因了。注意，在相同因素中有无差异因素。没有它因是支持，另在它因是削弱。

例1：某人第一天晚上看书3小时，同时喝茶，结果失眠；第二天晚上做作业2个小时，同时喝茶，结果没有失眠，从而认为看书3小时是失眠的原因。

分析：上述论证是有缺陷的。可能真正的原因是第一天喝的是浓茶，第二天喝的是淡茶。

例2：科学家在克隆某种家蝇时，改变了家蝇的某单个基因，如此克隆出的家蝇不具有紫外视觉，因为它们缺少使家蝇具有紫外视觉的眼细胞。而同时以常规方式（未改变基因）克隆出的家蝇具有正常的视觉。科学家由此表明，不具有紫外视觉的这种家蝇必定在这个基因上有某种缺陷或损坏。

分析：上述科学家运用差异法得出结论，不具有紫外视觉的这种家蝇必定在这个基因上有缺损。要想使结论成立，必须保证没有别的因素的影响，比如，这种家蝇在生成紫外视觉细胞时不需要其他的基因。否则，如果是其他基因的变化导致不具有紫外视觉，则以上论证就不成立。

例3：体内不产生P450物质的人与产生P450物质的人比较，前者患帕金森式综合征（一种影响脑部的疾病）的可能性三倍于后者。因为P450物质可保护脑部组织不受有毒化学物质的侵害。因此，有毒化学物质可能导致帕金森式综合征。

分析：上述运用差异法得出的结论要成立，必须假设，除了保护脑部不受有毒化学物质的侵害，P450对脑部无其他作用。否则，如果除了保护脑部不受有毒化学物质的侵害之外，P450对大脑"还"有其他作用，比如P450能抵抗某种病菌，而该种病菌能导致帕金森氏综合征，那么，就不是有毒化学物质可能导致帕金森氏综合征了。

例4：两个实验大棚里种上相同数量的黄瓜苗，在第一个大棚里施加镁盐但在第二个里不加。第一个产出了10千克黄瓜而第二个产出了5千克。由于除了水以外没有向大棚施加任何别的东西，第一个大棚较高的产量一定是由于镁盐。

分析：上述论证是有缺陷的。这是使用差异法做出的论证，先行情况中的差异因素是"镁盐"，比较的现象是"黄瓜产量"，得出的结论是：差异因素（镁盐）是导致某种现象（黄瓜产量大）产生的原因。要削弱这个论证，就必须指出除了"镁盐"这个差异因素外，另有其他差异因素。若发现，这两个实验大棚的土质与日照量不同，从而用"另有他因"的角度解释了第一个实验大棚较高产量的原因，削弱了上述论证。

例5：在确定慢性疲劳综合征（CFS）的努力中，这种不可思议的疾病究竟属于生理方面还是属于心理方面尚未决定。病理学家做了如下实验：第一组患者被指定服用一种草药软膏，并告诉他们这种软膏是在试用过程中，其中30%的人在接受治疗三个月内得到了治愈；第二组患者接受同样的草药软膏治疗，但告诉他们这种软膏已经过广泛的临床试验被证明是有效的，结果有85%的人在同样三个月内得到治愈。由此可见，人对从疾病中能够有复原机会的信念能够影响人从病中的康复。

分析：上述论证是有缺陷的。上述对照实验的结果要可靠，必须保证这两组患者没有别的方面的差异，若事实情况是：第一组成员普遍比第二组成员患CFS病的时间长、病情重。那么第一组比第二组的治愈率低就很可能是其患CFS病的时间长、病情重的原因所致，而未必是受复原机会的信念的影响所致。从而有力地削弱了上述论证。

例6：某研究机构耗时9年，追踪调查6.3万名健康人士的饮食习惯，包括肉的消费量、肉类烹调方式以及肉类煮熟的程度等，研究小组按食用烤肉的量多少把研究对象分为5组。截至研究结束时，共有208人患上胰腺癌，他们大多集中在烤肉食用量最高的两组。因此，研究者得出大量食用烤肉更容易患胰腺癌。

分析：上述论证是有缺陷的。若调查数据表明，大量食用烤肉的人有98%都喜欢一边喝啤酒一边吃烤肉，并且常常熬夜。这意味着可能是由于酒和熬夜导致的更容易患胰腺癌，这就有力地削弱了结论。

例7：新西兰奥克兰大学的研究人员与来自英国和美国的研究小组在4年内共同对将近1.2万名老人进行了11项调查。其中一半的老人服用钙片，而另一半则服用没有药物成分的安慰剂。结果显示，前一组当中每1000人中突发心肌梗死、中风甚至死亡的案例比后一组分别多14起、10起和13起。因此服用钙片更容易诱发心肌梗死、中风和其他心血管疾病。

分析：上述论证是有缺陷的。上述论证根据服用钙片的一组老人比服用安慰剂的另一组老人突发心血管疾病的案例多，得出结论，因服用钙片更容易诱发心血管疾病。这一结论的得出必须基于这两组老人具有可比性。如果这两组老人除了是否服用钙片外其他情况不一样，比如，选择服用钙片的老人大都身体较弱，并且患有程度不同的心血管疾病，这就有力地削弱了结论。

例8：许多研究都表明并不是所有的医院都是成功的。在某些医院里，病人的死亡率总是高于其他的医院。由于在所有被调查的医院中，每个病人所能得到的医疗资源基本上都是相同的，所以服务质量上的差别可能是造成这种高死亡率的原因。

分析：上述论证是有缺陷的。上述论证可简化为，各个医院的每个病人所能得到的医疗资源基本上都是相同的，所以服务质量上的差别可能是造成死亡率不同的原因。这一论证是有缺陷的，但事实上，在不同的医院之间，病人病情的严重程度平均说来会有很大的差别。这意味着，也许死亡率高的服务质量并不低，甚至有可能更好，只是危重病人较多，导致的死亡率高，有力地质疑了上文的结论。

CQ4：背景是否一样？即其他条件是否都相同？

例1：在一项试验中，第一组被试验者摄取了大量的人造糖，第二组则没有吃糖。结果发现，吃糖的人比没有吃糖的人认知能力低。这一试验说明，人造糖中所含的某种成分会影响人的认知能力。

分析：这是使用差异法做出的论证，先行情况中的差异因素是"吃糖"，比较的现象是"认知能力"，差异法的结论：差异因素（吃糖）是导致某种现象（认知能力低）产生的原因。要使这个论证成立，就必须指出除了"吃糖"这个差异因素外，其他先行情况必须是相同的。若事实上，两组被试验者的认知能力在试验前是相当，这就表明了背景因素是相同的，有力地支持了上述结论。

例2：一般认为，出生地间隔较远的夫妻所生子女的智商较高。有资料显示，夫妻均是本地人，其所生子女的平均智商为102.45；夫妻是省内异地的，其所生子女的平均智商为106.17；而隔省婚配的，其所生子女的智商则高达109.35。因此，异地通婚可提高下一代智商水平。

分析：上述论证是有缺陷的。上述结论是，异地通婚可提高下一代的智商。该论证是有缺陷的，若事实上，能够异地通婚者是智商比较高的，他们自身的高智商促成了异地通婚。这显然有利于说明，异地通婚的夫妻下一代智商高的原因是异地通婚者本身就智商高，而并非是异地通婚本身能提高智商，这就有力地削弱了以上的结论。

例3：将患癌症的实验鼠按居住环境分为两组。一组是普通环境：每个标准容器中生活的实验鼠不多于5只，没有娱乐设施。另一组环境复杂：每20只实验鼠共同居住在一个宽敞的、配有玩具、转轮等设施的容器中。几周后，与普通环境的实验鼠相比，复杂环境中实验鼠的肿瘤明显缩小了。因此，复杂环境与动物之间的互动可以抑制肿瘤生长。

分析：上述结论是通过对比实验得到的，要使这一结论具有说服力，必须保证对比实验的背景条件是一样的，若事实上，两组中都有自身患癌症和因注射癌细胞而患癌症的实验鼠，且两组均有充足的食物和水，这就表明了两组实验对象之间的相同之处，是对上述论证有力的支持。

例4：在一项实验中，实验对象的一半作为实验组，食用了大量的味精。而作为对照组的另一半没有吃这种味精。结果，实验组的认知能力比对照组差得多。这一不利的结果是由于这种味精的一种主要成分——谷氨酸造成的。

分析：上述实验运用的是差异法，其特点是同中求异，也就是其他先行条件相同，只有一点不同，即实验组食用大量含谷氨酸的味精，对照组不食用。该论证必须假设，两组实验对象是在实验前按其认知能力均等划分的。即认知能力这个先行条件是相同的，否则，如果两组实验对象是在实验前按其认知能力不同，比如实验组的认知能力本来就比对照组差，那么，这个实验就不能说明味精谷氨酸会降低人的认知能力。

例5：研究表明，很少服用抗生素的人比经常服用抗生素的人有更强的免疫力。然而，没有证据表明，服用抗生素会削弱免疫力。

分析：很少服用抗生素的人比经常服用抗生素的人有更强的免疫系统，按差异法推理，正常情况应该是，服用抗生素会削弱免疫系统；然而，上述的结论是，没有证据表明这一结论，为什么呢？肯定是存在别的原因使差异法得出的这一结论不可靠。若发现，免疫力强的人很少感染上人们通常需要用抗生素进行治疗的疾病。则说明，免疫力强的人，即使治病，也很少服用抗生素。这意味着，很少服用抗生素的人本来就免疫系统强；也就是说，不是因为服用抗生素削弱了免疫系统，而是免疫系统强的人不需要服用抗生素。

例6：一大群行为亢进的，且日常饮食中包含大量添加剂的食物的儿童被研究者观测用以评价他们是否存在行为问题，起初有接近60%的儿童有行为问题。然后让这些儿童吃几个星期的含较少添加剂的食物，接下来再对他们进行观测，发现仅有30%的儿童有行为问题。基于这些数据，我们可以推出食物添加剂有助于引起行为亢进的儿童行为问题。

分析：这是用差异法得出的结论，其隐含的假设是，除了添加剂含量降低之外，要保证其他条件不变。而该论证的问题在于，当用发展的眼光来看待儿童的行为问题时，若不改变饮食，那些儿童的行为问题是否也会自动下降。

CQ5：两个不同场合中所具有的差异因素是部分原因，还是全部原因？

例：一位研究者发现，相对于体重而言，孩子吃的碳水化合物多于大人，孩子运动比大人也更多。研究者假设碳水化合物的消耗量与不同程度的运动相联系的卡路里的需求量成正比。

分析：若事实上，与其他情况相比，身体生长时期需要相对多的碳水化合物。这表明，除了运动因素以外还有身体生长因素影响碳水化合物的服用量，这就从另一个角度解释了上面的事实，严重地削弱了以上论证。

CQ6：是否还有隐藏着的其他原因。表面相同是否有实质不同？表面不同是否实质相同？

如果在先行情况中发现有若干相异情况，则可初步确定这些相异情况与被研究现象有因果联系，但需要对每一个相异情况进行分析，寻找真正的原因。

应用差异法要注意：前提中比较两个不同场合所出现的不同情况，必须是确实不同的。如果所比较的两个不同场合中出现的"不同情况"实际上是相同的，那么差异法就失去了根据，其结论就是不可靠的。

例1：有个同学每逢看书就头疼，不看就好了。他认为是看书引起头疼，担心自己患了神经衰弱。

分析：该同学的推理是有缺陷的。后来，经医生检查，发现他看书时戴眼镜，不看书时不戴眼镜，引起他头痛的真正原因是他那副近视度数不合适的眼镜。

例2：针对脑部胶质瘤在全球范围内的高发病率，美国的罗斯公司研制出一种专门用于术后化疗的新药X，在临床试验中与传统的化疗药物Y加以比较，分别在同类70个脑部胶质瘤晚期术后患者中分两组使用，每组35人，第一组用药物Y，第二组用药物X。但是两年后的统计结果却是每组都有20人死亡。因此，新药X并没有更好的疗效。

分析：这是使用差异法做出的论证，先行情况中的差异因素是"服用不同药物"，比较的现象是"寿命"，由于两年后每一组都有20位病人去世，从中得出结论：新药X并没有更好的疗效。若事实上，在死亡的20人中，第一组的平均死亡月份比第二组早三个月。则就有利于说明差异因素（服用新药）是导致某种现象（寿命增加）产生的原因，这样，就说明服用新药更有效，这就有力地削弱上述论证案。

例3：有86位患有T型疾病的患者接受同样的治疗。在一项研究中，将他们平分为两组，其中一组的所有成员每周参加一次集体鼓励活动，而另外一组则没有。10年后，每一组都有41位病人去世。很明显，集体鼓励活动并不能使患有T型疾病的患者活得更长。

分析：这是使用差异法做出的论证，先行情况中的差异因素是"是否参加集体鼓励活动"，比较的现象是"寿命"，由于10年后每一组都有41位病人去世，从中得出结论：集体鼓励活动并不能使患有T型疾病的患者活得更长。若发现，每周参加一次集体鼓励活动的那组成员平均要比另外一组多活两年的时间。则就有利于说明差异因素（参加集体鼓励活动）是导致某种现象（寿命增加）产生的原因，这样，就有力地削弱上述论证。

例4：去年某地区的草莓种植园主用某种杀菌剂治疗草莓地，今年他们报告说这些地里种植的草莓树歉收。但是，由于今年附近没有用杀菌剂的地里也出现歉收，很明显杀菌剂不是这次歉收的原因。

分析：上文根据用杀菌剂的草莓地歉收，不用杀菌剂的草莓地也歉收，得出结论，杀菌剂不是这次歉收的原因。这一论证是有缺陷的，若发现，喷洒过杀菌剂后，这些杀菌剂顺着灌溉通道，很容易地从一块地流入另一块地。这意味着不用杀菌剂的草莓地歉收实际上很可能还是杀菌剂造成的，真正没有杀菌剂的草莓地很可能是不歉收，这就有力地削弱了上述结论。

例5：一项对30名年龄在3岁的独生子与30名同龄非独生的第一胎孩子的研究发现，这两组孩子日常行为能力非常相似，这种日常行为能力包括语言能力、对外界的反应能力以及和同龄人、他们的家长及其他大人相处的能力等等。因此，独生孩子与非独生孩子的社会能力发展几乎一致。

分析：以上论述通过对3岁第一胎孩子的研究，发现独生孩子与非独生孩子的能力一致，由此得出结论，独生孩子与非独生孩子的社会能力发展几乎一致。这一论证是有缺陷的，如果事实上，家长通常在第一胎孩子接近3岁时怀有他们的第二胎孩子。这意味着，实际上参与调查的头胎非独生孩子在3岁以前没有弟弟或妹妹，也即无法区分独生孩子和非独生孩子，影响行为能力的生活环境，对于他们来说是一样的。所以调查的结果，不能反映独生孩子与非独生孩子之间的差异（如果再过几年研究，就有明显差异了）。

第三节　契差法

契差法也叫契合差异并用法、求同求异法，是指这样一种方法，考察两组事例，一组是由被研究现象出现的若干场合组成的，称之为正事例组；一组是由被研究现象不出现的若干场合组成的，称之为负事例组。如果各个场合（正事例组）某被研究的现象的出现只有一个因素是共同的，而各个场合（负事例组）该因素不出现时这个现象也不出现，那么，这个共同的因素就是被考察现象的原因。

一、契差法概述

契差法需要两次求同，一次求异。人们第一次应用契合法确定了被研究对象出现的正面组各个场合的共有情况A，但还没有把握断定被研究现象不出现的反面组各个场合也只是由于这个情况A不存在。因此，还要第二次应用契合法，考察被研究现象不出现的反面组各个场合，再得出一个结论。然后，用差异法对比正反两组各个组合的情况，才最后作出结论。

1.契差法的结构

契差法的运用包括三个步骤：

第一，比较正事例组的各个场合，运用契合法推知，凡有A情况存在就有现象a出现；

第二，比较负事例组的各个场合，运用契合法得知，凡无A情况存在就无现象a出现；

第三，把前两步比较所得的结果加以比较，根据有A就有a，无A就无a，运用差异法就可得知：A与a之间有因果联系。

可用公式表示如下：

场合	先行情况	被研究现象
（1）	A，B，C	a
（2）	A，D，E	a
（3）	A，F，G	a
…	……	…

以上为正事例组

（1）	－，B，C	－
（2）	－，D，E	－
（3）	－，F，G	－
…	……	…

以上为负事例组

所以，A情况是a现象的原因。

例1：如果护士看了许多学生，患病的那些都有吃了凉菜的共同点，没有患病那些都没有吃凉菜，两相对比，护士断定，凉菜是祸根。

例2：一个定期锻炼的人张三，服用维生素，并有充分的休息，但感染一种罕见的疾病。供给一种抗生素，疾病消失了。这使人相信，治愈是由锻炼、维生素、休息或抗生素所引起。医生研究了类似的情形。他发现两个人，一个不锻炼，也不服用维生素，休息很少，给他相同的抗生素，结果也治愈。另一个和张三所做的相同，但未给抗生素，也未治愈。医生得出结论，张三是被抗生素治愈的。

例3：达尔文曾经应用契差并用法发现，生物的生活环境的相同或不相同，是生物的形态构造的相似或不相似的原因。属于鱼类的鳖鱼，属于爬行类的鱼龙，属于哺乳类的海豚，这些分属于不同种类的游泳健将，都有适合于游泳的相同的体形，这是由于它们都生活在相同的环境——水中。反之，都是属于哺乳类的狼、鲸、蝙蝠却由于生活环境的不同，形态各异，差别很大。狼长于奔跑，鲸会游水，蝙蝠善飞翔。比较前后两组动物，前一组有了相同的生活环境，形态相似，后一组却不具相同的生活环境，形态迥异，因此，可推断动物生活环境的相同或不相同，与形态相似不相似的具有因果关系。

例4：某医疗队为了了解地方性甲状腺肿的原因，先到这种病流行的几个地区巡回调查。发现这些地区地理环境、经济水平都各不相同，但有一点是共同的，即居民常用食物和饮用水中缺碘。医疗队又到一些不流行该病的地区去调查，发现这些地区地理环境、经济水平也各不相同，但有一点是共同的，即居民常用食物和饮用水中不缺碘。医疗队综合上述调查情况后，认为缺碘是产生地方性甲状腺肿的原因。这一结论就是通过契差并用法而得出来的。后来对病人进行补碘治疗，果然疗效甚佳。

案例 脚气病的发现与治疗

我国唐代名医孙思邈是世界上记录脚气病并找出它的病因与治疗方法的第一人。孙思邈发现有钱人常得脚气病，而穷人却不易得脚气病，这是为什么呢？他想，这很可能同饮食有关系。不是多吃了些什么，就是缺少些什么。富人吃的荤腥、细粮，而穷人吃的是素食、粗粮。脚气病或许就是不吃粗粮引起的。于是，他把细粮与粗粮进行比较，发现精米、白面虽然好吃，但是缺少了米糠、麸皮。据此，他试用米糠、麸皮来治脚气病，结果很灵验。后来，他又发现杏仁、吴茱萸等中药也有疗效。

孙思邈应用契差并用法的过程有以几个步骤：

第一步，先用契合法，从正面组各个场合的先行情况中找出共同的那个情况，即富人生活习惯千差万别，但有一个共同点，那就是不吃粗粮。确定不吃粗粮是患脚气病的原因。

第二步，再用契合法，从反面组各个场合的先行情况中也找出一个共同情况，即穷人的情况也不尽相同，但也有一个共同点，吃粗粮。确定吃粗粮是不得脚气病的原因。

第三步，对比正反两组各个场合，一组不吃粗粮，另一组吃粗粮，应用差异法确定患脚气病的原因是不吃粗粮。

脚气病因的发现，外国比中国晚了一千多年。1882年，从东京到新西兰的日本军舰"龙晓号"，在200多天的航行中，许多人患了脚气病，20多人死亡。过了两年，军舰"筑波号"走的是同一条航线，航行的时间虽然多了十几天，但只有14名脚气患者，无一人死亡。比较两次航行，别的情况大致相同，明显的不同是伙食改成近似西餐。由于利用了这一经验，脚气病对日本海军的威胁，大大减轻。但是脚气病因仍然是个谜。

有位在荷属东印度（今天的印度尼西亚）殖民军中服役的荷兰军医名叫克里斯琴·爱克曼，在1890年之后，有一天他发现医院养鸡场的鸡突然得了病。这些鸡的脚无力，不能行走，同人得脚气病的症状一样。他非常感兴趣，密切地注视鸡的变化，过一段时间，鸡的病又好了。原来他发现：起初，饲养员用精米喂鸡，鸡得病，后来，新来的饲养员认为，用给病人吃的精米喂鸡太可惜，于是改精米为糙米，这样一来，鸡的脚气病又好了。爱克曼亲自又做了试验，出现了同样的现象。人得脚气病的原因是不是也这样呢？他对荷属东印度的100多个监狱作了统计，发现在给吃糙米的犯人中，每1万人中，脚气患者仅1人，而在吃精米的囚犯中，则有3900人之多。由此，他完全弄清了糙米同脚气的关系。

但是，为了找出糙米中的这种未知物，科学家仍然花费了很多时间。1910年和1911年，铃木梅太郎和卡西米尔·芬克分别发现了这种物质。芬克把它命名为维生素。后来，科学家们又发现了多种维生素。

案例　鬼倒路

所谓"鬼倒路"，是指走夜路的人，经过一夜的奔波，突然发现转回到原地。信鬼神的人说，这是鬼使神差。可是，下面这类故事用"鬼倒路"解释得通吗？在一望无垠的大沙漠之中，征途漫漫，旅行者白日跋涉，尽管是成群结队，一旦迷失方向，尽管不断地走啊走，结果发现又回到了原地。如此反复数次，终因跳不出这迂回的圈子而葬身于茫茫沙漠之中。

为了解释兜圈子的现象，科学家根据一定的设想，安排了如下试验：地点是一广场，远处有一大厦，叫来许多人，要他们蒙上双眼，各自正对大门走去，看谁能走进大厦。这应当说？非难事。应试者都竭力使自己走得更直些。很遗憾，事与愿违，一个个大失所望。临近大门时，他们不是偏向左边，就是偏向右边。粗略地观察他们的行进轨迹，可以发现，在他们走过一段距离之后，就呈现两条弧线，或是弯向左，或是弯向右。调查一下向左偏的人，他们都习惯用右手；恰好相反，凡向右偏的人，则是清一色左撇子。统计结果表明，凡是习惯用右手的人，右手比左手要更发达有力，因此而影响到右脚比左脚更发达有力，右脚的跨步比起左脚来略微要大些。左撇子的情形正好相反，左脚的跨步要比右脚略大些。总之，人的双脚跨步不可能绝对相同。积跬步以至千里。左右两脚各跨一步的差距是微不足道的，但是随着时间的推移，两脚所走过的路程之间的差距会愈来愈大。在月黑风高之夜，在沙漠失途之时，在双目紧闭等种种特定场合，人们步行的轨迹不可能是平行的直线。在短距离内它会是两道弧线。随着弧线的延伸，就出现了两个大小相差无几的同心圆。"鬼倒路"之谜正在于此。

把兜圈子的原因解释为两脚跨步不同，这种解释最初是一种设想，也即假设。这种假设是根据已有的经验演绎出来的。人的两脚跨步肯定不会绝对相同。问题是两脚跨步的不同有没有规律可循。

"凡是向左偏的人其右脚跨步大"这是个经验命题，造成右脚跨步大的原因是什么呢？比较凡是往左偏的人，他们有许许多多不同特点，如不同的身材、习惯、性格、心理状态、情绪等等，但有一个显著的共同特点，就是都习惯用右手。由此可知，习惯用右手是右脚跨步大的原因。这是运用契合法推理得到的。依照上例，可以推得"习惯用左手是左脚跨步大的原因"。再将这两组事例加以对比，发现在第一组例子中（正面场合）人人都有用右手的特点，而在第二组例子中（反面场合），也有一个共同特点，这个共同特点恰好是没有第一组的那个共同特点。以上两次求同加一次对比，构成一个完整的契差并用法推理。在我们具体分析的这第二组事例中，虽然没有"习惯用右手"这个特点。但有一个共同的"习惯用左手"的共同特点。因此，根据契差并用法推理既可推得"习惯用右手是右脚跨步大的原因"，也可推得"习惯用左手是左脚跨步大的原因"。

2. 契差法的特点

契差法的特点是"既识同又辨异"。它是两次应用契合法，一次应用差异法，然后作出结论。

契差并用法的名字使人联想到它来源于契合法和差异法的简单结合，可实际情况并非如此。契差法不是契合法和差异法的相继应用，契差法要经过三个步骤：

第一步，用契合法确定被研究现象a出现的正面场合组内各个场合都有A这一先行情况出现，即有A就有a。

第二步，再用契合法确定被研究现象a不出现的反面场合组内各个场合都没有A这一先行情况出现，即没有A就没有a。

第三步，把上述两步所得的结论加以比较，用差异法得出结论：A 是 a 的原因。

契差法是通过三个步骤来判定现象之间的因果联系的：首先运用契合法确定被研究现象出现的诸场合中的唯一共同情况（A）；其次再用契合法确定被研究现象不出现的诸场合中的唯一共同情况（无 A）；最后运用差异法将上述两个事例组的各自的共同情况加以比较而得出结论：情况 A 可能是被研究现象 a 的原因。

应该注意到，这种方法第二次运用契合法时跟一般的契合法不相同，它在反面组中求同，是要在不具有"a"的现象的各场合中，求出唯一共同点"A"，从而确定"无 A 则无 a"。这种方法最后运用差异法时与一般差异法不同。一般差异法是在两个场合中对比，它要求只有一种情况相异，其他情况都要相同；而契差并用法则是在两组场合中进行对比，它只注意一组场合"有 A"、一组场合"无 A"这一相异情况，并不要求两场合的其他情况都相同。

契差并用法能适用于比较复杂的情况。因为严格运用差异法必须满足"在两种场合里，只有一个情况不同，而其余情况都相同"的要求。但是，人们的观察和实验因客观条件的限制往往不能做到这一点。这时，人们就不能运用差异法，而只能运用契差并用法来探求某一现象的原因。

案例　胰岛素谋杀案

1957 年英国发生了历史上第一例胰岛素谋杀案。30 岁的妇女巴洛被其丈夫注射胰岛素而谋杀，但其丈夫拒供。

法医们进行尸体检验后发现死者心脏和其他各个器官都是健康的，死者也没有糖尿病，但死者左、右臀部各有两个点状小针孔痕迹。根据死者死亡前的症状，法医们怀疑被害人可能是因注射了一定量的胰岛素引起低血糖休克而死亡的。

为了查明案情，法医们反复做了如下动物实验：首先，将死者臀部针孔部位的皮肤、脂肪和肉连同针孔一起切下来，把该部分组织制成提取物，分别给一组试验用的动物注射，注射后动物即表现出颤抖、抽搐、躁动，直至虚脱引起低血糖休克而死亡；然后又将同样的尸体提取物用化学制剂半胱氨酸和胃蛋白酶（可破坏胰岛素并使其失去作用），处理后，注射到另一组小鼠、海豚和大鼠体内，结果发现这些动物都没有注射胰岛素引起的各种症状。据此，法医们认为：巴洛是由于注射了一定量的胰岛素引起低血糖休克而死亡的。

在本案中，法医们运用了契差并用法。在有注射胰岛素引起的症状，即表现出颤抖、抽搐、躁动，直至虚脱引起低血糖休克而死亡的场合中，都有一种情况出现，即注射了死者组织的提取物；而在没有注射胰岛素引起的症状的场合中，都注射了经破坏胰岛素使其失去作用处理后的死者组织提取物。据此，法医们认为：注射一定量的胰岛素是引起低血糖休克而死亡的原因。

案例　巴西"杀人魔王"案

巴西里约热内卢市某医院，自1999年1月10日以来，医院急救室病人死亡人数大幅度上升，引起院方注意。根据一位清洁女工的举报，有关部门对急救室担任护理工作的伊西多罗产生了怀疑；在查阅急救室值班日记时，医院发现，在4～5月份伊西多罗三次值班时，急救室死亡人数竟然分别达到6人、8人和5人，而在伊西不值班时，急救室没有任何病人死亡！于是警方开始对伊西进行监控。终于在5月7日，伊西在杀害病人时被当场抓获。据44岁的伊西交代，他负有2000雷亚尔的债务，因此，想到为丧葬公司拉生意。他每为丧葬公司提供一个死者，可以得到80～100雷亚尔的佣金。他先后采用摘掉病人的氧气罩、往病人输液导管中注入氯化钾等作案方式，仅在5月7日一天，即杀害病人4名。

此案例中，警方运用了求因果关系归纳推理的契差并用法。

契差并用法的特点是两次求同，一次求异。在本案中，有两组事例，一组是在伊西多罗值班的日子里，急救室都有死亡人数记录；另一组是在伊西多罗不值班的日子里，急救室都没有死亡人数记录。两组事例相比较，唯一不同的情况就是伊西多罗是否值班，其他情况均相同。警方据此得出：伊西多罗值班最可能与急救室死亡人数有关。其推理形式可以表示为：

场合	相关因素	被研究现象
（1）	伊西多罗值班、医院、急救室	急救室有死亡人数记录
（2）	伊西多罗值班、医院、急救室	急救室有死亡人数记录
（3）	伊西多罗值班、医院、急救室	急救室有死亡人数记录

（a）伊西多罗不值班、医院、急救室　　急救室没有死亡人数记录
（b）伊西多罗不值班、医院、急救室　　急救室没有死亡人数记录
（c）伊西多罗不值班、医院、急救室　　急救室没有死亡人数记录
所以，伊西多罗值班最可能是急救室有死亡人数记录的原因。

3. 契差法和科学调查

在关于人的某些科学研究中，在任何显著程度上控制环境几乎都是不可能的。这样的研究包括时间跨度长的调查，或者有争议的健康主题调查以及现行的法律道德限制方面的调查。例如：

一个营养学家想要确定巧种维生素和矿物质补充成分对动脉粥样硬化的作用。鉴于这种作用需要若干年后才能看出效果，营养学家在某一有关健康的出版物上刊登广告，招募定期服用这些物质达5年的人。80人做出了回应，并且报告了他们所服用的物质及用量。然后对他们进行体检，结果一些人没有表现出这种病的迹象，而另一些人却在不同程度上表现出了患病症状。经过数据分析，营养学家得出结论：某些维生素和矿物质具有抗动脉粥样硬化的保护作用。

营养学家遵照的方法与穆勒的契合差异并用法非常相似，其目的是在预先选出的一系列可能条件中确定原因，其中一些可能条件伴随着现象（动脉粥样硬化）的发生，另一些却没有。

案例　根瘤与土壤含氮量

人们早就发现种植豆类作物不用施氮肥，经考察得知，豆类作物，如豌豆、蚕豆、大豆的根茎都有根瘤，并且其土壤中的氮含量增加；而其他作物，如小麦、水稻、油菜等没有根瘤，其土壤中的氮含量就没有增加，需要人工施氮肥；因此，根部有根瘤是土壤中增加氮的原因。

在上例子中，被研究的现象是种某些植物不但不需要给土壤施氮肥，而且还能使土壤的含氮量增加。为寻找这种现象出现的原因，我们把被研究现象出现的场合（能使土壤增加含氮量的植物）编为一组，称作正事例组；把被研究现象不出现的场合（不能使土壤增加含氮量的植物）编为一组，称作负事例组。在正事例组的各个场合中只有一个共

同的情况，即大豆、豌豆、蚕豆等豆类植物都长有根瘤，其他情况都不同，人们可以运用契合法推出豆类植物的根瘤是使土壤含氮量增加的原因这样一个结论。在负事例组的各个场合中，也只有一个共同的情况，即小麦、玉米、水稻等植物没有根瘤，其他情况也都不同，此时人们又可以运用契合法推出非豆类植物没有根瘤是不能使土壤增加含氮量的原因的结论。在这个基础上，比较正负事例组，发现有无根瘤是二者的差异之处。于是可以推出结论：豆类植物的根瘤是使土壤含氮量增加的原因。

案例　甲肝疫苗的测试

一个著名医学成就显示了这种契差法的威力。甲型肝炎是肝脏感染，它折磨着成千上万的美国人；它在儿童中广泛传播，主要通过受污染的食物和水进行传播。它有时是致命的。如何预防它呢？当然，理想的方法是注射有效疫苗。

一种被认为有效的疫苗，在纽约俄兰基县克亚斯·乔尔镇的哈西德教派的犹太人社区中进行测试。该社区不同寻常，每年都流行甲肝。在克亚斯·乔尔镇几乎无人能够逃过甲肝的感染，该社区中近70%的人在19岁前就感染上了。克亚斯·乔尔医学研究所的阿兰·威尔兹伯格和他的同事，在该社区中招募了年龄2至16岁的1037名儿童，这些儿童没有受到甲肝感染，他们血液中没有该病毒的抗体。一半儿童（519人）注射了一种新的疫苗，这些注射了疫苗的儿童中没有发现一例甲肝。没有注射疫苗的518个儿童中25个儿童不久被甲肝病毒感染。于是人们找到了甲肝疫苗。

波士顿、华盛顿的肝脏专家对该项研究表示祝贺，称赞该研究是"一个重大突破""医学上重要的进展"。该研究依赖于什么推论方式？契合法和差异法都用到了。在医学研究中人们普遍这样做。在该社区能够对甲肝病毒免疫的年轻人中，只有一个条件是共同的：所有免疫者都接受了新的疫苗。由此，我们肯定地认为，该疫苗确实是导致免疫的原因。差异法对结论提供了很大的支持：免疫者的事态和不免疫者的事态在每个方面均类似，只在一个方面不同，即免疫居民被注射了疫苗。

二、契差法分析

契差法的内容是：当被研究现象出现的若干场合（正事例组）中，只有一个共同的情况；而在被研究现象不出现的若干场合（负事例组）中，却没有这个情况，这个情况就与被研究现象之间有因果联系。

差异法识别在一个特定场合中出现的一个充分条件，直接契合法识别一个必要条件，两者的组合使用就可用于识别在一个特定场合中出现的充要条件。在先后运用契合法和差异法时，是先应用契合法确定被研究现象的原因，然后继用差异法加以检查。这就表明在条件相同的情况下，有A则有a；无A则无a。这一点正好体现了因果联系的一种固有的特性。因此，通过这种方法得到的结论是比较可靠的。

契差并用法系统地适用于确定单一条件，这样的单一条件在被研究的现象出现的两个或更多的场合里出现，而在被研究现象不出现的两个或更多的场合里不出现；但当现象不出现时它必定不会出现，当现象出现时它必定不会不出现。那么在充分且必要条件的意义上，这一条件就被看作是现象的原因。

尽管穆勒认为这是一个不同的和独立的方法，但该方法最好理解成契合法和差异法在同一个研究中的联合运用。由于契合法、差异法这两个方法中的每一个方法给结论以某个概率的支持，它们的联合运用给该结论提供了较高的概率。在许多科学研究中，这种联合运用成为威力强大的归纳推理模式。

人们经常进行所谓"双管齐下"实验，以检验新药或新方法：一组接受新的治疗，而另外一组没有；第二阶段，对原来没有接受治疗的人进行治疗，对原来接受治疗的人不施行治疗。这样研究的基础是契合法和差异法的联合运用，该方法应用广泛并且是科学研究中经常用到的推理方法。

例1：为了说明契差并用法，我们再次修改一下前述食物中毒的案例。假定六个人在饭店吃饭。在前三个人甲、乙、丙中，假定除了都吃了食物e之外，他们的用餐各不相同，之后这三个人都生病了，产生了食物中毒的过敏症状。而在另外三个人丁、戊、己中，假定他们吃的食物也各不相同，但却都没吃e，之后并无一人生病，即无任何过敏症状。这样，e使前三个用餐者生病这一结论就得到了保证。

我们再补充每个人与食物对应的细节，现在的情况是：

六个人在饭店里吃饭，甲吃了b、c、e、f和g，乙吃了a、b、d、e和g，丙吃了a、c、e和f，丁吃了a、c和f，戊吃了d和g，己吃了b、c和f，后来甲、乙和丙由于他们吃的某种食物生了病，但丁、戊和己却没有。

问题：哪种食物使前三个用餐者得病？

我们用场合1到6分别代表甲、乙、丙、丁、戊和己，完成后的表格如下：

场合	顾客	先行因素							过敏症状	分组
		a	b	c	d	e	f	g	S	
1	甲	−	+	+	−	+	+	+	+	正事例组
2	乙	+	+	−	+	+	−	+	+	
3	丙	+	−	+	−	+	+	−	+	
4	丁	+	−	+	−	−	+	−	−	负事例组
5	戊	−	−	−	+	−	−	+	−	
6	己	−	+	+	−	−	+	−	−	

在前三个场合中，现象是出现的，所以我们从消除可能的必要条件着手。使用"一个条件不是必要的，如果现象出现时它不出现"这一规则，场合1消除了a和d，场合2消除了c和f，场合3消除了b、d和g，这样只留下了e作为必要条件。

其次，在后三个场合中，现象不出现，所以我们使用"一个条件不是充分的，如果它出现时现象不出现"这一规则，场合4消除了a、c和f，场合5消除了d和g，场合6消除了b、c和f，这样只留下了e作为充分条件。

因而，条件e是在必要且充分条件的意义上引起前三个用餐者生病的原因。

由于契差并用法是在必要且充分条件的意义上得出原因，因此一般认为它比在必要条件意义上得出原因的契合法本身或充分条件意义上得出原因的差异法本身更有强度。然而，当以任意一种方法作为随后归纳概括的依据时，结论的强度与包含的场合的数量成比例。因而，应用包含100个场合的契合法可能提供比只包含6个场合的并用法更强的结论。同理可推，差异法的多次应用可能提供比契差并用法的单一运用更强的结论。

和其他方法一样，契差并用法得出的结论仅仅是可能的。因为在构造表格时，某些相关条件可能被忽略掉。例如，如果食物a和b都受到了污染，那么e就不能被认定为生病的必要条件，而且如果后三个用餐者之一具有天然的免疫力，那么e也不能被认定为充分条件。显然，尝试把该例的结果扩展到饭店里其他用餐者还是有困难的，需要进一步的考察。

例2：直接契合法是用来寻找必要条件的方法，差异法是用来寻找充分条件的方法。为了寻找一个被研究属性的充分必要条件，可以考虑将它们结合在一起。

下面我们再来看一个契合差异并用法的例子。

场合	可能条件属性								被研究属性
	简单的				复杂的				
	a	b	c	d	¬a	¬b	¬c	¬d	S
场合*	+	−	+	−	−	+	−	+	+
场合1	+	−	−	−	−	+	+	+	−
场合2	−	+	+	+	+	−	−	−	+

首先，是运用差异法，通过场合*确定S的充分条件属性的候选者，即那些在场合*出现的可能条件属性，也就是a、c、¬b和¬d；

然后通过场合1表明a、¬b、¬c、¬d不是S的充分条件，因为它们都在S不出现的时候出现。

这样我们就能根据场合*和场合1得出结论：如果出现在场合*中的可能条件属性之一是S的充分条件，那么就是c。

现在我们再使用直接契合法。

首先通过场合*，排除了b、d、¬a、¬c为S的必要条件；

然后通过场合2又进一步排除了a、¬b、¬d为S的必要条件。于是我们得出：如果可能条件属性之一是S的必要条件的话，那么一定是c。

结合以上两方面的结果，我们得出结论：如果在场合*中出现的可能条件属性之一c是S的充分条件，并且它又是S的必要条件的话，那么c就是S的充分必要条件。

三、契差法评估

评估运用契差法推出的因果主张的，可提出如下批判性问题：

CQ1：正、反两组所考察的场合是否足够多？

正事例组与负事例组的组成场合愈多，愈能排除偶然的巧合的情形，结论的可靠性愈高。因为运用契差并用法时，正、反两组都要用到契合法。因此，考察的场合愈多，就愈能排除偶然碰巧的情形，避免把一些不相干的情况与被研究现象联系起来。

例：英国医生约翰斯诺的"污水理论"开启了流行病学研究的历史。1854年，伦敦爆发了大规模的霍乱，约翰斯诺发现，大多数死亡病例都曾经饮用同一水泵汲取的水，而使用其他水泵或水井的人最初都没有感染霍乱。后经调查，下水道的废水污染了那个水泵,从而引发了霍乱。

约翰斯诺的推理是契差并用法:

第一次求同,从正面组各个场合的先行情况中找出共同的那个情况,即大多数死亡病例都曾经饮用同一水泵汲取的水,即死亡出现的场合都存在饮用同一水泵汲取的水,该水泵很可能是原因,其推理方法可描述为,在被研究对象出现的各个场合都存在的因素很可能是该现象的原因。

第二次求同,从反面组各个场合的先行情况中也找出一个共同情况,即没饮用这一水泵汲取的水的人没有感染霍乱,即死亡不出现的场合都不出现这一水泵汲取的水,即"不是这一水泵汲取的水"可能不是死亡的原因。其推理方法可描述为,在被研究现象不出现的各个场合都不出现的因素很可能不是该现象的原因。

第三次求异,对比以上两组事例,可得出饮用这一水泵汲取的水很可能是死亡的原因,其推理方法可描述为,在被研究现象出现的场合与该现象不出现的场合之间的差异很可能是该现象的原因。

CQ2:反面组的场合应与正面组的场合的相似程度如何?

应选择与正事例场合较为相似的负事例场合来进行比较。因为契差并用法最后都要用差异法来比较正、反两组的结果,因此,正、反两组中相应的各场合越是相似,结论才会越可靠。

例:美国有一种叫作"小兔读书"的学习软件,通过动画教孩子认字念书,很受孩子和家长的欢迎,目前已售出200多万套。但儿童教育专家通过对49名学龄前儿童的对比研究发现,儿童使用"小兔读书"及类似软件6个月,创造力下降了50%,而阅读能力并没有明显提高。

分析:儿童教育专家研究发现,一组孩子用"小兔读书"软件,创造力下降,另一组孩子不用"小兔读书"软件,创造力不下降。可表示为:

场合	先行情况	被研究现象
一组	孩子用"小兔读书"软件	创造力下降
另一组	孩子不用"小兔读书"软件	(创造力不下降)

由契差法知,用电脑软件会导致创造力下降。可见,电脑不能取代蜡笔和纸这样最原始的学习工具。

第四节　共变法

共变法是指，在其他条件不变的情况下，如果一个现象发生变化，另一个现象就随之发生变化，那么，前一现象就是后一现象的原因或部分原因。

一、共变法概述

与契合法、差异法、契差并用法相比较，共变法有其优点。前三种方法都是从现象出现或不出现来判明因果联系的。共变法却可以从现象变化的数量上来判明因果关系，可以得出一个函数关系，也就使得结论的可靠性程度提高。

1. 共变法的结构

共变法可用下述公式来表示：

场合	先行情况	被研究现象
（1）	A_1、B、C、D	a_1
（2）	A_2、B、C、D	a_2
（3）	A_3、B、C、D	a_3
…	……	…

所以，A 是 a 的原因。

共变法在科学研究和日常生活实践中都有很大作用。它不仅可以用来确定因果联系，而且也可以用来作为反驳事物间具有因果联系的根据。只要我们能够证明假定原因的变化并不引起作为预想结果的变化，我们也就可以因此而否认它们之间可能存在的因果联系。

另外，共变法的作用还表现在：几乎所有测量仪器（比如温度计、体温表、气压表、行车里程表等）的构造，都是以互有因果联系的现象间的共变关系为基础的，从而也就可以使我们能根据一种现象的量来判断另一种现象的量。

例1：在农业生产中，只要不超过合适的限度，肥料施得多，农作物产量的增加就多；肥料施得少，农作物的产量就减少。

例2：地球磁场发生磁暴的周期性经常与太阳黑子的周期一致。随着太阳黑子数目的增加，磁暴的强度增大。当太阳黑子的数目减少时，磁暴的强度降低。所以，科学家推测，太阳黑子的出现可能是磁暴的原因。

例3：心脏病专家试图诊断汤姆森夫人的高血压，他注意到血压波动和某些大脑波动有关系：随着血压增高，大脑波动强度增加；血压降低，大脑波动强度下降。据此，他认为这两个条件间具有因果关系。

例4：把新鲜的杨树叶浸在有水的容器里，并且使日光照射叶子，就会有气泡从叶子表面逸出并升出水面。如果日光逐渐减少，气泡也逐渐减少。如果使之照不到日光，则气泡停止产生。要是再得到日光，又有气泡逸出。如果日光强度增加，气泡也会增加。根据上述实验，用共变法可合理地推出结论：日光照射是杨树叶放出气泡的原因。

例5：有一年，在伦敦举行了一次学术讨论会，内容是讨论船舶遇难而落水的人在水中最多能坚持多长时间的问题。有人根据实验提出，人在水中坚持时间与水温有关。当水温在0℃时，人可以在水中坚持15分钟；当水温在2.5℃时，人可以在水中坚持30分钟；当水温在5℃时，人可以在水中耐受1小时；当水温在10℃时，人可以在水中耐受3小时；当水温在25℃时，人可以在水中活一昼夜以上。

案例　月事

我国古代早就发现了月的圆缺与人的某些生理现象存在着共变关系。《黄帝内经》把妇女的月经称为"月事"，不无道理。根据现代生理卫生知识，月经周期为28天，这与朔望月的周期29.53059日很接近。最近德国的妇科专家调查了1万多个妇女的月经周期，结果表明，在望月夜晚，妇女们月经出血量成倍增加，而在月亏时正好相反。

更有趣的是，据说人的情绪也以28天为一个节律。巴黎消防队在每个望月的夜晚，都进入超警戒状态。根据他们的经验，望月时，纵火犯的活动会增加。一位警察署的处长声称："纵火犯、盗贼、漫不经心的驾驶员和酗酒者，好像在望月初期更趋于闹事，而满月渐渐缩小期间，上述情况又渐渐平静下来。"还有人指出："当望月时，月亮向地球投射它的耀眼银光，夜里很多人睡不着。第二天，4个妇女中的一个，9个男人中的一个会抱怨说：我一夜都没合眼。即使那些睡着的，半夜里也往往因噩梦而醒。"

2. 共变法的特点

共变法的特点是"同中求变"。

契合法是异中求同，差异法是同中求异，契差法是两次求同一次求异。与契合法比较差异法有较高的可靠性。共变法的共变现象达到极限，就是差异法，所以说差异法是共变法的极端场合。契合法、差异法都是从先行情况与被研究现象的出现与不出现来判明因果联系的。而共变法却是从先行情况与被研究现象的数量或程度的变化来判明因果联系的。在运用共变法时，先行情况与被研究现象在被考察的几个场合始终存在，只是两者在量上发生一定的变化，根据这种变化，不但能找出原因，还能初步确定原因与结果之间的数量关系，因而共变法的结论具有较大可靠性。

把共变法与差异法做一比较，便可看出，差异法是共变法的局部（或极限）场合。我们只要把引起另一现象发生共变的那一现象，改变到完全消失或加大到一定界限，便会得到差异法推理所必需的场合。

共变法在科学研究中有着广泛的应用。在一些不能用契合法和差异法的场合，共变法是可行的方法。当有些先行情况或被研究现象不能消除或不易消除时就不能用差异法，也不能用契合法。例如温度、压力、引力、摩擦就是无法消除或很难消除的，而我们却可以运用共变法从量的变化上来研究与这些情况有关的现象间的因果联系。我们不能从太阳黑子的有无来研究它与磁暴间的因果关系，却可以从太阳黑子的变化来研究它与磁暴的因果关系。科学史上许多定律和学说都曾经借助共变法才得以确立的。例如，关于气体压力、温度、容积之间关系的波义耳定律和查理定律就是通过共变法得到的。

案例　头发与心肌梗死

某报纸上报道了国外有的科学家，通过对头发的化学成分的分析，发现头发内包含有大量的硫和钙。精确的测定表明，心肌梗死患者头发中的含钙量已降到了最低限度。假定一个健康男子头发的含钙量平均为0.26%，那么，一个患有心肌梗死的男子，他的头发的含钙量仅仅只有0.09%。据此，科学家们相信，根据头发含钙量的变化，可以诊断出心肌梗死的发展情况。

分析：在其他情况保持不变的条件下，根据心肌梗死病情发展越厉害，头发中的含钙量就相应的越加减少的事实，即头发的含钙量的减少状况与心肌梗死病情的发展状况之间有定量的共变关系，得出了结论：通过对头发中含钙量的分析，是可以预断心肌梗死病情的发展状况的。

3.共变法和相关法

在社会科学研究中，有一种广泛应用的方法叫相关法，它是对穆勒的共变法的精确复制。例如：

一位心理学教授对智商与各科成绩的平均积分点（GPA）之间的关系十分感兴趣。于是，他随机选取了100名即将毕业的大四学生，并从教务主任那里获取了他们的平均积分点。然后，让他们做了智商测试。这些工作全部完成后，教授将每个学生的智商分数与他／她的平均积分点进行对比，结果发现：一般说来，较高的智商对应较高的平均积分点。

这一研究结果表明智商与平均积分点间有正相关关系。如果研究显示较高智商的学生一般平均积分点较低，这表明二者间有负相关关系。一旦完成了此类研究，下一步就是计算相关系数，即+1.00与−1.00之间表示相关程度的一个数值。如果计算结果为智商最高的学生的平均积分点也最高，智商第二高的学生的平均积分点也第二高，二者成比例对应，如此等等。智商−平均积分点图就是一条相关度为+1.00的直线，反映出完全的正相关关系。

另一方面，如果结果为智商最高的学生有最低的平均积分点，相应地，智商第二高的学生比例对应第二低的平均积分点，依此类推，智商−平均积分点图表同样也是一条直线，相关度为−1.00，反映出完全的负相关关系。0.00的相关度意味着没有相关关系，这种情况就是智商与平均积分点随意对应。再比如，+0.60的相关度意味着一般情况下，较高的智商正向地对应较高的平均积分点。

这项研究的结果也可图解表示。横坐标为智商，纵坐标为平均积分点，那么每个学生的结果对应图形上的一个点，所有的点构成的图形称为散点图，通过它我们可画出一条与数据最符合的直线，称为回归线，用它得出一个线性方程，然后运用这一方程预测未来新生的平均积分点。

为了确定诸如暴力电视节目与儿童攻击行为之间、自尊与智力、积极性与学习时间、接触经典音乐与大脑保留能力、使用大麻与记忆力之间的相关关系，科学家们已经进行了成百上千次类似上例的研究。然而，这样的研究经常无法建立两个要素间的因果关系。例如：经常接触暴力电视节目和儿童攻击行为间的正相关关系并不必然意味着接触暴力电视节目会引发攻击行为。情况可能是有暴力倾向的儿童天生地受暴力电视节目吸引，或者也许是第三种因素引发了前二者，但是正相关关系至少表明了一种因果联系。一旦建立了一种相关关系，通常还要设计一个确定因果联系的对照试验。例如：就暴力电视节目的情况来说，将一组儿童随机分为对照组和实验组两部分，在实验组接触暴力电视片一段时间后，让对照组接触同样时间段的非暴力片。之后，观察两组儿童的行为并记录下他们所有的攻击行为。如果实验组比对照组表现出更多的攻击行为，就可能得出电视暴力引起攻击行为的结论。

二、共变法分析

共变法是从被研究属性变化的数量和程度来判明因果相关的。它的一般内容是：在被研究属性S发生变化的各个场合中，如果只有一个可能的条件属性是变化着的，而其他条件属性不变，那么，这个唯一变化的可能条件属性就是被研究属性的充分条件。

共变法可以看作是差异法的一种推广，它在具体操作时的排除规则类似于差异法：如果S出现变化，那么不同时出现变化的可能条件属性都不可能是S的充分条件。

例：

场合	可能条件属性				被研究属性
	a	b	c	d	S
场合1	a1	+	+	+	S1
场合2	a2	+	+	+	S2
场合3	a3	+	+	+	S3

可以看出a是唯一与S同时变化的可能条件属性，所以，a是S的充分条件。

例如，物理学中的热胀冷缩规律的发现就借助于共变法，人们对一个物体加热，在其他条件保持不变的情况下，当物体的温度不断升高时，物体的体积就不断膨胀。由此得出结论：物体受热是不受其他条件限制的物体体积膨胀的充分条件。

如果护士发现学生的病症和吃凉菜的量有关系，吃得少的症状轻，吃得多的症状重，那么护士可以根据穆勒"共变法"来判断，就是凉菜导致学生腹泻。

共变法对于研究某种食物的因果作用是重要的。无论我们吃什么食物，我们都不能排除疾病。我们几乎不能从大量人口的食物中排除掉某种食物，但是我们能够注意到，在特定人群中增加或减少某种食物量对某种疾病发生频率的影响。该种方法的一个最近的研究是，考察心脏病发生的频率，并与吃鱼的人心脏病发病的频率相对比。归纳出来的结论是惊人的：一周吃一次鱼肉，患心脏病的危险降低了50个百分点；一个月吃两次鱼肉，患心脏病的危险降低了30个百分点。在某个范围内，在心脏患病和吃鱼之间似乎存在显著的共同变化。

该方法有广泛的应用。农民通过对不同的土地施不同数量的肥料，观察到肥料用量与产量之间的变化关系，而得出所施的肥料与庄稼收成之间的因果连接。商人在不同的时间段播放不同的广告，以观察那些时间段生意的好坏，从而确定不同种类的广告的功效。

当一个现象的增加对应于另外一个现象的增加时，我们说这些现象之间是直接相关的。但是该方法可以以任何方式来使用。当现象间是反方向变化的时候——一个现象的增加导致另外一个现象的减少，我们同样可以推论出一个因果关系。经济学家经常说，假定其他事物基本保持不变，在非计划的市场中某种货物（如原油）供应量的增加，将导致其价格发生相应的降低。该关系确实显示出真正的共变：当国际局势紧张、原油供应面临短缺的威胁的时候，我们注意到石油价格就无例外地上升。当然，一些共同变化完全是偶然的。我们必须谨慎，不能从完全偶然的事件关系中推论出一个因果连接。

因为共变法允许我们举出例证，说明事态和现象之间出现的程度之间的变化关系，它大大加强我们的归纳技术。它是归纳推理的定量方法，而前面讨论的那些方法本质上是定性的。

共变法是通过将一个条件中的变化与另一个条件中的变化进行匹配，从而确定两个条件间的因果联系的一种方法。简单的表述就是：增加与增加匹配，减少与减少匹配。

在这一点上，我们应注意到两个现象间单纯的相关关系的存在并不是确定因果关系的充分条件。此外，相关性所表明的因果关系至少应合情合理。

当一个条件不可能全部出现或者全部不出现时，共变法就有了用武之地，因为这些对于应用穆勒的前三种方法是必需的。如果能确定条件的变动的相互联系，就可以根据共变法论断二者间的因果关系。过去，这种方法已成功地用于帮助确立吸烟与肺癌、核辐射与白血病、酒精消耗与肝硬化之间的因果联系的存在。

三、共变法评估

共变法有助于研究者通过考察某些现象同时存在、同时变化的状况，检验并确立诸现象之间的因果联系，以期最终发现影响事物发生、发展的内在规则。

共变法在大样本的研究中具有较强的可信度，但是它的缺陷是仅仅表达了一种统计上的相关性。共变法往往无法直接区分因果倒置和内生性问题，即无法判断自变量和因变量究竟哪个是原因，哪个是结果，或者互为因果。同时，共变法也无法区分伪相关，因为自变量和因变量之间的相关性可能是由于共同原因导致的，而两者之间不存在因果关系。

评估运用共变法推出的因果主张，可提出如下批判性问题。

CQ1：考察的场合是否足够多？是否有反例存在？

例如：人们普遍认为适量的体育运动能够有效降低中风，但科学家还注意到有些化学物质也有降低中风风险的效用。番茄红素是一种让番茄、辣椒、西瓜和番木瓜等蔬果呈现红色的化学物质。研究人员选取一千余名年龄在46至55岁之间的人，进行了长达12年的跟踪调查，发现其中番茄红素水平最高的四分之一的人中有11人中风，番茄红素水平最低的四分之一的人中有25人中风。他们由此得出结论：番茄红素能降低中风的发生率。

分析：上述结论得出的依据是，番茄红素水平高与中风发生率低具有共变关系。如果番茄红素水平中等的一半人的中风率和番茄红素水平最低的四分之一的人的中风发生率一样高，这意味着共变关系不成立，从而表明，番茄红素不一定能降低中风的发生率。

CQ2：被研究现象发生共变的情况是否是唯一的？是否还存在其他共变因素？

与被研究现象发生共变的先行情况必须是唯一的。就是说，运用共变法只能有一个情况发生变化而另一现象随之发生变化，其他情况应保持不变。

比如，某些变化看上去是偶然的（否则是令人费解的），但可能具有一个隐蔽的因果解释。人们发现，在英国乡村筑巢的鹤的数量与在每个乡村出生的婴儿之间存在高度相关；鹤越多，婴儿越多。这肯定不可能……是的，这不可能。具有高出生率的乡村有更多新婚夫妇，因而具有更多的新建房屋。巧的是，鹤喜欢在以前没有被其他鹤用过的烟囱旁边筑巢。追寻共同变化的现象的因果链条，我们可以找到共同的环节。

例如：学习筑巢在鸟类成功繁殖过程中扮演着重要角色。例如，斯诺博士记录了部分画眉鸟在若干年中的生育过程，他发现：第一次筑巢的鸟繁育成功的概率大大小于其他较年长的同类，也小于自己一年后的成功率。这不仅仅是体型和力量大小的问题，因为同大多数其他鸟类一样，画眉完全长成后才离开母巢。所以我们很难回避这样的结论：它们的成功繁殖得益于它们的筑巢经验。

分析：以上结论的依据是，画眉鸟的筑巢能力与繁殖后代的成功率具有共变关系。若事实上，画眉在最初几年的试验性繁殖过程中产下可孵化的蛋的能力逐年增强。意味着画眉繁殖后代的成功率不断提高存在其他原因，这就严重地削弱了上述结论。

CQ3：在考察两个现象之间的共变关系时，背景是否一样？即其他条件是否保持不变？

在考察两个现象之间的共变关系时，要注意保持其他条件不变。如果还有其他情况也在发生变化，那么运用共变法就容易出错。例如，物体的体积同温度之间热胀冷缩的共变关系，是以压力、引力不变为条件，如果压力、引力相关情况发生变化，就不再有上述的因果联系。如果对物体增大压力，即使对它加热，也不会出现体积膨胀现象。

例如：世界卫生组织在全球范围内进行了一项有关献血对健康影响的跟踪调查。调查对象分为三组。第一组对象中均有两次以上的献血记录，其中最多的达数十次；第二组中的对象均仅有一次献血记录；第三组对象均从未献过血。调查结果显示，被调查对象中癌症和心脏病的发病率，第一组分别为0.3%和0.5%，第二组分别为0.7%和0.9%，第三组分别为1.2%和2.7%。一些专家依此得出结论，献血有利于减少患癌症和心脏病的风险。这两种病已经不仅在发达国家而且也在发展中国家成为威胁中老人生命的主要杀手。因此，献血利己利人，一举两得。

分析：以上论证是，通过调查发现献血与健康有共变关系（献血次数越多，癌症和心脏病的发病率越低），从而得出结论，献血利己利人。

若事实上，60岁以上的调查对象，在第一组中占60%，在第二组中占70%，在第三组中占80%。则意味着共变推论的背景不同，因为在三个组中，60岁以上的被调查对象，呈10%递增，由以上断定，癌症和心脏病是威胁中老人生命的主要杀手，因此，有理由认为，三个组的癌症和心脏病发病率的递增，与其中中老年人比例的递增有关，而并非说明献血有利于减少患癌症和心脏病的风险。

若发现，献血者在献血前要经过严格的体检，一般具有较好的体质。也将有力地削弱上述推论。因为如果献血者一般有较好的体质，则献血记录较高的调查对象，一般患癌症和心脏病的可能性就较小，因此，并非是献血减少了他们患癌症和心脏病的风险。

CQ4：两种现象的共变是否具有相关性？是否有因果关系。

统计相关就是共变。是不是所有的共变现象都存在因果联系呢？不是的，关键要看是否有实质性的相关。共变法的根据不只是两种现象发生共变，重要的是原因与结果在数量上要有相关性。区分有因果联系的共变现象和无因果联系的共变现象，以免找错原因。

比如，经过深入调查，研究人员发现芝加哥商业交易所的猪肉价格未来的走势与日本的地震活动有相关关系。随着地震等级强度的增加，未来价格也上涨，反之亦然。据此，研究人员得出了这两种现象间有因果关系的结论。这一论证显然没有说服力。因为事实上，我们无法想象这一现象会引起另一现象发生变化，或者两者的变化有一个共同的起因，这种相关很可能是纯属巧合。

例1：1975年以来，美国的麻疹等传统儿童疾病的发病率已经有了显著的下降。这一下降的同时伴随着儿童中一种迄今为止罕见的病毒感染的彼特逊病的发病率上升。但是，很少有成年人被这种疾病侵袭。如何解释儿童中间彼特逊病发病率的上升？

分析：若发现，得过麻疹的儿童形成了彼特逊的免疫力。既然麻疹发病率少了，那么对彼特逊的有免疫力的儿童就减少了，因此，随着麻疹发病率下降而彼特逊病发病率上升。

例2：如果某个人的脑神经联系效能较高，那么他的脑神经联系的能耗较少。有一项实验的内容是：受试者被要求从一大堆抽象的图样中识别出一个样式，然后选择另一种图样来完善这个样式。实验的结果令人吃惊，在实验中表现最出色的受试者正是那些脑神经细胞耗能最少的人。

分析：若发现，较善于识别抽象样式的人具备更有效能的脑神经联系。这表明处理抽象样式时的表现与脑神经联系的能耗有共变关系，由此可有力地解释题干的实验发现：在处理抽象样式时表现最佳的受试者脑神经联系的能耗最少。

CQ5：共变情况在什么样的限制范围？

事物间的共变现象往往有一定限度，超过限度，共变现象就会发生变化或消失。例如，温度下降同金属电阻减少的共变关系只在一定温度界限内才能成立，如果温度降低到一定限度，金属的电阻就会完全消失，即出现"超导性"。

例如：在过去的世纪里，北美改变了其主要的能源，先是从木头到煤，然后是从煤到石油和天然气。在每次转变时，新的、占主流的燃料与以往相比都是含碳越来越少，含氢越来越多。合乎逻辑的结论是：在未来，主要的能源将是纯粹的氢。

分析：上述推论显然是共变法的误用，即把在一定范围内的共变现象绝对化。若支持这一论证，需要附加一个能作为其推论基础的一般原则，即：假如一个事物变化的每一步都包含一种属性的削弱（碳减少）和另一种属性的增长（氢增加），那么，当该变化结束时，第一种属性（碳）就会消失，而只剩下第二种属性（纯氢）。

CQ6：两种因果共变的现象是正的共变，还是逆的共变？

要具体分析因果之间的共变关系。共变可以是正的，也可以是逆的。

正的共变是指，因果两个现象的量同时增加或同时减少。例如，蔗糖在水中的溶解性随温度的不同而不同。在20℃时，100g水中最多能溶解蔗糖203g。在30℃时，100g水中最多能溶解蔗糖219.5g。所以，蔗糖在水中的溶解性的加大与温度增高有关。

逆的共变是指因果两个现象的量当其中之一增加而另一减少。例如，某肿瘤研究所在我国肝癌发病率较高的启东市进行研究时发现，肝癌发病率与粮食和人体血液中的硒含量有明显的负相关，即高硒地区肝癌的发病率低，低硒地区肝癌的发病率高。

例如，气体的温度和体积（在压力不变时）是正的共变，而气体的压力和体积（在温度不变时）是逆的共变。有的共变还可以在不同阶段分别呈现正变和逆变。例如水温和体积的变化，在4℃和100℃之间是正的共变，但在0℃和4℃之间却是逆的共变。

第五节　剩余法

所谓剩余法指的是，如果某一复合现象是由另一复合原因所引起的，那么，把其中确认有因果联系的部分减去，则剩下的部分也有因果联系。

一、剩余法概述

剩余法的基本内容是，如果已知被研究的某复合现象是由某复合原因引起的，并且已知这个复合现象的一部分是复合原因中的一部分引起的，那么，被研究现象的剩余部分和复合原因的剩余部分也有因果联系。

1.剩余法的结构

剩余法可用下述公式来表示：

已知复合现象F（A、B、C）是被研究现象K（a、b、c）的原因；

已知，B是b的原因；

C是c的原因；

所以，A是a的原因（或部分原因）。

如果某一复合现象已确定是由某种复合原因引起的，把其中已确认有因果联系的部分减去，那么，剩余部分也必有因果联系。

剩余法也是科学研究中常用的一种逻辑方法，用于研究复合现象的因果联系，是从一组有因果联系的条件和现象中分离那些已经知道因果联系的组成部分，留下所需要的因果联系作为"剩余"而构成。

例1：如果护士知道患病的学生吃了炒鸡丝、凉菜和汤，她已经检查了，炒鸡丝和汤都没有问题，那么剩下的凉菜就是原因。这就是"剩余法"。

例2：已知化学元素与太阳光谱有因果联系。又已知太阳光谱中有一条红线、一条青绿线、一条蓝线和一条黄线；红线、青绿线、蓝线是氢的光谱所以，存在一种未知的化学元素与黄线具有因果联系。经过科学家的研究，发现了新的元素——氦。

例3：大约在几十年前，人们使用雷达向地球大气的电离层发射电波，并分析接收到的回波，从而研究电离层对电波的影响，可是发现回波往往有所增强。当时便有人猜测，这个反常现象可能是由于射电波在空中遇到了能反射电波的其他物体。在1932年狮子星座流星雨期间，当许多看得见的流星经过人们头顶上空时，就曾观测到非常强的无线电回波。从此，人们才真正了解到，这些来历不明的无线电回波，原来是由流星产生的。

案例　赫尔蒙脱的实验

　　古希腊的科学家泰勒斯（公元前6世纪），曾断言一切物质都是由水产生的。两千多年后比利时的约翰·范·赫尔蒙脱（1577—1644），仍对泰勒斯的这一学说信守不渝。赫尔蒙脱是医生、炼金士，同时也是神秘思想家。他热心寻找"哲人之石"，并宣称找到了。他还相信"自然发生说"，甚至提出了用小麦孵化老鼠的方法。这些自然很荒唐。但是，他倒不是幽居密室冥思苦想，而常常求助于实验。只是他的实验不那么科学、严密，常常走到真理的门槛外，又折向了他处。

　　他曾做过这样一个实验：把经过准确计量的泥土放进一个盆子里，然后栽上一棵柳树苗，只浇水。5年后，柳树重量增加了164磅，但泥土只减轻了两盎司。赫尔蒙脱据此得出结论：植物的质体确实是以水为原料生成的。

　　他压根就没想到，柳树长高、变重这一复杂现象也是由复杂原因引起的。

　　柳树与柳树苗相比，其中的水分、无机盐类和碳等，都按比例地大增。水分来自每天所浇的水，无机盐得之于泥土，诉之于剩余法，就得追究碳的来历。

　　后来的科学家发现：柳树和其他一切植物都是从空气中吸取二氧化碳，以二氧化碳和水为原料，借助光合作用，使自身长高、变重。

　　赫尔蒙脱是第一个承认存在着几种与空气很相像但又不是普通空气的气体，还着重研究过木头燃烧时产生的气体，它正是柳树所吃营养物质——二氧化碳。

2.剩余法的特点

剩余法的特点是：从余果求余因。

剩余法只用来研究复合现象的原因，即用来研究有几个原因同时起作用而发生的复合现象的原因。并且，为了能运用剩余法来推论被研究现象的原因，必须首先知道某一复合现象中一部分现象的原因。因此，剩余法不能作为探求因果联系过程一开始就采用的方法，它必须以其他方法所求得的一部分因果联系作为前提条件。

剩余法适用于观察，也适用于实验，被广泛应用于科学探索和司法工作中。科学史上许多重大发现就是在已有发现基础上运用剩余获得的。

案例　海王星的发现

海王星的发现是天文学中一个巨大的成就，就是运用剩余法获得的成功。

1781年，威廉·赫歇耳发现了天王星，可是不得不等到精确地计算出它与木星和土星间的引力作用，才能为这颗运动的行星绘制表格，因而后期的工作由皮埃尔·拉普拉斯在他的著作《天体力学》中完成。1821年，巴黎的波瓦尔德根据这一著作计算并发表了行星包括天王星的运动数据表。在准备天王星数据的时候，他遇到了很大的困难：根据1800年以后得到的位置数据而计算出来的轨道，与根据该行星刚刚被发现之后所观察到的数据所计算出来的轨道不协调。他对以前的观察数据完全置之不理，他的图表建立在新近观察的数据之上。然而，在后来的几年里，根据该表而计算出来的位置与该行星观察的数据存在不一致；到1844年差值总计达2分钟弧度。由于所有其他已知行星的运动位置与计算出来的位置一致，天王星中出现的差值引发了大讨论。

天文学家按照已知行星的引力计算，天王星的运行轨道发生了四个方向的偏离。经过观察分析，已知三个方向的偏离是由一些已知行星的引力所致。而另一方向的偏离则原因不明。法国科学家勒维烈考虑，既然其中三个方向的偏离是行星引力所致，那么剩余的一个方向的偏离也应是另一未知的行星的引力所引起的。他认为，天王星偏离问题的唯一满意的解释是，在天王星周围的某个地方存在一个干扰它运动的行星。到1846年的中期，根据天体力学理论，他完成了未知行星的运行轨道的计算，9月18日他写信给柏林天文台的伽勒，请求他在天空的一特定位置寻找一个新的行星。果然，当年9月23日，在与计算结果相差不到一度之处发现了海王星。

在这个过程中很明显地运用了剩余法。就这个例子来说，复合现象指天王星运行轨道的各处偏离（设为甲、乙、丙、丁四处偏离），复合原因指各行星对天王星的引力（设为A、B、C、D四颗行星），通过观察，已经知道偏离甲由行星A所引起，偏离乙由行星B所引起，偏离丙由行星C所引起。那么剩下的部分，即偏离丁必为未知行星D所引起。

二、剩余法分析

从一个现象中减去这样一个部分，在以前的归纳中该部分被认为是某个先行事件的结果，那么该现象剩余的部分为剩余的先行事件的结果。

前面的四个方法似乎假定了，我们能够整个地淘汰或产生某个现象的原因（或结果），有时我们确实能够这样。然而在某些情况下，我们只能通过观察一组事态中的变化——我们已经部分地知道该变化的原因——而推论得某个现象的因果性作用。

剩余法和其他方法不同在于，它能够仅通过对一个事例的考察而得以使用；而其他方法要求考察至少两个事例。并且与其他方法不同的是，剩余法依赖于预先建立的因果律，而其他方法则不是。

至少从表面判断，剩余法的程序步骤更接近于演绎而不是归纳。一个恰当的例子就是测量卡车装载的货物重量时所使用的方法步骤。首先，用磅秤测量并记录下空卡车的重量，然后再用磅秤测量并记录装载货物后的卡车的重量。两者间的差额就是货物的重量。如果在这个方法步骤中，我们加入一个相当或然性的假定，即重量是可加的，同时磅秤是精确的，操作人员读数正确，卡车在装载过程中没有调换，等等，关于货物重量的结论就是演绎得出的。为了区分剩余法的演绎用途和归纳用途，必须对诸如数学的作用等因素予以考虑。如果结论取决于纯粹的数学计算，这一论证可能最好是以演绎为特征；如果不是，那么它可能就是归纳的了。

尽管如此，剩余法被认为是归纳的，而非演绎的。因为它产生的结论仅仅是或然的，而不能从前提中有效演绎出来。一个或两个附加的前提会使剩余法的推理转变成一个有效的演绎论证，但是也能够将之说成是另外的归纳方法。

剩余法是寻找被研究现象的充分条件的方法，可看作差异法的一个特例。它的内容是：如果已知某一复合的可能条件属性是另一复合属性的充分条件，同时又知道前一复合属性中的某一部分是后一复合属性某一部分的充分条件，那么前一复合属性的其余部分就是后一复合属性的其余部分的充分条件。

这一过程可以下例表示：

场合	可能条件属性					被研究属性				
	简单的				复杂的	简单的				复杂的
	A	B	C	D	A∧B∧C∧D	a	b	c	d	a∧b∧c∧d
场合1	+	+	+	+	+	+	+	+	+	+
场合2	+	-	-	-	-	+	-	-	-	-
场合3	-	+	-	-	-	-	+	-	-	-
场合4	-	-	+	-	-	-	-	+	-	-
场合1	-	-	-	+	-	-	-	-	+	-

我们通过场合1，确定A∧B∧C∧D是唯一的a∧b∧c∧d的充分条件的候选者，并且通过场合2~4，我们确定A、B、C分别是a、b、c的充分条件，然后通过场合1，我们可以得到D是d的充分条件，它所使用的排除规则与差异法的排除规则相同。

（备注：上述逻辑合取符号"∧"代表"并且"的意思）

三、剩余法评估

剩余法在个案的研究中存在较大的优势，可以通过排除法迅速找到现象的原因。剩余法同样存在一定的局限，它需要基于原因之间互相独立的假设，即原因A、B、C之间不存在互相干扰，否则就无法通过排除法进行推理。

评估运用剩余法推出的因果主张的，可提出如下批判性问题。

CQ1：被研究的某复合现象是否由某复合原因引起的，且已知的部分原因与剩余部分的现象是否没有因果联系？

运用剩余法必须确知被研究的某复合现象是由某复合原因引起的，并且确知其中部分现象是对应的部分原因引起的，而已知的部分原因与剩余部分的现象无因果联系。否则，结论就不可靠。

必须确认复合现象的一部分（B、C）是被研究现象（b、c）的原因，而复合现象的剩余部分A不可能是被研究现象（b、c）的原因，这种条件下，才可以断定A和a有因果联系。否则，如果剩余部分a实际上也是B、C这些情况之一（或共同）作用的，那么，就不能断定A和a有因果联系了。

例如，德国化学家威尔斯培特做出这样一个实验：把含有酶的液体中的蛋白质全部除去，再检查剩余液体，发现剩余物质仍然表现酶的特性。既然液体中的蛋白质已经除去，那么剩余物就不会是蛋白质。可是他运用剩余法得出结论：酶不是蛋白质，而是一种比较简单的化学物质。到了20世纪20年代，美国一位普通化学工作者萨拉姆对威尔斯培特的结论提出疑问。经过他仔细的实验和分析证明，酶确实是蛋白质。后来事实证明萨拉姆的结论是正确的，他因此而获得1946年诺贝尔化学奖。威尔斯培特在他所做的实验中没有把液体中的蛋白质全部清除掉，因而得出了错误的结论。

CQ2：剩余现象与剩余的因是单一的，还是复合的？

复合现象的原因是复杂的，有时剩余部分的原因A不一定是单一的，还可能是个复合情况，剩余现象与剩余的因如果是复合的，还必须进一步探索，不能轻率地得出结论。这时就要进一步分析，探求剩余部分的全部原因。

例如，居里夫妇根据某些沥青铀矿样品的放射性比纯铀的放射性还要大，应用剩余法作出结论，这些铀矿石中一定还有未知的放射性元素。为了寻找未知的放射性元素，他们从铀矿石中分离出极少量的黑色粉末。这个新发现的元素被居里夫人命名为钋，以纪念她的祖国波兰。但是继续研究下去，又发现钋只是铀矿样品具有强放射性的部分原因。再经过艰苦努力，终于提出放射性比钋还要强的新元素镭。这样才真正弄清了铀矿石样品具有很强放射性的原因。

穆勒方法综述

穆勒方法不仅是古典归纳逻辑的最高成就之一，而且具有鲜明的方法论特征与不可低估的方法论价值。

1.穆勒方法的本质

穆勒方法所包含的求因果五法的原则可以简单归纳为：相同结果必然有相同原因；不同结果必然有不同原因；变化的结果必然有变化的原因；剩余的结果应当有剩余的原因。其本质上都是排除归纳法，是通过对前提所确认的先行情况进行分离而获得的，指在寻求研究对象的原因时，通过对所研究现象的某些（不是所有的）先行场合进行分析比较，排除那些不是始终一致地与被研究对象相联系的先行情况，最后剩下的先行情况就被确定是被研究现象的原因。

穆勒方法通过剔除出给定现象的某个或某些可能原因，这些方法对其他的某个假定的因果解释提供支持。契合法排除掉那些不可能为原因的事态在该事态缺乏的情况下该现象仍然能够发生；差异法通过剔除关键的一个先行因素而排除某个或某些可能原因；契差并用法也是排除法，它同时使用上面的两种方法；剩余法努力排除那些不可能为原因的事态（这些事态的结果已经通过归纳预先建立起来），而共变法是排除结果出现变化时而不同时出现变化的可能因素。

2.穆勒方法要求的步骤

穆勒方法要求的步骤如下：

① 根据是恒常汇合规则，要从众多现象中确定有限的甚至很少的候选原因或候选结果；

② 根据是先因后果律，要从先行现象中找原因，从后继现象中找结果；

③ 根据是因果共变律，要把那些与被研究现象不能同步出现或消失或变化的候选原因或候选结果排除掉；

④ 根据普遍因果律，要把唯一留下的那个现象看作被研究现象的原因或结果。

其中，第一项是以纯粹经验为依据的，因此不具有必然性而具或然性，即它有可能把真正的原因或结果事先排除在候选范围之外。虽然后三项是以普遍规律为根据的，应该说是相当严格的，具有某种必然性，但是由于第一步为其他三个步骤提供了基础，而这个基础是或然性的，所以穆勒的排除归纳法从根本讲是或然性的。

3.穆勒方法的局限

由于事物的因果联系是复杂的，使用穆勒方法探寻出的因果联系仅仅是初步的。穆勒方法的局限如下。

① 穆勒方法涉及"只有一个事态相同"的场合和"除了一个事态外其余的每个事态都相同"的场合。但是任何两个物体无论它们多么不同，它们均具有许多相同的方面；没有两件事物只在一个方面不同。只用穆勒方法我们不能知道哪些因素是相关的。我们必须求助于这些方法所应用的背景，当我们分析了因果因素（哪些是有关的、哪些是无关的）之后，这些方法才是十分有帮助的。此外，所有的穆勒方法依赖观察到的相关性，我们不能在没有观察的事例中确定地得到一个因果连接。

② 不正确使用穆勒方法，就会犯逻辑错误。如果观察或实验的次数太少，没有确切把握现象间的内在联系，就轻率得出片面的结论叫"以偏概全"。如果把本无因果联系的两个现象，根据发生的时间先后就断定它们之间有因果联系，就会犯"以先后为因果"的谬误。如果把本无因果联系的现象和某些偶然巧合错误地判定有因果联系，就会犯"强加因果"的逻辑谬误。

③ 对于现象间极其错综复杂的因果联系，单用穆勒方法去寻找原因是不够

的。从思维进程看，穆勒方法属不完全归纳推理，其结论是或然的。穆勒方法的运用，依赖于考虑因素的全面性，如果考虑的范围不够大，而且没有把真正起作用的因素包括进来，运用穆勒方法便很难找到真正的原因。所以，决不能满足于、局限于运用这些方法。还必须进一步深入地对所研究的现象进行具体分析，才有可能真正把握那些较为复杂的现象之间的因果联系。获得的结论是否可靠不仅要经过实践检验，而且还必须探寻更为深刻的因果联系。

④ 任何一个归纳论证至多是高度可靠的，绝不能成为证明的。穆勒方法作为一种归纳方法，不能构成证明的规则。

⑤ 穆勒方法虽然不等于经验主义，但却是以经验为依据，带有人的主观因素的干扰，其结果往往也受人主观认识的制约。而且，现代科学研究已经表明，外部世界的规律具有概率性质，它对于局部现象和结果没有决定性作用。

4. 穆勒方法的作用

穆勒方法尽管有局限，但是它们在科学方法中处于中心地位并且确实十分有效。

虽然现代的实验方法更为精致复杂，但穆勒方法的思想还是它们的设计原则。穆勒方法，更准确地说，是在现象的多种因素中发现什么和什么因果关联的方法。穆勒所论述的五种方法是以消除非相干因素为基础，以演绎思想为补充的求因果归纳方法；它们可作为实验探索的方法论准则，在科学假说的构建与确证中起着重大作用。穆勒方法是检验假说的工具。这些方法描述了受控实验的普遍方法，这些方法是在科学研究中普遍和不可缺少的工具。

5. 穆勒方法的综合运用

在科学研究和日常生活中，单独使用某一种方法的情况是很少的，这些方法往往是互相补充、交互使用的。因为每一种方法，各有自己的优点，也有其不足，两种以上综合使用，可以取长补短，更好地发挥其效能。例如，先用契合法得出结论，再用差异法进行检验，或者先用契合法或者差异法得出结论，再用并用法进行验证等等。

例：用探求因果联系的逻辑五法分别判断"高盐饮食"与"高血压"之间的因果关系。

分析如下。

① 契合法：从几名年龄、体质、饮食习惯等方面各不相同的"高血压"患者中，找出人们唯一相同的因素——"高盐饮食"。这样就可用契合法判明"高盐饮食"与"高血压"之间有因果关系。

② 差异法：把一名"高血压"患者与一名非患者进行比较，要求被比较的

两人在年龄、体质、饮食习惯等方面相同（或近似），找出他们唯一不同的因素，即患者"高盐饮食"而非患者不高盐饮食。这样就可用差异法判明"高盐饮食"与"高血压"之存在因果联系。

③ 契差法：将若干名患者编为一组（正事例组），而把若干名非患者编为另一组（负事例组），在这两组中分别"求同"，找出正事例组的相同因素——"高盐饮食"，负事例组中的相同因素——不高盐饮食，然后将上述两组对照"求异"，找出两组场合的差异因素——"是否高盐饮食"。这样就可用契差法判明"高盐饮食"与"高血压"之间的因果联系。

④ 共变法：将病情严重程度不同的几名"高血压"患者进行比较，在其他情况相同的情况下，我们考察后会发现，"高盐饮食程度"与"高血压的严重程度"之间有着共同变化的关系，"高盐饮食程度"小的，"高血压"的程度小；反之亦然。这样就可用共变法来判明"高盐饮食"与"高血压"之间有因果联系。

⑤ 剩余法：考察一名因多重原因而引发多种病症的患者，并把其已知原因引发的已知病症予以排除（如缺碘引发的甲状腺肿大，食肉过多引发的高血脂等），找出多重原因中的剩余部分（"高盐饮食"）和多种病症中的剩余部分（"高血压"），这样就可用剩余法判明"高盐饮食"与"高血压"之间有因果联系。

科学推理
逻辑与科学思维方法（第三版）

Scientific Reasoning
Logic and Scientific Thinking Method

第八章
实践推理

第一节　方案论证

第二节　方案评估

实践推理在主体指向目标的行动的理智商议情形的范例中最为明显，表现为以下这些性质：目标、行动、知识、反馈、行动顺序的复杂性、行动描述的层级、预见后果、可塑性（不同的行动路线）、知识储存（知识库收回或添加新命题）、持续（当某个行动被阻碍时尝试其他的行动）和批评（批评或评估行动）。

第一节 方案论证

典型的实践推理是方案论证，即为达到一个目的而提出一个拟采取的行动方案（方法、建议、计划），是一种从目标到实现该目标所需要的行动的论证。

下面分别就如何强化和弱化一个方案论证进行分类论述。

一、强化方案

强化一个方案论证的办法可分为两种：

1. 方案可行

① 该方案（方法、建议或是计划）可以达到目的或目标；
② 该方案（方法、建议或是计划）可以操作。

2. 方案可取

① 该方案（方法、建议或是计划）没有副作用，或者即使有副作用，但优点大于缺点；
② 没有比该方案（方法、建议或是计划）更好的其他解决方法。

例1：欧洲蕨是一种有毒的野草，近年来在北半球蔓延并且毁坏了许多牧场，对付这种野草有一种花钱少而且能够自我维持的方法，就是引进这种植物的天敌，因此，一些科学家建议，将产于南半球的以欧洲蕨为食的蛾子放养到受这种野草影响的北半球地区，以此来控制欧洲蕨的生长。

分析：上文提出一种解决方案：为对付毒草，而引入天敌"蛾子"。

要说明此方案可行，必须表明，所放养的蛾子能够在北半球存活下来，并且能够形成一个足够大的群体，以便降低欧洲蕨的数量并阻止其生长。否则，如果放养的飞蛾不能以足够的数量存活下来，并形成一个足够大的群体来减少欧洲蕨的数量并阻止其生长；那么，意味着引入天敌作用不大，上述方案就无效了。

例2：由于吸烟有害人们的健康，无端地增加医疗开支，因此政府明确规定：禁止在新闻媒体和公共场所做香烟广告。在这种情况下，许多烟厂便转而出资赞助可以在电视上转播的大型体育活动，以达到广告宣传的目的。

分析：上文论述，为达到广告宣传的目的，许多烟厂出资赞助在电视上转播的大型体育活动。

要说明此方案可行，必须假设，烟厂名称在新闻媒体上频频出现，可以引导和刺激人们对它们产品的需求。否则，如果烟厂名称在新闻媒体上频频出现，并不能引导和刺激人们对它们产品的需求，那么烟厂赞助就达不到广告宣传的目的了。

例3：张教授指出，生物燃料是指利用生物资源生产的燃料乙醇或生物柴油，它们可以替代由石油制取的汽油和柴油，是可再生能源开发利用的重要方向。受世界石油资源短缺、环保和全球气候变化的影响，20世纪70年代以来，许多国家日益重视生物燃料的发展，并取得显著成效。所以，应该大力开发和利用生物燃料。

分析：上文陈述，由于石油资源短缺，所以，应该大力开发和利用生物燃料。

要说明此方案可行，必须假设，发展生物燃料可有效降低人类对石油等化石燃料的消耗。否则，如果发展生物燃料并不能有效降低人类对石油等化石燃料的消耗，那么上述建议方案也起不到真正的效果。

例4：美国扁桃仁于20世纪70年代出口到我国，当时被误译为"美国大杏仁"。这种误译导致大多数消费者根本不知道扁桃仁、杏仁是两种完全不同的产品。对此，我国林业专家一再努力澄清，但学界的声音很难传达到相关企业和民众中，因此，必须制定林果的统一标准，这样才能还相关产品以本来面目。

分析：上文论述，由于扁桃仁和大杏仁被误用，为还相关产品以本来面目，因此，必须制定林果的统一行业标准。

要表明这一措施是有必要的，必须假设，长期以来，我国没有林果的统一标准。否则，如果我国已经有了林果的统一行业标准，那么就不必制定这一标准了。

例5：计算机的操作系统软件日益标准化。但当一大公司处于多重连接系统的每一台计算机都使用同一种操作系统软件时，一个进入一台计算机的计算机破坏者，就会自动地访问所有的计算机。使用一种叫作"病毒"的程序，破坏者可以破坏掉所有计算机中的许多数据，如果这样的公司在它的操作系统软件中做一些微小的变化，实际上就可消除在同一时间未经授权就可访问所有计算机的现象。并且，在操作系统软件上所做的改变并不会使公司的计算机的兼容性受损。因此实施这样的改变对公司来说是可取的。

分析：上文论述，如果公司在它的操作系统软件中做一些微小的变化，就可消除在同一时间未经授权就可访问所有计算机的现象。

要使公司这一预防措施可行，不但要求该措施在技术上可行，而且要求该措施在经济上可行，即改正由于计算机病毒程序入侵而造成的破坏的费用要比预防它昂贵得多。

二、弱化方案

弱化一个方案论证的办法可分为两种：

1. 方案不可行

① 该方案（方法、建议或是计划）不能达到目的或目标，即使那样做也解决不了问题。

② 该方案（方法、建议或是计划）本身不完善、不能执行或无法操作。

2. 方案不可取

① 该方案（方法、建议或是计划）有副作用，并且其所带来的负面效应往往大于正面效应。

② 有比该方案（方法、建议或是计划）更好的其他解决方法。

例1：阔叶树的降尘优势明显，吸附PM2.5的效果最好，一棵阔叶树一年的平均滞尘量达3.16公斤。针叶树叶面积小，吸附PM2.5的功效较弱。全年平均下来，阔叶林的吸尘效果要比针叶林强不少。阔叶树也比灌木和草的吸尘效果好得多。以北京常见的阔叶树国槐为例，成片的国槐林吸尘效果比同等面积的普通草地约高30%。有些人据此认为，为了降尘，北京应大力推广阔叶树，并尽量减少针叶林面积。

分析：上文论述，为了降尘，北京应大力推广阔叶树，并尽量减少针叶林面积。

这一提议是有缺陷的，如果事实上，阔叶树与针叶树比例失调，不仅极易暴发病虫害、火灾等，还会影响林木的生长和健康。这就意味着上述方案不可行，从而有力地削弱了上文中有关人员的观点。

例2：从国外引进的波儿山羊具有生长速度快、耐粗饲、肉质鲜嫩等特点，养羊效益高。我国北方某地计划鼓励当地农民把波儿山羊与当地的山羊进行杂交，以提高农民养羊的经济效益，满足发展高效优质羊肉的生产需要。

分析：上述计划的可行性提议是有疑问的，如果事实上，波儿山羊耐高温不耐低温，杂交羊不能适应当地的气候条件，那么就对"把波儿山羊与当地的山羊进行杂交以提高农民养羊的经济效益"的计划的可行性提出了强烈的质疑。

例3：这里有一个控制农业杂草的新办法，它不是试图合成那种能杀死特殊野草而对谷物无害的除草剂，而是使用对所有植物都有效的除草剂，同时运用特别的基因工程来使谷物对除草剂具有免疫力。

分析：上文论述，新的除草办法是使用对所有植物都有效的除草剂，同时用基因工程使谷物对这种除草剂具有免疫力。

这一提议是有疑问的，如果事实上，虽然基因重组已使单个的谷物植株免受万能除草剂的影响，但这些作物产出的种子却由于万能除草剂的影响而不发芽。这意味着，种子不会发芽，该作物物种就要灭绝，从而说明该办法不可取。

例4：在生产塑料制品时使用石油应当用法律进行限制和规范。国家对石油在能源供应上的需求比塑料要重大得多。此外，对进口石油日益增长的依赖可能会导致一个严重的后果，比如说，如果战争爆发，进口的渠道就失去了。通过减少塑料生产中的石油用量，向能源供应的自力更生迈了一大步，也更增强了国家的安全。

分析：上文论述，为增加国家能源安全，减少石油用量，在生产塑料制品时使用石油应当用法律进行限制和规范。

这一措施的效果值得质疑，如果事实上，这个国家消耗的石油中只有一小部分是用于塑料生产的。这意味着限制生产塑料制品时使用石油对能源安全的意义不大。

例5：也许令许多经常不刷牙的人感到意外的是，这种不良习惯已使他们成为易患口腔癌的高危人群。为了帮助这部分人早期发现口腔癌，市卫生部门发行了一本小册子，教人们如何使用一些简单的家用照明工具，如台灯、手电等，进行每周一次的口腔自检。

分析：上文论述，为了帮助经常不刷牙的人早期发现口腔癌，卫生部门发行了一本教人进行口腔自检的小册子。

上述小册子的效果是值得怀疑的，如果事实上，经常不刷牙的人不大可能做每周一次的口腔自检，那么，发行的小册子就起不到卫生部门所希望的效果。

例6：某乡间公路附近经常有鸡群聚集。这些鸡群对这条公路上高速行驶的汽车的安全造成了威胁。为了解决这个问题，当地交通部门计划购入一群猎狗来驱赶鸡群。

分析：上文所提出的解决问题的办法值得怀疑，如果事实上，出没于公路边的成群猎狗会对交通安全构成威胁。这意味着用猎狗来驱赶鸡群，虽然可能减少鸡群对交通安全的威胁，但因此带来了猎狗对交通安全的威胁。因此，此方案有负面效应，不可取。

例7：纯种的奶牛一般每年产奶400升。如果奶牛与其他奶牛杂交，其后代一般每年可产2700升牛奶。为此，一个组织计划通过杂交的方式，帮助牧民提高其牛奶产量。

分析：上述组织的计划的效果是值得质疑的，如果事实上，该地区的放牧条件只适于饲养当地品种的奶牛，不适合杂交奶牛生长。这意味着杂交奶牛在该地区不适合养殖，这就对上述计划的可行性提出了严重的质疑。

例8：北方航空公司实行对教师机票六五折优惠，这实际上是吸引乘客的一种经营策略，该航空公司并没有实际让利，因为当某天某航班的满员率超过90%时，就停售当天优惠价机票，而即使在高峰期，航班的满员率也很少超过90%的。有座位空着，何不以优惠价促销它呢。

分析：上文论述，为有效利用空位，航空公司实行对教师机票优惠以吸引教师乘客。

这一方案的效果是值得怀疑的，如果事实上，绝大多数教师乘客并不是因为票价优惠才选择北方航空公司的航班的，那么北方航空公司实行对教师机票六五折优惠，实际上起不到吸引这部分乘客的作用，反而降低了公司的收入。

例9：在我国高科技产业竞争如此激烈的今天，不难预料未来的竞争更加残酷。在数学、物理等基础科学方面具有一定知识和技能的工人越来越需要。然而在中学数学、物理等方面的教师越来越缺乏，而且没有什么改变的趋势的情况下，我们很怀疑未来是否有这么多的技术工人可用。产业界可以帮助来解决这个问题：建立奖学金来资助那些在数理专业的大学学生，希望他们将来有可能从事中学教师职业。

分析：上文所提出的办法是，建立奖学金来资助那些在数理专业的大学学生，希望他们将来有可能从事中学教师职业。

该办法未必有明显的效果，如果事实上，当大部分数理专业的学生大学毕业后，仍向产业界求职而非选择教师职业，这就意味着有可能妨碍上面这种办法达到它的目标。

例10：某些煤分子通过使环绕肺气管的肌肉细胞收缩来抵御有毒气体对肺部的损害。这使肺部部分封闭起来。当这些煤分子被不必要的激活时，对某些无害的事物像花粉或家庭粉尘作出反应，就出现了哮喘病。有一项计划是开发一种药物通过吸收并消除由上文所说的煤分子发现的信息来防止哮喘病的发生。

分析：上文论述的计划是，要开发的药物是通过抑制肺部的煤分子的自然行为来预防哮喘。

该计划的可行性值得怀疑，如果事实上，这样的药物无法区分由花粉和家庭粉尘引发的信息与有毒气体引发的信息。这就意味着，这种抑制不仅会在该分子行为是多余时发生，也会在它是必要时发生，也就是在真正碰到有毒气体也起不到保护作用，这将是这种药物的严重缺陷。

第二节　方案评估

本节论述方案论证的型式、评估标准，并提供相应的案例分析。

一、评估准则

1. 方案论证的型式

目标前提：有一个目标G。

方案前提：主体A拟采取行动方案a，作为实现G的手段。

结论：因此，主体A应该执行行动a。

2. 方案论证的评估标准

评估一个方案论证，可提出如下批判性问题。

CQ1.有效性问题：方案能否达成目标？

即对主体A采取行动方案a，证明它在理论上可行的理由存在吗？要考虑该方案（方法、建议或是计划）在理论上是否可行，是否能达到目标？所谓在理论上不可行是指执行该方案（计划、建议或方法）达不到目标、目的或要解决的问题。

CQ2.操作性问题：方案可以操作吗？

即对主体A采取行动方案a，证明它在实践操作上可行的理由存在吗？要考虑该方案（方法、建议或是计划）在实践上是否可行，是否真的现实，是否可操作？所谓在实践上不可行是指该方案（计划、建议或方法）不能执行，也就是无法操作。

CQ3.否定性副作用问题：操作该方案是否会带来不好的副作用？

即是否存在主体A应考虑的产生行动方案a而形成的否定性副作用？要考虑该方案（方法、建议或是计划）是否可取，是否有副作用，优点是否大于缺点？所谓不可取是指，计划、建议或方法可能能达到目的，但有副作用，并且缺点往往大于优点（也就是不能那样做，如果那样做就会带来害处）。

CQ4.选择手段问题：还有其他实现目标的方案吗？

即除了行动方案a，有实现G的其他方案吗？那些与主体A采取方案a不同但也能实现G的其他行动应被考虑吗？

CQ5.最佳选项问题：是否有更好的其他解决方案？

即对主体A来说，行动方案a是一个最佳的选择吗？在a方案和这些其他行动方案之中，哪个可被证明是最有效的？

CQ6.冲突目标问题：是否有与目标冲突的其他目标？

除了目标G，主体A有与实现目标G可能冲突的其他目标吗？

案例　眼镜蛇效应

在殖民时代的英属印度，德里市民受眼镜蛇大量繁殖之苦，这显而易见是个需要破解的问题，鉴于眼镜蛇带来的害处比如死亡。为了减少城市里爬行的眼镜蛇数量，当地政府悬赏捕杀它们，这似乎是个非常合理的解决方案。丰厚的赏金让很多人开始猎杀眼镜蛇，这导致了预料中的结果：眼镜蛇数量减少了。

接着是事情开始变得有趣的转折点，随着眼镜蛇数量减少，野外再难寻到眼镜蛇，人们于是表现出了卓越的企业家才能。他们开始在家里饲养眼镜蛇，然后像以往一样，杀死这些"家蛇"，以获得赏金。这就带来了一个新问题：当地政府意识到，在这座城市里，肉眼可见的眼镜蛇已经非常稀少，但他们仍然按照之前的水平支付赏金。于是，市政官员做了件合情合理的事：他们取消了赏金。那些在家里养眼镜蛇的人，也相应地做了一件合情合理的事：他们把现在毫无价值的眼镜蛇放归街头。谁想要满屋子的眼镜蛇呢？最后，在悬赏结束后，德里市民面临的眼镜蛇问题，比之前更严重。灭蛇计划的意外后果，是街道上眼镜蛇的数量增加。

这个案例成了一个典范：试图解决问题的努力，最终反而让规则制定者想要解决的问题更趋于恶化。

当年法国殖民越南时，也有类似的事情，为了灭老鼠，政府出了一个奖金计划：只要将老鼠杀死，将尾巴交给政府就可以获取奖金。

同样的荒诞剧上演了：很多人抓住老鼠，切下尾巴去拿奖金。老鼠呢？放走，令其大量繁殖，这可是财神鼠，怎么能杀呢？

同样的事情，发生在20世纪80年代末的墨西哥城。当时的墨西哥城正承受着1800万居民驾车造成的极端空气污染。市政府相应出台了"尾号限行令"(Hoy No Circula)。这是一项旨在减少汽车污染的法律，在冬季空气污染最严重的时候，每天有20%的汽车（由车牌尾号决定）不准上路。

然而奇怪的是，不让这些汽车上路，并没有改善墨西哥城的空气质量，事实上反而让情况变得更糟。因为人们的需求不会因为一道简单政府法令而改变。墨西哥城居民很可能希望他们的城市空气质量更好，但也需要上班和上学。他们对禁令的反应方式，是规则制定者既缺少意图也没预见到的。让一些人拼车或乘公交才是法律的真正意图。然而，有人则选择了乘坐出租，而当时的一般出租车比一般汽车排放更多的污染。还有些人买了第二辆车，当然车牌号不同，每周常用车被禁开的当天，他们就驾驶这部车。他们买了什么样的车？能找到的最便宜的、只要能开得动的车。这些车向城市排放污染的速度，远远高于不许驾驶的那些汽车。

这就是"古德哈特定律"：当一个措施本身成为目标时，它就不再是一个好的措施。

不少"正确的计划"，最终也以错误的结果收场。举例说，有研究表明，更好的登山设备，可能会令登山爱好者遭遇风险的可能性更大。更好的登山设备的直接结果，应该是保护登山者。但登山者因为增加的保护而更大胆，反而导致了更大的风险。

在经济学领域，古德哈特定律说：若一个经济学的特性被用作经济指标，那这项指标最终一定会失去其功能，因为人们会开始玩弄这项指标。

所以，这就解释了为什么很多美好的愿望，常常有糟糕的结果。

二、案例分析

例1：分析下面的论证在概念、论证方法、论据及结论等方面的有效性。

某校由于学校的住房入住率比上学年有所下降，住房收入也相应减少。为解决这一问题，学校分管住房的官员提出建议，应该减少房源，以提高入住率。另外，要降低房租，吸引学生不在校外租房，从而扩大校内住房需求。

分析：上诉论证中学校分管住房的官员所提出的建议方案，可以从能否达成目标？是否可以操作？是否会带来不好的副作用？是否有其他实现目标的方案等几个方面来进行评估。

下面提供参考分析评论。

学校为解决住房入住率下降而导致的住房收入减少这一问题，提出了减少房源并降低房租的建议，由于其考虑欠周，该方案缺乏可行性。现把其主要逻辑缺陷分析如下。

首先，该方案不能达成提高住房收入的目标。通过减少学校房源，表面上是提高了住房的入住率，而实际上这种入住率的提高只是一种相对入住率的提高，而不是绝对入住数量的提高，而实际入住的住房数量还有可能下降，反而有可能进一步降低住房收入。

其次，通过降低房租，确实能提高学校住房的入住率，而住房收入取决于房租和入住率这两个因素，因此，即使提高了入住率，但由于房租降低了，其住房收入是否能提高是个未知数。

再次，减少房源并降低房租这一措施，可能会导致只能解决一部分师生的住房需求，而使得其他需要解决住房需求的师生租不到房子，从而会导致产生一些不必要的矛盾。

最后，要分析住房入住率的降低是否存在着其他方面的原因，比如住房质量是否较差、服务态度是否好、房间设备是否陈旧等原因。因此，学校如果能对住房进行适当的翻新维修、提高服务质量，更新必要的房间设备，或许就能有效提高入住率，从而提高住房收入。

总之，靠减少学校房源、降低房租来提高住房入住率无益于学校住房收入的提高，如此解决问题的方法只能是徒劳无功，因此，该建议方案不可取。

例2：分析下面的论证在概念、论证方法、论据及结论等方面的有效性。

只要市民不直接施舍街头流浪乞讨者，流浪乞讨现象将会大大减少。不过，这样的做法，尽管会减少假乞丐的数量，但是对真正无家可归的乞丐无疑十分不利。因此，市流浪乞讨人员接济站认为，建议市民不直接施舍钱物的同时，必须有配套方案出台。应该在流浪乞讨者较集中的地段，摆放固定信息设施，如提示牌、灯箱，利用这些设施，让乞讨者可以得到"救助站指引卡"。卡片上写明救助站的地理位置、乘车方式和联系电话，流浪乞讨者可依据提示前往。这样，一方面加强了对流浪乞讨人员的管理，净化了市容市貌，另一方面不会伤害到这些弱势群体，实实在在地帮助了真正的无家可归者。

分析：上文是一则为达到一个目的而提出一个建议的实践论证，可简述为：为减少流浪乞讨现象，减少假乞丐，净化市容市貌，帮助真正的无家可归者，接济站建议市民不直接施舍钱物的同时，出台配套方案，即在流浪乞讨者较集中的地段摆放固定信息设施，让乞讨者可得到"救助站指引卡"，流浪乞讨者可依据指引卡的提示前往救助站。其主要逻辑缺陷可重点从上述评估方案论证的批判性问题来分析。

下面提供参考分析评论。

认真分析上文所论述的市流浪乞讨人员接济站提出的配套救助措施，发现该方案没有经过充分的调查和研究，缺乏可行性，其逻辑缺陷分析如下。

首先，要考虑的是这一方案能否达成目标？其实真正的乞丐中很多可能并不愿意去救助站，他们的乞讨不一定是为了解决他们自身的生存，很可能是他们家中有人重病或者其他原因欠债需要钱，而救助站只能暂时提供他们最基本的食宿，解决不了他们的困难和愿望。

其次，要考虑这一方案是否可以操作？有可能很多真正的乞丐并不清楚救助站能提供什么，也许他们认为是收容所，会让他们丧失自由或担心受虐待而不敢去，因此，即使拿到"救助站指引卡"，他们也不会主动去，而且即使他们有些人愿意去，但可能有些人不识字，也不敢打电话，乘坐公交车也缺少车费，因此，让这些人自行前往救助站也不是很现实。

再次，要考虑操作该方案是否会带来不好的后果？即使实行了这一方案，有些真正的乞丐去了接济站，他们可能也不会愿意长期待在接济站，暂时解决温饱后，他们可能照样出来乞讨，并不能真正解决流浪乞讨的问题。

最后，要考虑是否有其他更好的解决方案。比如，要分清不同类型的乞丐，包括有年老或残疾、无工作能力又被家庭抛弃者、虽没有丧失工作能力但好吃懒做者、重度残疾并被黑社会组织所强迫乞讨者、患精神病而离家出走者等，针对不同类型的乞丐应采取不同的有针对性的办法，为这些流浪乞讨者解决生计问题，并重塑他们对生活的信心等等。这样才能真正解决街头流浪乞讨问题。

综上所述，上述这个配套方案由于漏洞颇多，因此该救助方案可能形同虚设，根本就不会产生理想的救助效果。

第九章 科学假说

第一节 科学与假说

第二节 假说的构建

第三节 假说的检验

第四节 假说的评价

科学假说是指根据已有的科学知识和新的科学事实对所研究的问题作出的一种猜测性陈述，是科学理论思维的一种重要形式。科学理论发展的历史就是假说的形成、发展和假说之间的竞争、更迭的历史。

第一节　科学与假说

科学发现的起点是科学研究者提出假说来解释自然现象，然后设计实验来检验这些假说，这种实验需要在可控条件下模拟自然现象。正如胡适提倡的科学方法是"大胆的假设，小心地求证"十个字。

一、假说的含义

假说是指从已有的事实材料和科学原理出发，对实践中观察或研究到的、以往的理论没有说明或当时不能说明的一些现象作出理论上的假定性说明。

1.假说的内涵

假说（Hypothesis），即指按照预先设定，对某种现象进行的解释，根据已知的科学事实和科学原理，对所研究的自然现象及其规律性提出的推测和说明，而且数据经过详细的分类、归纳与分析，得到一个暂时性但是可以被接受的解释。任何一种科学理论在未得到实验确证之前表现为假设学说或假说。

简而言之，假说是根据已有的事实或知识，对未知的现象及其规律性作出假定并证明这个假定的思维过程。在日常生活经历中，几乎我们每个人都使用假说推理，通过构造假说来弄清情况，从而指导下一步的行动。

阅读　假说是对现象的解释

生活中假说无处不在。比如小孩子看到身边小动物都有毛，他可能就会据此提出假说：动物都有毛，这个假说因他看到不同的猫或者狗而得到不断的验证。但突然有一天，他知晓了鱼也是动物，而鱼并没有毛，原先得到大量验证的假说就被推翻了，他可能因此修正自己的假说：地上的动物都有毛，水里的动物都有鳞片。随着认知范围的逐渐扩展，他会发现自己修正后的假说也是有问题的。

2. 假设和假说

假设（assumption）是假定为正确的命题，并把它作为理论推理的前提，它是建构理论的基础。科学假设是科学方法的最初基石，许多人将其描述为一种基于先验知识和观察的"有根据的猜测"。

假说（hypothesis）是以已知的科学理论（包括原理和经验通则）和经验知识为根据，对未知的现象及其规律性作出假定性说明或解释。

假说有假设的意思，指科学研究上对客观事物的假定的说明，假说要根据事实提出，经过实践证明是正确的，就成为理论。科学研究的灵魂就是首先提出相关假设，并对其进行检验，从中获得新认识。

在科学研究尤其是在社会科学中，"假说"就是建立在一系列的"假设"之上的一个"理论"，但是仍然有待于数据或者实验的证实。

科学假说是人们将认识从已知推向未知，进而变未知为已知的必不可少的思维方法，是科学发展的一种重要形式。假说应该满足以下条件。

① 为要解决的问题提供答案；
② 与已有的理论相关；
③ 具有相当的推测性；
④ 具备原则上的可检验性；
⑤ 具有明显的过渡性。

3. 假说的理解

在科学研究中，假说可以理解为，在形成科学理论的过程中，开始构建理论雏形的那个阶段的设想。假说的内容构成通常是非常复杂的。它包含有理论的陈述，又包含有事实的陈述。而且，它既有真实性尚未判定的内容，又有比较确实的内容。

假说是科学发展的一种形式。各门科学在发展中，都曾提出过一定的科学假说。在天文学中，康德、拉普拉斯关于太阳系起源的星云假说，地质学中，李四光提出的地质力学的假说，物理学中关于原子结构各种模型的假说，化学中关于元素周期性变化的假说，生物学中达尔文提出的自然选择学说以及关于生物起源的海洋学说、生物遗传和变异的假说等等，都是根据已知的科学原理和科学材料，对未知的自然现象及其发展规律所做的假定性的解释。

有的假设还没有完全被科学方法所证明，也没有被任何一种科学方法所否定，但能够产生深远的影响。如1900年德国物理学家马克斯·普朗克为解决黑体辐射谱而首先提出量子论（量子假说），1913年丹麦物理学家尼尔斯·玻尔提出的玻尔原子理论大大推进了现代物理学发展进程。恩格斯曾经说过，只要自然科学在思维着,它的发展形式就是假说,充分说明假说在自然科学发展中的作用。

假说是有待验证的解释。真正的科学理论,其中的每一个解释都是在合宜的证据,即事实的基础上提出的。当科研人员在对一组事实现象进行解释的时候,这些解释依据合宜的证据,即依据的是初步观察和实验的结果,这些解释还期待着继续的试探和证实,这个时候的解释,就是科学的解释。这种科学的解释就是假说。

案例 运动增强免疫力吗?

有两个研究:

一个是伊利诺斯大学的研究人员把实验老鼠分为两组,一组在笼子里安逸地休息,一组则让它们奔跑到精疲力竭,像这样重复三天。然后让这些实验老鼠处于流感病毒环境中。几天后,狂奔的老鼠得流感的比例多于休息的老鼠,它们的症状也更重。

另一个研究是先让实验老鼠染上一种严重病毒,并将它们分成三组。然后让第一组老鼠休息,第二组做20～30分钟的适度慢跑运动,第三组跑2个半小时。重复这样的对比实验三天,直到它们开始表现出流感症状。结果,休息的老鼠死了一半以上,适度慢跑的只有12%死了,而跑2个半小时的老鼠死了70%,并且这一组中即使那些活下来的也比别的组的老鼠症状更重。(Reynolds,2009)

实验的结论是,适度运动对老鼠的免疫力有增强,比静止不动的好;但是如果运动到了精疲力竭的时候,老鼠的免疫力反而比静止不动时还低。

自然,这样的认识并不新鲜,大家早就晓得"适度运动"最好,还用你研究?确定运动程度和免疫力强弱的关系存在,只是科学研究的第一步。第二步,寻找因果解释才是要旨:为什么这样,运动怎样导致了免疫能力的变化,为什么运动过度反而抑制了人体的免疫能力。根据已有知识,科学家提出假说,认为应通过细胞的免疫作用来解释这个现象。

伊利诺斯大学的一些科学家通过观察染病老鼠的细胞发现,适度锻炼的老鼠表现出一种非常特别的对病毒的免疫反应。一般而言,在老鼠和在人身上一样,病毒会引起所谓Th1型免疫细胞的增加。Th1型免疫细胞引起身体发炎等变化,成为抵抗病毒侵入的第一道防线。不过如果炎

> 症时间太长，便会起反作用。免疫系统这时便需要减少由Th1型细胞引起的炎症反应，使之不会影响身体自身。因此免疫系统便逐渐增加另外一种细胞：Th2型细胞，由它们来产生抵抗炎症的免疫反应，等于向Th1型细胞引起的火上浇水。Th1和Th2细胞之间的这种平衡很精致微妙。
>
> 在伊利诺斯大学的实验中，适度运动的老鼠以精致的方式逐渐增加Th2细胞的免疫反应，刚好产生正面的抵抗流感的作用。适度运动可以让一点点地压制Th1细胞。而剧烈运动可能压制Th1。
>
> 可见，科学探索的深层目标是形成关于因果机制的假说。

二、假说的特点

任何一门科学理论，假说都是不可少的。假说是通向新的科学理论的必要环节，是开拓科学新领域，打开科学宝库的钥匙。假说是观察、思考和实验的结果，又是进一步观察、思考和实验的起点。科学假说主要有以下基本特点。

1. 科学性

科学假说是对自然奥秘的有根据的猜测，它是人类洞察自然的能力和智慧的高度表现。科学假说与宗教迷信等蒙昧无知之类的胡说是根本不同的。假说是在科学知识的土壤里生长的，任何假说的提出都以一定的相关事实作为支持它的经验证据，也以一定的相关原理作为论证它的理论前提。

2. 导向性

科学假说使科学研究具有定向作用，是寻求真理的向导。既然假说是对未知的自然现象及其规律的一种科学的推测，那么，人们便可以根据这种推测确定自己的研究方向，进行有目的、有计划的观测和实验，避免盲目性和被动性，充分发挥主观能动性和理论思维的作用。因此也就有可能在科学上有所发现，有所突破。

3. 推测性

推测性的基本思想和主要论点，是根据不够完善的科学知识和不够充分的事实材料推想出来的，它还不是对研究对象的确切可靠的认识。假说是对现象背后原因的尝试性解释，或对探究的问题的尝试性回答；预期则是在假说成立的逻辑前提下，对检验假设的实验结果作出的推测。假说立足于事实，但又不受事实的局限，假说对未知对象提出大胆的设想，而又深入到实践当中去寻求答案。这样，也就能够不断地推动人们去探索、去突破，这就可能打开另一个新天地，获得惊人的发现。

阅读 宇宙大爆炸产生两个宇宙？

大爆炸发生后，物质逐渐形成结构，行星、恒星和星系逐渐出现。时间的箭头永远指向前方。而最近的一项新理论认为大爆炸时还形成了一个"镜像宇宙"，它拥有相对我们而言"反向"的时间。这项新的研究尝试回答有关时间箭头方向的问题——也即是有关"时间对称性"的问题。

据英国《每日邮报》报道，时间的不可逆性在过去超过一个世纪的时间里一直困扰着科学家们。但最近科学家们发展出一套新的理论，有望帮助回答其中的一些问题——至少是那些有关时间的开端以及在那"之前"究竟发生了什么的问题。

当时间对于我们的感知而言正向前流逝时，在镜像宇宙中的智慧生命看来，我们的时间其实正在倒流。这两个宇宙都拥有相同的开端——大爆炸。然而必须指出的是这两个宇宙中的情况可能已经完全不同，只是时间上呈现对称性而已。

该理论认为，当大爆炸发生时产生了一个与我们的宇宙相同的"镜像宇宙"并在大爆炸的瞬间朝相反的方向膨胀——而分别生活在这两个世界中的智慧生物在感知上会认为对方都在朝着时间轴的反方向前行。

这一看上去相当极端的理论是由英国的朱利安·巴伯(JulianBarbour)博士，加拿大新布伦瑞克大学的蒂姆·科斯洛夫斯基(TimKoslowski)博士以及加拿大圆周理论物理研究所的弗拉维奥·莫卡提(FlavioMercati)博士共同提出来的。

他们的这项研究旨在解决有关"时间箭头"的问题，其理论核心观点便是认为时间是对称的，而所有事物都沿时间轴朝前发展。他们指出，在大爆炸发生的时刻产生了两个而不是一个宇宙，并分别沿着相反的时间方向发展。

巴伯表示："时间是一个谜团。基本上来说，不论何时，所有已知的物理学理论基本都是相同的。并且，在我们生活的世界中，一切都只会沿着时间朝一个方向发展。"他说："宇宙正在膨胀，我们会变老，秩序似乎正在增加，至少在我们的身边情况似乎是如此。"

巴伯博士用放置在水杯中正在融化的冰块来比喻宇宙从有序向无序的发展——或者用更专业的话来说：熵的增加。他指出，这个问题到19世纪末期开始引起关注，当时人们认为宇宙最终将在一场"热寂"中终结——也就是宇宙各处的温度变得一样，就像水杯中冰块的最终命运。

然而如果将引力的影响考虑进来，似乎这一理论就不再能站住脚了——引力理论还能解释宇宙狂暴的开端。为《科学美国人》撰稿的李·比林斯（LeeBillings）表示："于是，纯粹的引力便为整个系统的膨胀以及时间箭头的起源搭建起了舞台。"

此外在一个仅仅包含100个粒子的简单模型中，研究人员表示他们的理论表明，如果你在时宇宙狂暴的开端间轴中反向前行——朝着无序的方向前进，你最终将会穿过大爆炸的点，并进入另外一个"镜像宇宙"。

时间、宇宙是否也存在着对称，镜像宇宙是否真的存在，我们目前还不能够得到确切的证明。但是，随着科学的进步，我们会探测到越来越多的秘密。

4.实践性

科学假说是建立在一定实践经验的基础上，并经过了一定的科学验证的一种科学理论。它既与毫无事实根据的猜想、传说不同，也和缺乏科学论据的冥想、臆测有区别。确切地说，科学假说是科学性与推测性的对立与统一。它既包含着真，又包含着假，是真与假的对立与统一。它有可能失真而成为假，也有可能由假而转为真。因此，假说又是理论形成中的生与亡的对立统一。这种对立统一的转化条件在于实践，实践是检验假说的唯一客观标准。

5.过渡性

人的认识过程是复杂曲折的，对假说的检验过程也呈现出复杂性和曲折性。预言的一次成功，并不能完全证实这一假说，但确实在一定程度上证明了或增添了它的真理性；预言的一次失败，也不一定能据此推翻这一假说，因为一个假说实际上总是和其他一些前提条件（或称辅助性假说）结合在一起导出某一预言的。即使是预言的完全失败，问题可能出在这一假说本身，也可能出在其他的条件方面，有时还要检查实践方式本身，例如实验仪器、实验操作乃至计算方法是否存在差错等等。科学的历史表明，曾经失败过的科学假说，随着时间的推移，在新的条件下也会"死而复生"；而获得成功的科学假说，也有可能重新陷入困境，需要加以改进，甚至要被新的假说所代替。

6. 可检验性

这里所说的可检验性指的是原则上的可检验性，而非技术上的可检验性。我们通过观察而获得假说，又通过对这些假说的验证增进我们对这个世界的理解。科学的每一个进步都是对假说予以验证的结果，科学的假说必须是可测试的，一个原则上不可检验的陈述是没有科学价值的，如果提出一个无法证实的构想，这就只是构想，因而就不是一个科学假说。可检验性是科学假说的必要条件，而对科学假说最有力的支持就是它所预言的事实为而后的实践所证实。即人们可以继续为这个假设的科学理论提供证据，从而使之形成一个获得科研人员共识的科学理论。但是，即使一个假说经过检验形成了科学理论，它仍然需要继续接受检验，真正科研人员的科学信念必定不是教条式的。

有的假说根据目前的理论水平来看，是可以检验的，但由于技术上的条件尚未具备，检验不能立即实施，所以此假说具有原则上的可检验性，而不具备技术上的可检验性。假说的可检验性同假说的预言和推论紧密相连。如果一个假说不能作出任何预言，那它并不具备可检验性。相反，假说的推论和预言中可以被检验的越多，假说的优劣越易判断。

7. 可证伪性

如果一个假说被制定的太广泛而普遍，以至于矛盾的证据也能为它进行确证，那么这个假说并不能真正地被任何东西所确认。哲学家卡尔·波普尔认为，任何真正的科学假说必须被足够严密地限定，以便它能避免这类问题的发生。也就是说，假说必须是能被证伪的。这就意味着为了使证据能反驳它们，假说应该被足够严密地限定。

8. 可解释性

假说的提出是以经验事实为依据的、对科学问题的解释。假说总是按照预先设定，对某种现象进行的解释，即根据已知的科学事实和科学原理，对所研究的自然现象及其规律性提出说明，而且数据经过详细的分类、归纳与分析，得到一个可以被接受的解释。因而假说要尽可能地解释已有的科学事实。

9. 可预测性

假说的提出是有客观事实和科学知识的依据的，但结论是尚未接受实践检验的，具有科学预见功能。

假说的提出不仅可以解释已知的事实，更重要的是它还可以对未知的或对未来的事实做出推论。例如，大陆漂移说、广义相对论、大爆炸宇宙论等。但是,由于实践检验的历史局限性,由假说推出的论断虽然原则上可以检验的,不过当时无法完成,要等待条件具备时才行。这就是说,假说预测的未知事实应当可以检验,但又不要受当时检验技术水平的限制。

案例　爱因斯坦的光线

爱因斯坦著名的狭义相对论是受启于他16岁做的思想实验。在他的自传中,爱因斯坦回忆道他当时幻想在宇宙中追寻一道光线。

他推理说,如果他能够以光速在光线旁边运动,那么他应该能够看到光线成为"在空间上不断振荡但停滞不前的电磁场"。

对于爱因斯坦,这个思想实验证明了对于这个虚拟的观察者,所有的物理定律应该和一个相对于地球静止的观察者观察到的一样。

事实上,没人确切知道这意味着什么。科学家一直都在争论一个如此简单的思想实验是如何帮助爱因斯坦完成到狭义相对论这如此巨大的飞跃的。

在当时,这个实验中的想法与现在已被抛弃的"以太"理论相违背。但他经过了好多年才证明了自己是正确的。

点评:爱因斯坦的梦想具有象征性的意义。他不可能以光速去旅行,因为那需要无穷大的能量——宇宙中根本没有这么多的能量。

假如爱因斯坦以光速旅行,他会看到什么呢?

他什么都看不见。因为根据相对论,这时候根本就没有时间,时间在这里静止了。

我们站在地球上看着爱因斯坦以光速旅行一年,但是爱因斯坦却没有经历这一年,开始和结束都在同一时刻,这中间时间丝毫没有流动,丝毫没有变化;这中间没有发生任何事,没有任何运动和变化,他当然也不曾在这期间"看见"任何东西。

三、假说演绎法

假说演绎法(Hypothetico-deductive-method)是科学研究的核心方法之一。一般来说,科学推理常用的方法是归纳概括,即根据一定量的经验概括出规律,再通过一系列检验核实这个规律是否正确。而假说演绎法则试图说明科学研究可以从解释性的假设出发,从假设推论出可验证的结论,然后通过实验进行检验。如果实验的结果足够强，我们可以说它证实或证伪一个假设，而弱一些的实验结果则可以支持或反对一个假设。

1. 假说演绎法的含义

假说演绎法又称为假说演绎推理，是现代科学研究中常用的一种科学方法。具体是指在观察和分析基础上提出问题以后，通过推理和想象提出解释问题的假说，根据假说进行演绎推理，再通过实验检验演绎推理的结论。如果实验结果与预期结论相符，就证明假说是正确的，反之，则说明假说是错误的。

之所以要根据假说进行演绎推理，是由于假说往往无法被直接验证，只能间接验证演绎推理后的结论。其中，所谓演绎推理，是指从一般性的知识的前提推出一个特殊性的知识的结论这样一种推理方法，其前提和结论之间的联系是必然的，一个演绎推理只要前提真实并且推理形式正确，那么，其结论就必然真实。

对于假说而言，最直接的验证方法当然是直接验证，比如通过看云识天气，提出假说：明天会下雨。对这个假说我们没有必要去演绎出什么来进行验证，只要第二天看看有没有下雨就可以了，这就是最直接的验证。但是由于条件所限，很多假说尤其是科学研究中的假说，并不能直接验证，只能进行间接验证，即依据假说进行演绎推理，并要保证演绎的结果能够观察到或通过实验加以验证。

案例　多看一眼

案例分析一：

观察现象	她在人群中多看了我一眼
提出假说	她一定在喜欢我
验证假说	直接方法：主动问她是不是喜欢我（不现实，也不敢采用，人家会以为你是精神病）
	间接方法：如果她喜欢我，加她微信，她一定会同意（可以尝试一下）
得出结论	1. 加微信她同意了，说明我的猜想是正确的
	2. 加微信人家果断拒绝了，说明我想多了

上述假说演绎法的步骤是：

1. 观察现象：她在人群中多看了我一眼。

2. 提出假说：她喜欢我。

3. 演绎推理：如果她喜欢我，加她微信，她一定会同意。

4. 实验检验：微笑和她打招呼，希望加微信，她同意了。

5. 得出结论：假说很可能成立：她喜欢我。

案例分析二：

观察现象	她在人群中多看了我一眼
提出假说	她愿意嫁给我
演绎推理	我向她求婚，她会答应
实验验证	"嫁给我好吗""滚"
得出结论	我想多了……

上述假说演绎法的详细步骤如下：

1. 观察现象：她在人群中多看了我一眼。

2. 提出假说：她愿意嫁给我.

（1）提出问题：她会嫁给我吗？

备注：对问题所作的尝试性回答，就是假设；而假设不是凭空猜测，而是根据已有的知识和经验作出合理的推断。

推断过程：

（三段论1）

多看了某人一眼，就是喜欢这个人，

她多看了我一眼，

所以她喜欢我。

（三段论2）

喜欢一个人就会跟他结婚，

她喜欢我，

所以她愿意嫁给我。

（2）作出假设：她愿意嫁给我！

3. 演绎推理：我向她求婚她会答应。

若她愿意嫁给我，则她会接受我的求婚。

（假言推理）

若她愿意嫁给我，则她会接受我的求婚。

她愿意嫁给我。

所以，她会接受我的求婚。

4. 实验检验：用实践来验证。

"嫁给我好吗"

（备注：我正式表达求婚）

"滚"

（备注：实验结果与预期结果不相符，则假设错误。）

5. 得出结论：我想多了，她根本还没有看上我！

假说演绎法的雏形可追溯到古希腊亚里士多德的归纳-演绎模式，该模式的特点是从要解释的现象中归纳出解释性原理，再从包含这些原理的前提中演绎出关于现象的陈述。17世纪中叶，笛卡儿在《哲学原理》一书中提出，理性从天赋观念即第一原理（物质和运动）演绎出关于自然的确实知识，一般认为他是假说-演绎法的倡导者。

假说演绎法是科学认识从经验水平向理论水平上升所必需的工具，它肯定了理性和演绎在科学发现中的作用，强调了由假说演绎得出的结论必须用实验来检验，从而确立了科学发现的逻辑。

阅读 刑事侦查的假说演绎步骤

犯罪案件的侦查工作，也就是发现犯罪和证实犯罪，通常都有合乎规律的方法和思路。美籍华人、刑事鉴识专家李昌钰博士对案情发现和案情论证也同样采用假说演绎法的思维模式。作为全球著名的"现场重建之王"，李昌钰专门对犯罪现场重建阶段的思维模式进行了科学归纳，系统地提出了现场重建所包括的五个独立阶段，构成了侦查假说形成和验证所必经的五个基本步骤。

① 数据收集阶段：侦查人员需要从犯罪现场、被害人或者目击证人处获取所有的言词信息或者书面信息。证据状况、明显的形态和印痕以及被害人情况等数据都需要加以审查、组织和研究。

② 推测阶段：在对证据进行仔细的分析之前，可以对犯罪行为所涉及的事件做出可能的解释或者推测，但是，这种推测结论不能被视为是这一阶段的唯一解释。它仅仅是一种可能性，也许还存在更多可能的解释。

③ 假说形成阶段：进一步的数据收集工作需要建立在物证检验结果和后续侦查工作的基础之上。现场勘查人员必须开展现场勘查和物证检验工作。现场勘查和证据检验工作包括血迹和印痕形态、射击残留物形态和指纹证据的解释以及微量物证分析。这个过程能够帮助现场勘查人员根据事实或者经验对事件的过程形成合理的推测，即形成侦查假说。

④ 测试阶段：一旦形成侦查假说之后，必须进行进一步的测试来核实假说的整体解释或者特定方面是否正确。这个阶段需要针对从犯罪现场收集的检材与已知的标准样品和不在犯罪现场的样本进行比对，并进行化学、显微镜以及其他类型的分析和测试。现场勘查人员必须针对可能的行为进行控制测试或者实验，从而验证现场重建假说的正确性。

⑤ 结论形成阶段：在调查被害人或者犯罪嫌疑人的情况、涉案人员的行为、目击证人描述的准确性和事件背景信息的过程中，现场勘查人员可能获得一些附加信息。在针对假说进行测试并努力证明的过程中，现场勘查人员必须考虑所有可以证实的侦查信息、物证的分析和解释以及实验结果。当假说得到全面的检测和证明之后，就可以被视为是合理的理论。

2. 假说演绎法的步骤

构建和验证假说的步骤，就是进行假说演绎推理的常规步骤，是科学研究的一般模式，也是科学发现和验证的常用方法。假说演绎法的必要环节是假设、验证（实验）、认知。具体可以分解成以下几个步骤或阶段。

（1）发现：观察现象，提出问题

科学研究总是开始于某个问题，通过观察现象、发现问题、提炼问题来提出所面临的科学问题。科学研究的任务在于提出问题与解决问题，问题意识是科学研究的本质特征。

所谓"问题"，其本质就是人们思维中的矛盾或困惑。在科学研究中，"问题"就是需要进一步探索和研究的东西。也就是说，"问题"是相对于"现有的知识"而言的，是"现有的知识"不能解决或解答的疑难。

① 观察现象：通过观察、实验，发现反常、奇怪的事实、现象。

② 发现问题：根据所观察到的现象，发现观念、理论的矛盾冲突。

③ 提炼问题：搜集一定数量的事实、资料，在分析和思考的基础上，从更本质的角度提炼出科学问题。

（2）假设：分析解释，提出假说

假设的困难在于要使用假说演绎法，就不得不预先假定很多其他的前提，而一个成功的科学论证要求尽可能少的假设。另外，要接受这些尽可能少的假设，我们必须首先接受在假设背后的理论框架，而接受这种框架本身就意味着接受许多支持这个框架的假设。

科学探究是科学解决问题的方法，探究总是以问题为起点，针对问题，结合知识和经验对问题做出合理的解释，这就是提出假说。

提出问题后的关键则是提出相应的假说来探索解释或解决问题。问题可分为三类：是什么（What）、为什么（Why）、怎么办（How）。根据问题的不同，假说也可以对应地分为三类：描述、因果和处方型三种。

为回答问题，要充分运用各种有关的科学知识，并且灵活地展开归纳和演绎、分析和综合、类比和想象等各种思维活动，形成解答问题的基本观点，而这种观点常常表述为新的科学概念，并以此构成假说的核心。

① 提出猜想：通过推理和想象进行猜想、猜测，提出解释问题的初始假说。

② 收集证据：收集额外事实。

③ 修正假说：根据收集到的证据对初始假说进行一般检验，形成解释问题的修正假说。

④ 一般检验：检验假说对已知事实的解释。

⑤ 形成假说：通过以上四个步骤循环往复，不断地修正并最终形成精致的假说。

（3）推论：演绎推理，做出预期

假说是否正确则需要设计实验方案并实施实验方案来验证。

在还没有实施实验方案之前，总要有一个期盼，即如果假设正确，那么实验方案实施之后会出现什么结果，这个结果称为预期结果。

也就是说，在实施实验前，需要对实验结果进行预测。预测结果就需要根据提出的假说对所设计的实验结果进行演绎推理。这一演绎环节是必不可少的，否则，实验前不知道预期结果，那么即使支持假说的实验结果出现了，探究者也不知道，整个探究就没有意义了。

因此，要根据构建出来的假说，进一步演绎并推出结论。

① 根据假说对相关已知事实进行演绎推理，演绎出来的是个关于已知事实的陈述。

② 根据假说对未知事实进行演绎推理，演绎出来的是个关于未知事实的陈述。

（4）检验：进行实验，验证预期

实施实验，对实验结果进行观察统计。即推出结果之后，要通过调查研究、科学实验等手段，对结果进行检验。

实验方案实施之后会得到一个真实的实验结果（也称为结果），我们把实验结果和预期结果做比较，就能判断假说是否正确。如果实验结果和预期结果相符，则结果支持假说，此时，假设就是结论，结论是对问题的回答。如果实验结果不支持假说，结论就是否定了假设。

简单而言，科学探究其实就是找一个看得见的证据来验证假设是否正确，结果是看得见的证据，结论是问题的答案。

对社会科学研究而言，最基本的预设就是社会运行存在着某些规律，研究的任务就是要找出这样的规律并且加以解释。因此，社会科学常常采用问卷调查，运用"相关假设－检验式"设计，并通过统计分析来验证，以达到研究目标。

对自然科学和工程技术而言，就需要通过设计实验来验证结果。如果实验结果与预期结论相符，就初步证明假说是正确的，反之，则说明假说很可能是错误的。而检验要包括一般检验和严格检验两个阶段。

① 一般检验：检验假说对已知事实的解释。

② 严格检验：检验假说对未知事实的预见。

（5）**总结：得出结论，形成理论**

得到实验结果后，分析观察到的客观结果与基于假说推理出的预期结果是否相符。如果二者符合，说明假说是成立的；否则，假说是不成立的。最终，得出实验结论。具体描述如下。

如果假说H成立，那么经过设计的实验E会有结果C出现。

进行实验E；

如果结果C未出现，那么假说H是不成立的；

如果C出现，那么假说H（很可能）是成立的。

想完成这个实验，需要假说H，需要实验E，需要预计结果C。

在实验前，我们一切的"自我认知"都只能是假设，经过了H→E→C，才成为新的认知。

当然，假说演绎法得到的结论并不一定具有必然性，事实上如果实验结果与预期结论相符，只能有助于证明假说是正确的，仍不能必然证明假说是正确的，只有后续大量的实验都证明了该假说的真实性之后，该假说才能逐步成为被接受的科学理论。

假说通过多次检验后，就具有了可接受性，在此基础上，在实践上可对该假说进一步应用。

① 应用假说：运用经过多次检验并可接受的假说，来解释更多或推测出更多结果，在此过程中，假说本身也得到不断的检验。

② 确立理论：假说如果得到不断验证就形成了科学理论，而科学理论可用来指导实践。

理论（Theory），又称学说或学说理论，指人类对自然、社会现象，按照已有的实证知识、经验、事实、法则、认知以及经过验证的假说，经由一般化与演绎推理等方法，进行合乎逻辑的推论性总结。

任何自然科学的产生，源自对自然现象的观察。人类借由观察实际存在的现象或逻辑推论，而得到某种学说。任何学说在未经社会实践或科学试验证明以前，只能属于假说。如果假说能借由大量可重现的观察与实验而验证，并为众多科学家认定，这项假说就可被称为科学理论。

科学的发展就是不断提出新的假说、修正或抛弃旧的假说，不断使假说上升为科学理论的过程。即使是公认的科学理论，也要在实践中继续得到检验、完善或修正，从而推动科学的不断进步。

3. 日常生活中的假说演绎推理

当然不是说只有科研人员在使用科学方法，任何人只要遵循从可观察的事实和证据，推论出可通过经验检验的结论，这样的一般推理模式都可以说成是在运用假说演绎法。

案例　手机

在日常生活中，也经常用到假说演绎法，下面举三个与手机有关的案例：

案例一：

有一天你和一帮朋友在餐厅的一个包间内喝酒吃饭，饭局快结束时想起要打个电话，发现手机找不着了，你记得到刚进包间的时候还用手机打过电话，而现在手机找不着了，找遍全身也没有，那么你会怎么想？

你首先会想是否掉在包间里了，或许在桌子底下，或许饭前喝茶时候掉在沙发底下。所以，你会怎么做？就是用你朋友的手机拨你的手机号，如果房间内响起你的手机铃声，那么说明手机在房间内，可以循着铃声找手机。但现在发现，手机是通的，但房间内没铃声。你推测，手机应该不会被偷，因为是包间，没外人来过。所以，要么手机之前被你自己静音了，还在房间里；要么被别人不小心拿走了。这时，有个朋友说，之前看见你的手机摆在你手头的桌面上。而你旁边的朋友因有事提前离席了，这时，你猜测，会不会那个朋友因喝多了，不小心把你的手机当自己的手机拿走了呢。如果是这样，可打电话问他，他会给予明确答复的。于是，你让在座的朋友给离席的那个朋友打电话，一问果然是那位朋友不小心把你的手机拿走了。

好了，我们来分析一下这个推理步骤：

① 提出问题

手机丢了。

② 提出假说

提出猜想：手机掉在包间里了。

收集证据：拨手机号，手机是通的，但房间内没铃声。而且你旁边的朋友因有事提前离席了。

修正假说：那个朋友因喝多了，不小心把你的手机当自己的手机拿走了。

③ 演绎推论

若那个朋友拿走了你的手机，你打电话问那个朋友，他会发现的。

④ 验证结果

打电话问那个朋友，果然是他发现确实不小心把你的手机带走了。

上述假说演绎法的步骤在抽象分析中它们易于区别，但在实践中它们绝不总是界限分明的，在许多情况下它们是相互渗透并混合在一起的。

案例二：

甲、乙、丙三人都坐在一辆公交车上，甲和乙是好朋友，丙是坐在他们身后的陌生人，一分钟前甲刚刚拿手机给家人打过电话，而现在他发现手机不见了，这时候甲觉得是陌生人丙偷走了自己的手机，只要能对丙进行搜身，就可以找到手机，但搜身这种粗暴直接的方法肯定是没法使用的。无奈之下，甲匆忙采用了另一种方法，他赶紧让乙拨打自己的手机号码，如果手机被丙偷走了，手机铃声肯定会在丙身上响起。

针对这样一个富有戏剧性的情景，教师和学生展开对话：

教师：在这个情境中，甲发现了什么现象？

学生：他的手机丢了。

教师：他是怎么解释这个现象的？
学生：被陌生人丙偷走了。
教师：那他又是如何验证自己的猜想的？
学生：让乙拨通自己的电话号码。
教师：那为什么他不直接对丙进行搜身？
学生：不现实，犯法。
上述分析步骤如下。
① 发现现象：手机突然丢失了。
② 提出假说：手机被丙偷走了。
（直接验证：对丙进行搜身；这个方法不妥，只能用假说演绎方法进行间接验证）
③ 演绎推理：拨打电话，如果手机铃声在丙身上响起来，那么手机就是被丙偷走了。
④ 进行实验：拨打电话，看是否响起铃声。
⑤ 得出结论：
如果手机铃声在丙身上响起来，那么手机就是被丙偷走了。
如果手机铃声没有在丙身上响起，那么不能确定手机是被丙偷走的。
案例三：
关于手机充不上电的假说演绎推理。
① 发现问题：自己的手机充不上电了；
② 提出假说：是数据线坏了？还是插头？或是充电头？或者其他原因？
③ 演绎推理：如果是数据线坏了，那么换一根正常的数据线，手机就能充上电了；
④ 进行实验：去找舍友借一根正常的数据线，其他部件不变，重新充电；
⑤ 得出结论：如果手机可以充电了，那么就是自己的数据线坏了；如果还是不行，那就是其他地方出问题了，只能继续实验，最终目的就是解决问题。

4.科学研究中的假说演绎推理

假说演绎法的这几个基本步骤往往发生重叠和相互渗透，但是我们可以通过反思，从实际的科学研究中识别出来。

下面我们用孟德尔的豌豆实验这一科学案例来对假说演绎法的运用进行说明。

孟德尔（1822—1884）是奥地利人，被誉为现代遗传学之父，他通过豌豆实验，发现了遗传规律、基因的分离规律及基因的自由组合规律。他的实验是假说演绎法的经典范例。

案例　生物遗传规律的发现

在1860年代，孟德尔用豌豆做杂交试验。下面详细说明孟德尔用豌豆做杂交试验而发现生物遗传规律的假说演绎过程。

一、孟德尔的豌豆杂交试验之一

1．发现：观察现象，提出问题

（1）观察现象

科学实验发现事实，豌豆中有高茎品种和矮茎品种，高茎与矮茎这是一对"相对性状"。

孟德尔在进行杂交实验之前，首先进行了多代自交，来确保子代的性状和母本完全相同，其目的其实就是验证所用的豌豆是纯合子（这个是由于豌豆在自然条件下是绝对自交的，即自花传粉、闭花受粉）。以此为实验材料，孟德尔于1856年首次进行了杂交实验。基本程序如下。

第一步，以具有相对性状的亲本（P）杂交得F1。

孟德尔用纯种高茎豌豆和纯种矮茎豌豆作亲本进行杂交（用高茎作父本，矮茎作母本，或用矮茎作父本，高茎作母本），无论正交还是反交，所得种子和它长成的植株F1（称为"子一代"）全部都是高茎。

第二步，让F1自交得F2，并对F2的性状表现进行统计分析。

然后，拿子一代植株F1自交（自花授粉），所得种子和它长成的植株F2（称为"子二代"，即孙代），其中有3/4是高茎，而1/4是矮茎，两者的比数为3∶1。用其他6对相对性状杂交实验结果也是如此。

概括如下（测交实验，无论正反交结果一致）：

P：高茎豌豆×矮茎豌豆

↓

F1：高茎豌豆

↓自交

F2：高茎豌豆∶矮茎豌豆=3∶1

（2）提出问题

在观察现象的基础上，孟德尔提出下列问题。

① 为什么子一代F1植株中全为高茎？矮茎哪里去了？

② 为什么子二代F2植株中矮茎又出现了，说明了什么？

③ 子二代F2植株中高茎与矮茎数量比为什么接近3:1？这个性状分离比是偶然吗？

孟德尔对豌豆的其他相对性状（红花与白花，黄种子与绿种子）也进行了类似的杂交试验，并仔细地作了统计记录，其结果与上述情形类同，存在着同类的问题。

2. 假设：分析问题，提出假说

（1）分析问题

孟德尔对所提出的一系列问题进行慎密的思考分析，推理想象：①矮茎可能并没有消失，只是在F1代中未表现出来，因为F2代中矮茎又出现了；②相对性状可能受遗传因子的控制，遗传因子成对存在，可能有显隐性之分。

（2）提出假说

通过严谨推理和大胆想象，孟德尔对分离现象的原因提出了如下假说。

① 生物的性状是由遗传因子决定的，这些遗传因子就像一个个独立的颗粒，既不会相互融合，也不会在遗传中消失。

② 体细胞中遗传因子是成对存在的。遗传因子有显性和隐性之分，显性遗传因子控制显性性状，隐性遗传因子控制隐性性状。

③ 生物体在形成生殖细胞配子时，成对的遗传因子彼此分离，分别进入不同的配子中，配子中只含有每对遗传因子中的一个。

④ 受精时雌雄配子的结合是随机的，即雌雄配子随机结合形成子代。因此，子代成对地遗传因子一个来自于父本，一个来自于母本。

孟德尔设想了以上假说来解答从豌豆杂交试验中所提出的问题：肉眼可以看到的生物体外表的性状是由肉眼看不到的生物体内部的遗传"因子"（后来被称为"基因"）控制着。这就是孟德尔的遗传因子假说。

（3）解释问题

"如果高茎品种的生殖细胞含有促成高茎的某种东西，而矮茎品种的生殖细胞含有促成矮茎的某种东西，那么，杂种便应该具备这两种东西。现在，杂种既然是高茎，由此可知两种东西会合时高者是显性，而矮者是隐性。孟德尔指出，用一个很简单的假说便可以解释第二代中3∶1的现象。当卵子和花粉粒成熟时，如果促成高茎的某种东西同促成矮茎的某种东西（两者在杂种内同时存在）彼此分离，那么，就会有半数的卵子含高要素，半数的卵子含矮要素，花粉粒也是如此。两种卵子同两种花粉粒都以同等的机会受精，平均会得到三高茎和一矮茎的比例，这是因为要素高同高会合，会产生高茎，高同矮会合，产生高茎；矮同高会合，产生高茎；而矮同矮会合，则产生矮茎。"

为了更好地说明分离现象，我们用大写字母D代表决定高茎豌豆的显性遗传因子，用小写字母d代表矮茎豌豆的隐性遗传因子。在生物的体细胞内，遗传因子是成对存在的，因此，在纯种高茎豌豆的体细胞内含有一对决定高茎性状的显性遗传因子DD，在纯种矮茎豌豆的体细胞内含有一对决定矮茎性状的隐性遗传因子dd。杂交产生的F1的体细胞中，D和d结合成Dd，由于D（高茎）对d（矮茎）是显性，故F1植株全部为高茎豌豆。当F1进行减数分裂时，其成对的遗传因子D和d又得彼此分离，最终产生了两种不同类型的配子。一种是含有遗传因子D的配子，另一种是含有遗传因子d的配子，而且两种配子在数量上相等，各占1/2。因此，上述两种雌雄配子的结合便产生了三种组合：DD、Dd和dd，它们之间的比接近于1∶2∶1，而在性状表现上则接近于3（高）∶1（矮）。

下面用图示来解释：

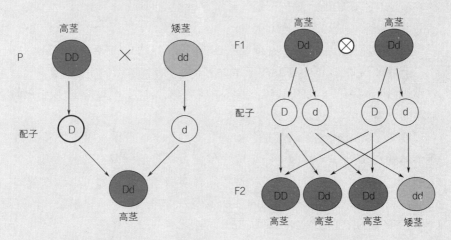

3. 推论：依据假说，演绎推理

孟德尔设计测交实验，即采用一个简单的方法来验证他的假说：让杂种回交，让F1与隐性纯合子杂交，即把表面上显性的个体回头来同其隐性亲型个体交配的过程。目的在于揭露前者究竟是纯显性或者只是杂种。

依据假说，对其假说进行演绎，预测测交结果。隐性型杂种的生殖细胞如果分高矮两型，那么，子代植物也应分高矮两型，各占半数。

即如果假说正确，测交结果应该是后代高茎：矮茎=1:1。

图示如下：

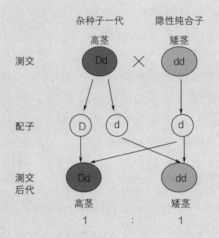

由此可见，演绎是一种逻辑思维方式，是由一般到特殊的逻辑推理过程。孟德尔在没有做测交实验时已经推测出了测交实验的结果，而这种推测是非常逻辑的，测交只是验证了这种推测而已。

4.检验：进行实验，验证预期

演绎推理是否正确呢？必须要有实验的数据来加以证明。

上述假说的核心内容为在形成配子时，成对的遗传因子相互分离，分别进入不同配子。要想验证此核心内容，主要证实成对的遗传因子能够随即分离即可，为此，孟德尔设计了测交实验。

测交（testcross）的测是"检测"的意思，因此测交就是要检测待测个体的遗传因子（基因）的组成、位置关系等的情况。基因不可以直接观察、感知，但是遗传因子和性状间有对应关系，因此可以通过观察组成待测个体的遗传因子控制的性状表现来推知测待测个体的遗传因子（基因）的组成、位置关系等的情况。

（1）进行实验

孟德尔在园地里种植F1高茎植株与矮茎植株，控制测交，收获种子；将种子播种后获得植株，观察其性状。

孟德尔通过对测交实验的实施，来验证他的假说的正确性。这里，测交是指用子一代杂合子与隐性纯合子个体进行杂交。如果测交的推理值（1:1）和实验值相符，说明假说正确，否则不正确。

也就是说，如果上述假说正确，则子一代杂合子能够产生两种等比例的配子，子代的分离比应该是1:1，因此测交的意义在于能够检验亲本产生的配子种类及比例，进而推测亲本的基因型。

（2）验证预期

孟德尔用杂种子一代高茎豌豆（Dd）与隐性纯合子矮茎豌豆杂交，将种子播种后所获得的植株，在得到的64株后代中，30株是高茎，34株是矮茎，高茎与矮茎的分离比接近1:1，与预期结果相符合。

备注：关于假说的验证可分为一般检验和严格检验。

★ 一般检验

孟德尔的遗传因子分离定律可以解释人眼虹彩颜色的遗传现象，并得到这个事实的支持。"碧眼人同碧眼人婚配，得碧眼子代。褐眼人同褐眼人婚配，如果两者的祖先都是褐眼，也只能产生褐眼子代。如果碧眼人同纯种褐眼人婚配，子女也都是褐眼。这一类褐眼的男女如果彼此婚配，其子女会是褐眼和碧眼，成3与1之比。"

★ 严格检验

对假说的实践检验过程是很复杂的，不能单靠一两个实验来说明问题。事实上，孟德尔在检验成对的遗传因子发生分离时，除了做测交实验之外，还做了F2显性性状个体的自交实验，并把豌豆的7对相对性状都做了一遍，均得到了相似的结果。

5. 总结：得出结论，形成理论

（1）得出结论

由于实际实验结果和预测结果一致，从而说明孟德尔提出的成对遗传因子分离的假说是正确的。

（2）形成理论：分离定律

后来又有多位科学家做了许多与孟德尔实验相似的观察，大量的实验都证明了孟德尔假说的真实性之后，孟德尔假说才成为遗传学的经典理论，即基因的分离定律：在生物的体细胞中，控制同一性状的遗传因子成对存在，不相融合；在形成配子时，成对的遗传因子发生分离，分离后的遗传因子分别进入不同的配子中，随配子遗传给后代。

上述假说演绎推理过程可概括如下表：

步骤			内容
1	发现	观察现象	高茎豌豆与矮茎豌豆杂交，F1代全为高茎，F1自交后代高茎和矮茎的比例是3:1
		提出问题	①F1全为高茎？矮茎哪里去了？②F2植株中矮茎又出现了，说明了什么？③F2植株中高茎与矮茎数量比为什么接近3:1？
2	假设	分析问题	①矮茎可能没消失，只是在F1代中没表现出来，因为F2中出现了矮茎。②高茎相对于矮茎是显性性状。③显性性状可能受到遗传因子的控制，遗传因子成对存在，有显、隐性之分
		提出假说	①生物的性状是由遗传因子决定的。②体细胞中遗传因子是成对存在的。遗传因子有显性和隐性之分。③生物体在形成生殖细胞配子时，成对的遗传因子彼此分离，分别进入不同的配子中，配子中只含有每对遗传因子中的一个。④受精时雌雄配子的结合是随机的
3	推论	演绎推理	将F1代与矮茎豌豆杂交，预期后代中高茎植株与矮茎植株的比例为1：1
4	检验	实验验证	进行实验，统计结果
5	总结	得出结论	实际结果：后代中高茎植株与矮茎植株的比例为1：1 真实结果与预期结果一致，假说正确
		形成理论	得出基因的分离定律

二、孟德尔的豌豆杂交试验之二

孟德尔以豌豆为实验材料进行了两对相对性状的杂交实验，其假说演绎过程如下。

1. 发现：观察现象，提出问题

（1）观察现象

提出问题实验（无论正反交结果都一致）：

P：黄圆×绿皱

↓

F1：黄圆

↓自交

F2：黄圆：绿圆：黄皱:绿皱=9：3：3：1

即在F2代中：

4种表现型：两种亲本型：黄圆9/16 绿皱1/16

两种重组型：黄皱3/16 绿皱3/16

其中：圆粒：皱粒=3:1 黄色：绿色=3:1

（2）提出问题

为什么会出现新的性状组合？出现的新比例与一对相对性状中的3:1有关系吗？将两对相对性状的遗传一并考虑，它们之间是什么关系？

2. 假设：提出假说，解释问题

（1）提出假说

①假设圆粒和皱粒分别由R和r控制，黄色和绿色分别由Y和y控制，则纯种黄色圆粒和绿色皱粒的遗传因子组成分别为：YYRR和yyrr，子一代的遗传因子组成为YyRr，表现为黄的圆粒；

②F1在产生配子时，成对的遗传因子彼此分离，不同对的遗传因子可以自由组合。

（2）解释问题

用下图来解释：

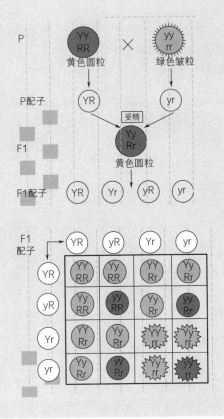

第九章 科学假说　353

所以，F2的性状表现为黄色圆粒∶黄色皱粒∶绿色圆粒∶绿色皱粒＝9∶3∶3∶1。

3. 推论：依据假说，演绎推理

通过演绎，对测交结果进行预测如下。

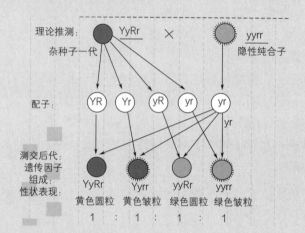

如果假说正确，测交结果应该是4中表现型之比为1∶1∶1∶1。

4. 检验：进行实验，验证预期

测交实验及结果如下。

项目	表现型	黄色圆粒	黄色皱粒	绿色圆粒	绿色皱粒
实际子粒数	F1作母本	31	27	26	26
	F1作父本	24	22	25	26
不同性状的数量比		1 :	1 :	1 :	1

所得后代的表现型及其比例与预期相符。

5. 总结：得出结论，形成理论

（1）得出结论

由于实际实验结果和预测结果一致，证明了孟德尔所提出的假说的正确性。

（2）形成理论：自由组合定律

控制不同性状的遗传因子的分离和组合是互不干扰的；在形成配子时，决定同一性状的成对的遗传因子彼此分离，决定不同性状的遗传因子自由组合。

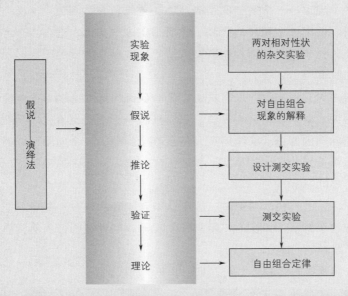

总之,孟德尔的遗传因子假说,使得豌豆杂交试验所得到的相似结果有了科学的、圆满的解释。后来又有数位科学家做了许多与孟德尔实验相似的观察,大量的实验都验证了孟德尔假说的真实性之后,假说不再是假说而成为遗传的规律,形成了生物学中的分离定律和自由组合定律。

第二节　假说的构建

假说的构建涉及归纳、直觉甚至演绎等方法,一方面,科学假说的构建常常与经验事实结合,科学研究人员搜集经验证据,然后用归纳法来构建出科学假说和理论。另一方面,科学发现仅仅靠归纳是远远不够的。科学确实立足于经验事实,但科学的假说或理论并不只是来源于经验,假说总有它们的证据没有包括的东西,这就不符合归纳。因此,关于假说的构建在科学史上是有争论的。归纳主义者强调最好的假说是满足归纳法要求的,而假说主义者则强调假说要靠创造性的猜想、直觉来建立,也有人不管假说最初的产生,只把假说演绎法理解为一种科学解释的演绎模型。但不管怎么争论,从假说构建的步骤上,都包括认定问题和提出假说两大步骤。

一、问题的认定

科学发现也是一个解决问题的活动。首先是有了问题,再根据线索和知识进行分析,做出一个初步的猜测;然后根据这一猜测,进一步有目的有选择地来搜集有关材料,把细节片断联结成线,构成一个完整的因果过程,再进一步完善这个假说。

对科学探究者来说,只有提出一个有研究价值的问题,才能提出针对这个问题的假说。对科学研究者来说,只有提出一个有研究价值的问题,才能提出针对这个问题的假说。科学研究开始于某个问题,一个问题可以表示成一个或一组没有可接受的说明的事实。科研工作之前,问题必须被确定,或者至少以模糊的形式被确定。

首先,在进行科学研究时,应当认识到问题的存在。每当人们发现原有的理论无法给予解释的事实时,特别是发现与原有理论相违的反常事实时,也就是面临了疑难的问题。

其次,要把问题的非本质方面找出来,加以剔除。

再次,要分析产生问题的源头。产生问题的源头包括观察、实验、事实,新事实与旧理论的矛盾,事实之间的矛盾,理论自身的矛盾等等。

总之,假说的提出不是无缘无故的,它是用来回答特定的问题、解释一定的事实的。所以,一个假说必须论述存在着什么样的问题有待于人们解答。

案例 "以太"问题

19世纪末物理学面临着几个实验和理论上的疑难。

比如,当时人们认识到光和电磁都是波,那么,就像声波依靠空气传播一样,光和电磁波也需要一个媒介,这就是"以太"的来历。

另外一个疑难是,电动力学和牛顿力学所遵从的相对性原理不一致。按照麦克斯韦理论,真空中电磁波的速度,也就是光的速度,是一个恒量。然而按照牛顿力学的速度加法原理,不同惯性系的光速不同。比如火车向你开来时,它头上的灯光向你射来的速度,应该是光速加上火车的速度,要比光速自己快一点;火车离开你时,它尾巴上的灯光向你射来的速度,应该是光速减去火车的速度,要比光速自己慢一点。但按照麦克斯韦理论,这种差别并不存在,不管火车开走还是开来,它的灯光射向你的速度一成不变都是光速 c。所以这两个理论体系是对立的。一些

> 人试图用"以太"的概念来解释，比如电磁波的速度相对于"以太"是恒量，但相对于具体的环境（参照系）是变化的。
>
> 但是，一切企图寻找"以太"的实验都没有成功。包括著名的迈克耳孙-莫雷实验，人们怎么也找不到物体在这个媒介中运动的痕迹。这就是20多岁的爱因斯坦思考的聚焦点，也是他所认定的问题。

对科学问题网络的梳理和考察，将产生对科学问题的解答，提出相应的科学假说，它使人们已有的感性经验形成条理，更使人们进一步观测研究具有方向。

二、假说的提出

对假说演绎法争论最多的问题是假说的提出。归纳主义者认为最好的假说必须满足归纳法的要求，演绎主义和假说主义者则认为假说要靠创造性的猜想、直觉来建立。也有人认为，不管假说最初的产生，只把假说-演绎法理解为一种科学解释的演绎模型。

为解决问题，科研人员就开始酝酿提出一个假说。科学假说是人们在探索错综复杂的自然界奥秘的过程中，用已获得的经验材料和已知的事实为根据，用已有的科学理论为指导，对未知自然界事物产生的原因及其运动规律做出推测性的解释。

在科学研究中，往往从实验中获取事实并进行归纳概括或合理想象（包括猜测、猜想），在此基础上提出猜想或初步假说，然后进一步收集证据，并进行一般检验，再修正假说，形成相对精致的假说。

1. 提出猜想

基本认定问题之后，就需要为解决这个问题而形成基本的思路，这个思路实际上就是提出一个猜想或初步的假说。即当人们在科学实际活动中发现了一定的反常事实时而使用原有的理论解释不了时，这就需要有新的理论去解释；然后，人们通过猜想提出新的解释性理论，以新的方式来说明相关的事实，并以新的理论去预测某些未知的事实。这就是建立假说以解答问题。

正因这一点，爱因斯坦把假说形象地比喻为猜谜，猜测一个设计得很巧妙的字谜。设定初步假说就是确定思路的一个过程，该假说不必是完善的理论，但是至少要显示出基本的轮廓。一个初步的假说即使尚不完善，但它是科学探究所必需的。

2. 收集证据

当遇到科学问题后，人们必须提出新的猜测、理论或观点给予解释，这就是初步的假说,但新理论的最初提出都具有假定性,为此,需要针对初始假说来收集证据,其目的是使这个初步假说经过事实的进一步验证得到更高的确信度。

初始假说引导人们寻找额外的相关事实。为收集证据往往需要有意设计出科学实验,意味着艰巨而费力的科学工作。收集证据、发现信息的过程是也锤炼假说的过程,它也可能把思考引向别的方向、引出新的事实、排除一些初始假说、提示新的假说,等等。

3.修正假说

在这样的搜寻和思考后,一个较确定的假说就有可能成型。最初的假说常常是一种猜想,经历了证据的再收集后,研究者把这些事实和证据组合在一起,就可以作出某种初步的概括,逐步修正假说,并进一步设计出更精致假说。科研人员要把获得的全部线索用因果关系链联结起来、用规律把它们统一起来,表示现象产生的源头和规律。

4.一般检验

对假说理论观点的一般检验是早在假说的形成过程中就开始了,而对假说理论观点的严格检验则是后于假说的形成过程。

为什么说在假说的形成过程中,人们就开始对假说的理论观点作出一般检验呢?首先,在假说形成的初始阶段,研究者的初始假定是尝试性的、多元的。人们经过反复的考察而从中择优,选定一个能对较多事实作出较为完满解释的猜想。这就是说,最初假定的选择过程就伴随着一般的检验。其次,在假说形成的完成阶段,研究者必须为被选定的理论观点作出广泛的辩护,系统而综合地解释已知的相关事实,寻求经验证据的支持。这就是进一步对假说的理论观点给予一般的检验。

5.形成假说

在实际提出的科学活动中,上述步骤自然不是完全分离的,它们紧密相连、相互依赖。使用初步假说来收集证据,然后进一步精练假说,再引导科研人员进一步地寻找证据,也许又导致新的发现,又使科研人员更加精练假说,等等。通过以上步骤的循环往复,提出的假说要经过一般性检验,逐步淘汰不合理的成分,最终形成正式的解释性假说。

假说的形成首先是随着生产斗争和科学实验的发展,出现了已知的科学理论无法解释的新事实新矛盾。其次,根据已知的科学知识和有限的科学材料,经过一系列的思维过程,对这些新事实、新矛盾的产生及其发展提出新的解释和初步的假定。再次,利用有关的理论和科学材料,进行广泛的观察、实验和论证，使之成为比较完整的假说，并向系统理论转化。

案例　卢瑟福散射与原子的有核模型

卢瑟福(1871—1937)在1898年发现了α射线。1911年卢瑟福在曼彻斯特大学做放射能实验时，原子在人们的印象中就好像是"葡萄干布丁"，即大量正电荷聚集的糊状物质，中间包含着电子微粒，但是他和他的助手发现向金箔发射带正电的α射线微粒时有少量被弹回，这使他们非常吃惊。通过计算证明，只有假设正电球集中了原子的绝大部分质量，并且它的直径比原子直径小得多时，才能正确解释这个不可想象的实验结果。为此卢瑟福提出了原子的有核模型：原子并不是一团糊状物质，大部分物质集中在一个中心的小核上，称之为核子，电子在它周围环绕。

这是一个开创新时代的实验，是一个导致原子物理和原子核物理肇始的具有里程碑性质的重要实验。同时他推演出一套可供实验验证的卢瑟福散射理论。以散射为手段研究物质结构的方法，对近代物理有相当重要的影响。一旦我们在散射实验中观察到卢瑟福散射的特征，即所谓"卢瑟福影子"，则可预料到在研究的对象中可能存在着"点"状的亚结构。此外，卢瑟福散射也为材料分析提供了一种有力的手段。根据被靶物质大角散射回来的粒子能谱，可以研究物质材料表面的性质(如有无杂质及杂质的种类和分布等)，按此原理制成的"卢瑟福质谱仪"已得到广泛应用。

案例　现代遗传学的发展

DNA复制方式的提出与证实，以及遗传密码的破译，都是以假说演绎推理的形式创立的。

案例一：DNA的复制方式

美国生物学家沃森和英国物理学家克里克在发表DNA分子双螺旋结构的那篇著名的论文的最后写道："在提出碱基特异性配对的看法后，我们立即又提出了遗传物质进行复制的一种可能机理。"他们紧接着发表了第2篇论文，提出了遗传物质自我复制的假说：DNA分子复制时，双螺旋解开，解开的两条单链分别作为模板，根据碱基互补配对原则形成新链，因而每个新的DNA分子中都保留了原来DNA分子的一条链。这种复制方式被称为半保留复制。1958年，科学家以大肠杆菌为实验材料，运用同位素标记法设计了巧妙的实验，实验结果与根据假说一演绎推导的预期现象一致，证实了DNA的确是以半保留方式复制的。

案例二：遗传密码的破译

遗传密码的破译是继DNA双螺旋结构模型提出后，现代遗传学发展中的又一个重大事件。自1953年提出DNA双螺旋结构模型后，科学家就围绕遗传密码的破译开展了一系列探索。美籍苏联物理学家伽莫夫提出的3个碱基编码1个氨基酸的设想。克里克和他的同事通过大量的实验，以T4噬菌体为材料，研究其中某个基因的碱基的增加或减少对其所编码的蛋白质的影响，结果表明只可能是遗传密码中的3个碱基编码1个氨基酸。但是他们的实验无法说明由3个碱基排列成的1个密码对应的究竟是哪一个氨基酸。两位年轻的美国生物学家尼伦伯格和马太转换设计思路，巧妙设计实验，成功地破译了第1个遗传密码。在此后的六七年中，科学家破译了全部的遗传密码，并编制出了密码子表。

三、假说的关键

假说是探究者对所提问题的一个回答，假说可以是基于已有知识的，也可以是突破前人经验、知识的。科学假说形成的关键在于两点。

1. 对要解释的现象提出假说

这是科学解释的起点。假说的提出需要通过观察现象、分析问题，涉及到多种逻辑思维方法的运用。

阅读　建立假说的方法

建立假说必须综合运用逻辑思维的方法，其中主要用以下几种方法。

1. 类推法

类推法是指由一类事物所具有的某种属性，可以推测与其类似的事物也应具有这种属性的推理方法。即根据不同事物之间所具有的类似性，通过模拟比较来进行推理，从而发现事物的某些规律，属平行式的推理，应该在同层次之间进行。

如中医学的五行学说，就是根据自然界金木水火土五者之间相互生成、相互制约的关系，来类推人体的五脏六腑之间具有类似的相互生成、相互制约的关系。中医学理论中许多观点、认识的形成，是通过大量的实践活动所观察到的现象，运用类推的思维方法加以表述的，这种类推的观点和认识，是中医假说的重要来源。

当然，类推的结果还要通过实验来加以验证，其中有正确的，也有不正确的。

2. 演绎法

演绎法是把一般事物的现象或规律推理到个别事物。如中医学中有"不通则痛，通则不痛"之说，故凡是出现疼痛的病症，都要考虑到用疏通的方法，在治疗痹证、胃脘痛、腹痛、头痛、痛经等病证时，都是按这一理论，或理气或活血或化痰等。

当然，运用演绎法也应从临床实际出发，符合临床实际的就可以保留推理的结论并可以作为科学研究的假说进行科学的验证。

3. 对比法

对比法是用已知事物的现象或规律与未知事物作比较，从而得出未知事物的现象或规律；也可以把几个研究对象作对比，从中发现它们的异同点。

此方法的特点就是根据过去的或其他的事实和理论，通过对比来了解未知事物的现象或规律。对比法既是提出假说的思维方法，也是进行实验研究的重要方法。

4. 归纳法

归纳法是把大量零星的、分散的事实和现象进行综合化、系统化，从中找出共同点或内在的规律，从而揭示事物的本质。

归纳法在中医学理论的形成过程中占有重要的地位，古人正是在大量的生活和临床实践中，通过对无数事实的观察，从中发现人体生理、病理和诊断的共性规律，从而形成了相关的理论，如中药的四气五味理论，就是根据药物对疾病所发生的作用而总结出来的。例如根据药物都能改善人体的阳热状态，因此把这类药物的药性定为寒性。可见，中医学理论中的许多内容都是运用归纳的思维方法而得出的。

2. 对此假说进行验证

提出假说之后，其真实性必须得到验证。科学的一个重要标志就是它经验上的可检验性。

（1）进行逻辑验证

逻辑验证就是看归纳和演绎过程中有无错误。由于归纳法可放在实践验证中考察，因此，逻辑验证侧重于演绎法，具体就是看有无演绎推理方面的错误。从思维的角度看，演绎的方法是以一般性的知识为前提，推理出对个别事物的结论。演绎推理是从某种理论前提开始，把这种前提应用到被解释的事件，试图发现在前提和结论之间是否存在着有规律的和合乎逻辑的内在联系。而要确保结论正确，前提正确和论证正当必须同时具备。

若逻辑验证为错，则该假说一定错，不需要再做事实验证；

若逻辑验证为对，该假说不一定对，还要再经事实验证。

在逻辑验证过程中，数学是逻辑推理的一种工具，尤其是统计分析和量化方法，经常派得上用场。

（2）进行事实验证

事实验证即实践检验，就是看这一假说是否符合实际情况。逻辑检验是实践检验的前提，一个假说如果连理论检验都无法通过，也就不具备进行实践检验的必要条件。

针对所提问题作出的假说，只是自己的主观认识，是对还是错，需要找到支撑假说的客观证据，这就需要设计实验对假说进行验证。

即寻求事实的支持，"可证伪性"是成为科学的关键特征。

若事实验证为错，则该假说一定错；

若事实验证为对，则该假说暂时可以接受，一直到有不断的事实验证为对，该假说才能逐步成为科学理论。

前面所描述的遗传学家孟德尔，先提出了成对遗传因子分离的假说，通过实验很难直接验证该假说，就由该假说演绎推理出测交实验的结果，然后设计并进行测交实验，测交实验结果与推理结果相符，从而说明成对遗传因子分离的假说是正确的。

案例　摩尔根果蝇杂交实验

1900年，3位科学家分别重新发现了孟德尔的杂交实验，遗传学界开始认识到孟德尔遗传理论的重要意义。如果孟德尔假设的遗传因子即基因确实存在，那么它到底在哪里呢？

1903年，美国遗传学家萨顿发现，孟德尔假设的一对遗传因子即等位基因的分离，与减数分裂中同源染色体的分离非常相似。萨顿根据基因和染色体行为之间明显的平行关系，提出假说"基因是由染色体携带者从亲代传递给子代的"。也就是说，基因位于染色体上。

美国遗传学家摩尔根曾经明确表示过不相信孟德尔的遗传理论，也怀疑萨顿的假说。后来他做了大量的果蝇杂交实验，用实验把一个特定的基因和一条特定的染色体——X染色体联系起来，从而证实了萨顿的假说。由此可以看出，对基因与染色体的关系的探究历程，也是假说——演绎的过程。

其假说演绎步骤分析如下。

1. 观察现象，提出问题

1910年，摩尔根用一群红眼果蝇中出现的一只白眼雄果蝇做了以下几个实验。

① 用这只白眼雄蝇与通常的红眼雌蝇交配，F1代不论雌雄都是红眼，但F2代中红眼∶白眼为3∶1。

② 摩尔根又做了回交实验。用最初出现的那只白眼雄蝇和它的后代中的红眼雌蝇交配，结果产生的红眼雌蝇∶白眼雌蝇∶红眼雄蝇∶白眼雄蝇为1∶1∶1∶1。

如果不考虑性别，这两个实验结果遵循孟德尔比数，但白眼性别的表现，总是和性别相关，如何解释这一现象呢？

2. 提出假说，解释问题

摩尔根根据实验结果，提出如下假说：控制果蝇红眼与白眼的基因只位于X染色体上，控制白眼性状的基因r位于X染色体上，是隐性的；Y染色体上无相应的等位基因。

依据这个假说，就能解释摩尔根所做的杂交和回交实验所出现的结果。

3. 依据假说，演绎推理

摩尔根的演绎推理过程具体体现在三个实验的设计上。

① 如果用子二代雌蝇与白眼雄蝇做单对配对，那么半数子二代雌蝇所产生的后裔全部是红眼，半数子二代雌蝇所产生的后裔是红眼雌蝇、白眼雌蝇、红眼雄蝇、白眼雄蝇均各占1/4。

② 如果用白眼雌蝇与红眼雄蝇交配，那么子代中雌蝇都是红眼，雄蝇都是白眼。

③ 如果用白眼雌蝇与白眼雄蝇交配，那么子代雌蝇都是白眼。

4. 进行实验，验证预期

摩尔根做了上述这三个实验，每个实验的结果都与预期完全符合。

5. 得出结论，形成理论

实验证明了基因在染色体上。控制果蝇的红眼、白眼的基因只位于X染色体上。

摩尔根以及其他生物学家的工作逐步形成基因与染色体关系的生物遗传理论：一条染色体上有多个基因，基因在染色体上呈线性排列。

案例 生长素的发现

生物学历史中，生长素的发现是假说演绎法的一个经典应用，后人归纳的主要步骤如下。

1. 观察现象，提出问题

植物为什么向光弯曲生长？

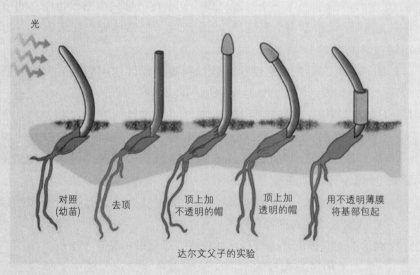

达尔文父子的实验

分析达尔文父子实验，得出结论：幼苗具有向光性，尖端是感受光刺激的部位，由此推测有种化学物质从苗尖端传递到下面。

到底有没有化学物质从苗尖端传递到下面呢？

2. 波森·詹森的演绎推理

1913年波森·詹森实验目的是：验证达尔文提出的假设是否正确。他在达尔文父子的假说（推论）的基础上进行了演绎推理。

波森·詹森（演绎推理）认为：

① 若达尔文父子提出的假说正确，则单侧光照射，用明胶块将幼苗顶端隔开，幼苗向光弯曲生长；

② 用云母片将幼苗顶端隔开，幼苗不向光弯曲生长。

3. 波森·詹森的实验验证

他的实验结果与预期结果一致，于是得出结论：达尔文父子提出的假说是正确的：的确有种化学物质由幼苗尖端向下传递。

波森·詹森基于假说-演绎的科学思维方法验证了达尔文父子假说的正确性。但是他没有直接观察到化学物质由幼苗尖端向下传递，仅仅是根据实验结果间接地证明了化学物质由幼苗尖端向下传递。

4. 温特的演绎推理

温特实验的目的是：验证达尔父子实验的推论是否正确，或者说为了验证波森·詹森实验的结论是否正确。

温特（演绎推理）认为：

若波森·詹森实验结论是正确的，则：

① 苗尖中的化学物质会扩散到琼脂块中，这种琼脂块就可以代替苗尖；

② 将接触幼苗尖端的琼脂块放在切去尖端的幼苗上面，幼苗直立生长，放在一侧，幼苗向对侧弯曲生长；

③ 将接触幼苗尖端的琼脂块放在切去尖端的幼苗的一侧，幼苗向对侧弯曲生长；

④ 将未接触幼苗尖端的琼脂块放在切去尖端的幼苗上面，幼苗不生长；

⑤ 将未接触幼苗尖端的琼脂块放在切去尖端的幼苗的一侧，幼苗不生长。

这里要强调的是：上述①~⑤仅仅是推理分析，尚未实验证实。

5. 温特的实验证明

温特的实验结果与预期结果一致，证明了波森·詹森实验结论的正确性。温特终于分离出了这种化学物质，直接证明了幼苗尖端确实能产生某种化学，促进幼苗的生长。

小结：假说演绎法的一般思路

科研过程是不断探究的过程。

① 科学发现是很多科学家的共同参与，共同努力的结果。

② 科学发现的过程离不开技术的支持。

③ 科学发现需要理性思维和实验的结合。

④ 科学学说的建立过程是一个不断开拓、继承、修正和发展的过程。

第三节　假说的检验

假说是科学思想的创新，是可能成立的科学理论。在探求现象之间的因果关系、事物的内部结构及其起源和演化的规律时，一旦有了假说，科学工作者就能根据其要求有计划地设计和进行一系列的观察、实验及验证。由于假说本身具有不完备性和有待验证性，包含着对事物的本质和规律的猜测。因此，所有的假说必须接受检验。

如何检验假设的真实性，存在两大困难。

第一，这种困难通常涉及一些普遍性陈述，卡尔·波普尔认为普遍性的理论只能证伪，但不能证实。例如，"所有的天鹅都是白的"，无论你发现多少白天鹅来检验这个假设是否正确，这一论断可以被发现仅仅一只黑天鹅而证伪，但从逻辑上讲，无论我们找到多少白天鹅，永远存在着下一只天鹅不是白色的可能性。

第二，检验的困难还来自于检验本身的技术局限。例如，亚里士多德曾猜想月亮的表面是平滑的，但在望远镜发明以前，人们不可能去检验这个假设是否正确。如果在月亮表面放置检测设备的技术没有出现，我们也无法检验月亮是否是由反物质构成的。今天这些假设已经通过技术进步得到了验证，但还有许多前沿的理论也许超出了人类目前的检测范围，还需要通过未来的科技进步发展来获得验证。

一、检验的方法

假说可分为经验假说与理论假说，经验假说关注的是能够被观察的某物的出现或者某事的发生，经验假说的提出是为实际目的，当观察到假说的东西或事件时，经验假说就得到了证实。而科学假说一般指的是理论假说，关注于应如何将某物概念化，从科学假说中推理预言并对它进行检验和判定，是一个复杂的过程。决定假说的命运，并不是一锤定音的事情。

科学假说的检验证过程可以概括为：第一，从假说的基本观念引申出关于事实的推测；第二，通过或者是自己的或者是他人的观测和实验，检验这些推测是否符合事实；第三，当假说的主要内容不能直接由经验来证实的时候，还需要通过逻辑的论证推理手段为假说命题作逻辑验证。

1. 实践检验与逻辑检验

科学假说的检验过程包括实践检验和逻辑检验。

(1) 实践检验

假说形成之后，还必须通过人类的社会实践给予检验。实践检验就是要根据假说，并结合一定的条件和假设，演绎出可供检验的事实推论来，当假说检验的演绎过程完成之后，接着人们通过观察和实验进行验证，即通过实践检验从假说的基本理论观点引申出来的事实结论，这是个事实的验证过程。

假说可以简单地通过收集其他来源的信息加以验证，也可以通过额外的观察加以验证，更多的时候需要通过设计一个实验来加以验证。实验通过再现一个事件使得科学家可以对假说加以验证。

假说可以用很多测试的方法来检验。有些测试相对简单（例如，饲养100只果蝇并计算有多少只红眼），但有些测试需要大量时间(例如，等待哈雷彗星的下一次出现)、努力（例如，费力地整理数千个微体化石）和/或开发专门工具（如粒子加速器）。

案例　托马斯·杨的光干涉试验

牛顿在其《光学》的论著中认为光是由微粒组成的，而不是一种波。因此在其后的近百年间，人们对光学的认识几乎停滞不前，没有取得什么实质性的进展。1800 年英国物理学家托马斯·杨 (1773—1829) 向这个观点提出了挑战，光学研究也获得了飞跃性的发展。

杨在"关于声和光的实验与研究提纲"的论文中指出，光的微粒说存在着两个缺点：一是既然发射出光微粒的力量是多种多样的，那么，为什么又认为所有发光体发出的光都具有同样的速度？二是透明物体表面产生部分反射时，为什么同一类光线有的被反射，有的却透过去了呢？杨认为，如果把光看成类似于声音那样的波动，上述两个缺点就会避免。

为了证明光是波动的，杨在论文中把"干涉"一词引入光学领域，提出光的"干涉原理"，即"同一光源的部分光线当从不同的渠道，恰好由同一个方向或者大致相同的方向进入眼睛时，光程差是固定长度的整数倍时最亮，相干涉的两个部分处于均衡状态时最暗，这个长度因颜色而异"。杨氏对此进行了实验，他在百叶窗上开了一个小洞，然后用厚纸片盖住，再在纸片上戳一个很小的洞。让光线透过，并用一面镜子反射透过的光线。然后他用一个厚约1/30英寸的纸片把这束光从中间分成两束，结果看到了相交的光线和阴影。这说明两束光线可以像波一样相互干涉。这就是著名的"杨氏干涉实验"。

点评：杨氏实验是物理学史上一个非常著名的实验，杨氏以一种非常巧妙的方法获得了两束相干光，观察到了干涉条纹。他第一次以明确的形式提出了光波叠加的原理，并以光的波动性解释了干涉现象。随着光学的发展，人们至今仍能从中提取出很多重要概念和新的认识。无论是经典光学还是近代光学，杨氏实验的意义都是十分重大的。爱因斯坦（1879—1955）指出：光的波动说的成功，在牛顿物理学体系上打开了第一道缺口，揭开了现今所谓的场物理学的第一章。这个试验也为一个世纪后量子学说的创立起到了至关重要的作用。

（2）逻辑检验

逻辑检验包括三层意思：

第一，分析假说在逻辑结构上是否具有逻辑的自洽性、简单性和完备性；

第二，逻辑检验的系统性保障了实践检验的客观性；

第三，逻辑分析作为实践检验的辅助工具，有助于确定检验的重点和方向，克服了实践主体在检验过程中的主观约束。

对假说的逻辑检验和评价判断的过程可以看作是以下两种推理的结合运用：

第一，根据假说演绎方法来检验；

第二，判断假说是否最佳（达到最佳解释推理）。

2.直接验证与间接验证

假说的验证过程，既可以采取经验的直接证实方式，也可以采用经验的间接证实方式。但即使假说通过直接和间接验证的方式获得了支持，但由于这是一种扩展性的支持，所以这个验证的真理性是相对的。

（1）假说的直接验证

如果一个假说中所说明或者解释的事实，是通过提出假说的人自己的观察和实验来证实的，这样一种证实方式就是假说的直接验证。这种直接证实的方式只能应用于很小的范围。许多解释是建立在直接观察和记忆的基础上，但情况经常是人们不能通过直接观察做出需要的解释，这时经常需要通过自己做实验来验证。

（2）假说的间接验证

在科学假说的验证中，并非任何事实的验证过程，都可以采取经验的直接证实方式，有时人们不得不采取经验的间接证实方式。就假设的验证方式而言，间接验证比直接验证更重要。要想精确地确证一个假说，提出假说的人往往很难将所有必需的观察都单独完成，这往往需要依靠他人的证明。

案例　海底扩张说

"海底扩张说"认为，地壳下面的岩浆不断地从海岭（海洋中央的海底山脉）涌出产生新的海底，新的海底形成后又逐渐从海岭两侧向外扩张。这样，海底就从中央海岭向着海沟（海洋与大陆块交界处的海洋最深部）位移，在它到达海沟后又向下俯冲，降回到地壳内部的深处去。依照这种设想可演绎出这样的结论：离中央海岭越近的海底越年轻，离中央海岭越远的海底越年代越久。

为验证这一假说，人们可以依据放射性元素的衰变期和数量，计算出岩层的年龄。用这种方法对海洋中各个岛屿的岩龄进行测定，结果表明离中央海岭越近的确实越年轻，离中央海岭越远的确实越年老。因而，海底扩张说关于海底新老的分布的预测得到了间接验证。

哲学家波普尔认为："科学家旨在发现一个关于世界（特别是关于世界的规则性或"规律"）的真实的理论或描述，这种理论或描述应该也是对可观察事实的一种解释。科学家所能够做的，只是检验他的理论，并排除一切经受不住他所能设计的最严格的检验理论。但他决不能完全肯定，新的检验（甚或新的理论讨论）是否不可能导致他去修正或者抛弃他的理论。从这个意义上说，一切理论都是假说，并且始终是假说：它们是和不容置疑的知识相对立的猜测。"

二、检验的类型

假说演绎法是科学认识从经验水平向理论水平上升所必需的工具，它肯定了理性和演绎在科学发现中的作用，强调了由假说演绎得出的结论须用实验来检验，以及假说的最后标准是与经验事实的对应。

假说要经过各种检验，推演出对各相关现象的理论性陈述，使假说发展成比较系统的形态。从假说的基本理论观点和其他知识一起引申出来的关于事实的结论，它也许是个关于已知事实的陈述，也许是个关于未知事实的陈述。如果假说检验所演绎出来的是个关于已知事实的陈述，那么这就是对已知事实的解释。如果假说检验所演绎出来的是个关于未知事实的陈述，那么这就是对未知事实的预见。必须明确，解释已知的事实不过是对假说理论观点的"一般检验"，而预测未知的事实则是对假说理论观点的"严格检验"。解释已知事实的一般检验不具有最重要的意义。只有通过预测未知的事实的严格检验，才对假说的确证具有非常重要的意义。

1. 一般检验

假说的一般检验是指解释已观察到的现象，即能解释两个或更多个已知事实。

（1）已知事实的类型

与假说相关的已知事实可区分为两类。

第一类已知事实是形成该假说的初始阶段时就被考虑过的。研究者提出假说，本来就是为了说明这些事实而特意构建。所以这类事实对假说不能再增加额外的支持力度。

另一类已知事实是形成该假说的初始阶段时未被考虑过的。这类事实是在形成某种理论观点之后，由于通过推论而认识到的。即这类相关事实是在假说形成之后而被人们新发现的，但它们并不是依据这种假说的预测而被发现的，而是由于另一种研究工作而被发现的。只是在它们被发现之后，人们通过推论而认识到它们与这种理论观点是相关的。这类事实能够对假说给予一般强度的支持。

如果提出的假说能广泛地解释相关事实，那该假说将得到某种程度的检验。对广泛的事实作出解释，这既是表现被设想的理论具有多大的解释能力，同时也是表明该假说得到了大量事实的支持。

（2）一般检验的关注点

通过一般检验，判断假说的可靠性程度，可关注以下几点。

① 从假说能够演绎解释的已知事实越多，假说就越可靠。

② 用来确证假说的经验事实越严格，假说的可靠性越大。

③ 从假说中演绎出来的对现有事实的解释，如果与观察或实验的结果不相符合或相违背，则假说的可靠性程度就会降低，甚至有可能被推翻。

案例 男性寿命比女性短，那动物也是这样吗？

通常而言，女性的预期寿命普遍比男性高。比如日本女性寿命预期为86.8岁，男性寿命预期为80.5岁；中国女性寿命预期为77.6岁，男性寿命预期为74.6岁（数据来源于世界卫生组织）。

有些人猜测，出现这种现象的原因，是男人通常不善于保养自己，爱喝酒，爱抽烟，或从事一些危险系数高的工作，甚至是身体出现问题也不及时去医院治疗，这些因素都会导致男性预期寿命低于女性。

2020年，新南威尔士大学的科学家通过统计发现，不仅是人类，自然界中大多雄性动物的寿命均比雌性动物低。

该项研究发表在 Biology Letters 上，其题目为"The sex with the reduced sex chromosome dies earlier: a comparison across the tree of life"，中文翻译为《性染色体减少，导致特定性别的早死：基于生命树的比较》。

关于雌雄个体寿命的差异，有科学家提出过一种解释——不受保护的X假说：异配子中染色体的减少或缺失，例如哺乳动物的Y染色体和鸟类的W染色体的存在，实际上极有可能暴露另一性染色体的隐性有害基因，导致无法隐藏它们的有害突变，该突变会使个体面临严重的健康威胁，并导致寿命减少。

现在，研究人员想要证明这一假说。

研究人员需要确定在现实世界中，是否出现了一种性别，他们的寿命明显高于另一种性别。他们统计了生命谱系树上，229个物种（涵盖99个科，38个目和8个类别）。

通过对雄性和雌性的寿命进行分析，结果表明，在不同物种中，同型配子的平均寿命比异型配子的寿命长17.6%。

在佐伊·西罗科斯塔斯（Zoe Xirocostas）博士带领下，研究小组不仅研究了灵长类动物、其他哺乳动物和鸟类的寿命数据，甚至还分析了爬行动物、鱼类、两栖动物、蜘蛛、蟑螂、蚱蜢、甲虫、蝴蝶和飞蛾等的寿命数据。

同时，研究小组在拥有不同染色体的动物中发现了同样的规律，例如鸟类、蝴蝶和飞蛾，这些生物的性别决定方式和人类不同，他们的雄性具有相同的性染色体（ZZ），而雌性则具有不同染色体（ZW）。但规律是相似的：异型配子（雌性）鸟、蝴蝶和飞蛾会比同型配子（雄性）更早死亡。

研究人员还发现，对于异型配子为雌性的物种，雌雄群体间的寿命差距比异型配子为雄性的物种要小，在异型配子（XY）为雄性的物种中，雌性的寿命比雄性约长21%，但是在异型配子（ZW）为雌性的物种中，雄性仅比雌性长7%。所以，这是雄性动物与生俱来的一个劣势？

研究人员表示，他们接下来将继续探索两性寿命差异与不同因素间的关系，从基因层面解释其内在规律，向着研究生物死亡问题出发。

2. 严格检验

假说的严格检验是指预言尚未观察到的现象，即能预言与构思假说时不同类的事实，能预言或解释背景知识预想不到的现象或事实。

（1）严格检验能给假说很高强度的支持

一个假说还必须尽可能地预测未知的新事实。这既是表现被设想的理论具有多大的启发力，同时也是表明被设想的理论可以给予严格的检验。

对假说的理论观点作出严格的检验，这是通过实践考察它的预测来进行的。如果它的预测在实践的验证中是成功的，那它就得到了一定程度的确证。虽然预测的成功并不能完全证实假说，因为从肯定后件（预测结果）到肯定前件（假说理论），这样的推理是不具有必然性。但预测的成功却对假说的理论提供了有力的支持，它是人们对不同理论作出评估与选择的一个主要标准。

反之，如果假说的预测在实践中没有得到验证，那也并不意味着假说已被证伪。尽管从否定后件到否定前件，这样的推理是具有必然性的。但是，理论的预测通常是应用假说的理论结合背景知识以及建立辅助性假设而得出的。因而，预测的失败可以通过变更辅助性假设来解决，关键是看能否证实由新的辅助性假设推导出的预测。

为解释一系列疑难问题，研究者在应用假说理论与背景知识时，不断地作出新的辅助性假设，这样就不仅是对未知事实不断地作出新的预测，同时，也是修正原有假说的内容。如果新的预测越来越多地被证实，那就是表明假说内容的修正越来越接近于客观实际。因而，它与对立假说的竞争能力则在增长着。反之，如果新的预测不能被证实，或越来越少地被证实，那么它与对立假说的竞争能力则在衰退着，它被淘汰的可能性也就越来越大了。总之，假说检验的最后结果就是构成一幅对立假说的竞争与更替的过程。

（2）严格检验的关注点

通过严格检验，判断假说的可靠性程度，可关注以下几点。

① 从假说能够演绎出关于未知事实的预测越多，并且后来都被证实，则假说的可靠性就越大。

② 用来确证假说的预言事实越严格，假说的可靠性越大。

③ 从假说中演绎出来的对未知事实的预测，如果与观察实验的结果不相符合或相违背，则假说的可靠性程度就会降低，甚至有可能被推翻。

案例　宇宙大爆炸假说

宇宙大爆炸假说认为：宇宙是由一个致密炽热的奇点于137亿年前一次大爆炸后膨胀形成的。这是现代宇宙学中最有影响的一种学说。

1929年，美国天文学家哈勃提出星系的红移量与星系间的距离成正比的哈勃定律，并推导出星系都在互相远离。1992年，美国设计的宇宙背景探索者卫星（C·BE）测量到了这个理论所预见的不规则现象。这一成功的观测，间接验证了大爆炸理论的科学价值。

假说演绎法的检验局限，还来自于检验本身的技术局限。例如，亚里士多德曾猜想月亮的表面是平滑的，但在望远镜发明以前，人们不可能去检验这个假设是否正确。当然，以往的很多猜想或假设，今天已经通过技术进步得到了检验，但还有许多更加前沿的科学理论超出了目前人类的检测能力，比如理论物理学中的暗物质、暗能量、弦论等等，这些都有待于未来的科学进步去逐步验证。

三、假说的演绎

假说检验的演绎过程就是从假说推理出关于事实的结论。有了假说以后，人们就可以推导出进一步的结果，即能够利用假说推出一些结论或者对某些事件作出预测。假说可提出新的预言来检验，就是证明它的原理在别的情况下也适用。

提出预言是一个演绎推理过程：假说中提出的因果原理或者规律，被用作推理的普遍性前提；再加上小前提，即具体的观察、实验的条件和假定，推理出新结论。如果只是以假说的理论观点作为前提，那还不足以演绎出关于事实的陈述的。比如，以"所有唐氏综合征患儿长大后都将表现为智能落后和生长发育障碍"这一假说为前提，加上先行条件的前提："汤姆是个唐氏综合征患儿"，可以演绎出："汤姆长大后将出现智能落后和生长发育障碍"，但为了诊断"汤姆是个唐氏综合征患儿"，还必须应用其他的遗传学知识。由此可见，假说检验的演绎过程必须结合背景知识，在前提中引进先行条件的陈述以及其他的定律与原理。

1. 假说演绎推理与溯因推理

假说演绎推理与溯因推理既有联系又有区别。假说演绎推理是在溯因推理的基础上进行的。通过溯因推理，在已知的事实E和科学原理（如果H，那么E）的基础上推测出结论（假说）H以后，如何确定这个假说（结论）的可靠性呢？这就需要从假说H得到确证。因此，溯因推理是一种发现（假说）的方法，假说演绎推理则是一种验证（假说）的方法。

溯因推理的型式如下：

（现象）　　　　　　　　E
（常识）　　　　如果H，那么E
　　　　　　　所以，H可能真

在溯因推理中，E 现象（事件）是我们比较熟悉的，并未超出我们的知识、经验范围。当 E 现象（事件）发生时，我们马上调用我们已有的知识、经验"如果 H，那么 E"，并由此推测 E 发生的原因可能是 H。然后在这样作出的若干个推测中排查，以便找到真正的原因，尽快解决问题。

案例　胰岛素的发现

糖尿病曾是困扰人类健康的顽疾之一，历史上曾因没能找到它的形成机理而无法根治这一顽疾。1898年，缅科夫斯基和梅林在一个偶然的机会发现：如果把狗的胰腺切除，狗就会患上糖尿病。他们的发现被记录在当时有名的医学杂志上，但是没有立即引起他们自己和科学界的充分重视。

几年之后，加拿大医生班亭看到了该医学杂志上的这则记录，他立刻展开了深入的思考：为什么被切除胰腺的狗会患糖尿病？是不是因为胰腺里有某种物质能够控制人和动物的血液中糖的含量？这种物质是什么？将这种物质的提取液注射到患糖尿病动物身上会不会改善它们的病况？

班亭用十只狗进行试验，他把狗的胰腺摘下、捣碎，将提取液注射给患有糖尿病的狗。结果，患病狗的血液中含糖量迅速降低，病况很快得到改善。他又用牛做试验，得到了同样的结果。这样，班亭发现了胰腺里控制血糖含量的物质——胰岛素，这一医学上的重大发现给人类健康带来了福音。

分析：一方面，班亭首先运用了溯因推理，以"胰腺被切除的狗会患糖尿病"这一现象为依据，探索了"糖尿病"和"胰腺切除"之间的因果关系。另一方面，他又运用了假说演绎法。首先，他提出了一个科学假说：胰腺内存在着能够控制血液中糖含量的物质。其次，为了证实这一假说，他运用了演绎推理：如果将胰腺的提取液注射到患糖尿病动物身上，它们的血液中含糖量会发生改变。接着，通过在狗和牛身上进行的试验，得知患病动物注射提取液后血糖含量迅速下降，证实了他的科学假说。

2.假说演绎推理的型式

下面这四个模型合在一起，可以比较完整地揭示假说演绎法的基本原理。

（1）假说演绎法的解释模型

（现象）　　　　　　　　E
（假说演绎）　　如果 H，那么 E
（假说）　　　　所以，H 可能真

在假说演绎法中，E 现象（事件）非常特殊，超出了我们的知识、经验范围，我们无法调用已有的知识、经验推测其原因，只能（被迫）提出假说来予以解释，即"如果 H，那么 E"中的 H 代表假说的核心部分，"如果 H，那么 E"代表从 H 出发进行的一系列计算、推导、论证这整个"假说演绎"的过程，而并非像溯因推理中那样是一种简单的条件关系。最后，我们一方面得到了关于 E 现象（事件）的一种解释，一方面得到了一个假说。

（2）假说演绎法的预测模型

（假说）　　　　　　　　H
（预测演绎）　　如果 H，那么 E
（预测）　　　　所以，E 真

这里的"如果 H，那么 E"同样代表从 H 出发进行的一系列计算、推导、论证这整个"假说演绎"的过程，而并非像溯因推理中那样是一种简单的条件关系。最后，我们得到的是一个预测 E。

（3）假说演绎法的确证模型

（预测演绎）　　如果 H，那么 E
（结果）　　　　　　　　E
（确证假说）　　所以，H 可能真

（4）假说演绎法的否证模型

（预测演绎）　　　如果 H，那么 E

（结果）　　　　　　　　　非 E

（否证）　　　所以，H 假

3.假说的演绎模型

假说的演绎模型分为理想演绎模型和现实中的现实演绎模型：

（1）理想演绎模型

假说的理想演绎模型是指在理想条件下，根据假设 H，可以预言 P。

推理形式为：如果 H，则 P。（根据 T）

其中，T 是检验 P 的观察、实验理论，但作为实验背后的隐含假设，T 在一般的讨论中也不会出现；只有在细致的分析和批判中，理论 T 的存在和作用才会摆出来。

（2）现实演绎模型

假说的现实演绎模型是指在现实中，根据假设 H，加上初始条件和辅助假设，推导出预言 P。

推理形式为：如果（H 和 I 和 A），则 P。

其中，I 是初始条件，A 是辅助假设。

在实际过程中，一个比较抽象、普遍的假说不可能单独推导出观察预言，它必然是假说和相关辅助假设、初始条件在共同起作用。

案例　天狼星的伴星

德国天文学家贝塞耳首先提出天狼星有伴星的假设。1834～1842年，他精密测量恒星的位置和整理前人的观测资料，发现天狼星的位置具有周期性的偏差度，忽左忽右地摆动。为什么会这样呢？他应用万有引力定律和有关天狼星的观测资料，在1844年推测天狼星有个人们尚未知道的光度较弱而质量很大的伴星，由于这个伴星的引力而使天狼星的位置具有周期性的摆动现象。上述这个应用万有引力定律去解释天狼星位置的周期性摆动现象和预测天狼星有个伴星的假设，就是一个可以检验万有引力定律的辅助性假设。1862年，人们真正观察到了天狼星的伴星，万有引力定律也就得到了进一步的证实。

本例中的假说、已知事实、初始条件和辅助假设分别为：

> 假说H：万有引力假说。
> 已知事实P：天狼星的运动具有周期性的偏差。
> 初始条件I：天狼星等星体的质量和距离。
> 辅助假设A：天狼星有个光度较弱而质量很大的伴星。

四、假说的证明

根据假说得出新的预言后，然后自然是去检验，也就是要去验证结果。可以着手进行一些实验，看看假说是否成立。检验往往并不容易，为此，经常要精心设计一些实验。如果在严格、精确的观察实验下，假说的预言得到证实，那么，提出的假说便得到了强有力的事实依据，并可能成为一种科学理论。

从逻辑上分析，科学假说的证明，包括假说的证实与证伪，就是假说演绎推理的运用过程。

1.假说的证实

假说演绎推理的前提并不蕴涵结论，因为从推理形式来看，它不符合充分条件假言推理的肯定后件不能肯定前件这一演绎规则。无论是某一个事实还是一系列的事实与观察实验的结果相符合，逻辑上都不能断定结论（假说H）是必然真实的。

如医生给病人诊断后发现病人发热，提出假说：该病人患感冒了。在此基础上，医生进一步演绎出病人有发热、头疼、鼻塞、流鼻涕等现象，尽管这些现象都是事实，但并不能必然地得出病人患有感冒的结论，因为存在这些现象的病人也可能患有麻疹、水痘、百日咳、过敏性鼻炎、急性扁桃体炎、急性咽炎、肺炎甚至病毒性脑炎等各类疾病。因此，假说演绎推理出的结论（假说）只能是某种程度的确证。

可见，针对假说所谓的证实，是一种相对的实，即增加了假说的正面支持，但不是绝对证实，它不能证明假说为不变的真理。

① 针对假说的理想演绎模型的证实过程如下：

如果假说H是真的，在一定的实验条件下你会观察到新现象P（预言）。

构造这样的实验观察条件，结果观察到新现象P。

所以，假说H是真的。

把上面这个论证的形式写下来是：

如果H，则P。

P。

所以，H。

可见，预言P被证实的情况下，其假说也不能保真。

② 针对假说的现实演绎模型的证实过程如下：

如果（H和I和A），则P。

P。

所以，H和I和A。

I和A。

所以，H。

当然，这个推理不是保真的，所以，证实达不到绝对的程度，只是增加了假说成立的可能性。

案例　广义相对论的验证

爱因斯坦的广义相对论认为，光线是一种能量形式，它有质量，因此会受到引力场的作用，光在经过一个大的物质体的时候，会被吸引，以弯曲的轨道运行。

爱因斯坦推测，这个假说可以这样来检验：看看一个遥远星球的光在经过太阳附近的时候会不会有弯曲。由于只有在日食的时候星球和太阳才可以同时被看到，爱因斯坦提议，在日食的时候，对已知位置的星球在它和太阳的变暗边缘相接的瞬间照相。如果他的假说正确，那么，当一个恒星已经在太阳背后时，如果光线走直线，地球上已经看不到它；但由于光线因为太阳的引力而弯曲，此时地球上依然可以观察到它，正是因为太阳背后的星球的光弯曲过来照到地球上，它的实际位置和观察位置之间的夹角，就是爱因斯坦预言的弯曲度。爱因斯坦计算了可以观测到的弯曲程度后预言，对很接近太阳的星球，这弯曲应该约有1.7角秒。

1919年，在英国天文学家爱丁顿的鼓动下，英国派出了两支远征队分赴两地（一处在非洲，一处在巴西）观察日全食，两组观测者经过认真的研究得出最后的结论是：星光在太阳附近的确发生了1.64角秒的偏转。这个结果，在当时的仪器精确性容许的范围内，可以看作和爱因斯坦的计算完全吻合。英国皇家学会和皇家天文学会正式宣读了观测报告，确认广义相对论的结论是正确的。

> 分析：
>
> 假说 H：太阳的引力场使附近的星球反射的光弯曲。
>
> 预言 P：日食的时候，太阳附近的星球将看起来大约有 1.7 角秒偏离它原来在天空中的位置。
>
> 初始条件 I：
>
> I1：对那些离太阳最近的星球的确定；
>
> I2：对这些星球的位置的精确和独立的测量数据（夜间星空照片）；
>
> I3：光速、太阳的引力场等知识；
>
> I4：日全食的时间和地球上观测的地点；
>
> I5：照相设备的性能和效果；等等。
>
> 辅助假设 A：
>
> A1：没有其他重要的物体的引力场足以干扰星光在太阳附近的运行；
>
> A2：照相将能精确地记录日全食时星球的图像；
>
> A3：在不同位置拍照，对准确性将不会有大的影响；等等。
>
> 所以，爱因斯坦的预言，是在这些前提共同成立的情况下推出来的。

科学假说的这种真理相对性，不仅表现在验证结果本身，还表现在假说的真理性还和验证的时间、空间和其他条件相关。证实的假说并不就等于不变的真理，科学史上得到证实的科学假说也只是相对的真理，而不能是绝对的真理。因此，科学假说的验证是一个动态的积累过程，这个过程某种意义上是永远的。

2.假说的证伪

如果预言没有在观察实验中出现，那么，证伪有逻辑有效性，实验的负结果是决定性的。

① 针对假说的理想演绎模型的证伪过程如下：

如果假说 H 是真的，在一定的实验条件下你会观察到新现象 P（预言）。

构造这样的实验观察条件，结果没有观察到新现象 P。

所以，假说 H 不是真的。

其推理形式如下：

如果 H，则 P。

非 P。

所以，非 H。

这是符合逻辑有效的"否定后项"推理。按逻辑规则，一旦证伪，就应放弃这个假说，开始寻找更好的假说，科学就是通过证伪才发展的。

但是，实验的负结果就决定假说的命运的看法也是简单化的，也不符合实际。否证并不能简单地证伪假说。因为科学推理是假说、初始条件和假设的集合体，检验一个假说实际是检验这样一个集合，这就涉及假说的现实演绎模型。一个好的假说必须是逻辑严密的，能够包含现有的所有信息并对将来可能补充的信息开放。

② 针对假说的多理论演绎模型的证伪过程如下：

如果（H和I和A），则P。

非P。

所以，非（H和I和A）。

这说明，如果预言P没成功，即如果实验结果没有观察到新现象P，它只能否定H和I和A的组合。而且，作为初始条件的I往往是多个的，包括I1.I2.I3等等，作为辅助假设A往往也是多个的，包括A1.A2.A3等等。但到底是其中的哪一个出了问题呢？这就不是逻辑的问题了，而是个实际问题。因为只要这个组合中任何一项有错，就足以导致预言的失败。这时，必须一一确认所有I和所有A是否存在问题，只有确认所有初始条件和所有辅助假设都不存在问题，假说才能真正地被证伪。可见，证伪在逻辑上虽然是绝对的，但在现实中往往也是难度极大的，因此，在某种程度上也是相对的。

阅读　很多人没有真正理解科学研究的本质

中国科学院神经所的研究生每年都有博士生的论文研究进展报告，最近我参加了一个学生的报告。

这位学生很聪明、也特别努力，过去一年的工作是针对导师的一个假说所设计的两种不同的实验，得到的结果都不符合假说所预期的结果。

他说虽然一年的工作都失败了，仍不愿放弃，又提出了另一种实验，下几个月准备再继续努力，希望能证实这个假说。

如果还是失败的话，就准备换一个论文题目。这个学生的实验设计严谨，实验数据和结论也可信，报告时思路清晰，对这个假说充满信心。

在场的老师对这个学生都很满意，尤其是他的导师对他不怕失败的挫折，仍坚持努力工作尤其赞赏，也同意学生应该再努力做另一组实验，如果还是不能证实这一假说，就换一个论文题目。

这个小故事说明了一个科学界普遍的现象。

就是学生和导师都没有真正理解科学研究的本质，对假说和实验的意义没有正确的概念。

根据世纪初Karl Popper对知识论和科学方法总结出的理论，也是目前科学哲学领域普遍接受的理论，假说存在的意义，不是为了给实验"证实"的，而是用来反驳的。

科学实验的目的不是为了证实（verify 或 prove）一个假说，而是寻找反证。

假说是一种猜想（conjecture），最好的实验结果是能反驳（refute）它，从conjecture 到refutation，就完成了科研重要的一环。

假说如果不能预测实验得到的结果，就需要进一步修正，提出一个能解释实验结果的新假说，这是对假说的重要反馈环节。

这种从假说到反驳到新假说的出现，是推动科学进展最有效的模式。

符合假说的结果不能说就是证实了假说，只能说结果支持了假说，假说可以继续存在。

事实上，假说是永远无法被证实的，因为是不可能对涵盖所有实验参数空间进行所有可能的实验。

这位学生的两组严谨的实验，没有得到假说预测的结果，应该认为是成功的而不是失败的实验。

如果第三组实验也得不到预期的成果，那是更好的结果。

他完全不应该换题目，而是去重新提出一个修正的假说，能解释他已获得的实验结果。

这个导师所提出的假说，是依据目前神经科学领域一般想法的假说，是目前流行的理论和研究范式（existing paradigm）的产物，如果实验结果说明假说所预测的不正确，就说明目前领域的想法是有问题的，是需要修正的。

一个重要的假说、理论框架和范式（paradigm）能统治一个领域多年，就是因为所预测的现象与许多实验结果符合，但是迟早会发现有某些实验结果是不符合的，不符合的结果多了，就到了推翻或革新假说的时候。

这时如果又有人提出了一个革新的修正假说，就会在这个领域造成Thomas Kuhn所说的研究范式的革新（paradigm shift）。

教科书中的重要理论、概念和假说，随时间过程都会有大幅度修正，这反映的就是研究范式的革新。

我们都知道教科书中的假说，迟早都是会被修正的，可是我们不知道是哪些假说、在什么时候会被修正；能对这些修正过程有所贡献，是我们创新性基础研究的最高目标。

我们一般关注的创新，做新的实验，观察新现象，研发出新技术，都是基于目前领域已有的范式。我称之为前瞻式（prospective）创新。

但是还有另一种模式的创新，是现在很少人做的，我们称之为"回顾式（retrospective）"创新。

这种创新不需要提出新的假说，设计新的实验，而是用新方法或新技术去重新检验那些支撑教科书的假说、前人曾发表过的主要实验结果。

这些假说可能是基于几十年前的实验结果所提出的。

当时的实验技术与现在相比可能落后得多，得到的实验数据也可能比较粗浅，甚至不可靠。但是因为这些假说都进了教科书，变成领域普遍接受的假说，也没有人再去检验它们的实验基础的可靠性。

现在你用新的方法去设计实验，重新检验它是否正确，虽然基本上只是用新方法重复别人的实验，我相信可能有一半的机会，得到的实验结果并不支持这个假说，很有可能对普遍接受的假说，重新提出质疑，如果是非常重要的假说，甚至造成领域内研究范式的革新。这种回顾式的研究和前瞻式的研究一样，都是属于创新的范畴。

科学的发展就是不断地修正已有的假说和理论。

前瞻式创新可能会获得新的实验结果，不符合现有范式，但需要实验者主动去设计一些有针对性、能获得反证的实验，对不符合假说的结果高度重视（而不是像我说的那位研究生认为实验失败而舍弃他的发现）。

回顾式的研究方式，是直接去重新验证已有假说的实验基础，直接去寻找假说的基础是否有破绽，是一种更直接地对现有假说的正面冲击，更可能造成研究范式的革新。

希望我们未来的学生不再认为他们做实验的目标就只是为了"证实"某某假说。

（本文来源：中国科学报，作者：蒲慕明）

五、检验的准则

科学假说就是关于事物现象的因果性或规律性的假定性解释，它是用来回答由事实提出的问题，并且是可以经由事实进一步检验的。

检验假说包括以下一般准则。

① 力求作出严格的检验，但不可忽视一般的检验。

正如前面所述，成功地预测未知事实给予假说的支持强度远远超过圆满地解释已知事实，因此，在检验假说的理论观点时，研究人员应该力求作出严格检验，即首先应当集中精力去预测未知的事实。而且越是大胆新颖的预测就越是对假说的严峻考验。如果这种大胆新颖的预测在实践的检验中获得成功，那么该假说就得到了很高强度的支持。但是，研究人员也不应该忽视对已知事实作出合理解释，因为只要能给予已知事实比较圆满的解释，毕竟也都是支持假说的经验证据。

② 可以改进辅助性假设为理论辩解，但不可作出特设性假设。

在假说检验的过程中，预测的失败并不意味着假说的基本理论观点已被证伪。研究者可以通过改进辅助性假设继续为假说作出辩解。但这种辅助性假设本身也必须是可检验的。而应当避免提出特设性假设，所谓特设性假设，是指为了保护假说的某种理论观点而特意建立的又是无法检验的假设，这种假设是不合理的。

③ 假说的个别检验活动不具有真理性的绝对判定意义，但具有相对意义。

个别检验活动的相对性，其原因在于：第一，任何一次检验活动都不是绝对精确和严格的，而且可以作出不同的理解。对假说理论来说，个别的检验活动无论成功还是失败，都不能达到绝对地判定假说的真理性。第二，由于人类的具体实践总是不完备的，因此，一个假说的理论内容虽包含有部分的真理，可是由于那个时代的技术水平的局限性，这个理论所包含的部分真理未能给予确证。相反的，曾经一度被人们"判定"为谬误的假说，之后反而被认为是科学的。比如，关于一种化学元素可以转变为另一种化学元素的观点，先前的化学家鉴于中世纪炼金术士长期的失败经验，就认为这是个既谬误又可笑的想法。然而，当代的核物理实验却高度地确证了一种化学元素可以转变为另一种化学素的观点。

由此可见，个别的检验活动不具有绝对判定的意义。但是，这并不是说个别的检验活动是没有意义的。认识是个发展的过程，科学理论只是对客观现实的近似描述，只具有一定程度的逼真性，对一个理论的逼真度作出绝对的评估是办不到的，人们只能评估一个理论的相对逼真度。因此，任何个别的单独的检验活动都不足以判定理论的真理性，但具有评估假说理论逼真度的相对意义。

第四节 假说的评价

由于思维方式常常会因人而异,对于同样一个现象,可能会出现不同的解释或者假说。因此,从逻辑的角度来讨论假说,假说也有一个如何评价的问题。

一、接受的标准

假说的评价不是指假说的验证过程,而是指假定对同一个现象我们同时提出了不同的初步假说,这些假说当然存在优劣之分。找出相对可以接受的假说需要有评价的标准。即使有这些标准,但一个假说的最终判定归根结底是依据事实或者实践。

正如前面所述,假说生存的必要条件是假说的可检验性和没有被证伪。但由于证实或证伪一个假说,往往需要相当长的时间,这就对初步的假说,存在是否可接受的问题,基于此,假说的接受标准有四个,分别是充足性、一致性、预见性、简洁性。

(1)充足性

充足性是指一个假说与它所要统一或说明的事实相吻合的程度。如果存在着假说不能解释的事实,该假说就认为是不充足的。

如果一个假说比其他假说解释数据的精确性更高,那么它的充足性就越强。比如,开普勒关于行星运行轨道是椭圆的假说与哥白尼的圆周轨道假说相比,更精确地说明了行星的位置,因此,开普勒的假说比哥白尼的假说更具有充足性。类似地,爱因斯坦的相对论比牛顿的万有引力理论更精确地说明了某些日食和月食的准确时间。因此,可以认为,爱因斯坦的理论比牛顿的理论更充足。

(2)一致性

一致性也叫对应性,是指该假说和已经建立的科学理论是相容的,即提出的假说与经过实践检验的理论相互支持。一致性包括内部融贯性和外部一致性两个方面:

① 内部融贯性　内部融贯性是指一个假说的各构成要素合理地联系在一起的程度,具体而言,该假说建立起来的理论系统本身具有一致性,即该假说理论本身是没有自相矛盾的。

建立假说的目的是使一组数据统一和联系起来，进而解释这些数据。比如，19世纪前半叶，人们对于光、电、磁的认识，各个现象是分开理解的，还不清楚它们之间的内部联系。将近世纪末的时候，英国物理学家麦克斯韦提出了电磁场理论，表明这三种现象是互相联系的机理。因此，麦克斯韦的理论比此前的理论有更大的内部融贯性。

② 外部一致性　外部一致性是指一个假说不与其他已被确证的科学理论相违背的程度，即该假说还必须与原有的科学理论是一致的，符合已有的可靠的知识。比如，玛丽·居里的新元素存在假说不仅与门捷列夫的周期表一致，而且与元素能放射射线的一般假说一致。

科学是发展的，发展既是积累又是变化。即使是革命性的科学假说，在改变人们认识的同时，也依据现有的实验和科学理论来工作。在科学发展的过程中，新的假说是对原有科学理论的挑战，但同时他还应当继承原有理论中的合理性，能将原有理论作为特例或极限状况，现代科学几乎所有的理论都是这样。比如，现代生物学的基因理论也不是对过去遗传理论的抛弃，而是在以往遗传理论基础上的改善和发展。同样，爱因斯坦的相对论不是对牛顿万有引力理论的否定，而是对牛顿理论的继承和发展。

（3）预见性

预见性是指假说所具有的预见能力和解释能力，即假说能预测一些事物与现象的出现并能对某些事物与现象作出解释。预见性包括富有预测性和富有成果性两个方面。

① 富有预测性　富有预测性是指该假说可以预测很多事件并能得到验证。预测力是评价说明的标准之一，一个真正好的假说超越初始事实，它引出新的和不同的事实，而这些事实被证实，使得假说得以确证（当然不能给予绝对确定性的证明）。从一个假说中通过逻辑推演预见到某些事件将要发生，这个预见实际上也是一个解释，这些事件又是可验证的。当这个假说和其他假说相比，推测出的事件更多，推测的范围更广，又都能够经受事实的验证，则这个假说的预见和解释能力就是更强的。由此，这个假说就是一个好的假说。

② 富有成果性　富有成果性是指一个假说提出在将来进行分析和确证的新观念的程度。也就是根据其假说的预见，得到了明显的成效。比如，巴斯德的假说被证明是相当富有成果的，基于这一理论，医院通过保持无菌状态的方法的改变以后，外科手术的死亡率显著下降。牛顿的万有引力理论源于解决物体下落问题，但也可解释潮起潮落、月球和其他行星的运行轨道、由一行星与其他行星的相互作用引起的行星运动波动等问题。爱因斯坦的相对论源

于解释麦克斯韦电磁理论的某些特征，但在数十年后，却成功地引领了原子时代。

（4）简洁性

简洁性是科学理论评价的一个重要标准。源于美学性质，与复杂相比，科学总是偏爱简单的。一个假说是好的假说，不是在其复杂，而是在其简洁。比如，近代科学中的哥白尼的太阳中心假说比托勒密的地球中心假说更简洁。这两个假说理论在一致性方面、解释和预见能力等方面都是难分高低的，它们实际上都是"大循环圈中的小循环"，而且也都是依据对天体观察而获得的结论。但是，哥白尼的日心说所依赖的循环圈数目较少，因此该假说也就更为简洁，这使得后来的天文学家更愿意地接受他的假说。

二、评价的标准

由于一种现象可以有多种解释，因此，为了解释某种现象，往往可以提出多种假说。问题在于，如何判定哪个假说是最好的。

（1）达到最佳解释推理

从逻辑上讲，显然是"达到最佳解释推理"的假说是合理的，也是最好的。达到最佳解释推理的过程就是通过分析和判定各种假说，得到其中最佳的。其推理形式如下：

观察到现象O。

假说Hi是可以得到的关于O的解释中最佳的。

所以，Hi可以接受。

（其中，Hi是能够解释现象O的所有假说H1.H2.H3.…中的某一个）

当然，上述推理基于一个假定，即所提出的现有的假说中，最好的是可以接受的、令人满意的。但在提出的假说不充分不成熟的阶段，最好的也未必令人满意。这就需要努力构造更多更成熟的假说来竞争，来提高候选假说的质量。

达到最佳解释推理的关键，就是上述推理的第二个前提："假说Hi，是可以得到的关于O的最佳解释"。根据已有的知识和实际情况，提出假说的本人可能已经排除了一些不合宜的假说，提出来的已经是按现有的知识看来更可能的假说，然后再按最可能或者最容易检验的顺序来进行综合评价。

假说推导出的预言被严格、合格的观测实验证实了，它才有可能成为最佳解释。但是，证实不是一锤定音的标准。评价解释性的假说不容易。决定哪一个假说更好，是一个综合考虑各项指标的工作，而且需要时间。

（2）科学假说的评价标准

对同样的问题提出不同的假说，在科学史上是常见的现象，其中有些假说要么被证伪，要么为其他更为合理的假说所取代，或者是多种假说的继续并存。对同一自然或社会现象，由于占有材料、知识结构、使用方法的不同等原因，可以提出多种不同假说，假说也会随着新发现而变化，随着争论的发展而修改。

一个好的假说与其他很好地被确证的假说谁更优，往往并不能马上分出胜负。情况经常是一种新的假说在另一个很好地被确证的假说的面前产生，两种假说互相竞争未来的可接受性，最终哪种假说会获胜取决于假说的评价标准。基于上述假说的接受标准，我们提出以下假说的评价标准，满足以下标准的假说可以认为是最好的假说。

① 能解释竞争的假说也能解释的事实；
② 能比竞争的假说做出更精确的论断；
③ 能比竞争的假说更多地统一以前互不相干的现象；
④ 能比竞争的假说解释更多的事实，即能解释竞争的假说不能解释的（反常）现象；
⑤ 能比竞争的假说推导出更多的观察现象；
⑥ 能做出竞争的假说不能做的，想不到的，甚至反对的预言和检验；
⑦ 能通过竞争的假说通不过的检验，它的预言在严格检验下成功；
⑧ 能通过自身的发展解决"反常"和新的问题；
⑨ 能比竞争的假说更简洁。

新的革命性的科学假说一开始并不能说明一切现有的事实，它可能在有些方面还比不上旧的假说，但是如果它能逐步解决问题，甚至能指导新的实际，那么就是好的。这就是要在动态中、发展中来评价假说。最后，由于新的科学假说比它的对手更符合上述评价标准而胜出。比如，牛顿的万有引力和力学三大定律，是对开普勒和伽利略的物理学的扩张和统一，从牛顿理论中可以推导出更多的可观察内容，牛顿理论由此而胜出。爱因斯坦的狭义相对论解决了电磁现象和力学现象的统一，爱因斯坦的弯曲引力场的预言超出了牛顿万有引力理论能接受的程度，广义相对论统一了引力等，因此，爱因斯坦的相对论战胜了牛顿的理论。

（3）判决性实验

各种假说是要展开竞争的，而同一个假说自身也会有所演变。在假说的竞争、演变过程中，人们会不断地评价和选择各种假说。然而对科学假说的评价、选择起关键作用的则是实践的检验。

在科学实践过程中，当遇到两个不同假说都和以往的理论相容，都可以解释和预见某些事实，而且这些事实也都是可验证的。这时候如何来判定这两个不同假说的优劣，这就要借助"判决性实验"或"决定性实验"，这种实验往往是假说优劣的根本判定。

判决性实验是指对两个彼此对立的假说的是非进行判定，通过选择一些关键性的实验对假说进行验证。具体方法是：从两个相互竞争的假说H1和H2分别引申出关于事实的矛盾命题，即："如果H1，那么E"；"如果H2，那么非E"。然后，安排一次实验用于检查事实E，如果实验的结果为肯定E，那么就可以确证H1而驳倒H2；如果实验的结果为否定E，那么就可以驳倒H1而确证H2。

通过这样一次实验就可以在两个假说之中作出抉择，判决取舍。所以被称为"判决性实验"。但按照前述"假说的证明"中分析，任何证实和证伪也只是相对的，同样，"判决性实验"也并不起到绝对判定的作用，因此，科学史上所说的"判决性实验"，并不具有"终审"判决的意义，但确实可以认为是对假说进行实践检验的一种重要的检验方式。

案例　相对论和黑洞理论的冲突

> 相对论和黑洞理论是20世纪两个主要的关于天体的理论，但这两个理论面临严重的冲突。广义相对论是得到验证的，从其基本的原理出发必然会推出，光速是一个极限的速度。但黑洞理论认为，黑洞是空间或者空间—时间的一个区域，在那里引力场变得如此强大，甚至连光都不能逃逸。从中可推导出，有一种比光速还要快的强大无比的引力。但是，目前人类似乎无法设计一个决定性实验来判定这两个假说谁更正确。

被实践证明是正确的假说，对科学的发展起着积极的推动作用。被实践证明是错误的假说，也不能简单地否定，因为它们往往也在历史的一定阶段上起着积极作用，尤其是在科学发展的早期阶段，有些领域产生一些错误的假说，往往是难免的。有些假说，虽然它们的基本观点是错误的，但却包含着或多或少的合理成分，因而它不仅为以后新假说的形成和新理论的创立，提供一些有益的思想材料。当然，错误的假说也在某个阶段可能是妨碍科学发展的阻力，而科学的发展就是在科学实践的基础上，批判和推翻其错误，从而建立新的正确的假说和理论，促进科学的前进与完善。如亚里士多德力学被牛顿力学所更替，而牛顿力学又被爱因斯坦的相对论力学更替，一次又一次地更替下去，人们的认识就愈来愈接近于客观现实。总之，科学的发展形式就是科学假说的提出、验证、应用和更替的过程。

不同假说之间相互竞争，通过优胜劣汰，假说的科学性内容不断增加，假定性内容不断减少，从而促进和推动科学发展。一部科学发展史，就是不断超越、不断创新的过程。

案例 "自然发生说"与"生源论假说"

自然发生说最早是由古希腊思想家亚里士多德提出的。这个学说认为生命是从无生命的物质中自然发生的。那时，人们通过对事物的观察发现，不洁的衣物会滋生蚤虱，污秽的死水会滋生蚊，肮脏的垃圾会滋生蚂蚁，粪便和腐臭的尸体会滋生蝇蛆，由此便认为生命是从无到有，自然生成的。这一理论在人类历史上流传了大约2000多年……

1688年，意大利宫廷医生弗朗切斯科·雷迪用实验证明了腐肉生蛆是蝇类产卵的结果，首先对自然发生说提出异议。1870年，英国科学促进会主席托马斯·亨利·赫胥黎在他的一篇致辞中详细讲述了雷迪的实验、推理及结论："在炎热的天气里，我把肉块暴露在空气中，几天后它们就会长满蛆虫。你们告诉我这些蛆虫是在死肉中产生的；但是如果我把非常新鲜的死肉放进一个坛子里，然后将坛子的顶部用干净的纱布扎起来，就不会有任何蛆虫出现，尽管死肉仍会以同样的方式腐烂掉。显然，蛆虫不是由肉的腐烂产生的；它们产生的原因肯定是某种被纱布隔离掉的东西。纱布不能隔离掉气体和液体，因此这种东西肯定是以固体颗粒形式存在的，并且由于太大而不能通过纱布。那么，这些固体颗粒是什么呢？"

大家猜猜是什么？雷迪先生在实验中找到了答案："是绿头苍蝇的卵。绿头苍蝇被肉的臭味吸引，云集在容器周围，受一种强大的本能驱使，将卵产在纱布之外，这些卵很快在纱布之上被孵化成蛆虫。因此必然的结论是：蛆虫并非由肉产生，而是由苍蝇的卵产生的。"

这个实验设计得简单，推理却十分严谨，它为雷迪的新见解提供了有力的支持。

由此，雷迪提出，生命源于生命，没有先前的生命就不会有新的生命。这被后人称作生源论假说。

他的观点受到了旧势力和权威的激烈抨击。面对庞大的旧势力，雷迪持之以恒地为自己的学说进行了斗争。然而让他没有想到的是，不久之后，一个新的难题困住了他，使他无法沿着自己的思路再前进一步。

这个让他苦苦思索但不能给出确定回答的难题便是：植物和水果上的虫瘿从何而来？尽管雷迪曾经推测出虫瘿中幼虫的产生方式，但是他谨慎地承认自己并没有充足的证据来佐证自己的观点。他更倾向于认为这些幼虫是通过对植物自身的生命物质加以修饰产生的。

此后，雷迪的生源论假说得到了越来越多人们的信服。与他同时代的科学家列文·虎克等人通过显微镜发现了微生物，向世人展示了最低级、最微小形式的生物体结构是如此的复杂。

渐渐地，科学家们在所有争论过的案例中都发现了通过某种微生物进行繁殖的规律。18世纪时，雷迪的学说已经产生了十分广泛的影响。然而，就在这时，新的瓶颈产生了，显微镜制造技术达到了极限，没有办法观察到直径不足1/40000英寸的微小生命。

1845年，英国天主教神甫约翰·尼达姆对于雷迪的假说是否适用藻类微生物表示怀疑。在苦思冥想了很长一段时间后，他决定通过一个恰当的实验来检验这个问题。他对自己说："如果这些藻类微生物来源于细菌，那么这些细菌或者存在于浸泡的物质当中，或者存在于制取浸液用的水中，又或者存在于上方的空气当中。而所有细菌的生命都可以通过加热来摧毁。因此，如果我把浸液煮沸，仔细地用软木塞塞住瓶口，并用树脂封好，然后加热整个容器，势必会杀死所有存在的细菌。如果雷迪的假说是正确的话，那么当浸液冷却下来之后，其中不会再出现新的微生物；反之，如果微生物并不依赖于已存在的细菌，而是从浸泡的物质中产生的话，那么不久之后它们就会出现。"

尼达姆发现，当经过足够满足微生物的发育要求的时间后，浸液中确实总会出现微生物。尼达姆的实验结果得到了法国著名博物学家布丰的支持，在科学界轰动一时。就这样已经快被挤下历史舞台的自然发生说就这样又被一个实验结果给硬生生地拽了回来。是不是太戏剧性了，有一种风水轮流转的感觉？

就在这关键的时刻，一个扭转局面的人物出现了，他就是意大利生理学家阿贝·斯帕兰扎尼。

凭借他独有的敏锐性、独创性和学识，斯帕兰扎尼将尼达姆的实验和结论置于一个有待评论的境地。也许尼达姆的实验结果真如他自己描述的那样，但是它们证实他的论点了吗？首先，有没有可能通过软木塞和树脂并没有完全排除空气呢？其次，有没有可能他没有对浸液和上面的空气进行足够的加热呢？斯帕兰扎尼在这两个问题上与英国的博物学家进行了争辩。

他指出，如果首先将盛有浸液的玻璃器皿通过热熔其颈部来达到密封的目的，然后再将它们暴露于沸水中达 45 分钟的话，那么浸液中就不会再有微生物出现。斯帕兰扎尼的实验和论证对尼达姆的实验和论证给予了彻底的、粉碎性的反击。但是我们经常忘记驳斥一个命题是一件事，证明一个与此命题相矛盾的学说的正确性又是另一回事。科学的进步不久就表明，尽管尼达姆可能是错误的，但并不表示斯帕兰扎尼就是非常正确的。

斯帕兰扎尼的批评者宣称，由于他使浸出液在密闭管内煮沸了45分钟，杀死了管内空气中的"活力"，因而影响了自然发生。于是，战斗不得不再一次打响。有必要在确保空气中氧气和有机物质的构成成分不改变，并且没有干扰生命存在的物质的情况下，再次重复这些实验。

1837年，德国生理学家施旺改进了斯帕兰扎尼的实验。在这个实验中，只有事前经过加热或"焙烧"的空气才能通入沸腾的浸液，并以青蛙仍能在其中生活，证明并未影响"活力"的存在。他们得到的结果是，经过这样处理的浸液并没有产生任何有生命的物质，而如果过后将相同的浸液暴露在空气中，很快就会产生大量有生命的物质。但施旺的实验由于存在某些技术问题，重复实验的结果并不稳定。时而有人证明这是真的，时而又有人证明这是假的……自然发生说仍然被挽留在科学舞台上。

就在这些学者们喋喋不休地争斗……哦不……争论了将近两百年后，一位目光坚毅、勤奋过人、凡事爱追根究底的爱国青年登上了这场辩论的舞台。他就是大名鼎鼎的路易·巴斯德。

巴斯德的研究完美地解决了这场争端，他也因此而"一战成名天下知"。赫胥黎对巴斯德的研究大为赞叹，认为这些实验和逻辑推理都堪称典范。

下面来一起看看巴斯德的实验设计和推理过程吧。

首先，巴斯德用脱脂棉来过滤空气，结果显示，这样处理过的空气不含有任何能够促进生命发育的物质，煮沸的浸液接触这样的空气后，既不会腐烂也不会发酵。

接着，巴斯德用显微镜检测了作为过滤器的脱脂棉，发现被过滤掉的固体颗粒中，有各种可以被明确识别为细菌的物体。

再者，他证明了把这些微生物散播到适合它们发育的溶液中能够产生生命。

此外，他还证明了通过脱脂棉过滤的空气不能产生生命，并不是由于脱脂棉影响空气组分发生了任何超自然变化。如果不用脱脂棉，而是把长颈瓶的颈部拉长并向下弯曲，然后将其中的液体小心煮沸，再将管子充分加热以破坏进入管子空气中的细菌的话，那么无论将装置放置多久，其中的液体都不会产生生命。

原因很简单，尽管充满着微生物的大气和长颈瓶中的无菌空气间存在自由的流通，但是细菌不能朝上落，永远都到达不了长颈瓶的内部。如果从长颈瓶延伸处将管子截短，外界空气中的细菌就可以自由地垂直下降，那么原本放置数月仍然保持清澈且无生命的液体在几天内就会变浑并且充满生命。

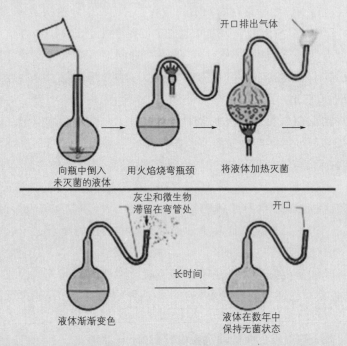

巴斯德这一操作构成了一个严谨而缜密的研究，而且重复实验的结果十分稳定，为生源论提供了充分而有力的证据。虽然此后仍有查尔顿·巴斯蒂安等自然发生学说的支持者声称在长时间放置的与空气隔绝的无菌液体中发现了很小的生物体，但是他们的实验明显不如巴斯德的

> 实验严谨而结果稳定。最终在巴斯德的猛烈进攻之下，自然发生学说只好灰溜溜地永远离开了科学的舞台，这一错误理论就此在科学史上销声匿迹。
>
> （摘自《科学史上的那些著名理论是如何被攻破的？》）

三、理论的形成

在科学研究中，科研人员采用假说演绎法，先提出说明和解释这些现象的猜测性假说，从中逻辑演绎出具体的结论，然后用观察或实验去检验。若这些结论被证实，则该假说的成立就得到了一定程度的支持；若被证伪，则说明该假说存在问题，需要进行修正甚至被抛弃。按此方法不断重复，就有可能达到可靠性程度越来越高的假说，甚至有望得到堪称真实可靠的科学理论。

1. 理论确立

构成假说的基本要素通常包括：事实基础，背景理论，对现象、规律的猜测，对相关事实的解释，推导出的预言和预见等。而假说得到观察、实验的支持，就会发展成为建立有关科学理论的基础。

任何一种科学理论在未得到实验确证之前表现为假设学说或假说。一个新的科学假说，如果能够用严格的推理和实验的证据，真正解决人们所产生的疑问，这个假说就将被接受为一个科学的理论。

假说和理论的存亡取决于它们是否真正起到作用，即它们是否有助于解释数据、产生预期、提供令人满意的解释、启发研究问题、回答问题和解决问题。

2. 理论应用

科学的目的是一方面解释人们观察到的现象，另一方面控制这些现象为我们所用。通过不断验证后，假说得到基本确认，接下来就可以应用该理论了。比如，科学家通过假说演绎的方式，对基因、染色体、DNA复制方式、遗传密码的破译等进行了深入的研究，并最终形成了科学理论，从而为人类造福。

案例 血液循环学说的建立

在现代，血液循环已经是一个常识，但是这个常识的获得却是来之不易。

1. 古人的错误

血液在人体内如何运动？心脏的作用是什么？古人对此并没有很明确的认识。

古罗马医生盖伦通过解剖动物（主要是那时候古罗马不允许解剖人体）提出了自己的血流理论：人体里面有动脉和静脉，区别在于，动脉壁厚，静脉壁薄，里面的血液颜色也不一样（这个没错）。动脉和静脉分别管不同的业务，两个系统互不相干（这里开始出错）。静脉所属的系统叫物脉，动脉所属的系统叫元脉。食物在肝脏里消化，其有用部分变成深色的静脉血，营养全身；无用部分则入脾，成为黑色的胆汁。静脉血流入右心室，有一部分从肺中流出；大部分通过室间隔来到左心室，在这里与肺中过来的空气混合，成为鲜红的动脉血，通往全身，起运动作用。有一部分动脉血入脑，成为灵气，在神经管中运行，主管感觉。

我们现在看这些说法，觉得很搞笑，但是人家盖伦毕竟是1800年前的人，当时医学知识积累有限，何况当时罗马帝国不允许解剖人体。

在当时的条件下，盖伦其他方面的医学知识和治病能力确实远远超出同代人，所以他在后来的1000多年里如同灯塔。盖伦的地位这么崇高，于是他的这些理论就被后代作为治病的依据，最有名的是放血疗法。放血疗法的那一套理论就是以盖伦说法为基础，疾病都是因为四大体液平衡失调，四大体液以血为主，肝脏忙着产血，不舍昼夜，所以最常见的体液失调就是血液过多。既然血液是肝脏不断造出来供人体使用的，多的就被吸收了，那么血液过多，好办，放血就行。

于是放血疗法在西方盛行了1000多年，现在理发店门口旋转不停的红白蓝相间的柱子也是放血疗法的产物，其中红色代表动脉血，蓝色就是静脉血。白色的代表绷带。理发师们发展了一整套的放血操作规程和工具，切割血管的刀片叫"柳叶刀"。

美国的第一任总统华盛顿就是死于放血疗法。1799年的年末，华盛顿骑马回来后觉得喉咙不太舒服，其实用现在医学的眼光看，华盛顿很可能是链球菌感染。不过，当时的医生们做出了一个相同的决定——放血，然后在接下来的几天华盛顿一共被放了三次血，总共放掉了约2500毫升的血液，人体内血液总共才5L左右，这么大手笔放血结果可想而知。

2. 哈维之前科学家的贡献

科学总是向前发展的，16世纪比利时医生、解剖学家维萨里

（Andreas Vesalius，1514—1564）从事尸体解剖，翔实地记载人体的结构，纠正了当时一直沿用的加伦解剖学中许多关于人体结构的错误说法。他在1543年出版了《人体的结构》一书，书中指出，在心室的中隔上没有从右心室通向左心室的小孔，因此他怀疑血液究竟通过什么人的视觉不能察觉的途径从右心室进入左心室。维萨里奠定了近代解剖学的基础，也促进了近代生理学的诞生，但是他自己却被教廷强迫航海千里去朝圣，结果遭遇海难，孤身死在荒岛。这场变故的由头是，有人举报他解剖过一个贵族的尸体，说他解剖的时候，尸体里的心脏还在跳动。

在维萨里之后，塞尔维特提出了血液从右心经过肺到左心的看法，也就是肺循环的概念。他观察到两个心室的血液颜色明显不同，也看到了左心房和肺静脉的连接关系，观察到肺静脉非常粗大。这么粗大的静脉，不会是像盖伦说的，仅仅是为了让肺脏里面的"气"走到心脏。这肯定是血液流动的一个主干道。

塞尔维特的见解相当准确，如果他能推广他这个见解，"发现血液循环的人"这个桂冠说不定就落在他头上而不是哈维头上了。可惜他还没来得及推广就被烧死了。塞尔维特的新颖见解被教廷定性为异端，然后给他判了火刑。

3. 哈维的血液循环学说

英国医生威廉-哈维（William Harvey）可以说是科学史上的一位巨匠，他的《心血运动论》一书也像《天体运动论》《关于托勒密和哥白尼两大体系的对话》《自然哲学之数学原理》等著作一样，成为科学革命时期以及整个科学史上极为重要的文献。

哈维不相信教条，他相信自己的解剖所见，也是他首先把定量的实验研究方法引入到生物学之中。哈维首先通过一个简单的数学运算来论证血液循环的概念。他估计心脏每次跳动的排血量大约是2盎司，心脏每分钟跳动72次，用简单的乘法运算得出：每小时大约有540磅血液从心脏排入主动脉。但是540磅远远超过了一个正常人的整个体重，盖伦理论如果正确，人的肝脏每天就必须分泌出这么多血液。而这显然是天方夜谭。就算肝脏真的能分泌这么多血液，一天245升血液，大致相当于4个成年人的体重，那么人体早就被撑爆炸了。这时的哈维明显地认识到了等量的血液往复不停地通过心脏。提出这一假说后，他花费了九年时间来做实验和仔细观察。

哈维深入地研究了心脏的结构和功能，他发现心脏的左右两边各分为两个腔，上下腔之间有一个瓣膜相隔，它只允许上腔的血液流到下腔，而不允许倒流。哈维接着研究静脉与动脉的区别，他发现动脉壁较厚，具有收缩和扩张的功能；而静脉壁较薄，里面的瓣膜使得血液只能单向流向心脏。结合心脏的结构，这意味着生物体内的血液是单向流动的。为了证实这一点，哈维做了一个活体结扎实验。当他用绷带扎紧人手臂上的静脉时，心脏变得又空又小；而当扎紧手臂上的动脉时，心脏明显胀大。这表明静脉里的血确实是心脏血液的来源，而动脉则是心脏向外供血的通道。体内血液的单向流动实验，证明了盖伦学说的静脉系统双向潮汐运动的观点是错误的。

哈维的这些研究，无可辩驳地证明盖伦的血液理论不能成立。这么大量的血液不断的流经心脏，只能有一个解释：血液在体内是循环流动，重复使用。

不过，哈维没能发现毛细血管，因为他在世的时候显微技术还没普及，所以哈维并不了解血液是如何实现动脉和静脉之间相互流通的。哈维去世不久，1661年，33岁的年轻生物学家马尔皮基（Marcello Malpighi）用自己研制的显微镜观察青蛙的肺脏，发现了动脉血返回静脉的真正通道，也就是毛细血管。这就给哈维的血液循环通路补上了那个关键的缺环。

4. 血液循环理论的重大意义

在21世纪的今天，心血管疾病已经是人类的第一大杀手。血管疾病有哪些？先天和后天的心脏结构损坏，高血压、冠心病、中风、动脉硬化和各种血管栓塞。所有这些疾病，都使血液循环状态发生改变。如果不知道血液循环的原理，就根本不可能理解这些疾病的发病原理，更不可能找到有效治疗办法。至于心脏外科手术那就更不用说了。可以说哈维的血液循环理论对医学临床实践具有革命性的指导作用。

此外哈维的发现让人类从放血走向了输血，当然这又是一条比较曲折的道路，但是毫无疑问，如果盖伦的理论不被推翻，放血疗法就依然会祸害世人，所以当我们去医院输血时，各位感谢哈维吧！

附录

科学推理测试

（说明：此处编排了50道推理题，都是五选一的选择题，建议做题时间为90分钟。）

01. 针对癌症患者，医生常采用化疗手段将药物直接注入人体杀伤癌细胞，但这也可能将正常细胞和免疫细胞一同杀灭，产生较强的副作用。近来，有科学家发现，黄金纳米粒子很容易被人体癌细胞吸收，如果将其包上一层化疗药物，就可作为"运输工具"，将化疗药物准确地投放到癌细胞中。他们由此断言，微小的黄金纳米粒子能提升癌症化疗的效果，并能降低化疗的副作用。

下列哪项如果为真，能支持上述科学家所做出的论断？

A. 黄金纳米粒子用于癌症化疗的疗效有待大量临床检验。

B. 在体外用红外线加热已进入癌细胞的黄金纳米粒子，可以从内部杀灭癌细胞。

C. 因为黄金所具有的特殊化学性质，黄金纳米粒子不会与人体细胞发生反应。

D. 现代医学手段已能实现黄金纳米粒子的精准投送，让其所携带的化疗药物只作用于癌细胞，并不伤及其他细胞。

E. 利用常规计算机断层扫描，医生容易判定黄金纳米粒子是否已投放到癌细胞中。

02. 在欧洲，学龄儿童每天都花时间做柔软体操，而北美洲的学校则很少提供这样的每日柔软体操运动。调查表明：相对于欧洲的儿童来说，北美洲的儿童弱小、迟钝且不善长跑。由此断言，只有北美儿童在学校做每日的柔软体操运动，他们的身体才可能强壮起来。

以下哪一项是上述论证的假设？

A. 所有儿童都可能通过做每日柔软体操而变得强壮起来。

B. 所有儿童都能通过做每日柔软体操而变得同样强壮。

C. 良好的身体素质取决于良好的健康状况。

D. 学校的每日柔软体操运动是使欧洲儿童具有良好身体素质不可缺少的因素。

E. 北美儿童除了做柔软体操运动外，还要学着多吃营养丰富的食物。

03. 有的地质学家认为，如果地球的未勘探地区中单位面积的平均石油储藏量能和已勘探地区一样的话，那么，目前关于地下未开采的能源含量的正确估计因此要乘上一万倍，由此可得出结论，全球的石油需求，至少可以在未来五个世纪中得到满足，即便此种需求每年呈加速上升的趋势。

为使上述论证成立，以下哪项是必须假设的？

A. 地球上未勘探地区的总面积是已勘探地区的一万倍。

B. 地球上未勘探地区中储藏的石油可以被勘测和开采出来。

C. 新技术将使未来对石油的勘探和开采比现在更为可行。

D. 在未来至少五个世纪中，石油仍然是全球主要的能源。

E. 在未来至少五个世纪中，世界人口的增长率不会超过对石油需求的增长率。

04. 长期以来，手机产生的电磁辐射是否威胁人体健康一直是极具争议的话题。一项达10年的研究显示，每天使用移动电话通话30分钟以上的人患神经胶质癌的风险比从未使用者要高出40%，由于某专家建议，在取得进一步证据之前，人们应该采取更加安全的措施，如尽量使用固定电话通话或使用短信进行沟通。

以下哪项如果是真，最能表明该专家的建议不切实际？

A. 大多数手机产生电磁辐射强度符合国家规定标准。

B. 现有在人类生活空间中的电磁辐射强度已经超过手机通话产生的电磁辐射强度。

C. 经过较长一段时间，人们的体质逐渐适应强电磁辐射的环境。

D. 在上述实验期间，有些每天使用移动电话通话超过40分钟，但他们很健康。

E. 即使以手机短信进行沟通，发送和接收信息瞬间也会产生较强的电磁辐射。

05. 具有大型天窗的独一无二的赛发特百货商场的经验表明，商店内射入的阳光可增加销售额。赛发特的大天窗可使商店的一半地方都有阳光射入，这样可以降低人工照明需要，商店的另一半地方只有人工照明。从该店两年前开张开始，天窗一边的各部门的销售量要远高于其他各部门的销售量。

下列哪一项，如果正确，最能支持上面论述？

A. 在某些阴天里，商场中天窗下面的部分需要更多的人工灯光来照明。

B. 在商场夜间开放的时间里，位于商场中天窗下面部分的各部门的销售额不比其他部门高。

C. 许多顾客在一次购物过程中，在商场两边的部门都购买商品。

D. 除了天窗，商场两部分的建筑之间还有一些明显的差别。

E. 位于商场天窗下面部分的各部门，在赛发特的其他一些连锁店中也是销售额最高的部门。

06. 遇到高温时，房屋建筑材料会发出独特的声音。声音感应报警器能够精确探测这些声音，提供一个房屋起火的早期警报，使居住者能在被烟雾困住之前逃离。由于烟熏是房屋火灾人员伤亡最通常的致命因素，所以安装声音感应报警器将会有效地降低房屋火灾的人员伤亡。

下列哪一个假设如果正确，最能反驳上面的论述？

A.声音感应报警器广泛使用的话,其高昂成本将下降。
B.在完全燃烧时,许多房屋建筑材料发出的声音在几百米外也可听见。
C.许多火灾开始于室内的沙发坐垫或床垫,产生大量烟雾却不发出声音。
D.在一些较大的房屋中,需要多个声音感应报警以达到足够的保护。
E.在普遍使用后,烟雾探测器拯救了许多生命。

07.特滋是一种表现为某些肌肉非自愿性收缩的病症,亲生父母都患有特滋的孩子比亲生父母不患特滋的孩子患这种病的可能性要大三倍。所以,易患特滋病可能是一种遗传特性。

如果以下哪项为真,最能强化上文的结论?

A.父母患有特滋的孩子如果在学校或家里承受了不正常的压力,要比没有承受这些压力的孩子更易患特滋。
B.亲生父母未患特滋的孩子若由患有特滋的养父母抚养,这些孩子患特滋的可能性比由亲生父母抚养更大。
C.亲生父母患特滋的孩子无论是由生父母抚养,还是由未患特滋的养父母抚养,他们患特滋的可能性是一样的。
D.亲生父母患特滋的孩子,如果他们在患上特滋的早期症状时就寻求治疗,便可以避免更严重的症状。
E.在得特滋症状的初期,亲生父母未患特滋的孩子比亲生父母患特滋的孩子被确诊为特滋的概率小。

08.最近一次战争里在重战区中执行任务的医疗人员,即使是那些身体未受伤害的,现在比在该战争不太激烈的战斗中执行任务的医疗人员收入低而离婚率高,在衡量整体幸福程度的心理状况测验中得分也较低。这一证据表明即使是那些激烈的战争环境下没有受到身体创伤的人,也会受到负面影响。

下面哪个,如果正确,最强有力地支持了以上得出的结论?

A.重战区的医疗人员和其他战区的医疗人员相比,服役前所接受的学校教育明显比较少。
B.重战区的医疗人员比其他战区的医疗人员刚入伍时年轻。
C.重战区医疗人员的父母和其他战区医疗人员的父母,在收入、离婚率和整体幸福程度方面没有什么显著差别。
D.那些在重战区服务的医疗人员和建筑工人在收入、离婚率和整体幸福程度等方面非常相似。
E.早期战争中的重战区服务的医疗人员在收入、离婚率和整体幸福程度等方面,和其他在该战争中服役的医疗人员没有表现出太大差异。

09.某刑事人类学家在对260名杀人犯的外貌进行了考察后,发现他们具有一些共同的生理特征，于是得出"杀人犯具有广颚、颧骨突出、头发黑而短特征"的结论。

以下哪项与上述推理方式相同？

A.24-28之间没有质数。

B.八月十五云遮月，正月十五雪打灯。

C.植物种子经超声波处理后可增产，所以玉米种子经超声波处理后也可以增产。

D.某高校在对全校学生进行调查后，得出"我校同学学习态度普遍较好"的结论。

E.恰当的赞扬对孩子的作用，就像阳光对于花朵的作用一样。

10.在一次实验中，两岁的孩子们与他们的父亲们一起用擀面杖和其他用具做馅饼生面团。每一对父子所用的擀面杖外形与其他父子的都不一样，而且每一位父亲在他儿子每次使用擀面杖时都向他重复强调"擀面杖"，但是，当孩子们被要求从所有的用具中辨认出擀面杖时，每个孩子都只找出了自己用过的擀面杖。

以上陈述最支持以下哪项结论？

A.孩子们并不了解擀面杖的功用。

B.没有两个孩子懂得"擀面杖"这个词的名称可用于指相同的物体。

C.孩子们认为所有的擀面杖具有相同的外形。

D.每个孩子都能正确地鉴别出自己使用过的用具。

E.孩子们不能分别出自己用过的擀面杖与其他擀面杖的差别。

11.通过对南非考古遗址中的蛋壳碎片的氨基酸的分解进行分析，可以得知20万年以上的遗址的确切年代。因为氨基酸的分解在寒冷的地区较慢，所以在一些寒冷的地区，这种技术可用于鉴别在100万年左右的考古遗址。

上文的论述为以下哪一个结论提供了最强的支持？

A.最古老的遗址不是在南非，而在其他寒冷的地区。

B.蛋壳中可被测量的氨基酸分解不会出现在其他的一些遗迹上。

C.如果遗址所在地的气候在被测量的年限范围内有大幅度的波动，那么这种技术就可能出现较大的偏差。

D.经过了20万年的寒冷气候，一个蛋壳碎片中的1/5的氨基酸已经分解，并且不适合再做鉴别使用。

E.在温暖的气候条件下更容易发现考古遗迹中蛋壳的碎片。

12.招魂术是欺骗性的，它号称人们能够通过叫做巫师的特殊才能的人与死去的灵魂相沟通。远在19世纪70年代，爱德华教授揭露出著名巫师亨瑞传说中的"灵魂写作"实际上是在灵魂开始写到石板上之前，已经在石上存在。这个例子显示出招魂术这个学说是没有价值的。

以下哪项能有效地反对上面所得结论?

A. 没有证据证明死去的灵魂不存在。

B. 这个结论依赖于一个历史上的报道,这些过去事件的报道没有详述所有的细节。

C. 引用的证据预先假定所要证实的。

D. 一个欺骗性的例子不能表明整个学说是错误的。

E. 报道的正确性取决于反招魂术者的诚实,因为他们可能有偏见。

13. 一种海洋蜗牛产生的毒素含有多种蛋白,把其中的一种给老鼠注射后,会使只有两星期大或更小的老鼠陷入睡眠状态,而使大一点的老鼠躲藏起来。而在正常情况下,当老鼠受到突然的严重威胁时,非常小的那些老鼠的反应是呆住,而较大的那些老鼠会逃跑。

以上陈述的事实最有力地支持了以下哪项假说?

A. 老鼠对突然的严重威胁的反应受其体内生成的一种化学物质的刺激,这种物质与注射到老鼠体内的蛋白相似。

B. 注射到鼠体的包含在蜗牛毒素中的蛋白的主要功能是通过诱导蜗牛处于完全的静止中而起到保护蜗牛的作用。

C. 如果给成年老鼠大剂量地注射这种蛋白,也会使它们陷入睡眠状态。

D. 非常小的老鼠很可能与较大的老鼠一样易于遭受突发性的严重威胁。

E. 非常小的老鼠还没有足够的正常应付最常见的突然遭遇的激素。

14. 一名粒子物理学家开玩笑说:自1950年以来,所有的费米子都是在美国发现的,所有的玻色子都是在欧洲发现的。很遗憾,希格斯粒子是玻色子,所以,它不可能在美国被发现。

必须补充下面哪一项假设,上述推理才能成立?

A. 即使某件事情过去一直怎样,它未来也有可能不再那样。

B. 如果 x 在过去一段时间内一直做成 y,则 x 不可能不做成 y。

C. 如果 x 在过去一段时间内一直未做成 y,则 x 不可能做成 y。

D. 如果 x 在过去一段时间内一直未做成 y,则 x 很可能做不成 y。

E. 如果 x 在过去一段时间内一直未做成 y,则 x 很可能做成 y。

15. 制药行业争辩说,如果要开发出新的药品,其巨额的研制费用必须能在以后的销售中得到补偿,因而目前由专利权提供的对新产品保护的20年期限在新药开发领域应当被延长。但是,由于其他工业新产品在同样的高研制费用的情况下仍能继续发展,这就说明延长专利权的保护年限是不必要的。

以下哪项如果为真,最能支持制药行业的论证且驳斥了上文提出的质疑?

A. 除制药以外的其他行业都没有要求延长专利权20年的保护年限。

B. 在获得专利之后和真正上市之前，新药品要进行将近十年的临床试验。

C. 有些行业的研究和开发费用与收入的比值高于制药行业。

D. 一项已存在的药品专利不能够合法地阻止别的制药公司将其替代性药品推向市场，只要这些替代药品与专利药品有充分的不同之处。

E. 最近的许多工业创新出现在受专利权保护不十分有效的产品中，比如计算机工业和电信工业。

16. 农科院最近研制了一种高效杀虫剂，通过飞机喷洒，能够大面积地杀死农田中的害虫。这种杀虫剂的特殊配方虽然能保护鸟类免受其害，但却无法保护有益昆虫。因此，这种杀虫剂在杀死害虫的同时，也杀死了农田中的各种益虫。

以下哪项产品的特点，和题干中的杀虫剂最为类似？

A. 一种新型战斗机，它所装有的特殊电子仪器使得飞行员能对视野之外的目标发起有效攻击。这种电子仪器能区分客机和战斗机，但不能同样准确地区分不同的战斗机。因此，当它在对视野之外的目标发起有效攻击时，有可能误击友机。

B. 一种带有特殊回音强立体声效果的组合音响，它能使其主人在欣赏它的时候备感兴奋和刺激，但往往同时使左邻右舍不得安宁。

C. 一部经典的中国文学名著，它真实地再现了中晚期中国封建社会的历史，但是，不同立场的读者从中得出不同的见解和结论。

D. 一种新投入市场的感冒药，它能迅速消除患者的感冒症状，但也会使服药者在一段时间中昏昏欲睡。

E. 一种新推出的电脑杀毒软件，它能随时监视并杀除入侵病毒，并在必要时会自动提醒使用者升级，但是，它同时降低了电脑的运作速度。

17. 没有一个植物学家能够活得足够长，从而来研究某棵加州红木树的整个生命周期，然而，通过观察许多不同阶段的树，植物学家能够把一棵树的发展结合起来。同样的原则可应用于天文学对星团发展过程的研究，这些互相聚集在一起的上百万颗星星的巨大的球状聚集体，大都有100亿年以上的历史。

依据时间范围引起的问题和处理问题的方法，下面哪种研究类似于上文提及的植物学家和天文学家的研究？

A. 糖枫的生命周期研究，方法：分析许多不同个体树木。

B. 分析湖从形成到以沼泽结束的进展，方法：分析湖在进展过程中的许多不同阶段。

C. 图表自动化工程方面的发展，方法：比较许多不同年的模型。

D. 计算机对工业社会的冲击，方法：每三年，通过计算几个重要指数来监测计算机化的程度。

E. 绝迹生物骨骼的发展，方法：比较死在不同年代的现存的骨骼。

18. 一个人从饮食中摄入的胆固醇和脂肪越多，他的血清胆固醇指标就越高。存在着一个界限，在这个界限内，二者成正比。超过了这个界限，即使摄入的胆固醇和脂肪急剧增加，血清胆固醇指标也只会缓慢地有所提高。这个界限，对于各个人种是一样的，中国人大约是欧洲人均胆固醇和脂肪摄入量的1/4。

上述判定最能支持以下哪项结论？

A. 中国的人均胆固醇和脂肪摄入量是欧洲的1/2，但中国人的人均血清胆固醇指标不一定等于欧洲人的1/2。

B. 上述界限可以通过减少胆固醇和脂肪摄入量得到降低。

C. 3/4的欧洲人的血清胆固醇含量超出正常指标。

D. 如果把胆固醇和脂肪摄入量控制在上述界限内，就能确保血清胆固醇指标的正常。

E. 血清胆固醇的含量只受饮食的影响，不受其他因素，例如运动、吸烟等生活方式的影响。

19. 在1984年以前，只有阿司匹林和退热净分享利润丰厚的非处方止痛药市场。然而在1984年，据预测布洛芬占据了非处方止痛药销售量的15%。因此，商业专家预测1984年退热净和阿司匹林合计的销售量将下降15%。

上文最后一句提到的预测基于下列哪项假设？

A. 大多数消费者倾向于使用布洛芬而不是退热净和阿司匹林。

B. 阿司匹林、退热净和布洛芬都能减轻头痛和肌肉痛，但阿司匹林和布洛芬可能会引起胃肠不适。

C. 在1984年以前，布洛芬只能遵医嘱才能服用。

D. 生产和销售退热净和阿司匹林的公司不生产销售布洛芬。

E. 布洛芬的投入不会增加非处方止痛药市场的总销量。

20. 检测系统X和Y所依据的原理不同，却都能检测出所有的产品缺陷，但它们也都会错误地淘汰3%的无缺陷的产品。由于误测造成较高的检测成本，所以通过安装这两套系统，而不是其中的一套系统，而且只淘汰两套系统都认为有缺陷的产品，这样就会省钱。

以上论证需要下面哪项假设？

A. 测试系统X错误淘汰的无缺陷产品和测试系统Y错误淘汰的无缺陷产品不完全一样。

B. 接受一个次品所造成的损失比淘汰一个无缺陷产品所造成的损失大。

C. 在同等价格的产品中，X和Y系统是市场上最少出错的检测系统。

D. 无论采用哪个系统，第二次检测只需对第一次没被淘汰的产品进行检测。

E. 除了采用X和Y系统外，其他检测瑕疵的方法都需要把产品全都拆开。

21. 研究表明，在大学教师中，有90%的重度失眠者经常工作到凌晨2点。张宏是一名大学教师，而且经常工作到凌晨2点，所以，张宏很可能是一位重度失眠者。

以下哪项陈述最准确地指明了上文中的错误？

A. 它依赖一个未确证的假设：经常工作到凌晨2点的大学教师有90%是重度失眠者。

B. 它没有考虑到这种情况：张宏有可能属于那些10%经常工作到凌晨2点而没有患重度失眠症的人。

C. 它没有考虑到这种情况：除了经常工作到凌晨2点以外，还有其他导致大学教师重度失眠症的原因。

D. 它依赖一个未确证的假设：经常工作到凌晨2点是人们患重度失眠症的唯一原因。

E. 它依赖一个未确证的假设：大学教师只是经常工作到凌晨2点是人中的一小部分。

22. 据国际卫生与保健组织1999年年会"通讯与健康"公布的调查报告显示，68%的脑癌患者都有经常使用移动电话的历史。这充分说明，经常使用移动电话将会极大地增加一个人患脑癌的可能性。

以下哪项如果为真，则将最严重地削弱上述结论？

A. 进入20世纪80年代以来，使用移动电话者的比例有惊人的增长。

B. 有经常使用移动电话的历史的人在1990~1999年超过世界总人口的65%。

C. 在1999年全世界经常使用移动电话的人数比1998年增加了68%。

D. 使用普通电话与移动电话通话者同样有导致癌的危险。

E. 没有使用过移动电话的人数在20世纪90年代超过世界总人口的50%。

23. 据世界卫生组织1995年的调查报告显示，70%的肺癌患者有吸烟史，其中有80%的人吸烟的历史多于10年。这说明吸烟会增加人们患肺癌的危险。

以下哪项最能支持上述论断？

A. 1950年至1970年期间男性吸烟者人数增加较快，女性吸烟者也有增加。

B. 虽然各国对吸烟有害进行大力宣传，但自50年代以来，吸烟者所占的比例还是呈明显的逐年上升的趋势。到90年代，成人吸烟者达到成人数的50%。

C. 没有吸烟史或戒烟时间超过五年的人数在1995年超过了人口总数的40%。

D. 1995年未成年吸烟者的人数也在增加，成为一个令人挠头的社会问题。

E. 医学科研工作者已经用动物实验发现了尼古丁的致癌作用，并从事开发预防药物的研究。

24.富有经验的园艺专家不主张在四月的末期种植豌豆,因为豌豆在暖和的气候下不可能很好地生长。然而,今年直到六月的末期,天气仍异常的凉快,因此,尽管专家们已做出警告,今年五月中旬种植的豌豆也不可能会生长不好。

上面的推理模式与下面的哪一个最为接近?

A.根据许多园艺专家的建议,西红柿不应该与莳萝挨着种植,因为这样做会使它们的味道变差,然而,既然这些与莳萝相邻种植的西红柿味道良好,那么对那些所谓的专家建议给予太多的关注很显然是毫无道理的。

B.因为非洲紫罗兰在直射的阳光下不能茂盛地生长,所以人们都认为这个地区的这种植物应种在靠北的窗台上,而不是种在靠南的窗台上,然而,既然这些靠南的窗台都被常青树很好地笼罩,所以种在它们里面的非洲紫罗兰会很好地生长。

C.当计划在树荫下种花时,园艺家总是推荐种凤仙花,因为凤仙花在有树阴的条件下能很好地生长。然而,在枫树下,它是不可能会生长良好的,因为枫树的根离地面很近,这些根吸收了土壤中所有可以利用的水分。

D.大多数种植在温暖土壤中的种子比种植在较冷土壤中的种子有高得多的发芽率。然而,当土壤温度过高时,种子也不可能会很好地发芽,因此,专家建议菠菜应比大多数的蔬菜种植得早一些。

E.室内盆栽植物通常在比它们现有根系稍大的花盆中生长,效果最好,因此当植物的根一到达盆子的边缘时,一般就建议给它们移盆,然而,富人草却很例外,因为富人草在具有压缩得很紧的根时才有可能生长得最好。

25.到目前为止,核威慑政策是成功的。第二次世界大战结束以后,对毁灭性的核战争的恐惧,使拥有核武器的超级大国都不敢轻易动用它。超级大国之间的第三次世界大战还没有爆发就足以证明了这一点。

以下哪一项如果为真,指出了上述论证中的错误?

A.保持一个较高水平的核武器装备会枯竭一个国家的经济实力。

B.根据以前的经验,我们无法对未来做出任何确定的预测,一个小的事故也可能触发第三次世界大战。

C.超出核威慑所需要的最小的武器量而继续制造核武器会增加出现事故的可能性。

D.第二次世界大战结束以后,在超级大国之间曾经爆发了多起小规模武装冲突,但都相互克制以防止大的核冲突。

E.现在还不知道没有发生核冲突的原因是否真的就是核威慑的作用,也许是其他一些因素,比如认识到保持和平的经济价值起了作用。

26.一个人摄取的精制糖和在消化过程中由食物分解成的糖就是进入人体血

液的几乎所有葡萄糖的来源。虽然咖啡在消化时自身不能分解成糖,但有时却能使人的血糖水平急剧上升,尽管咖啡没有和奶油或任何甜食一起饮用。

以下哪项如果正确,最有助于解释上文提到的咖啡对血糖水平的影响?

A. 在吃过饭后,人们常常喝咖啡,这顿饭是由几种在消化时迅速分解为糖的食物组成的。

B. 一小时内饮用两杯咖啡以上会增加人体的紧张程度,人体对此做出的反应就是把储存的葡萄糖释放到血液中。

C. 极少吃含精制糖食物的人往往比喜欢吃很多这类食物的人的血糖浓度还要高。

D. 对于许多人来讲,吃一块巧克力蛋糕与喝杯清咖啡具有同样的刺激效果。

E. 常坐办公室的人与从事体力劳动的人相比,前者更有可能喝大量的咖啡,血糖浓度更高。

27. 大多数关于有助于提高公众健康的因素的讨论都过低地估计了个人所拥有的价值观的影响,这种影响被这样的事实所揭示:在过去的一个世纪中,传染病死亡率的急剧下降主要是因为生活条件的改善。在很大程度上,这种改善依赖于越来越多的人对干净、谨慎和节制的重视。

题干的主要论点的提出主要通过:

A. 分析现存的医疗业务和健康结果的数据。

B. 提出了一套相关的因果见解。

C. 把几个普遍的原则应用于一具体的情况。

D. 提出一个总的意见,然后用几个具体的例子来证实它。

E. 详细地驳斥了一个普遍接受的论断。

28. 近10年来,移居清河界森林周边地区生活的居民越来越多。环保组织的调查统计表明,清河界森林中的百灵鸟的数量近十年来呈明显下降的趋势。但是恐怕不能把这归咎于森林周边地区居民的增多,因为森林的面积并没有因为周边居民人口的增多而减少。

以下哪项如果为真,最能削弱题干的论证?

A. 警方每年都接到报案,来自全国各地的不法分子无视禁令,深入清河界森林捕猎。

B. 清河界森林的面积虽没减少,但主要由于几个大木材集团公司的乱砍滥伐,森林中树木的数量锐减。

C. 清河界森林周边居民丢弃的生活垃圾吸引了越来越多的乌鸦,这是一种专门觅食百灵鸟卵的鸟类。

D. 清河界森林周边的居民大都从事农业,只有少数经营商业。

E.清河界森林中除百灵鸟的数量近十年来呈明显下降的趋势外，其余的野生动物生长态势良好。

29.学生家长：这学期学生的视力普遍下降，这是由于学生的书面作业的负担太重。

校长：学生视力下降和书面作业的负担没有关系。经我们调查，学生视力下降的原因，是由于他们做作业时的姿势不正确。

以下哪项如果为真，最能削弱校长的解释？

A.学生书面作业的负担过重容易使学生感到疲劳，同时，感到疲劳，学生又不容易保持正确的书写姿势。

B.该校学生的书面作业的负担和其他学校相比确实较重。

C.校方在纠正学生姿势以保护视力方面做了一些工作，但力度不够。

D.学生视力下降是个普遍的社会问题，不唯该校然。

E.该校学生的书面作业负担比上学年有所减轻。

30.研究发现，市面上X牌香烟的Y成分可以抑制EB病毒。实验证实，EB病毒是很强的致鼻咽癌的病原体，可以导致正常的鼻咽部细胞转化为癌细胞。因此，经常吸X牌香烟的人将减少鼻咽癌的风险。

以下哪项如果为真，最能削弱上述论证？

A.不同条件下的实验，可以得出类似的结论。

B.已经患鼻咽癌的患者吸X牌香烟后并未发现病情好转。

C.Y成分可以抑制EB病毒，也可以对人的免疫系统产生负面作用。

D.经常吸X牌香烟会加强Y成分对EB病毒的抑制作用。

E.Y成分的作用可以被X牌香烟的Z成分中和。

31.一家化工厂，生产一种可以让诸如水獭这样小的哺乳动物不能生育的杀虫剂。工厂开始运作以后，一种在附近小河中生存的水獭不能生育的发病率迅速增加。因此，这家工厂在生产杀虫剂时一定污染了河水。

以下哪项陈述中所包含的推理错误与上文中的最相似？

A.低钙饮食可以导致家禽产蛋量下降。一个农场里的鸡在春天被放出去觅食后，它们的产蛋量明显减少了。所以，它们找到和摄入的食物的含钙量一定很低。

B.导致破伤风的细菌在马的消化道内生存，破伤风是一种传染性很强的疾病。所以，马一定比其他大多数动物更容易染上破伤风。

C.营养不良的动物很容易感染疾病，在大城市动物园里的动物没有营养不良。所以，它们肯定不容易染病。

D.猿的特征是有可反转的拇指并且没有尾巴，最近，一种未知动物的化石残余被发现，由于这种动物有可反转的拇指，所以，它一定是猿。

E.玩网络游戏会导致学生的学习成绩下降,这所学校的学生的学习成绩普遍比较稳定,因此肯定没有学生玩网络游戏。

32.地壳中的沉积岩是随着层状物质的聚集以及上层物质的压力使下层的沉积物硬化为岩石而形成的。一个含有异常丰富的铱元素的沉积岩层被认为是支持约6000万年前陨石撞击地球的理论的有力证据。陨石的铱元素含量远远高于地壳,地质学家的理论认为,陨石对地球的撞击在地球的大气层中生成了巨大的富含铱元素的尘埃云层,当这些尘埃落到地面之后随着新的层面的积累,就形成了这层富含铱元素的沉积岩。

以下哪项如果为真,最能反击上文有关富含铱元素的沉积岩是陨石撞击地球的证据的主张?

A.上文中所提到的巨大的尘埃云层,会隔断太阳光对地球的照射,从而降低地球表面的温度。

B.沉积岩的一个层面需要上百万年的时间才能形成。

C.无论其是否含有铱元素,沉积岩的不同层面都可以用来确定史前时代事件发生的时间。

D.6000万年前大规模的火山爆发形成了这个富含铱元素的尘埃云层。

E.铱元素的沉积与很多动物灭绝的时间相吻合,一些科学家认为庞大的恐龙的灭绝是由于陨石撞击地球所造成的。

33.某网络公司通过问卷对登录"心理医生之窗"网站寻求心理帮助的人群进行调查。结果显示:持续登录"心理医生之窗"网站6个月或更长时间的人群中,46%声称与"心理医生之窗"网站的沟通与交流使他们心情变得好多了。而持续登录不满6个月的人群中,20%声称他们心情变得好多了。因此,更长时间登录"心理医生之窗"网站比短期登录会更有效地改善人们的心理状态。

以下哪项如果为真,最能削弱上述论断?

A.持续登录该网站6个月以上的人群中,10%的人反映登录后心情变得更糟了。

B.持续登录该网站6个月以上的人比短期登录的人更愿意回答问卷调查的问题。

C.对"心理医生之窗"网站不满意的人往往是那些没有耐性的人,他们对问卷调查往往持消极态度。

D.登录网站获得良好心情的人会更积极地登录,而那些感觉没有效果的人往往会离开。

E.登录"心理医生之窗"网站不足半年的人多于登录该网站6个月以上的人。

34.当大学生被问到他们童年时代的经历时,那些记得其父母所经常经历的病痛的人，正是那些成年后也经常经历同样的病痛如头痛的人。这个证据证明，一个人在儿童时代对成人病痛的观察会使这个人在成年后更易于得这种病痛。

如果以下哪项为真，最严重地削弱了上述论证？

A.那些记得自己小时候常处于病痛中的学生不比其他大多数学生更易于经历病痛。

B.经常处于病痛状态的父母在孩子长大后仍然经常经历同样多的病痛。

C.大学生比其他较年长成年人经历的常见病痛如头痛病更少一些。

D.成年人能清晰记得儿童时期生病时周围的情形，却很少能想起当时自身病痛的感受。

E.一个人成年后对童年的回忆通常集中在那些能够反映其成年经历的事情上。

35.一种流行的说法是，多吃巧克力会引起皮肤特别是脸上长粉刺。确实，许多长粉刺的人都证实，他们皮肤上的粉刺都是在吃了大量巧克力以后出现的。但是，这种说法很可能是把结果当成了原因。最近一些科学研究指出，荷尔蒙的改变加上精神压力会引发粉刺，有证据表明，喜欢吃巧克力的人，在遇到精神压力会吃更多的巧克力。

以下哪项最为恰当地概括了题干所要表达的意思？

A.发生在前的现象和发生在后的现象之间不一定有因果关系。

B.精神压力引起多吃巧克力，多吃巧克力引发粉刺。对于长粉刺来说，多吃巧克力是表面原因，精神压力是内在原因。

C.多吃巧克力是结果长粉刺是原因。

D.多吃巧克力不大可能引发粉刺，多吃巧克力和长粉刺二者很可能都是精神压力造成的结果。

E.一个人巧克力吃得越多，越可能造成荷尔蒙的改变和精神压力的加重。

36.1985年，W国国会降低了单身公民的收入税收比率，这对有两份收入的已婚夫妇十分不利，因为他们必须支付比分别保持单身更多的税。从1985年到1995年，未婚同居者的数量上升了205%，因此，国会通过修改单身公民的收入税收比率，可使更多的未婚同居者结婚。

以下哪项如果为真，将最有力地削弱上述论证？

A.从1985年至1995年，W国的离婚率上升185%，高离婚率对当事者特别是单亲子女造成的伤害，成为受到普遍关注特别是受到婚龄段青年人关注的社会问题。

B.在H国，国会并未降低单身公民的收入税收比例，但在1985年至1995年间，未婚同居者的数量也有上升。

C.W国的税收率在相同发展水平的国家中并不算高。

D.从1985年至1995年，W国的未婚同居者的数量并不呈直线上升，而是在1990年有所回落。

E.W国的未婚同居的现象，并不像在有些国家中那样受到道义上的指责。

37.如果人体缺碘，就会发生甲状腺肿大，俗称"大脖子病"。过去我国缺碘人口达7亿多，从1994年起我国实行食盐加碘政策。推行加碘盐十多年后，大脖子病的发病率直线下降，但在部分地区，甲亢、甲状腺疾病却明显增多。有人认为，食盐加碘是导致国内部分地区甲状腺疾病增多的原因。

如果以下陈述为真，哪一项能给上述观点以最强的支持？

A.某项调查表明，食盐加碘8年的乡镇与未加碘乡镇相比，其年均甲亢发病率明显增高。

B.甲亢、甲状腺炎等甲状腺疾病患者应该禁食海产品、含碘药物和加碘食盐。

C.目前，我国在绝大多数高碘地区已经停止供应加碘食盐。

D.我国沿海地区居民常吃海鱼、海带、紫菜等，这些海产品含有丰富的碘。

E.食盐加碘之后，又相继出现了加铁、加锌的食盐。

38.鸽子走路时，头部并不是有规律地前后移动，而是一直在往前伸。行走时，鸽子脖子往前一探，然后，头部保持静止，等待着身体和爪子跟进。有学者曾就鸽子走路时伸脖子的现象作出假设：在等待身体跟进的时候，暂时静止的头部有利于鸽子获得稳定的视野，看清周围的食物。

以下哪项如果为真，最能支持上述假设？

A.鸽子行走时如果不伸脖子，很难发现远处的食物。

B.步伐大的鸟类，伸缩脖子的幅度远比步伐小的要大。

C.鸽子行走速度的变化，刺激内耳控制平衡的器官，导致伸脖子。

D.鸽子行走时一举翅一投足，都可能出现脖子和头部肌肉的自然发射，所以头部不断运动。

E.如果雏鸽步态受到限制，功能发育不够完善，那么，成年后鸽子的步伐变小，脖子伸缩幅度则会随之降低。

39.近年来，全球的青蛙数量有所下降，而同时地球接受的紫外线辐射有所增加。因为青蛙的遗传物质在受到紫外线辐射时会受到影响。且青蛙的卵通常为凝胶状而没有外壳或皮毛的保护。所以可以认为，青蛙数量的下降至少部分是由于紫外线辐射的上升导致的。

下列哪一项如果正确，最能支持以上论述？

A.即使在紫外线没有显著上升的地方，青蛙的产卵数量仍然显著下降。

B.在青蛙数量下降最少的地方，作为青蛙猎物的昆虫的数量显著下降。

C. 数量显著下降的青蛙种群中杀虫剂的浓度要高于数量没有下降的青蛙种群。

D. 在很多地方，海龟会和青蛙共享栖息地，虽然海龟的卵有外壳保护，海龟的数量仍然有所下降。

E. 有些青蛙种群会选择将它们的卵藏在石头或沙子下，而这些种群的数量下降要明显少于不这样做的青蛙种群。

40. 一位医生给一组等候手术的前列腺肿瘤患者服用他从西红柿中提取的番茄红素制成的胶囊每天两次，每次15毫克，3周后发现这组病人的肿瘤明显缩小，有的几乎消除，医生由此推理测：番茄红素有缩小前列腺肿瘤的功效。

以下哪项如果为真，最能支持医生的结论？

A. 服用番茄红素的前列腺肿瘤患者的年龄在45-65岁之间。

B. 服用番茄红素的前列腺肿瘤患者中有少数人的病情相当严重。

C. 还有一组相似的等候手术的前列腺肿瘤患者，没有服用番茄红素胶囊，他们的肿瘤没有缩小。

D. 番茄红素不仅存在于西红柿中，也存在于西瓜、葡萄等水果中。

E. 该组患者在服用番茄红素的同时还服用其他一种针对肿瘤的特效药。

41. 对一群以前从不吸烟的青少年进行追踪研究，以确定他们是否抽烟及其精神健康状态的变化。一年后，开始吸烟的人患忧郁症的人数是那些不吸烟的人患忧郁症的四倍。因为香烟中的尼古丁令大脑发生化学变化，可能因而影响情绪。所以，吸烟很可能促使青少年患忧郁症。

下面哪项如果为真，最能加强上述论证？

A. 研究开始时就已患忧郁症的实验参与者与那时候那些没有患忧郁症的实验参与者，一年后吸烟者的比例一样。

B. 这项研究没有在参与者中区分偶尔吸烟与烟瘾很大者。

C. 研究中没有或者极少的参与者是朋友亲戚关系。

D. 在研究进行的一年里，一些参与者开始出现忧郁症而后又恢复正常了。

E. 研究人员没有追踪这些青少年的酒精摄入量。

42. 在一项研究中，51名中学生志愿者被分成测试组和对照组，进行同样的数学能力培训。在为期5天的培训中，研究人员使用一种称为经颅随机噪声刺激的技术对25名测试组成员脑部被认为与运算能力有关的区域进行轻微的电击。此后的测试结果表明，测试组成员的数学运算能力明显高于对照组成员。而令他们惊讶的是，这一能力提高的效果至少可以持续半年时间。研究人员由此认为，脑部微电击可提高大脑运算能力。

以下哪项如果为真，最能支持上述研究人员的观点？

A. 这种非侵入式的刺激手段成本低廉，且不会给人体带来任何痛苦。

B.对脑部轻微电击后,大脑神经元间的血液流动明显增强,但多次刺激后又恢复常态。

C.在实验之前,两个组学生的数学成绩相差无几。

D.脑部微电击的受试者更加在意自己的行为,测试时注意力更集中。

E.测试组和对照组的成员数量基本相等。

43.长久以来,高水平的睾丸激素荷尔蒙一直被认为是男性心脏病发作的主要原因。然而,这个观点不可能是正确的,因为患心脏病的男性一般比没患心脏病的男性的睾丸激素水平显著地低。

上述论证假设了以下哪一项?

A.从未患过心脏病的许多男性通常有低水平的睾丸激素。

B.患心脏病不会显著降低男性患者的睾丸激素水平。

C.除睾丸激素以外的荷尔蒙水平显著影响一个人患心脏病的可能性。

D.男性的心脏病和睾丸激素水平的降低是同一个原因所造成的结果。

E.高水平的睾丸激素不会导致除心脏病以外的其他严重疾病。

44.在一项阿司匹林对心血管健康影响的研究中,发现定期服用阿司匹林的参与者比其他参与者得心脏病的可能性小。研究者得到结论:服用阿司匹林显著减小得心脏病的可能性。

研究者在得到他们的结论时做了下列哪一个假设?

A.诸如家庭健康史和饮食这样的因素可能影响阿司匹林在减少心脏病的机会中所扮演的角色。

B.只有那些已经不会得心脏病的参与者才可能从日常服用阿司匹林中获益。

C.日常不服用阿司匹林但有健康的习惯并且吃健康食品的人比其他得心脏病的可能性小。

D.日常服用阿司匹林的参与者并不比其他参与者在服阿司匹林之前身体更好。

E.服用阿司匹林仅仅可能对心脏和循环系统有益。

45.最近的一次调查发现,那些一天喝两杯以上咖啡并且久坐的中年人比其他久坐的中年人更有可能血中胆固醇含量高,胆固醇是增加心脏病危险的主要因素。胆固醇能够从食物和饮料中到达血液,但是在咖啡中不含有胆固醇。因此,对久坐的中年人,喝咖啡增加发生心脏病的危险。

下列哪一个如果正确的话,最严重地削弱研究中的结论?

A.生活中久坐的习惯增加血液中的胆固醇。

B.咖啡含咖啡因,而咖啡因能促使心率增加。

C.被调查的人喝咖啡时不加牛奶和乳酪,这两样东西含胆固醇。

D.在两组中,人们都可能体重过重,而过重的体重是增加心脏疾病危险的因素。

E. 一天喝两杯以上咖啡的人同时吃较多的高胆固醇的食物。

46. 有90个病人，都患难治病T，服用过同样的常规药物。这些病人被分为人数相等的两组，第一组服用于治疗T的试验药物W素，第二组服用不含W素的安慰剂。10年后的统计显示，两组都有44人死亡。因此，这种药物是无效的。

以下哪项为真，最能削弱上述论证？

A. 在上述死亡病人中，第二组的平均死亡年份比第一组早两年。

B. 在上述死亡病人中，第二组的平均寿命比第一组小两岁。

C. 在上述活着病人中，第二组的比第一组病情更严重。

D. 在上述活着病人中，第二组的比第一组的更年长。

E. 在上述活着病人中，第二组的比第一组的更年轻。

47. 偏头痛一直被认为是由食物过敏引起的。但是，如果我们让患者停止食用那些已经证明会不断引起过敏性偏头痛的食物，他们的偏头痛并没有停止，因此，显然存在别的某种原因引起偏头痛。

下列哪项如果是真的，最能削弱上面的结论？

A. 许多普通食物只在食用几天后才诱发偏头痛，因此，不容易观察患者的过敏反应和他们食用的食物之间的关系。

B. 许多不患偏头痛者同样有食物过敏反应。

C. 许多患者说诱发偏头痛病的那些食物往往是他们最喜欢吃的食物。

D. 很少有食物过敏会引起像偏头痛那样严重的症状。

E. 许多偏头痛患者同时患有神经官能症，表现为易不安，多疑，无端自感不适等。

48. 某个实验把一批吸烟者作为对象。实验对象分为两组：第一组是实验组；第二组是对照组。实验组的成员被强制戒烟，对照组的成员不戒烟。三个月后，实验组成员的平均体重增加了10%，而对照组成员的平均体重基本不变。实验结果说明，戒烟会导致吸烟者的体重增加。

以下哪项如果为真，最能加强上述实验结论的说服力？

A. 实验组和对照组成员的平均体重基本相同。

B. 实验组与对照组的人数相等。

C. 除戒烟外，对每个实验对象来说，可能影响体重变化的生存条件基本相同。

D. 除戒烟外，对每个实验对象来说，可能影响体重变化的生存条件基本保持不变。

E. 上述实验的设计者，是著名的保健专家。

49. 孩子出生后的第一年在托儿所度过，会引发孩子的紧张不安。在我们的研究中，有464名12～13岁的儿童接受了特异情景测试法的测验，该项测验意在测试儿童1岁时的状况与对母亲的依附心理之间的关系。其结果：有41.5%曾在托儿所看护的儿童和25.7%曾在家看护的儿童被认为紧张不安，过于依附母亲。

以下哪项如果为真，最没有可能对上述研究的推断提出质疑？

A.研究中所测验的孩子并不是从托儿所看护和在家看护两种情况下随机选取的。因此，这两组样本儿童的家庭很可能有系统的差异存在。

B.这项研究的主持者被证实曾经在自己的幼儿时期受到过长时间来自托儿所阿姨的冷漠。

C.针对孩子的母亲另一部分研究发现：由于孩子在家里表现出过度的依附心理，父母因此希望将其送入托儿所予以矫正。

D.因为风俗的关系，在464名被测者中，在托儿所看护的大多数为女童，而在家看护的多数为男童。一般地说，女童比男童更易表现为紧张不安和依附母亲。

E.出生后第一年在家看护的孩子多数是由祖父母或外祖父母看护的，并形成浓厚的亲情。

50.一群在实验室里研究老鼠体内的钙新陈代谢的科学家发现去除老鼠的甲状旁腺可以导致老鼠血液中的钙的水平比正常水平低得多，这个发现使科学家们假设甲状旁腺的功能是调节血液中的钙的水平。当钙的水平降到正常范围之下，它就升高钙水平。在进一步的实验中，科学家们不但去除了老鼠的甲状旁腺，而且去除了它们的肾上腺，他们出人意料地发现老鼠血液内钙的水平的下降比单是去除甲状旁腺时慢得多。

下面哪一项，如果正确，能与科学家的假设相一致地解释那个出人意料的发现？

A.肾上腺的作用是降低血液中的钙的水平。

B.肾上腺与甲状旁腺在调节血液内的钙的水平时的作用是一样的。

C.甲状旁腺的缺乏能促使肾上腺增加血液中的钙水平。

D.如果只是把老鼠的肾上腺，而没有把其他的腺移去，这只老鼠的血液内的钙的水平将会维持不变。

E.甲状旁腺的仅有功能是调节血液中的钙的水平。

科学推理
逻辑与科学思维方法(第三版)

Scientific Reasoning
Logic and Scientific Thinking Method

答案与解析

(说明:以下答案与解析仅供参考。在规定时间内,答对45题以上推理能力为优,答对35~45题为良,答对25~35题为一般,答对25题以下则推理能力较弱。)

01. 答案：D
科学家所做出的论断是：黄金纳米粒子能提升癌症化疗的效果，并能降低化疗的副作用。
D项表明，用黄金纳米粒子作用于癌细胞以治疗癌症是可行的，有力地支持了科学家的论断。

02. 答案：D
题干是使用求异法做出的论证，比较的对象是欧洲儿童与北美儿童，先行情况中的差异因素是"柔软体操"，比较的现象是"身体素质"，得出的结论是：差异因素（柔软体操）是导致某种现象（身体素质）产生的原因，即要使北美儿童强壮必须做柔软体操。
要使这个论证成立，就必须假设差异因素（柔软体操）是导致现象（身体素质）出现的关键因素。D项是题干论证必须的假设，否则，如果学校的每日柔软体操运动不是使欧洲儿童具有良好身体素质不可缺少的因素，那么意味着欧洲儿童不做每日体操也有可能更强壮，题干推理就不成立了。
其余选项不是合适的假设。比如，A项假设过强，该项表明"柔软体操"是"强壮"的充分原因，并不能说明要强壮必须做柔软体操，也许可以有别的办法比如跑步也能使儿童强壮，所以，不是假设。B项也属于假设过强，而且未必要求同样强壮。C、E都是明显无关项。

03. 答案：B
题干的结论是：全球的石油需求可以在未来得到满足。其根据是：目前包括未勘探地区在内的地下未开采的能源含量比原来估计的要多一万倍。
要使这一论证成立，有一个条件必须满足，即地球上未勘探地区中储藏的石油事实上可以被勘测和开采出来。B项正是断定了这一点。因此，B项是题干的论证必须假设的。

04. 答案：B
题干根据研究所显示的使用移动电话与患神经胶质癌存在统计相关，从而推断两者因果相关，由此认为，手机的电磁辐射可能威胁人体健康。这是题干中尽量少用手机通话这一专家建议的依据。
B项表明，即使不使用移动电话通话，人也会受到超过手机所产生辐射强度的电磁辐射，因此，上述两个现象很可能仅仅是统计相关，并不存在因果关系，这就有力地削弱了专家建议的依据。
其余选项对专家的建议也有所削弱，但力度不足。

05. 答案：B
题干根据赛发特百货商场中有阳光射入的地方比只有人工照明的地方销售

量要高的事实,得出结论:商店内射入的阳光可增加销售额。

B项说明在商场夜间开放时,天窗下面的各部门无阳光射入,那么其销售额并不比其他部门高,没有这个原因就没有这个结果,由此强化了商店内射入的阳光和销售额之间的因果关系,这就有效地支持了题干结论,从而有力地支持了结论,所以为正确答案。

E项易误选,也能起到支持作用,但只能说明天窗下商店的销售量高的原因是因为天窗这个因素,但是不是阳光还不好说(也许是空气更新鲜呢),因此,支持力度不足。

其余选项不能支持题干论述,比如,A项说明在阴天时候天窗下面部分的采光方式,与题干论证无关;C项对题干论证有所削弱;D项说明商厦的建筑形式与风格,与题干论证无关。

06. 答案:C

题干论述:声音感应器能够精确探测到火灾时房屋建筑材料发出的独特声音,因此,用声音感应报警器将会有效地降低房屋火灾的人员伤亡。

这一论证必须假设火灾一开始大多能发出声音,C项表明,许多火灾开始产生大量烟雾却不发出声音,这就否定了这一假设,有力地反对了题干的论述,因此,为正确答案。

其余选项均起不到有效的反驳作用。

07. 答案:C

题干根据亲生父母都患有特滋的孩子比亲生父母不患特滋的孩子患这种病的可能性要大三倍,得出一个解释性的结论:易患特滋可能是一种遗传特性。

要使其论证具有说服力,必须保证背景相同,即除了遗传之外没有别的因素影响推论。C项说明亲生父母患有特滋的孩子不管由谁抚养,得特滋病的可能性是一样的,这就排除了环境因素的影响,说明患特滋病不是由后天的环境因素造成的,是个没有他因的支持,因此为正确答案。

A项暗示另有他因,有削弱作用。B项意味着可能特滋不是遗传引起的,而是后天环境造成的,也有削弱作用。D、E项讨论治疗和诊断,无关项。

08. 答案:C

题干根据最近一次战争里在重战区的医疗人员比在不太激烈的战斗中的医疗人员心理状况差这一个事实,得出一个解释性的结论:激烈的战争环境会使人受到负面影响。

题干用的是求异法,要使其论证具有说服力,必须保证背景相同,即除了激烈的战争环境之外没有别的因素影响推论。C项题干论证的隐含假设,否则,如果重战区医疗人员的父母和其他战区医疗人员的父母在各方面都要差,那意味着使人受到负面影响的可能是遗传因素，而不是激烈的战争环境。可见该项有力地支持了题干结论，因此为正确答案。

A项是无关项；B项起削弱作用；D项也是无关项，因为题干是重战区和非重战区的医疗人员比较得出结论，与工人无关。

E项易误选，早期战争中的重战区的医疗人员和其他医疗人员整体幸福程度没有差别，而题干是，最近一次战争中的重战区的医疗人员比其他医疗人员整体幸福程度差；可见该项是题干的一个有因无果的反例，削弱了结论。

09. 答案：B

题干是一个统计概括的归纳推理，得出的结论不具有必然性。B项的推理方式与此相同。

其余选项都是必然性推，其中A、D项是对全体对象考查，并推出结论，是个完全归纳推理；C项是演绎推理。

10. 答案：C

题干论述：每一对父子所用的擀面杖外形与其他父子的都不一样，然后在不同的擀面杖和其他用具中，孩子只能找出自己用过的擀面杖。

可见，意味着孩子认为其他外形的擀面杖不是擀面杖，只有自己用过的那种外形的东西才是擀面杖，即孩子认为擀面杖只有一种外形，因此，C项正确。

A为明显无关项；

孩子只认识自己使用过的形状的擀面杖，如果不同孩子使用相同形状的擀面杖，他们就会认为这种形状的物体就是擀面杖，所以，B项不对。

题干只讨论了擀面杖，其他用具的情况没有描述，D项超出了前提的断定范围。

孩子只找到自己用过的擀面杖，当然是因为他们能够分辨出用过的擀面杖与其他擀面杖的差别，所以，E项不对。

11. 答案：C

题干认为根据氨基酸的分解可有效鉴别年代的长度。然后进一步陈述，由于氨基酸的分解在寒冷的地区较慢，所以，这种技术可用于考古遗址的年代鉴别。

这是一则用科学归纳法做出的论证，从中可见，温度的变化影响氨基酸的分解速度。由此可推出：在温度变化大的地区氨基酸的分解速度也不断变化，那么这种技术就可能在年代鉴别上出现较大的偏差。因此，C项为正确答案。

12. 答案：D

题干论述：因为这个灵魂写作例子是具有欺骗性的，所以招魂说是没有价值的。

这是一个特例概括，从个例得到一个普遍的结论这样的归纳推理是不可靠的。D项有效地反对了题干的结论。

其余选项起不到反对作用或削弱力度不足，比如，A项并不能说明死去的灵魂存在；B项仅仅是说论据不够好，但即使知道所有细节，论据也可以有意义。

13．答案：A

题干论述：给不同年龄的老鼠注射某种蛋白造成的反应，跟老鼠受到威胁时形成的反应类似。

A项表明，因为老鼠受到威胁时候体内产生的物质，跟被注射的物质相似，所以导致了相似的反应，符合题干论述，因此为正确答案。

选项B、C、D为明显无关项。E项不能被题干支持，誉为非常小的老鼠在遇到突然威胁时候也能产生相应的反应，所以很可能有应付常见遭遇的激素。

14．答案：C

该粒子物理学家的意思是，过去玻色子都不是美国发现的，所以，属于玻色子的希格斯粒子不可能在美国被发现。

如果C项为真，即：如果x在过去一段时间内一直未做成y，则x不可能做成y。那么，该粒子物理学家的观点就成立。

A项的思路与题干中的推理相反；补充B项不能使题干推理成立；D项与题干推理的相关性太弱。

15．答案：B

题干陈述：制药行业认为，开发新药的巨额研制费用必须在以后的销售中得到补偿，因而需要延长专利保护期。而质疑方以其他高投入工业的例子来类比反驳制药行业的论证。

B项指出，药品行业与其他产业不能简单类比，由于需要10年的临床试验，导致实际专利保护期只有10年，补偿的时间变短了，远远短于其他产品，因此需要延长专利时间。这就有力地支持了制药行业的说法，削弱了反对者，因此为正确答案。

其余选项都不符合问题要求。A、C项有支持反对者的作用；D项与时间无关，暗示专利保护也许作用不大，有削弱制药行业说法的意思；E项的讨论与制药行业无关，并且也有举其他例子来反驳制药行业的意思。

16．答案：A

题干中的杀虫剂的特点是能区分鸟类和昆虫，但不能区分昆虫中的益虫与害虫，因此，在杀死害虫时虽然高效，但同时也杀死了益虫。

A项中的战斗机的特点是能区分客机和战斗机，但不能区分战斗机中的敌机与友机，因此，攻击敌机虽然有效，但也可能误击友机。这和题干中杀虫剂的特点类似。

题干和A项特点是，能区分某一大类，但在具体小类中不能分清敌我。

其余各项产品都不具有类似于题干中杀虫剂的上述特点。

17. 答案：B

根据题意，时间范围引起的问题是：人活不了某个事物整个生命周期那么长的时间。而处理这个问题的方法是：利用某个事物的不同阶段来研究其整个生命周期。

需要找出的选项必须存在这两种特性。B项符合上面的两个特征：湖从形成到以泥潭沼结束整个时间，人是活不了那么长的，那就只能研究其不同阶段。因此为正确答案。

其余选项不符合。比如A项，不同个体的树不符合题干研究的是不同阶段。

18. 答案：A

如果一个人摄入的胆固醇及脂肪和他的血清胆固醇指标无条件成正比，那么，如果中国的人均胆固醇和脂肪摄入量是欧洲的1/2，则其人均血清胆固醇指标也等于欧洲人的1/2。但题干断定，以欧洲人均胆固醇和脂肪摄入量的1/4为界限，在该界限内，上述二者成正比；超过这个界限，则不成正比。因此，可以得出结论：中国的人均胆固醇和脂肪摄入量是欧洲的1/2，但中国的人均血清胆固醇指标不一定等于欧洲人的1/2，即A项成立。

19. 答案：E

题干陈述：由于阿司匹林和退热净合计的市场份额从100%下降了15%，专家预测，二者的销售量将下降15%。

只有在基数不变或减少的情况下，随着百分比的降低，绝对值才会同样减少。E项排除了基数增加的可能性，为专家预测必需的假设。否则布洛芬的投入会增加整个市场的总销量，意味着即使阿司匹林和退热净合计的市场份额下降了15%，但是由于整个市场的总销量上升，二者的销售量就不至于下降15%，有可能只略微下降、保持不变甚至上升。

A项符合题意，但不是专家预测所基于的假设，其余选项为无关项。

20. 答案：A

题干论述：两个系统都能查出所有的产品缺陷，但都有3%的错误率将合格产品检测为有缺陷。所以应该使用两套系统以降低错误率。

A项为题干论证所必需的假设，否则，如果X系统误测的无缺陷的产品与Y系统误测的完全一样，意味着使用两套系统和一套系统的结果是一样的，使用两套系统就没什么必要了。其余选项均不是假设。

21. 答案：A

题干论证有误，根据90%的重度失眠者经常工作到凌晨2点，张宏经常工作到凌晨2点，是得不出"张宏很可能是一位重度失眠者"这一结论的。

如果A项为真，即经常工作到凌晨2点的大学教师有90%是重度失眠者；那么，由于张宏经常工作到凌晨2点，从而可以合乎逻辑地得出结论：张宏有90%可能是一位重度失眠者。

"90%的重度失眠者经常工作到凌晨2点"得不出"10%的人经常工作到凌晨2点而没有患重度失眠症"，因此，B项不对。

题干并没有否认，除了经常工作到凌晨2点以外，还有其他导致大学教师重度失眠症的原因。因此，C项不对。

如果D项为真，即经常工作到凌晨2点是人们患重度失眠症的唯一原因，那么，由于张宏经常工作到凌晨2点，从而可以得出结论：张宏必然是一位重度失眠者。所以，D项也不对。

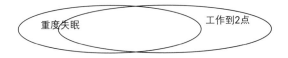

22. 答案：B

在统计论证中，脱离比较基础的独立数据，在论证中的证据效力是不能令人信服的。若使所列的数据成为有说服力的证据，就必须与相关的数据进行比较。

如果B项的断定为真，说明在世界总人口中，有经常使用移动电话历史的人所占的比例，已接近在脑癌患者中有经常使用移动电话历史的人所占的比例，这意味着，不能说明"经常使用移动电话"与"患脑癌"二者之间有因果关系存在，严重削弱了题干的结论。其余各项均不能削弱题干的结论。

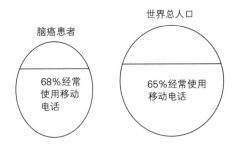

23. 答案：B

根据题干1995年的调查报告可知，有10年吸烟史的肺癌患者占肺癌患者总数的56%（70%×80%）。如果B项为真，说明到90年代，有10年吸烟史的成人吸烟者少于成人数的50%。明显小于56%，说明吸烟会增加人们患肺癌的危险。

注意本题需要比较的是"肺癌患者中有吸烟史的比例"和"普通人群中有吸烟史的比例"这两个数据。选项C是干扰项，但不能说明问题，该项能说明的是在1995年时不吸烟的人数和有吸烟史并已戒烟的人数之和超过了40%，这只能说明有吸烟史并仍在吸烟的人数少于60%。由于有吸烟史的人包括"有吸烟史并仍在吸烟的人"和"有吸烟史并已戒烟的人"两部分，因此，该项不能说明有吸烟史的人数是多少，也许少于70%，也许多于70%，故没法和"70%的肺癌患者有吸烟史"进行比较，所以，该项对题干论证起不到作用。

其余选项均不妥。其中，A项只说吸烟者人数增加快，没有讲占成人总数的比例，难以成为有力的论据。D项只是揭示了一个令人挠头的社会问题，但与题干的结论无关，而且应该注意到吸烟者比例越高，越不能支持题干的论点。E项没有建立在题干统计推断的基础上，不能有效地支持题干。

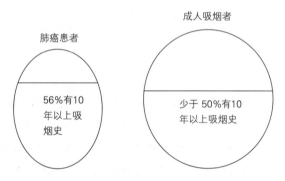

24. 答案：B

题干陈述：豌豆在暖和的气候下就长不好，今年天气凉快，所以，豌豆生长一定好。

其推理模式可抽象为：如果S（暖和）那么P（长不好），非S，所以，非P。上述推理的逻辑错误在于混淆充分原因与必要原因。

B项推理模式完全类似，犯了同样的逻辑错误。

25. 答案：E

核威慑政策对抑制第三次世界大战来说，可能是非常重要的一个原因，但未必是充分的原因。E项给出了可能另有他因的解释，也许是其他一些因素，比如和平时期的经济建设，也对抑制第三次世界大战起到了相当大的作用。

26. 答案：B

题干需要解释的现象是：咖啡并不含糖也不分解为糖，但咖啡却可使人体内的血糖浓度上升。

B项表明，饮用咖啡会间接导致人体把储存的葡萄糖释放到血液中。这揭示了咖啡是如何起作用的因果关系，有力地解释了题干现象，因此为正确答案。

这样形成的因果链条为：饮用咖啡→增加人体的紧张程度→人体把储存的葡萄糖释放到血液中

其余选项不能解释。比如，A项，喝咖啡只是一种习惯，起作用的还是饭中的食物，至多能说明饭后喝咖啡使血糖上升是食物的作用，不能说明咖啡能使血糖水平急剧上升。E项，符合题干所述的现象，但并没有解释题干为什么出现这个现象。

27. 答案：B

题干首先提出论点，个人所具有的价值观对提高公众健康的影响被低估，而公众健康状况提高的一个重要标志是传染病死亡率的下降，然后举例证明导致传染病死亡率的下降依赖于生活条件的改善，而生活条件的改善又依赖于人们价值观的改变（对干净、谨慎和节制的重视）。可见，题干是通过因果关系证明了它提出的论点，所以，B项为正确答案。

这样形成的因果链条为：价值观（对干净、谨慎和节制的重视）→生活条件的改善→传染病死亡率的急剧下降。（价值观是生活条件改善的必要原因）

28. 答案：C

题干断定：百灵鸟的数量下降不能归咎于居民的增多。

如果C项的断定为真，则说明清河界森林周边居民的增多，造成了丢弃的生活垃圾的增多；丢弃垃圾的增多，造成了森林中乌鸦的增多；森林中乌鸦的增多，造成了对百灵鸟繁衍的破坏，因而造成了清河界森林中百灵鸟数量的减少。因此，虽然森林的面积没有减少，但清河界周边居民的增多，确实是百灵鸟减少的一个原因。这就有力地削弱了题干的论证。

这样形成的因果链条为：居民增多→生活垃圾增多→乌鸦增多→百灵鸟卵减少→百灵鸟的数量下降。

29. 答案：A

家长认为：学生视力下降是由于作业负担太重。

校长认为：学生视力下降和作业负担没有关系，视力下降的原因是做作业的姿势不正确。

选项A，作业负担重易使学生疲劳，而疲劳会使书写姿势不正确。这使得学生家长所指出的原因成为校长所指出的原因的深层次的原因，说明了学生视力下降还是由于作业负担太重所导致，这对校长的解释而言是很大的一个质疑。

这样形成的因果链条为：作业负担重→学生疲劳→书写姿势不正确→视力下降

选项B是支持学生家长的，但还不能有力地削弱校长。C项是无关项。选项D、E是支持校长的。

30. 答案：E

题干根据研究发现，X牌香烟的Y成分可以抑制致鼻咽癌的EB病毒，得出结论，经常吸X牌香烟的人将减少鼻咽癌的风险。

如果"Y成分的作用可以被X牌香烟的Z成分中和"，这样，Y成分就不能抑制EB病毒了，那么，"经常吸X牌香烟的人将减少鼻咽癌的风险"的结论就不成立了。因此，E项有力地削弱了题干论证。

B项不能削弱题干。因为题干只断定Y成分有利于阻止正常的鼻咽部细胞转化为癌细胞，并没有断定Y成分有利于抑制或消除已经形成的癌细胞。

C项还是说明Y成分是有用的，前半句有支持作用；后半句说对免疫系统有负面作用，有削弱作用，但影响哪方面的免疫作用没说，因此，削弱力度不大。

31. 答案：A

题干从果到因的推理是有缺陷的，这个附近小河中的水獭不能生育的原因不一定是生产该杀虫剂的工厂污染造成的，有可能是其他原因。其推理错误在于，根据有因必有果，推导出有此果必有此因。推理结构是：

P会导致Q；（该杀虫剂可以让水獭不能生育的）

有Q；（生产该杀虫剂的工厂运作后，在附近小河中的水獭不能生育的发病率迅速增加）

所以，一定有P。（工厂在生产杀虫剂时一定污染了河水）

选项A与题干的推理错误类似。其余选项均不类似。

32. 答案：D

题干是个溯因推理，推理过程如下：

地质学主张的因果关系：陨石对地球的撞击生成了富含铱元素的尘埃云层，当尘埃落到地面后形成了富含铱元素的沉积岩。

事实上有果：一个含有异常丰富的铱元素的沉积岩层。

所以推出有因：6000万年前陨石撞击地球生成了富含铱元素的尘埃云层。

在削弱用溯因推理做出的因果论证时，要注意"一果多因"这种情况。D项表明，6000万年前大规模的火山爆发形成了这个富含铱元素的尘埃云层，这就通过找他因的方法对题干关于富含铱元素的沉积岩是陨石撞击地球的证据这一主张提出了有力的反击。

33. 答案：D

题干断定：登录"心理医生之窗"网站时间长短是原因，心情好坏是结果。

若D项为真，则有助于说明，上述断定倒置了因果关系。因此，严重地削弱了题干论断。

34. 答案：E

题干结论：儿童时代经常看到父母病痛的人，会使这个人在成年后更易于得这种病痛。

E项表明，是因为成年后生病才记起儿童时代父母的病痛，而并不是因为记得父母的病痛使得成年后才更易于得这种病痛，这就有力地削弱了题干论证，所以为正确答案。

其余选项均为无关项，比如，A项，儿童自己生病与题干论证无关；B项讨论父母在孩子长大后的病痛，跟题干论证无关。

35. 答案：D

题干观点：精神压力是原因，长粉刺和多吃巧克力是这一原因产生的结果。显然，D项最为恰当地概括了题干的意思。

题干论述的目的就是确定精神压力与长粉刺和多吃巧克力的因果关系，因此，A不恰当。其余选项均不符合题干的意思。

36. 答案：A

题干结论是：通过修改相应税率，可使更多的未婚同居者结婚。

理由是：单身比结婚纳较少的税是未婚同居者的数量大幅上升的原因

如果A项的断定为真，则有理由认为，从1985年到1995年间，未婚同居者的数量大幅度上升的另外一个原因是，高离婚率所造成的伤害使得人们对结婚更为保留和谨慎。因此，光通过修改相应税率，未必能使更多的未婚同居者结婚。这就有力地削弱了题干的论证。

37. 答案：A

题干观点为，食盐加碘是导致国内部分地区甲状腺疾病增多的原因。

要验证此观点是否正确，最有效的方法是用对比数据说话。如果A项为真，即食盐加碘8年的乡镇年均甲亢发病率明显高于未加碘的乡镇，这显然有助于说明加碘是导致甲状腺疾病增多的原因，因此，该项为正确答案。

其余选项都没有谈到食盐加碘和甲状腺疾病的关联，均不能支持题干观点。

38. 答案：A

学者就鸽子走路时伸脖子的现象作出假设是，暂时静止的头部有利于鸽子获得稳定的视野，看清周围的食物。

A项表明，鸽子行走时如果不伸脖子，很难发现远处的食物。这与题干假设构成了差异法，从无因无果的角度有力地支持了题干假设。

E项是从共变的角度来支持，但是力度不如A。

39. 答案：E

题干论述，青蛙蛋没有保护，青蛙数量的下降可能是由于紫外线照射增加导致。

E项表明，把蛋保护在沙土下的青蛙物种比不保护的青蛙数量下降得少，这意味着保护起来是有效的，有助于说明紫外线照射是青蛙数量下降的原因，因此为正确答案。

40. 答案：C

题干观点：因为服用番茄红素胶囊的患者肿瘤缩小，所以番茄红素胶囊能使肿瘤缩小。

差异法推理可用增加对照组来支持。C指出相似的没有服用番茄红素胶囊的患者肿瘤没有减小，意味着有没有使用胶囊很可能就是肿瘤是否减小的决定性因素，支持题干。

41. 答案：A

题干结论是，吸烟很可能促使青少年患忧郁症。这一结论是根据差异法得出的。

A项所述如果为真，则排除了并不是因为忧郁而使人更容易吸烟这一因素的影响，有力地加强了题干的论证。

42. 答案：C

题干结论：脑部微电击可提高大脑运算能力。论据：微电击后测试组成员的数学运算能力明显高于对照组成员。

这是用差异法得出的因果联系，所基于的对照试验必须保证除微电击这一差异因素外，两个组学生在试验前的其他背景条件是相同的。可见，C项是题干论证的假设，有力地支持了研究人员的观点，否则，如果在实验之前，测试组成员的数学运算能力就明显高于对照组成员，那么题干结论就不成立了。

其他选项不能有效地支持题干观点，比如D为削弱项，其余为无关项。

43. 答案：B

题干论证：因为患心脏病的男性一般比没患心脏病的男性的睾丸激素水平低，所以高水平的睾丸激素不是男性心脏病发作的主要原因。

B项是题干论证必需的假设，否则如果患心脏病会显著降低男性患者的睾丸激素水平，暗示有可能是高水平的激素导致心脏病，而心脏病又导致激素水平下降，这就严重地削弱了题干论证。

其余选项均不是假设。其中，A项，讨论没有患病者的激素水平，与题干关系不大。C项，讨论其他荷尔蒙，与题干无关。D项，讨论其他原因，也与题干无关。E为明显无关选项。

44. 答案：D

题干根据服用阿司匹林的人比不服用的人得心血管疾病的可能性小，得到解释性的结论，服用阿司匹林减小患心脏病的可能性。

要使其论证具有说服力，其必需假设除了服用阿司匹林之外没有别的因素影响推论。D项说明在服食之前，参与者的健康并不比其他人的健康更好，排除了由于本身身体好而少得心血管疾病的可能性，所以是正确选项。其他选项均起不到假设作用。

45.答案：E

题干调查发现喝咖啡的人比不喝咖啡的人胆固醇含量高。由于胆固醇是增加心脏病病危险的主要因素，由此得出结论：咖啡增长心脏病的危险。

E项说明，喝咖啡的人同时吃了高胆固醇的食物，这意味着喝咖啡的人胆固醇含量高不一定是喝咖啡造成的，这就有力地削弱了题干结论。

46.答案：A

本题是使用差异法做出的论证，先行情况中的差异因素是"是否服用试验药物W素"，比较的现象是"寿命"，由于10年后每一组都有44位病人去世，从中得出结论：这种药物是无效的。

如果A项为真，则事实上，在上述死亡病人中，不服用试验药物W素的那一组的平均死亡年份比第一组早两年，则就有利于说明差异因素（服用试验药物W素）是导致某种现象（寿命增加）产生的原因，这样，就说明服用于治疗T的试验药物W素是有效的，有力地削弱上述论证，为正确答案。

对两组病人的考察，只能从患病并进行治疗开始，与平均寿命关系不大，因此，B不选。根据题意，每组只有1人活着，因此比较活着的人就没有什么意义了，所以C、D、E项均不予考虑。

47.答案：A

题干论证：有过敏食物就有偏头痛，没有过敏食物也有偏头痛，所以过敏食物不是偏头痛的原因。

A项表明，食物与偏头痛之间有滞后性，即隐含着说明即使停止吃过敏食物，前期的过敏食物仍然会带来偏头痛，而实际上现在的正常食物并没有引起偏头痛，意味着过敏食物仍然可能是偏头痛的原因。这就以另有他因的方式削弱了题干结论。

48.答案：D

这是一道没有他因的支持题。在用差异法探求因果联系时，必须保证其他因素都是相同的，而D项正是这个意思。为了加强题干结论的说服力，D项是应当假设的。否则，如果除戒烟外，对每个实验对象来说，可能影响体重变化的生存条件有实质性的变化，那么，实验对象的体重变化很可能是这些生存条件的变化引起的，而不是由戒烟引起的。这就大大削弱了题干的实验结论的说服力。

注意：C与D意思是不一样的。

D是指每个实验对象与自身来比，可能影响体重变化的生存条件基本保持不变，但每个实验对象之间比较，各自生存条件还是可以不同的。比如实验组内，胖人要吃多的食物保持体重不变，瘦人吃少的食物保持体重不变。即每个实验对象吃的食物实验前与实验后与自己比是相同的。

而C项是指不同的实验对象之间来比较，可能影响体重变化的生存条件基本相同，即每个实验对象生存条件相同。不妨假设所有的实验对象每天摄入的食物相同，则这种食物摄入可能使一个胖人减少体重，而使另一个瘦人增加体重。这样，实验对象的体重变化很可能是由相同的食物摄入量，即由相同的生存条件引起的，而不是由戒烟引起的，这就大大削弱了题干结论的说服力。因此，C项不利于加强题干结论的说服力。

49. 答案：E

题干的结论是：孩子出生后的第一年在托儿所度过，会引发孩子的紧张不安。

其根据是：表现出紧张不安（过于依附母亲）的被测验儿童，在1岁时曾由托儿所看护的儿童中所占的比例，要高于1岁时曾在家中看护的儿童。

若A项为真，说明统计时的抽样可能不科学。因为如果两组进行比较的儿童本身可能存在系统性的差异，那么，他们是否较易紧张不安，完全可能由此种差异造成，而并非因为1岁时是否由托儿所看护。因此，能质疑题干推断。

若B项为真，可以怀疑题干中研究者的测验是否带上了研究者本人的个人偏向和主观色彩。因此，能质疑题干推断。

若C项为真，由此可以得出结论：至少有一部分孩子，不是由于去了托儿所才有了依附心理，恰恰相反，而是表现出了过度的依附心理才被送进托儿所。这是个因果倒置的削弱。

若D项为真，说明样本不科学，由此可以认为，表现出紧张不安和依附母亲的被测试儿童，在1岁时曾由托儿所看护的儿童中所占的比例较高，是因为该组中女童所占的比例较高，因此，不能认为是托儿所引发了孩子的紧张不安。因此，以另有他因的方式质疑了题干推断。

若E项为真，在家看护的孩子多数是由祖父母或外祖父母看护并形成浓厚的亲情，进一步说明了在家看护不容易紧张，某种意义上支持了题干，因此，该项显然最不可能构成质疑。

50. 答案：A

根据题干所陈述的实验情况，可列表如下：

项目	做法	老鼠血液中的钙的水平
正常情况	保留甲状旁腺，保留肾上腺	正常
实验一	去除甲状旁腺，保留肾上腺	快速降低
实验二	去除甲状旁腺，去除肾上腺	慢速降低

根据正常情况和实验一对比，可以推测，甲状旁腺的功能是能升高血液中的钙，也即科学家们假设甲状旁腺的功能是调节血液中的钙的水平。

根据实验一和实验二对比，可以推测，肾上腺的功能是能降低血液中的钙，选项A就表明了这一点，因此为正确答案。其余选项都不能起到解释作用。

参考文献

[1] 周建武. 逻辑学导论——推理、论证与批判性思维. 2版. 北京：清华大学出版社，2021.

[2] 周建武. 论证有效性分析——逻辑与批判性写作指南. 北京：清华大学出版社，2016.

[3] 周建武，武宏志. 批判性思维——逻辑原理与方法. 北京：清华大学出版社，2015.

[4] 周建武，武宏志. MBA、MPA、MPAcc、GCT逻辑推理——高效思维技法与训练指导. 上海：复旦大学出版社，2007.

[5] 武宏志，周建武，唐坚. 非形式逻辑导论. 北京：人民出版社，2009.

[6] 武宏志，周建武. 批判性思维——论证逻辑视角. 北京：中国人民大学出版社，2010.

[7] 武宏志. 批判性思维初探. 北京：中国社会科学出版社，2015.

[8] 谷振诣. 批判性思维教程. 北京：北京大学出版社，2006.

[9] 董毓. 批判性思维原理和方法——走向新的认知和实践. 北京：高等教育出版社，2010.

[10] 熊明辉. 逻辑学导论. 上海：复旦大学出版社，2011.

[11] 杨本洛. 科学本原与科学方法论的若干逻辑反思. 上海：上海交通大学出版社，2014.

[12] 刘润泽. 科学探索逻辑. 北京：西苑出版社，2012.

[13] [美]赫尔利著. 简明逻辑学导论. 10版. 陈波，等译. 北京：世界图书出版公司，2010.

[14] [英]斯特拉·科特雷尔. 批判性思维训练手册——透视西方大学经典思维训练法. 李天竹，译. 北京：北京大学出版社，2012.

[15] [美]保罗. 批判性思维工具. 原书第3版. 侯玉波，译. 北京：机械工业出版社，2013.

[16] [美]摩尔，帕克. 批判性思维. 原书第10版. 朱素梅，译. 北京：机械工业出版社，2015.

[17] [美]柯匹，科恩. 逻辑学导论. 11版. 张建军，等译. 北京：中国人民大学出版社，2007.

[18] [美]吉尔（Giere. B. N.），等. 理解科学推理. 邱惠丽，张成岗，译. 北京：科学出版社，2010.

[19] Philosophy of Science. Samir Okasha. 2002.

[20] The Inference to the Best Explanation. Lipton Peter. 2004.

[21] Thinking aloud together: a test of an intervention to foster students' collaborative scientific reasoning. K. Hogan. Journal of Research in Science Teaching，1999.

[22] Abductive Reasoning: Logical Investigations into Discovery and Explanation. A. Aliseda. 2006.

[23] Scientific Realism. Anjan Chakravartty. Stanford Wed，2011.

[24] Guyon I, Aliferis C, Cooper G, et al. Causation and prediction challenge. Proceed. J. Mach. Learn, Res. 2008, 3.

[25] Ju C, Geng Z, Criteria for surrogate endpoints based on causal distributions, J. Royal Statist. Soc. B, 2010, 72:129-142.

[26] Kahneman D (2011) Thinking, fast and slow. Farrar, Straus and Giroux, New York

[27] Minner, D.D., Levy, A.J., & Century, J.Inquiry- based science instruction-what is it and does it matter？ Results from a research synthesis years 1984 to 2002[J].Journal of Research in Science Teaching, 2010, 47（4）:474-496.

[28] Lawson AE (2010) Basic inferences of scientific reasoning, argumentation, and discovery. Sci Educ 94(2):336-364

[29] Sandoval, W.A., &Reiser, B.J.Explanation-driveninquiry:Integrating conceptual and epistemic scaffolds for scientific inquiry[J].Science Education, 2004, 88（3）:345-372.

[30] Lawson AE, Daniel ES (2011) Inferences of clinical diagnostic reasoning and diagnostic errors. J Biomed Inform 44:402-412

[31] Khishfe,R.Explicit Nature of Science and Argumentation Instruction in the Context of Socioscientific Issues:An effect on Student Learning and Transfer[J].International Journal of Science Education,2014(6).

（此处列出的仅为主要参考文献，其余参考书目并未一一列举，在此一并致谢！）